Veronika Beci
VERDI

Veronika Beci

VERDI

Ein Komponistenleben

Artemis & Winkler

Die Deutsche Bibliothek – CIP-Einheitsaufnahme

Beci, Veronika:
Verdi: ein Komponistenleben / Veronika Beci. –
Düsseldorf; Zürich: Artemis und Winkler, 2000
ISBN 3-538-07111-x

© 2000 Patmos Verlag GmbH & Co. KG
2. Auflage 2001
Artemis & Winkler Verlag, Düsseldorf und Zürich
Umschlaggestaltung: Groothuis & Consorten, Hamburg
Satz: Fotosatz Moers, Mönchengladbach
Druck und Bindung: Clausen & Bosse, Leck
ISBN 3-538-07111-x

Inhalt

Vorbemerkung

Das Leben Giuseppe Verdis – eine verführerische Biographie, verführerisch durch ihre legendenhaften Züge, die den überaus sympathischen Charakter »Verdi« malen. Wer sich mit dem Leben des Maestro aus dem Dörfchen Le Roncole in der Emilia Romagna beschäftigt, ist sehr schnell von seiner großen, menschlichen Persönlichkeit eingenommen. So jedenfalls wird der Komponist wie kein Zweiter seiner Zunft geschildert: als strenger Gerechter, freiheitsliebender Patriot, wahrheitsliebender Künstler, väterlicher Gutsherr. Er selbst stilisierte sich in seiner Rolle als bärbeißiger Bauer mit dem goldenen Herzen, als glühender Kämpfer für das Risorgimento, die italienische Nationalbewegung, die das von Fremdherrschaft zerrissene Land zu befreien und zu einigen suchte. Das erleichterte es späteren politischen Gruppen, die sich auf den Mythos »Volk« beriefen (von den linksliberalen Regierungen am Ende des 19. Jahrhunderts bis zu den Faschisten unter Benito Mussolini, dessen Diktatur im Oktober 1922 mit dem Marsch auf Rom anhebt, und noch bis zur starken kommunistischen Bewegung im Italien der späten fünfziger und frühen sechziger Jahre), den Komponisten und seine Musik für ihre politischen Ziele zu vereinnahmen. Eine solche Instrumentalisierung war jedoch geeignet, die vielschichtigen Inhalte seiner Werke zu verschleiern und die Entwicklungsphasen und Konturen des mit 26 Bühnenwerken, mehreren geistlichen Kompositionen sowie zahlreichen Kammermusiken sehr umfangreichen Œuvres zu verwischen: So wurden Verdis frühe Opern, die recht plakativ mit den in ihrer Zeit populären Gesten und Motiven des Risorgimento operieren, *Nabuccodonosor* (1842) oder *I Lombardi alla prima crociata*, rigoros als revolutionäre Opern herausgestellt, obwohl Verdi erst mit den so genannten mittleren Werken wie *Macbeth, Luisa Miller, Stiffelio* und *Rigoletto* in der Lage war, seinen gesellschaftlichen Anklagen schlagenden und beinahe subversiven Ausdruck zu verleihen. Sein Ruf als »Maestro della rivoluzione italiana« bleibt, auch als er sich mit *Il trovatore* und den darauf folgenden Grand Opéras von seinem extremen politischen Standpunkt entfernt. Sein Name wird heimlich, verbotenerweise, an die Mauern italienischer Städte und Dörfer geschrieben; die Buchstaben seines Familiennamens sind Akrostichon des Untergrund-Schlachtrufes: Vittorio Emanuele, Re d'Italia! Seine Werke werden von den Zensurbehörden strenger Kontrolle unterworfen. »Arme Musiker! Wozu quält ihr euer Gehirn, um irgendetwas zu finden, das irgendetwas besagt? Setzt doch diesen Krämern Noten hin, nur Noten, das genügt. Dichtung? Nutzlos. Kunst? Wahnsinn. Sinn? Chimäre«, lautet seine Reaktion auf die völlig verunstaltete Zensurfassung von *Un ballo in maschera* (1859). Ein problembeladenes Künstlerdasein also. Mit achtzig Jahren krönt Verdi sein Lebenswerk mit der Tragikomödie *Falstaff* und wird in Italien vollends zum nationalen Mythos – Verdi sei »die ewige Heilsalbe der nationalen Wunde«, schreibt Tomasi di Lampedusa in seinem Roman *Der Leopard*.

Dieses unauflösliche Geflecht von Gesellschaft, Politik und Musik sei hier beschrieben – Giuseppe Verdis Musik.

Ich möchte mich an dieser Stelle bei allen an diesem Projekt hilfreich beteiligten Personen und Institutionen bedanken.

Am Scheideweg: *Aida*

Die Szene verwandelt sich. Aus den Gemächern der Amneris mit den weihrauchduftenden Dreifüßen und den sanft singenden Sklavinnen wird ein Platz vor Thebens Stadttor in der Nähe des Amontempels. Das Volk ist versammelt – Trompeten verkünden die Ankunft des Pharaos und seines prächtigen Gefolges, der Minister, Priester, Feldzeichenträger. Die schöne Tochter

Aida, Szenenbild der Pariser Aufführung, 1880
(Bühnenbild: Jean-Baptiste Lavastre)

des Königs tritt auf, umringt von ihren Sklavinnen. Das Volk jubelt: »Gloria all'Egitto, ad Iside/ che il sacro suol protegge«, »Heil Ägypten und Heil Isis,/ die unser Land beschirmte«! Fanfarenbläser – der berühmte Triumphmarsch – melden Radames' Erscheinen; der Feldherr lässt die Kriegsbeute vorübertragen, eine Schar Tänzerinnen begleitet den Marsch. »Vieni, o guerriero vindice«, feiert das Volk: »Komm, o rächender Krieger,/ Komm dich mit uns zu freuen;/ bestreut den Weg des Helden mit Lorbeer, mit Blumen!«

Der Triumphmarsch aus *Aida* – sicher eines der populärsten Stücke Giuseppe Verdis. *Aida* ist heute die bekannteste Oper des italienischen Maestro, nicht ganz zu Unrecht, markiert sie doch einen entscheidenden Punkt in Verdis Leben und Werk. Wieder einmal ist es dem Komponisten gelungen, einen neuen musikalischen Grundton zu finden, so wie schon einige Male im Verlauf seiner Karriere, zum Beispiel mit *Ernani* von 1843, in dem er die für ihn typische Figurenkonstellation erarbeitet, oder *Macbeth*, der 1847 uraufgeführt wurde und einen düsteren, kalten Stil in die italienische Opernwelt einführt, oder *Les vêpres siciliennes*, mit denen Verdi das Reich der französischen Großen Oper betritt, um sie mit Elementen der italienischen Opera seria zu einer neuen Art des musikalischen Dramas zu verweben. Schon das Orchestervorspiel der *Aida* zeigt an, dass Verdi sein bisher favorisiertes Konzept hart aufeinander prallender Kontraste aufgibt, indem er Gegensätze organisch ineinander fließen, auseinander wachsen lässt; dem *Aida*-Thema folgt in angeglichener Reihung das Thema der Isispriester (Aidas Feinde), beide Themen werden miteinander zum dramatischen Höhepunkt des Präludiums verquickt.

Mit seinen noch folgenden Werken wird sich Verdi an *Aida* orientieren. Die Nachwelt hat die drei letzten Opern (*Aida*, *Otello* und *Falstaff*) als zusammenhängende Trias, zugleich als die vollkommensten seiner Schöpfungen begriffen und somit deutlich von allen anderen seiner Bühnenwerke, angefangen vom konventionellen Erstling *Oberto* bis hin zum tief empfundenen *Don Carlos*, abgesetzt, die oft als bloße Vorstufen zu *Aida*, *Otello* und *Falstaff* gelten.

Mehr als zehn Jahre vergehen, ehe Giuseppe Verdi nach *Aida* eine weitere Oper uraufführen lässt. Eine immense Schaffenspause, zumindest auf bühnenmusikalischem Gebiet, denn immerhin komponiert Verdi in den Jahren 1873 bis 1880 drei geistliche Werke und sein Streichquartett e-moll; eine Schaffenspause, die von vielen als Schaffenskrise bezeichnet wird, ausgelöst durch das Erlebnis Richard Wagner, gegen dessen Einfluss Verdi sich ebenso verzweifelt wie ergebnislos gewehrt habe. Giuseppe Verdi, zum Zeitpunkt der *Aida*-Premiere immerhin schon achtundfünfzig Jahre alt, fasst seine Geschichte einer versklavten äthiopischen Prinzessin, die den ägyptischen Feldherrn Radames liebt und aus Liebe zu ihm in den Tod geht, genau wie sein nächstes Umfeld zunächst tatsächlich als Ende seiner Karriere als Opernkomponist auf. In einem Brief seiner zweiten Frau Giuseppina Strepponi, geschrieben am 21. April 1880, heißt es: »Sicher werden merkwürdige Gedanken über den menschlichen Geist in Deinem Kopf herumspuken, hervorgerufen durch die nachträglichen Begeisterungsstürme, von *Aida* und der Messe – – – Du bist nicht nur das gleiche Genie wie vor sechs Monaten, sondern Du bist noch genau der Gleiche wie zur Zeit Deiner Entwicklungskämpfe … Du wirst sehen: ich werde Dich nicht stören, sondern Dir nur … bewegt und leise sagen, wie ich Dich liebe, wie ich Dich schätze … Arbeite nicht zu viel, mein lieber Plagegeist, und denke daran, – – dass Du in der Kunst nicht mehr höher steigen kannst … Ich küsse und umarme Dich, wünsche Dir guten Appetit und mir, Dich bald wieder zu sehen … Denn ich liebe Dich noch immer ganz wahnsinnig …«

Worin liegen die konkreten Voraussetzungen dieser monumentalen Oper, die eine derartige Zäsur im Schaffen Verdis markiert? Im Jahre 1869 werden die letzten Arbeiten am Suezkanal vorgenommen. 171 km lang, verbindet der Kanal das Mittelmeer mit dem Roten Meer, erspart den weiten Umweg entlang der afrikanischen Küste und die gefahrvolle Umrundung des Kaps der Guten Hoffnung. Ein gewaltiges Werk, 120 m breit und bis zu 14 m tief, ein seltenes Werk von völkerverbindendem Charakter und ein Jahrhundertwerk rationaler Technologie, befohlen von einem Ägypter, geplant von einem Österreicher und durchgeführt von einem Franzosen, Ferdinand de Lesseps. Ägypten glaubt, mit diesem Großschifffahrtsweg seine Autonomie festigen und seinen Anschluss an die westliche Welt als gleichrangiger Partnerstaat untermauern zu können. Der Suezkanal wird allerdings – anders als von Ägypten erwartet – die Selbstständigkeit des Landes auf viele Jahre untergraben. Natürlich sind alle Staaten mit hegemonialen Interessen am Mittelmeerraum, England, Frankreich und Italien, auf eine zunächst diplomatisch-freundschaftliche Beziehung zu Ägypten erpicht. Der Khedive von Ägypten hat deshalb die Repräsentanten der führenden Nationen zur feierlichen Eröffnung des Kanals geladen. Das Bauwerk von geschichtlichem Rang soll mit einem entsprechend prunkvollen Rahmenprogramm eingeweiht werden. Der Khedive lässt in Kairo ein Opernhaus errichten; es wird 1869 mit *Rigoletto* eröffnet. Seinem Wunsch gemäß soll der Suezkanal darüber hinaus mit der Uraufführung einer eigens aus diesem Anlass komponierten Oper gefeiert werden – selbstverständlich kann nur einer der führenden Komponisten Europas für würdig befunden werden, die Taufmusik des Kanals zu schreiben. Zur Disposition stehen Richard Wagner, der Franzose Charles Gounod und Giuseppe Verdi. Bei der Frage, wer der auserwählte Komponist sein soll, stehen nicht so sehr die musikalischen Vorlieben des Khediven im Vordergrund – er ist ein großer Bewunderer des Italieners und bittet Verdi sogar um eine Weihehymne für das Kairoer Opernhaus, was der Komponist allerdings rundweg ablehnt – als vielmehr politische Erwägungen. Ägypten darf keine der drei genannten Nationen brüskieren. Nun gärt es aber seit langem zwischen Frankreich und Preußen, 1870 provoziert Otto von Bismarck die französische Kriegserklärung; bereits am 1. September wird die große Schlacht geschlagen: Sedan. Ägypten darf zu diesem Zeitpunkt keinesfalls Stellung beziehen, auch nicht auf künstlerischer Ebene, verzichtet also sowohl auf Richard Wagner als auch auf Charles Gounod und wendet sich wegen der Suez-Oper an Giuseppe Verdi. Auf der anderen Seite hält sich Ägypten ein Hintertürchen offen: Der französische Ägyptologe Auguste Mariette wird mit der Findung eines Sujets beauftragt und soll die Arbeit an der Oper fachkundig begleiten. Mariette verfasst ein glänzendes Exposé; es beruht größtenteils auf altägyptischen Sagen, die auf von ihm entdeckten Papyrusrollen überliefert sind. Offiziell heißt es jedoch, der Khedive höchstpersönlich habe den Handlungsentwurf geschaffen, damit ist möglichen diplomatischen Spannungen der Wind aus den Segeln genommen. Über Camille Du Locle, den Leiter der Pariser Opéra Comique und Librettisten von Verdis *Don Carlos*, nimmt Mariette Kontakt zu Verdi auf. Die exotische Fabel lockt den Komponisten ebenso wie das Prestige des geschichtsträchtigen Premierenorts und die beträchtliche Entlohnung (für die *Aida*-Partitur werden 4.000 Pfund Sterling gezahlt). Die Traumwelt des Orients, Afrika, der »dunkle Kontinent«, die Exotik der Südseeinseln sind in Mode. Eugène Delacroix malt sinnliche Haremsszenen, Paul Gauguin entdeckt für sich die Pazifikinsel Tahiti, Victor Hugo dichtet die *Orientales*, Emile Zola beschreibt Vorderasien als unentdecktes Rohstoffreservoir, Gustave Flaubert malt in seinem Historienroman *Salammbô* einen bunten Bilderbogen des antiken Karthago; Gioacchino Rossinis *Italienerin in Algier*, Giacomo Meyerbeers *Afrikanerin*, Camille Saint-Saëns' *Suite Algérienne*, arabische und persische Tänze bei Grieg, Tschaikowsky und Mussorgsky, selbst der *Ägyptische Marsch* des Walzerkönigs Johann Strauß sind Eckpunkte eines musikalischen Exotismus. In den Salons der Großstädte tragen die Damen Kopfputz »à la turban«, orientalische Armreife und afrikanische Fußkettchen; von der exzentrischen Dichterin George Sand wird berichtet, sie schlafe in türkischer Weise auf Matratzen und Kissen am Boden.

Einen farbenprächtigen Text hat Antonio Ghislanzoni nach

Mariettes Vorlage zu schaffen. Ghislanzoni, Herausgeber der *Gazetta musicale*, ist professioneller Librettist und hat als ehemaliger Opernbariton direkteste Einsicht in musikdramatische Vorgänge. Zwischen Dichter und Komponist entspinnt sich eine leidenschaftliche Diskussion um die Versifikation des Textes. Wie stets im Umgang mit seinen Librettisten zeigt sich Verdi unnachgiebig; er hat ein festes Bild von seiner *Aida,* und Ghislanzoni soll sich gefälligst nach den Vorstellungen des Maestros richten. Klarheit und Deutlichkeit verlangt er vom Autor, vor allem in den Schlüsselszenen wie der Anrufung Phtàs im Finale des ersten Akts.

Der Komponist vergräbt sich in archäologische Schriften, um sich in die altägyptische Atmosphäre zu versetzen. Material findet er genügend vor. Die Ägyptologie ist eine junge Wissenschaft, geboren im Zuge von Napoleons Ägypten-Feldzug 1798. Baron Dominique Desson ist einer der Ersten, der die geheimnisvolle frühe Kultur des Nillandes wieder entdeckt. Er verfasst eine *Beschreibung Ägyptens,* der viele ähnliche Werke folgen, etwa Giovanni Battista Belzonis farbig illustriertes Reisebuch *Viaggi in Egitto e in Nubia* (1825), das wahrscheinlich auch Giuseppe Verdi als Informationsmaterial diente. Belzonis Landsmann Giovanni Battista Caviglia erforscht etwa zu dieser Zeit die Cheops-Pyramide. 1822 gelingt Jean-François Champollion die Entschlüsselung der Hieroglyphen. Die Ägyptenmode erhält einen neuen Anreiz, nicht zuletzt weil sich das napoleonische Zeitalter in den imperialen und monumentalen Zügen der altägyptischen Welt wieder zu erkennen glaubt. Abenteurer und Schatzsucher zieht es ins Pharaonische Reich, wahllos wird ausgegraben, werden viele Kunstschätze geraubt, manches gedankenlos zerstört, bis Auguste Mariette vom Khediven zum Direktor der Altertumsforschung in Ägypten ernannt wird und die Ausgrabungen organisiert und überwacht. Angeregt durch seine Ägyptenlektüre lässt Verdi eigens für diese Oper die so genannten *Aida*-Trompeten konstruieren (eine Abart der Fanfarentrompete), einmal der spezifischen kräftigen Klangfärbung we-

Verdi um 1870 (Calzolari)

gen, zum anderen als optische Elemente, denn sie werden während des Triumphmarschs auf der Bühne gespielt, und dafür sucht Verdi Blasinstrumente, die der geraden schlanken, der ursprünglichen Trompetenform entsprechen.

Die fleißige Arbeit an dem vieraktigen Werk muss nach dem Aufflammen des Deutsch-Französischen Kriegs 1870 unterbrochen werden; der Belagerungszustand macht eine Überstellung notwendiger Kostüme und Requisiten von Paris nach Kairo unmöglich. Der Probenplan wird geändert, die Aufführung verschoben. Mit Abscheu verfolgt der Komponist die Nachrichten von den Schlachten von Metz und Sedan, die Belagerung Paris' durch die Preußen, »ein Land und Volk, die mir Angst machen«. Er war zwar nie ein großer Freund Frankreichs und der Politik Napoleons III., aber angesichts der Katastrophe, die Bismarck den Franzosen durch kalte Berechnung bereitet, schlägt er sich auf ihre Seite. Nachdem der Maestro von der Okkupation der Seine-Stadt erfahren hat, ergänzt er in seiner *Aida*-Partitur eine Arie der Heldin im dritten Akt; »O patria mia, mai piu ti rivedrò«, »O mein Vaterland, ich werde dich nie wieder sehen!« Ein in sich geschlossenes Stück, das Topoi der Risorgimento-Dichtung bemüht, etwa das Bild von den sanften Brisen und dem blauen Himmel der Heimat, das beispielsweise im Chor »Del tetto natio« in Verdis *I Lombardi* auftaucht. Umso tiefer trifft es ihn, dass sein Freund, der Dirigent Angelo Mariani, sich mehr und mehr für die Musik Richard Wagners begeistert. Mariani steht als Dirigent der Kairoer *Aida* zur Wahl; Draneth Bey, der Intendant des Opernhauses, verhandelt bereits mit ihm. Allerdings stellt Mariani die Bedingung, dass seine Geliebte, die Sopranistin Teresa Stolz, für die Titelrolle engagiert werden solle. Dagegen erhebt Giuseppe Verdi Einspruch, der die Stolz lieber für die ihm wichtigere Mailänder Inszenierung gebucht sähe. Mariani zögert seine Entscheidung hinaus; Grund ist nicht nur Teresa Stolz, sondern in erster Linie eine anstehende *Lohengrin*-Aufführung, die Mariani unbedingt dirigieren möchte. Es ärgert Verdi, dass der Freund ausgerechnet zu dieser Zeit der martialischen Erfolge des verhassten Deutschland die Leitung einer Wagner-Oper seiner *Aida* vorzieht. Ihre Freundschaft zerbricht daran. Als *Aida* am 24. Dezember 1871 aus der Taufe gehoben wird, dirigiert Giovanni Bottesini, die Titelrolle singt Antonietta Anastasi-Pozzoni, und für die Scala werden als Dirigent Franco Faccio und Maria Waldmann als Amneris neben Teresa Stolz gewonnen.

Aida ist ein eng in die politische Situation der Zeit eingebundenes Werk. Schon die Anteilnahme des bekannten Dichters Temistocle Solera am Zustandekommen der Kairoer Premiere weist auf die hohe politische Bedeutung der Oper hin. Solera ist Haupt der Risorgimento-Literatur, Textdichter des *Nabucco* und anderer früher Verdi-Opern. Mit allen Kräften setzt er sich für die Einigungsbewegung Italiens ein, dafür dient er sich sogar Napoleon III. und dem italienischen Ministerpräsidenten Camillo Cavour als Geheimagent an. Sein abenteuerlicher Lebensweg führt ihn an den Hof der spanischen Königin Isabella, für die er als Gesandter nach Ägypten reist und sich dort mit dem Khediven anfreundet. Höchstwahrscheinlich steht Solera zur Zeit seines Ägyptenaufenthalts, nach dem Sturz Isabellas, auch im Sold des italienischen Staates mit dem Auftrag, Ägypten an ein freundschaftliches Verhältnis zu Italien, das den Aufbau einer Machtposition im östlichen Mittelmeerraum betreibt, heranzuführen. Auch Ägypten hat seinerseits Interesse an der Gemeinschaft mit Italien: 1803 hat der Albaner Mohammed Ali das Land an sich gebracht und zu einem weithin selbstständigen Satellitenstaat des Osmanischen Reiches gemacht; mit Hilfe Italiens wäre Mohammed Alis Nachfolger Ismaël imstande, die Adria und den gesamten östlichen Teil des Mittelmeers zu kontrollieren.

Angesichts der imperialistischen Bestrebungen der anderen europäischen Mächte ist dem italienischen Ministerpräsidenten Crispi klar, dass der »Newcomer« Italien sich in Zukunft politisch nur durchsetzen kann, wenn es expandiert, um seine Stärke zu demonstrieren. »Wir brauchen Größe und Ansehen«, begründet er seine Kolonial- und Europapolitik. Die italienische Kunst dieser Zeit wird in seine Italienpropaganda einbezogen. Giuseppe Verdi, der mit den Ansichten der Regierung weitgehend konform geht, gibt der Haltung Italiens mit seiner *Aida* ein markantes Symbol. Pompös, in höchstem Maße martialisch klingt vieles in diesem Werk. Ungewohnt bei Verdi, selbst ein Kriegsszenario wie in *La forza del destino* oder *La battaglia di Legnano* klingt nicht so aufreizend aggressiv wie Ramfis Gebet *Il sacro brando, Das heilige Schwert,* das in der Steigerung »terror, folgore, morte«, »Schrecken, Blitz, Tod« gipfelt; es wirkt besonders gewaltsam, da Verdi dem Gebet den leichtfüßigen Tanz der Priesterinnen voranschickt. Auch eine derart selbstbewusste Machtdemonstration wie den Triumphmarsch kennen frühere Opern des Maestro nicht. Der neue Grundton dieser Oper liegt in einer Instrumentation, die das Schwergewicht (besonders auffällig im Zentrum des Werks) auf die Blechbläsergruppe setzt und insgesamt eine sehr viel kompaktere Orchestration aufweist als seine früheren Tragödien: Einem riesenhaften Orchesterapparat soll nach Verdis Forderungen ein Chor von achtzig Stimmen gegenüberstehen. Im Vergleich mit seinen früheren Opern wirkt *Aida* flächig, stärker aufs Farbenspiel ausgerichtet, was wohl am moderaten, fast statischen Tempo der Oper liegt – ganz im Gegensatz zu den ein lebhaftes Tempo anschlagenden Opern der aufgewühlten Risorgimento-Ära, etwa des *Rigoletto,* der temporeichsten Oper des Komponisten. Verdi nimmt diesen musikalischen Gestus einer flackernden Unruhe zurück, als er sich von der extremen Gruppierung um Giuseppe Mazzini distanziert (ungefähr zur Entstehungszeit des *Trovatore,* 1852), und er verzichtet auf das Spiel mit fliegenden Tempi, als das Risorgimento aufhört, eine politisch aktive Bewegung zu sein, und Verdi selbst als Großgrundbesitzer, Parlamentarier und später als Senator fest auf der Seite der italienischen Regierung steht. Aber 1870 ist noch einmal ein Jahr der alten Freiheitskämpfer: Garibaldi bietet sich Frankreich als Heerführer an; im November erhält er den Marschbefehl nach Morvan, letzter Triumph für den alten »Volksmann« – dann wird er seinen eigenen Verbündeten wieder einmal zu mächtig. »Tun Sie Ihr Möglichstes, um Garibaldi zu schlagen«, hatte schon Vittorio Emanuele während des Risorgimento mit bemerkenswerter Unbekümmertheit an den König von Neapel geschrieben, »und dann lassen Sie ihn aufhängen, denn solange er lebt, wird es keine Ruhe in Italien geben.«

Dem Wunsch Crispis nach »Größe und Ansehen« entsprechend ist *Aida* eine monumentale Oper. Sie ist mit ihrem Hang zu überdimensionaler Erscheinungsform Zeichen ihrer Zeit. In allen Künsten macht sich ab etwa der Jahrhundertmitte eine Vorliebe für ausufernde Formen, riesenhafte Werke und ungehemmte Selbstdarstellung bemerkbar: Der legendäre Kristallpalast der Londoner Weltausstellung von 1851 misst 600 m in der Länge, der Eiffelturm, das Wahrzeichen des modernen Paris, ist eine gewaltige Eisen-Stahl-Konstruktion von 300 m Höhe, Lew Nikolajewitsch Tolstoj schreibt den über tausendseitigen Roman *Krieg und Frieden*, Hans Makart und Peter Cornelius malen pompöse Historienbilder, Richard Wagner komponiert die *Ring*-Tetralogie. Nicht zuletzt wegen der Monumentalität ihrer Bild- und Bauwerke hat man ein Faible für die Antike, namentlich für Ägypten. Das Bühnenbild zur *Aida*-Premiere mit den hohen Palasträumen, den riesenhaften verzierten Säulen gibt anschaulich das Bild wieder, das sich das 19. Jahrhundert vom alten Ägypten macht. Giuseppe Verdi versucht offenbar, dem allgemeinen Ägyptenbild zu entsprechen, und zaubert mit einem vergrößerten Klangapparat, den an architektonischen Höhepunkten präsentierten massenbewegten Tableaus, Exotismen (Oboen als Soloinstrumente in Annäherung an die altägyptische Doppelschalmei, häufige Sekundintervalle), großen Balletteinlagen, statischen Szenen ein prächtiges Tongemälde.

Das ausgehende 19. Jahrhundert ist die Epoche des Panoramas. Zunehmend betrachten die Menschen ihre Umwelt aus der Distanz; das Bewusstsein, selbst Teil der Landschaft zu sein, geht verloren. Zudem führt die Manie des 19. Jahrhunderts, alles erklären, begreifen, durchschauen zu wollen, zum Wunsch, sich ein umfassendes Bild von einem Objekt zu machen – Panorama, das »von allen Seiten Gesehene«. Panoramamalerei gibt es seit der Barockzeit, aber erst zu Anfang des 19. Jahrhunderts werden zahlreiche Panoramagebäude errichtet, runde Konstruktionen, deren Wände mit einem Landschaftspanorama bemalt sind und von einem erhöhten Standpunkt in der Mitte des Baus übersehen werden können, so als befände sich der Betrachter mitten im Bildgeschehen. Höhepunkt der Panoramakunst ist sicherlich der von James Wyld konstruierte *Great Globe*, ein mehrstöckiges Kugelgebäude, das die gesamte Erdoberfläche zeigt; der *Globe* wird 1851 auf der Londoner Weltausstellung präsentiert. Auch der Bau des Suezkanals ist Gegenstand der Panoramamalerei. Die Panoramasicht zwingt den Betrachter, sich gegenüber einer gezeigten, großen Welt zu finden. Etwas davon haftet dem Szenenaufbau Antonio Ghislanzonis an: vom Saal des Königspalasts in Memphis mit seinen hohen Säulen und Statuen zum geheimnisvoll beleuchteten Vulkantempel, vor die Tore Thebens, zu den Granitfelsen am Ufer des Nils wieder im Saal des Königspalasts. Allein das erste Szenenbild bietet eine Panoramaschau: »Im Hintergrund ein großes Tor, durch das man die Tempel und Paläste von Memphis und die Pyramiden sieht.« Giuseppe Verdis Musik ist auf ihre bildliche Kraft ausgerichtet, besonders natürlich im Triumphmarsch mit der großen Bühnenmusik und den malerischen *Aida*-Trompeten. Eine Landschaftsschilderung wie zu Beginn des dritten Aufzugs, mit dem Flötensolo über flirrenden Streicherklängen als stille Palmennacht, ist in Verdis früheren Opern schwerlich zu finden.

Ein Panorama sind die Gefühlswelten, die Verdi in *Aida* präsentiert: Liebe, Hass, Eifersucht, Verzicht, Reue, Trauer, Heimweh, Kriegslust. Die Affekte werden im Wesentlichen von den beiden Frauenfiguren getragen. An Amneris, die Pharaotochter, sind die negativen Gefühle Hass und Rachsucht gebunden, an Aida, die Sklavin, Liebe und Patriotismus. Aida wird in ihrer Zerrissenheit zwischen Vaterlandsliebe und Zuneigung zu Radames ebenso gepeinigt wie Amneris von ihrer nagenden Eifersucht. Beide Rollen entsprechen dem populären Frauenbild der Zeit, das die Frauen in »Aggressive« und »Sanfte« kategorisiert, auf der einen Seite die Aufbegehrende, rücksichtslos nach Macht (über den Mann) Strebende, auf der anderen Seite die opferbereit sich Fügende, das Frauenideal des 19. Jahrhunderts. Im Duett Aidas mit ihrem Vater Amonasro im dritten Akt (»Ciel! Mio padre«) kulminiert ihre Zerrissenheit. Unerbittlich fordert Amonasro sie auf, für ihr Volk einzutreten, wenn sie auch Radames verraten muss. Als Aida sich weigert, stößt ihr Vater sie von sich. Da erst entscheidet sich Aida für ihr Vaterland. An dieser Stelle wandelt sich der melodische Duktus von Amonasro: Seine vormals starre, strenge Melodie imitiert das *Aida*-Motiv, schmiegt sich in einem weichen Melodiebogen. Amonasro weiß um den Preis, den seine Tochter für das Vaterland zahlt, und er hat Mitleid; Amonasro ist eine von Verdis berühmt gewordenen, verständnisvollen, anrührenden Vaterfiguren.

Zwei Gefühlsmomente, die mit Sicherheit Verdis zeitgenössisches Publikum berühren, sind Todessehnsucht und Süße. Als sich Radames von Aida verraten glaubt, außerdem seine gesellschaftliche Position verloren hat, sagt er (Verdi nimmt Radames' pathetische Gestik hier völlig zurück): »La vita aborro«, »Das Leben ist vertan;/ die Quelle aller Freuden verödet,/ Verraucht jede Hoffnung./ Ich wünsche nur den Tod.« Auch Aida sieht ihre Utopie nur noch im Jenseits (»Vedi? Di morte l'angelo«). Verdi malt mit seiner Todesszene die Hoffnung auf ein beseligendes Leben nach dem Tod mit allen herkömmlichen musikalischen Motiven, die Sehnsucht bezeichnen: Harfenarpeggi, Streicherdominanz, aufstrebende Motivik. In *Aida* findet Verdi zur Vormachtstellung melodischer Schönheit zurück; im Laufe seines Schaffens hatte er sich von der Belcanto-Tradition der italienischen Oper entfernt, forderte bis zur Kargheit klare Melodik. In *Aida* entwirft er wieder opulente Melodiengebäude (Finale 1. Szene, 4. Akt, Amneris: »A lui vivo la tomba«). Gesteigert wird die Schönheit der Melodik in den Passagen, die von Süße, Liebe und ihrer Verklärung im gemeinsamen Todeserlebnis sprechen. Ghislanzonis Text ist von Adverbien wie »hold«, »sanft«, »süß«, »zauberisch«, »duftig« durchsetzt.

Aida trifft den Nerv des Premierenpublikums. Sie wird Verdis größter Bühnenerfolg, von dem auch andere profitieren; der Dirigent und Freund Emanuele Muzio gastiert mit der Oper in Amerika, wird dort zu einer Berühmtheit; die Mailänder Aida, Teresa Stolz, ist nach der italienischen Uraufführung am 8. Februar 1872 mit 23.000 Lire monatlich finanziell abgesichert. Nach dem Deutsch-Französischen Krieg und dem Triumphzug der Oper durch ganz Europa nähern sich die eingeschworenen Wagnerianer wieder der Musik Verdis an. Einer ihrer größten Wortführer, Hans von Bülow, schreibt einen Entschuldigungsbrief an den Maestro, den er zuvor mit grober Polemik beschimpft hatte. Auch ein Zeichen, dass die Weltpolitik sich ändert. Deutschland und Italien stehen sich bald nicht mehr feindlich gegenüber; 1882 wird es mit Deutschland zum Dreibund kommen, 1887 tritt das Mittelmeerabkommen zwischen den westeuropäischen Mächten in Kraft, das die Vormacht auf dem Mittelmeer endgültig regelt. Italien wird ein imperialistischer Staat und verfolgt Kolonialisierungsabsichten in Nordostafrika; 1887 wird Eritrea Kolonie, Libyen ist in italienischer Hand, und immer wieder kommt es zu kriegerischen Vorstößen nach Abessinien (Äthiopien). – Auch das ist in Giuseppe Verdis *Aida* ein Thema.

Auf dem Dorfe

In schmalen Häuserzeilen und kleinen Katen weiß man wenig von den großen Ereignissen der Weltgeschichte, oft nur das, was den »kleinen Mann« unmittelbar angeht und in der Regel bedrückt – 1870 ebenso wie 1813.

Wie sieht in Giuseppe Verdis Heimat um die Zeit seiner Geburt die politische Lage aus? Die Emilia, der er entstammt, ist geprägt durch ertragreiche Landwirtschaft wie durch ihre altberühmten Städte, einstige Freie Kommunen und Fürstenresidenzen, sie ist Teil der flachen, fruchtbaren, vom mächtigen Po und seinen Nebenflüssen durchströmten oberitalienischen Tiefebene und grenzt an die ähnlich strukturierte Lombardei. Oberitalien, selbst kein Schauplatz einer Revolution und politisch ein bunter Fleckerlteppich verschiedener Territorialmächte, hat den befreienden und zugleich rauen Wind der Französischen Revolution gründlich verspürt. Napoleon Bonaparte, Erbe und ebenso Überwinder der Jakobinerrepublik, strebt seit 1797 nach diktatorischer Alleinherrschaft. Als jüngster General der Revolution erobert Bonaparte ab 1797 die Lombardei, die bis dahin größtenteils zu Österreich gehört hat. Von den Lombarden wird Bonaparte als Befreier gefeiert, seine Siege nähren auch in Italiens Norden patriotische Sehnsüchte. Der mit den Habsburgern im Oktober 1797 geschlossene Friede von Campoformio bestätigt Frankreich im Besitz der Lombardei, wohingegen die von Bonaparte zerschlagene Republik Venedig (im Osten von Lombardei und Emilia) einstweilen Österreich überlassen, Piemont im Westen aber unmittelbar Frankreich einverleibt wird. Die neu gegründete Cisalpinische Republik mit der Hauptstadt

Mailand wird zum wichtigsten »Vasallenstaat« Frankreichs auf italienischem Boden – gewiss kein unabhängiges Staatswesen, aber doch mehr als eine bloße Besatzungszone. Nachdem sich Napoleon vom »Ersten Konsul« (1802) zum Kaiser der Franzosen (Krönung 1804) aufgeschwungen hat, setzt er sich am 26. Mai 1805 zu Mailand auch noch die Eiserne Krone der Langobardenkönige aufs Haupt – sichtbares Zeichen der Transformation der Republik in das Königreich Italien. Napoleon bemüht sich um politische und gesellschaftliche Umstrukturierung seines italienischen Königreichs: Die Emilia mit ihren lebhaften städtischen Zentren wie Bologna, Parma, Modena, Ferrara, Reggio und Piacenza, bis dato unheilvoll zersplittert in allerlei kleinere Fürstentümer und Territorien des päpstlichen Kirchenstaates, wird schrittweise in das französisch geprägte, vergleichsweise moderne und sehr zentralistische Rechts- und Verwaltungssystem eingebunden, stöhnt aber wie alle Einflussbereiche der napoleonischen Herrschaft über drückende Steuern und Abgaben. Der »kleine Korse«, dank seiner militärischen und politischen Erfolge zum charismatischen Führer der »Grande Nation« aufgestiegen (Heines vielschichtige Ballade *Die beiden Grenadiere* in Schumanns kongenialer Vertonung ist das wohl schlagendste Zeugnis einer weit über Frankreich hinausgehenden, nach dem Sturz des Korsen sich nostalgisch verklärenden Napoleonschwärmerei!), regiert sein Riesenreich im Vertrauen auf verwandschaftliche Loyalität mit Hilfe von Familienmitgliedern; so setzt er seinen Bruder Joseph zum König von Neapel ein. Napoleon ist auf dem Höhepunkt seines Ruhms, und man möchte ihm glauben, wenn er 1811 ausruft: »Noch drei Jahre und ich bin Herr des Universums.« Im Jahr zuvor heiratet er Marie Louise von Österreich, eine Tochter Kaiser Franz' I., und verpflichtet sich auf diese Weise das Haus Habsburg – nach Napoleons Sturz wird Marie Louise das Herzogtum Parma erhalten, und Verdi wird einer der jungen Künstler sein, der von der verantwortungsbewussten Landesherrin mit einem Stipendium bedacht wird.

Kulturell ist die Zeit Napoleons die ruhmreiche Ära des »Empire«, der zum internationalen Modestil avanciert. Die Möbel sind von eleganter Zartheit, nur mehr ein Hauch von Klassizität, der Wandschmuck wird schnörkellos, auf hellen Stofftapeten bleiben lediglich rahmende Blumenranken als Reste der früheren Ornamentik, die Damenwelt legt den Reifrock beiseite, um die chemise, ein dekolletiertes, schlichtes Gewand à la antiker Peplos, anzulegen, das dicht unter der Brust gegürtet wird und frei den Körper umspielt. Europa huldigt in Napoleon dem liberalen Geist, den er in seinem Code civil formuliert: Persönliche Freiheit und rechtliche Gleichstellung aller Bürger werden dort zur Rechtsgrundlage erhoben. Man lobt ihn als Befreier Italiens, als Befreier der Juden, denn er hebt die Ghettoisierung auf und garantiert in seinem Einflussbereich Religionsfreiheit. Beethoven widmet ihm seine Dritte Symphonie, die *Eroica*, Paganini komponiert eine Napoleon-Sonate; Jacques-Louis David hält die Kaiserkrönung in Notre Dame und den Zug Napoleons über den Großen St. Bernhard in großen Historiengemälden für die Nachwelt fest. Die Schönen Künste machen Napoleon aber so recht erst nach seinem tragischen Sturz zu ihrem Thema.

1812 bricht Napoleon I. zu seinem gigantischen Russlandfeldzug auf, der ihn bis Moskau führt, der aber infolge der von den Russen angewandten Taktik der »verbrannten Erde« in einer Katastrophe endet. Pjotr Tschaikowsky hat das tragische Geschehen in seiner patriotischen Ouvertüre *1812* im Rückblick auf eine griffige symphonische Formel gebracht: Wie in Schumanns bereits genannten *Grenadieren* steht auch bei dem russischen Komponisten für Napoleon die *Marseillaise*, die mit der Zarenhymne einen erbitterten symphonischen Kampf austrägt. Als die ausgehungerte und frierende Grande Armée, bedrängt vom russischen Heer, den verzweifelten Rückzug antreten muss, fasst Preußen Mut, sich im Befreiungskrieg zu erheben. In der berühmten Völkerschlacht bei Leipzig siegt die Koalition von Russland, Preußen und England über Frankreich; Napoleons

Macht ist gebrochen. Der Kaiser wird zur Abdankung gezwungen, als die koalierten Streitkräfte vor den Toren von Paris stehen. Napoleon wird auf Elba gleichsam unter Hausarrest gestellt. Ein Jahr später gelingt ihm die Flucht und die Aufstellung eines neuen Heeres. In der Schlacht bei Waterloo geht sein Stern allerdings endgültig unter. Napoleon wird nach St. Helena deportiert, wo er die sechs Jahre bis zu seinem Tod in absoluter Isolation verbringt. Lord Byron widmet ihm 1814 eine Ode, Viktor Hugo 1828. Der deusche Dramatiker Grabbe schreibt eine Napoleon-Tragödie, der französische Lyriker Lamartine 1832 ein Gedicht. Sein komponierender Landsmann Hector Berlioz schafft eine Napoleon-Legende, der Maler Ingres Napoleon-Gemälde. Besondere Ehrung erfährt der Kaiser in Italien. Hier nennt man den Korsen »Italiener«, erkennt ihn als Nationalhelden an. Schon als er 1796 in Oberitalien einmarschiert, werden dem »Befreier« zu Ehren in den Dörfern Freiheitsbäume gepflanzt mit Bändern in den Farben der italienischen Trikolore, nämlich den Stadtfarben Bolognas, weiß-rot, plus der Farbe der Hoffnung.

> »Der Freiheitsbaum ist aufgepflanzt,
> Der Lärm der Waffen nun schweigt,
> Und in Italien zeige
> Die Freiheit sich in stolzer Pracht«,

heißt es in einem zeitgenössischen Lied. 1832 verfasst Alessandro Manzoni, einer der bedeutendsten italienischen Dichter des 19. Jahrhunderts, seine Ode auf den Tod Napoleons, betitelt *Der fünfte Mai*:

> »Er trat hervor: gespaltne Welt,
> Bewaffnet gegeneinander,
> Ergeben wandte sich zu ihm
> Als lauschten sie dem Schicksal;
> Gebietend Schweigen, Schiedsmann
> Setzt' er sich mitten inne …«

Nach seinem Fall, der auch in Italien die Restauration der alten Verhältnisse durch Metternich und den von ihm dominierten Wiener Kongress (1815) zur Folge hat, trauert um ihn die Nation, zumal in Italien nur allzu schnell die frühere, reaktionäre Richtung triumphiert: Spitzel überwachen die Menschen selbst in den kleinsten Dörfern, Hausdurchsuchungen sind an der Tagesordnung, Bärte werden als Vermummung verboten, der Zopf, Zeichen des Ancien Régime, wieder getragen. Staatsfeinde werden exekutiert oder in der Festung Spielberg bei Brünn lebenslang eingekerkert.

In Italien regt sich subversiver Widerstand, z. T. unter dem Einfluss des Vorbilds Napoleon, unvergessen ist immerhin ein Ausspruch Bonapartes: »Italien ist eine einzige Nation, und Rom ist ohne Zweifel die Hauptstadt, welche eines Tages die Italiener wählen werden.« Geheimbünde organisieren sich, viele nach dem Muster der Freimaurer und Rosenkreuzer, deren Ziel die Befreiung und Einigung Italiens ist. Die gesamte Widerstandsbewegung nennt sich Risorgimento, ein Begriff, der seinen Ursprung im 18. Jahrhundert hat. Gelehrte propagieren den Wiederaufstieg Italiens im Zeichen einer einheitlichen Kultur unter der Devise »Risorgimento d'Italia … nelle arti«. Hier wird das Wort *risorgimento* (wiedererheben) noch mit *rinascimento* (Renaissance, Wiedergeburt – einem übrigens nicht bloß kulturellen, sondern à fonds auch politischen Begriff!) gleichgesetzt und ausschließlich auf die Kunst bezogen. Als Erster benutzt ihn Saverio Bettinelli 1765 synonym mit Renaissance. Erst Anfang des 19. Jahrhunderts wird der Begriff politisch aufgeladen. 1821 beispielsweise erscheint das Wort im Titel einer revolutionären Hymne Manzonis, *Inno del risorgimento italiano*. Und der Dichter Vittorio Alfieri prophezeit, dass eines Tages das geteilte, gedemütigte Italien sich erheben (*sorgere*) wird, »frei und einig«.

Zu den wichtigsten Geheimbünden gehören die Massoneria (ital. Freimaurer), die Federati, die Carbonari und andere. Besonders die Carbonari tun sich hervor und erreichen einen gewissen Ruf. Ludwig Börne, der prominenteste Dichter im Kreise des »Jungen Deutschland«, hat ihnen ein Denkmal in seiner kritischen Erzählung *Die Karbonari und meine Ohren* gesetzt. Die Erzählung greift auf den Aufstand in Turin 1821 zurück und beschreibt die österreichische Spitzel- und Verhörtechnik; sie beginnt mit den Worten: »Als ich nach Mailand kam, herrschte dort eine sichtbare Gärung. Man hatte Nachricht erhalten, dass in Turin eine Revolution ausgebrochen; die Behörden waren argwöhnisch, achtsam streng ... Ich hatte in Mailand italienische Sprache gefunden, aber keinen italienischen Himmel, Gegenwart, aber keine Vergangenheit ...«

Inspiriert von dem Wirken und den Forderungen der Geheimgesellschaften kommt es in Italien immer wieder zu Aufständen und Erhebungen; die meisten bleiben zunächst noch lokal begrenzt, sie werden von den Behörden Österreichs oder aber des Kirchenstaates brutal niedergeschlagen, beispielsweise der frühe Revolutionsversuch in Maceola, das zum Kirchenstaat gehört – 1817.

Zu diesem Zeitpunkt ist Giuseppe Verdi vier Jahre alt. Geboren wird er am 9. Oktober im Jahr von Napoleons Fall in dem Dorf Le Roncole, wenige Kilometer von der Kleinstadt Busseto entfernt. Der Vater, Carlo Verdi, leitet eine Schankstube, die zugleich ein kleiner »Tante-Emma«-Laden ist und den Bauern der Umgebung liefert, was sie selbst nicht produzieren können. Seine Frau Luigia Uttini übt den Beruf der Spinnerin aus, wie es so viele Frauen der Region Parma und in der Lombardei tun. Das Gebiet ist seit dem Mittelalter berühmt für seine Seidenraupenzucht. Luigia, die als sehr fleißig beschrieben wird – obwohl das ein äußerst stereotypes Frauenlob ist und daher nicht unbedingt etwas zu sagen hat –, ist selbst Wirtstochter; sie führt hauptsächlich die Schankwirtschaft. Ihr Mann entstammt einer kinderreichen Familie; sein Vater besitzt Land von nicht unerheblicher Ausdehnung; leider stirbt er bereits mit vierundfünfzig Jahren, so plötzlich, dass sämtliche seiner Geschäfte in Unordnung geraten; seine Frau Francesca muss zwölf Kinder ernähren und ist in der ersten Zeit nach dem Tod Giuseppe Antonios nicht mit den Geschäften ihres Mannes vertraut; sie ist gezwungen, auf einer öffentlichen Auktion einen Teil des Landes zu veräußern, der Rest teilt sich unter ihre Söhne auf, sodass Carlos Besitz lediglich eine Parzelle des früheren Familiengrunds ist. Trotzdem schafft Francesca es immerhin, das wenige zu erhalten. Die couragierte Frau stirbt 1807, zwei Jahre nachdem Carlo und Luigia geheiratet haben.

Das junge Ehepaar führt ruhig sein Wirtshaus, das in der näheren Umgebung eine Art Nachrichtenbörse darstellt, für viele Bauern und Tagelöhner der einzige Kontakt zur weiten Welt. Carlo Verdi bringt von seinen wöchentlichen Einkäufen in Busseto die neuesten Mitteilungen und die Zeitung mit, aus der er abends seinen Gästen vorliest, die ihren Feierabend regelmäßig in seinem Ausschank verbringen.

Viel Information über die ereignisreiche Zeit, das Ränke- und Mächtespiel der Großen ist das nicht. Doch in Giuseppe Verdis Geburtsjahr wird auch das unscheinbare Le Roncole von den Kriegszeiten erschüttert. Russische Truppen durchziehen plündernd die Gegend. Die Bewohner des Dorfes flüchten sich in die Kirche. Luigia besitzt die Geistesgegenwart, mit ihrem Säugling hoch oben auf dem Glockenturm Schutz zu suchen, die russischen Soldaten nehmen nämlich auf das Allerheiligste keine Rücksicht. Ganz so grausam, wie es die westlichen Verdi-Biographien aus der Zeit des Kalten Kriegs beschreiben, kann der Truppeneinfall aber nicht gewesen sein, und Luigia wird auch nicht als einzige Frau die rettende Idee gehabt haben, sich im Turm zu verkriechen, um auf diese Art der Nachwelt den genialen Tonkünstler zu erhalten. Es kam gewiss zu Übergriffen und brutalen Gewalttaten, aber doch glücklicherweise nicht zu massenhafter Ermordung oder Vergewaltigung der in der Kirche Asyl suchenden Menschen.

Nach den Kriegswirren kehrt wieder Ruhe in Le Roncole ein. Viel ändert sich am Alltag nicht. Napoleons Gesetze bleiben in einem gewissen Umfang bestehen, Französisch zumindest vorläufig als Amtssprache erhalten. Als Carlo Verdi die Geburt seines Sohnes den Behörden meldet, werden die französischen Vornamen Joseph Fortunin François ins Gemeinderegister eingetragen. Ein Zeitgenosse des greisen Verdi beschreibt die Umgebung: »Der Reisende, der auf dem Schienenweg die lange Strecke von Piacenza nach Parma befährt, stößt … auf ein unscheinbares Flüsschen – die Ongina. Vom Monte della Ranca … herabkommend, kreuzt sie die Via Emilia, schlängelt sich westwärts und leistet … ihren Beitrag zur grandiosen Strömung des Po, nicht ohne zuvor rechtsseitig die kleine Stadt Busseto und linksseitig die noch schlichtere … Domäne von Sant' Agata gegrüßt zu haben. In dieser Richtung … liegt der Flecken Roncole … dem Auge verborgen … wegen des abfallenden Geländes und wegen der Dichte der großen Bäume, die die liebliche Landschaft in weiträumige Vierecke aufteilen.« Busseto in der Emilia ist kein ödes Provinznest, sondern ein durchaus ansehnliches Handelszentrum mit zwei Bibliotheken, einem Musikverein und anderen wichtigen städtischen Einrichtungen; die Stadt liegt im Grenzgebiet der Emilia zur Lombardei. Parma, die nächstgrößte Stadt, ist schon zu Verdis Jugendzeit berühmt für ihren Lambrusco, den köstlichen Rotwein, und die kraftvolle, aber feine Küche auf der Basis der köstlichen Schinken, Würste und Käse des Landes. Der Virtuose Niccolò Paganini wird 1840 in Parma begraben. In den Ballungsgebieten, zum Beispiel in der großen Universitätsstadt Bologna, blüht bereits die Industrie auf und lässt die Emilia Romagna zu einer der reichsten Landschaften Norditaliens werden. In der Poebene, in der es im Sommer unerträglich heiß und schwül wird, hat man sich auf Viehhaltung spezialisiert. Die Region wird berühmt für ihre Pferde- und Schweinezucht. Die Emilia und mehr noch der südöstliche Bereich, die zu Adria und Apennin hin gelegene Romagna, ist die Provinz der aberhundert Burgen, die von Hügeln und Anhöhen in die sanften Täler hinabblicken und in denen manchmal große europäische Geschichte geschrieben wurde – etwa in der Burg Canossa südlich von Reggio nell'Emilia, wo sich 1077 Kaiser Heinrich IV. dem Papst Gregor VII. unterwarf. Fluss- und seenreich ist dagegen die Lombardei, die reichste Provinz Italiens, damals wie heute.

»Arm geboren, in einem armen Dorf«, seufzt Verdi einmal, aber da ist er schon beinahe achtzig Jahre alt und sieht, an Reichtum gewöhnt, in legendenhafter Verklärung auf sein Leben zurück. In Relation zu seinen Einnahmen als berühmter Komponist, zu dem Besitz der ihn umgebenden Highsociety erscheinen seine Eltern natürlich arm und ungebildet, im Vergleich zu ihrer ländlichen Umgebung bewegen sie sich allerdings auf recht hohem Niveau. Weit und breit besitzt Carlo Verdi den einzigen Laden mit Schankwirtschaft, kann sich über mangelnde Kundschaft nicht beklagen und seine »Monopolstellung« gibt ihm die Macht, seine Preise frei zu bestimmen. Luigias zusätzliches Einkommen als »fileuse« mehrt die Haushaltskasse bedeutend, denn gute Spinnerinnen werden in der Lombardei und ihren Grenzregionen hoch geschätzt. Innerhalb der winzigen Bauernschaften und Weiler der Umgebung ist Le Roncole wie eine kleine Hauptstadt und Carlo Verdis Wirtshaus die einzige Stätte der Unterhaltung. Man darf sich den Ausschank gewiss nicht als dunkle, zwielichtige Spelunke nach Art der »Mördermühle« im letzten Akt des *Rigoletto* vorstellen, in der bis zum frühen Morgen finster dreinblickende »briganti« und »bravi« ihre Überfälle planen, sondern als reinliche Stube mit wenigen Tischen, aber einer langen Theke, die erst zum Einläuten des Feierabends öffnet, und zwar nur auf zwei, drei Stunden. Die Bauern kommen, trinken rasch einige Gläser Schnaps oder Wein und gehen wieder; niemand hält sich länger auf, als er für sein Gläschen und einen kurzen Plausch mit den Nachbarn braucht. Emile Zola hat in seinem Roman *Germinal* eine wohl ähnliche Arbeiterschänke treffend beschrieben.

Carlo Verdi besitzt keine Reichtümer, aber immerhin so viel Überschuss, um seinem Sohn, der früh eine hohe Musikalität erkennen lässt, ein gebrauchtes Spinett kaufen zu können. Das Instrument ist auch nicht so zerstört, dass Carlo Verdi es fast geschenkt bekommt, es bedarf lediglich einiger Überholung, die der Instrumentenbauer der Gegend gerne übernimmt. Im Spinett ist folgende kleine, rührende Inschrift angebracht: »Ich, Stefano Cavaletti, habe diese neuen Hämmerchen gefertigt … ich habe auch das Pedal justiert, was ein Geschenk von mir ist, wie ich auch besagte Hämmerchen gratis gemacht habe; denn angesichts der guten Veranlagung des Knaben Giuseppe Verdi, dieses Instrument spielen zu können, genügt mir das, um vollauf zufrieden gestellt zu sein.« Das Spinett steht heute im Museum der Scala.

Ungebildet sind Carlo und Luigia Verdi auch nicht, jedenfalls sind sie keine Analphabeten, wie es manchmal heißt – es würden sonst kaum Briefe Carlos an seinen Sohn und andere existieren. Die Briefe stammen aus unterschiedlichen Lebenszeiten und von verschiedenen Orten, weisen aber alle dieselbe Handschrift auf, können also nicht von Dorfschreibern im Auftrag Carlos geschrieben worden sein. In bald jedem größeren Dorf sitzt übrigens so ein Amtsschreiber, ein schlecht besoldeter Mensch, eigentlich eine jämmerliche Existenz, deren Talent in einer schönen Schrift (vielleicht aber auch in bestimmten Kenntnissen des Rechts und der Verwaltung) besteht und die sich mit dem Abfassen von privaten oder an Behörden gerichteten Briefen für die Landbevölkerung ein Zubrot verdient. In der nachnapoleonischen Zeit wird das Gesetz erlassen, dass nur Personen mit einem Einkommen von mehr als 1.200 Lire berechtigt, Lesen und Schreiben zu lernen, eine Summe, über die Giuseppes Vater ohne weiteres verfügt. Gegen die Unbildung Carlos spricht auch, dass das Ehepaar sehr um Giuseppes Ausbildung bemüht ist. Von seinem vollendeten vierten Lebensjahr an soll der Junge Lateinunterricht erhalten haben, Italienisch lesen und schreiben hat er schon vorher erlernt. Bald erhält das Kind Orgelunterricht in der Kirche San Michele. Als der dortige Organist und zugleich Orgellehrer Verdis stirbt, übernimmt der Neunjährige das vakante Amt. Das allein zeugt von seinem enormen Talent und der frühen Anerkennung, die Giuseppe bei seinem Publikum findet. Mit zehn Jahren wechselt er von der

Volksschule aufs Gymnasium in Busseto. Da der Weg von Roncole nach Busseto täglich nicht zu bewältigen ist, besorgt Carlo seinem Sohn eine Unterkunft bei einem Bussetaner Flickschuster namens Pugnatta. Auch das etwas durchaus Übliches. Gegen ein geringes Entgelt nehmen manche wenig begüterten Familien so genannte Bettgäste (»Schlafburschen«) bei sich auf, die die Wohnung ihres Vermieters nur zum Schlafen und zur Aufbewahrung ihrer Habseligkeiten nutzen; oft genug teilen sich zwei Bettgäste eine Schlafstätte, die sie dann wechselweise Tag und Nacht nutzen. Tagelöhner, Arbeiter, Schüler und Studenten machen vielfach Gebrauch von diesen privaten Unterkünften. Pugnatta erhält ein paar Francs für Giuseppes Bettstelle

Verdis Geburtshaus in Le Roncole bei Busseto

und seine Verpflegung, aber der Schuster teilt seinen Gewinn so sparsam ein, dass der Schüler häufig nur eine magere Polenta mit Zwiebeln aufgetischt bekommt – später eines von Verdis Lieblingsgerichten.

Wochentags besucht der Junge die Schule, sonntags macht er sich frühmorgens auf den Weg nach Roncole, um sein Organistenamt wahrzunehmen. Das trägt ihm einen geringen Jahresverdienst von vierzig Lire plus Naturalien ein, von dem er allerdings einen Teil der von Pugnatta verlangten dreißig Centesimi pro Tag bezahlt.

Für seine Schulbildung ist hauptsächlich sein Italienischlehrer Don Seletti verantwortlich. Die Schulbildung liegt zu Anfang des 19. Jahrhunderts noch fest in den Händen der Kirche. Eine zweigeteilte Schulbildung: Jungen erhalten Unterricht in der Klassischen Philologie, den Naturwissenschaften und der Mathematik, die Mädchen werden in Klosterschulen in Handarbeiten, Lesen, Schreiben und Anstand unterrichtet. Don Seletti ist der Direktor des Bussetaner Gymnasiums, ein sehr engagierter Mann, der Wert auf niveauvolle Ausbildung legt und der in dem fleißigen Giuseppe einen künftigen Theologen heranreifen sieht. Das Theologiestudium ist für einen Jungen vom Dorf ein erstrebenswerter Beruf, darüber hinaus für viele von ihnen das einzige bezahlbare, denn die Kirche ist allgemein großzügig in der Vergabe von Stipendien. Doch zu dieser Zeit regen sich in Giuseppe völlig andere Wünsche. Da Musik nicht zu den Studienfächern des »ginnasio« gehört, hat Verdi sich in der städtischen Musikschule eingeschrieben. Hier lehrt Ferdinando Provesi, seines Zeichens Organist in San Bartolomeo und städtischer Kapellmeister. Er bescheinigt seinem gelehrigen Schüler bald: »Wisset, mein Junge, wenn Ihr Euch beim Unterricht weiter so anstrengt wie bisher, dann werdet Ihr ein ausgezeichneter Maestro werden, was ich aber nicht für die Wissenschaft prophezeien kann, nicht etwa, weil's Euch am Verstand mangelt, sondern wegen Eurer grenzenlosen Liebe zur Musik.« Bis 1829 studiert Verdi bei Provesi und erhält eine fundierte Einführung in die Kirchenmusik und die Werke der Klassiker. Sein

Abitur besteht er 1827 mit Erfolg. Damit hat seine Kindheit ihr Ende gefunden.

Giuseppe Verdis Kindheit ist wie die so vieler anderer Künstler im Nachhinein sehr verklärt worden. Anekdoten von dem früh sich zeigenden Talent sollen ein Wunderkinddasein bezeugen. Wolfgang Amadeus Mozart habe noch in der Wiege liegend ein derart feines Gehör gehabt, dass er bei Geigenmusik gelächelt, bei Trompetenklängen geweint habe. Beethoven soll sich das Klavierspielen auf einem ausgedienten Instrument auf dem Dachboden des väterlichen Hauses in Bonn selbst beigebracht haben. Tschaikowsky sei als Kleinkind bei schöner Musik vor Entzücken in Ohnmacht gefallen. Prokofieff erfindet sich angeblich als Vorschüler ein eigenes Notensystem. Einen besonderen Glanz wird Wunderkindern dadurch verliehen, dass ihnen eine außergewöhnlich schwere Kindheit in Elend und Armut nachgesagt wird: Ludwig van Beethoven von seinem schuldenbelasteten, alkoholkranken Vater geprügelt, Johannes Brahms von seinem Erzeuger in Hamburg als Tanzbodenpianist von Hafenkneipe zu Rotlichtspelunke geschleppt, Franz Liszt, armer Sohn eines ungarischen Rentmeisters, Jenny Lind, illegitime Tochter einer allein erziehenden Mutter. Beppe Verdis Geburtshaus wird folgendermaßen beschrieben: »Das niedrige Häuschen mutet eher wie ein Stall als wie eine menschliche Wohnstätte an; man erkennt daraus, eine wie armselige Krämerei es gewesen sein musste, in der Carlo Verdi … nicht nur Wein, Spirituosen und sonstige Lebensmittel, sondern auch allerlei Kleinkram verkaufte.«

Verdis erste Begegnung mit Musik – so die Wunderkindgeschichten – seien die umherziehenden Stadtpfeifer- und Zigeunerbandas gewesen, Leierkastenmusik und Tanzgeigerklänge. Stundenlang sei der kleine Peppino hinter den Musikern hergelaufen, das sei sein liebstes Kinderspiel gewesen.

Einmal dient Giuseppe in der Messe (wie regelmäßig sonntags – darauf sieht sein strenggläubiger Vater), vergisst über den

Orgelklängen seine Gegenwart und stört mit seinem Träumen die Wandlung, »da sandte ihm der Himmel durch die Person eines Pfarrers ... eine Ohrfeige herab«, sodass Verdi zu Boden fällt und verletzt liegen bleibt. Er soll den Priester daraufhin verflucht haben, Gott solle ihm eines Tages den Schlag zurückgeben, und tatsächlich ist der betreffende Priester durch einen Blitzschlag ums Leben gekommen (übrigens eine der Verdi-Anekdoten, die in das Buch und den imposanten Film *Schlafes Bruder* Eingang gefunden hat).

Wenn die Musik nicht zu ihm sprechen wollte, konnte Giuseppe einen beethovenschen Jähzornsanfall bekommen; »eines Tages konnte der Knabe eine schöne Harmonie, die er entdeckt hatte, nicht wieder finden und zertrümmerte aus Wut darüber das Spinett.«

Ansonsten heißt es, der »maestrino von Roncole«, wie ihn die Einwohner nennen, sei ein eher schüchternes, sehr zurückhaltendes Kind gewesen. »Der kleine Knabe wuchs auf und zeigte schon sehr früh besondere geistige Anlagen und einen selbständigen Character. In einem Alter, in dem das fröhliche, silberne Lachen und die freudigen Thränen allein Alles ausmachen, was man das Leben nennt, in welchem man am meisten die Geselligkeit sucht, weil der Geist noch nicht zu einer Entwicklung gekommen ist, der eine Selbständigkeit der Anschauungen und Handlungen zur Folge hat, war der kleine Verdi ganz in sich verschlossen und mied die Gesellschaft seiner Altersgenossen, um sich lieber fern von ihren lauten Spielen und Vergnügungen seinen eigenen Gedanken hinzugeben.« Schlecht passt in dieses Bild seine jüngere Schwester Giuseppa Francesca, mit der er gespielt haben wird wie Millionen anderer Geschwisterkinder, außerdem haben die beiden zahlreiche Cousins und Cousinen, vom einsamen Wunderkind kann also nicht die Rede sein. Gerade darum aber wird die Existenz von Giuseppa Francesca verschwiegen oder wird sie mit Vorliebe als schwachsinnig und unbedeutend dargestellt. Das Mädchen ist in Wahrheit weit davon entfernt, geistig behindert zu sein. Sie absolviert eine

Der junge Verdi unterrichtet die Contessina Zaccaria im Klavierspiel
(Gemälde von Podesti)

Schneiderinnenlehre und wird von ihrem Bruder heiß und innig geliebt, den ihr früher Tod mit erst siebzehn Jahren stark erschüttert.

Bildung ist im 19. Jahrhundert weitgehend den privilegierten Schichten vorbehalten, von daher eine teure Angelegenheit. Das Niveau der ländlichen Volksschulen ist oft sehr niedrig, es werden nur die Grundbegriffe von Schreiben, Lesen und Rechnen vermittelt, an oberster Stelle im Lehrplan steht der Katechismus. In den Städten sehen die Programme der Grundschulen etwas besser aus. Am qualitätvollsten ist die Ausbildung durch einen Hofmeister, einen Privatlehrer, der meist mehr als nur sein Fachwissen zu vermitteln hat, sondern darüber hinaus noch für das Benehmen und die Unterhaltung seiner Schützlinge zu sorgen hat; einen Hofmeister können sich indes nur die begüterten Familien leisten. Für die Ausbildung talentierter Kinder ohne finanziell abgesicherten Hintergrund gibt es die Möglichkeit der privaten Förderung oder von Stipendien diverser Stiftungen oder Institutionen. Nun ist der Besuch des »ginnasio«, der Musikschule, die Unterkunft bei Pugnatta von Carlo Verdi noch zu leisten, aber als sein Sohn sich wünscht, das Mailänder Konservatorium besuchen zu dürfen, muss Carlo ablehnen. Da wäre nicht nur das Studiengeld, sondern auch die Unterbringung in der teuren Metropole, die sich ja noch dazu im Ausland befindet, schließlich ist die Lombardei ein fremder Staat. Da aber Giuseppe eine derart tiefe Neigung zur Musik zeigt und unmissverständlich klarmacht, dass es in seiner Zukunft nur die Musik gibt, wendet sich sein Vater an den caritativen Verein Monte di Pietà. Die zumeist im Spätmittelalter, der Blütezeit der italienischen Kommunen, begründeten »montes pietatis« waren Pfandleihanstalten zugunsten der ärmeren Schichten; das Grundkapital dieser »gemeinnützigen Bankhäuser« beruht meist auf frommen Stiftungen wohlhabender Bürger. Der Monte di Pietà in Busseto verdankt seine Entstehung den dunklen Zeiten der Pest im 18. Jahrhundert. Damals beschließen die Bürger der Stadt, dass wer der Krankheit zu erliegen drohe, der Stiftung testamentarisch Geld vermachen solle, welches der Ausbildung begabter Talente der Stadt Busseto zugute kommen solle. Der Verein »Il Monte di Pietà ed Abbandonata« wird ins Leben gerufen. Durch Pfandleihgeschäfte nimmt er zusätzlich Geld ein. Die Verwaltung obliegt den Stadtvätern von Busseto. Am 13. Februar 1832 erteilt der Bürgermeister von Busseto folgenden Bescheid an Carlo: »Es freut mich, Ihnen mitzuteilen, dass Seine Exzellenz, der Herr Innenminister, mit Dekret vom 9. dieses Monats … Ihrem Sohn Giuseppe eine jährliche Summe von dreihundert Lire bewilligt hat … Er kann jedoch erst bei Freiwerden der Stelle … das heißt am 1. November 1832 in den Genuss genannten Stipendiums kommen.« Offenbar ist die Erlaubnis der Regierung in Parma für ein stipendiertes Studium im Ausland einzuholen. Parma wird von Erzherzogin Marie Louise von Österreich regiert, die in erster Ehe mit Napoleon I.

verheiratet war. »La buona duchessa« ist eine in kulturellen Dingen recht engagierte Landesherrin. Als sie das erste Mal italienischen Boden betritt, ist sie über das vernachlässigte Land bestürzt, genau wie Fürst Metternich, der 1815, bald nach Marie Louises Inthronisierung, auf seiner Reise nach Venetien erschüttert ausruft: »Venedig ist eine Ruine!« Die Herzogin lässt in Parma Spitäler erbauen, sie gründet die Universität, 1820 lässt sie das Gymnasium wieder eröffnen, das 1806 geschlossen worden ist. 1821 ruft sie das Konservatorium ins Leben, an dem einmal musikalische Größen wie Arrigo Boito und Arturo Toscanini studieren werden. In der Revolutionsphase 1830/31 gehen viele ihrer Einrichtungen aber wieder zugrunde. Marie Louise muss aus Parma fliehen. Ihr Minister Wenzel Philipp Leopold von Maréschall, einer ihrer unzähligen Geliebten, beklagt: »Die Wunden sind derart tief und die Mittel derart beschränkt, dass man viel Zeit und Ausdauer brauchen wird, um sie zu heilen.« Erst im Februar 1832 kehrt die Herzogin aus Piacenza zurück nach Parma und eine ihrer ersten Amtshandlungen gilt dem Stipendium Giuseppe Verdis.

Von völlig anderer Seite erhält der »maestrino« zusätzlich Hilfe, nämlich von dem liberalen, aller Obrigkeit abholden Kaufmann Antonio Barezzi. Barezzi ist ein Geschäftspartner Carlo Verdis, zugleich ein ausgesprochener Musikenthusiast, ein »maniacco dilettante«, wie die Bussetaner spötteln. In seinem zweistöckigen, imposanten Stadthaus, das am Rande der ausgedehnten Piazza im Zentrum der Stadt liegt, hat der wohlhabende Kaufmann einen Musiksalon eingerichtet. Er gründet die Philharmonische Gesellschaft, die sich regelmäßig in seinem Palazzo zum Musizieren einfindet. Bei den Treffen wird eifrig über politische Fragen diskutiert. Barezzi ist glühender Anhänger des Risorgimento, er hegt eine Vorliebe für die Dichtungen Alfieris und Manzonis, doch muss unbekannt bleiben, in welcher Beziehung er zu den verschiedenen Geheimbünden steht, die für die Einigung Italiens streiten. Seit er in Busseto lebt, verkehrt Giuseppe im Haus Barezzis. Er darf in dem Salon des Kaufmanns

Klavier üben, da Pugnatta natürlich über kein Instrument verfügt. Als Flötist, Klarinettist und Hornist ist Giuseppe Verdi ein sehr brauchbares Mitglied der Philharmonischen Gesellschaft. Barezzi hat ihm bereits in der Vergangenheit mehrmals unter die Arme gegriffen, jetzt ist er bereit, dem angehenden Komponisten Geld vorzuschießen, damit dieser so schnell wie nur irgend möglich das Konservatorium besuchen kann.

Giuseppe Verdi geht nicht den üblichen Weg eines Musiktalents vom Lande. Die durchschnittliche Musikerlaufbahn im Italien des 19. Jahrhunderts heißt: fundierte Ausbildung als Organist bei einem renommierten Meister, Anstellung an einer der Dorfkirchen. Mit dem, was Verdi in Roncole und bei Provesi gelernt hat, wäre ihm eine bescheidene Kirchenmusikerstellung möglich gewesen. Der Bedarf ist groß an Kirchen- und Dorfmusikern. Musikerfamilien »vererben« ihre Organistenposten von Vater auf den Sohn. Die Kirchenmusik wird als eine Art Lehrberuf verstanden. Doch seit Giuseppe 1828 die Oper *Der Barbier von Sevilla* von Gioacchino Rossini gehört hat, steht für ihn fest, dass sein Weg der eines Opernkomponisten sein soll.

Im Juni 1832 reist er nach Mailand. Barezzi hat ihm ein Obdach bei dem befreundeten Wissenschaftler Giuseppe Seletti besorgt. Er wird vor den Prüfungsausschuss zitiert und spielt vor. Ein eingeübtes Stück und eine Komposition vom Blatt. Dann muss er in einer theoretischen Prüfung seine Kontrapunkt- und Harmonielehrekenntnisse unter Beweis stellen. Er schneidet durchschnittlich ab. Im Prüfungsprotokoll heißt es kritisch: »Der Klavierlehrer … war der Meinung, oben genannter Verdi müsse seine Handhaltung ändern, was, so sagte er, im Alter von 18 Jahren schwierig sei, dass er bei sorgfältigem und geduldigem Studium der Regeln des Kontrapunkts imstande sein wird, die eigene Phantasie, die er zu besitzen scheint, so weit zu zügeln, dass aus ihm ein annehmbarer Komponist werden könnte.« Hätte Giuseppe Verdi tatsächlich eine überdurchschnittliche Leistung zustande gebracht, das Mailänder Konservatorium hätte ihn gewiss angenommen. So aber halten sich die Prüfer an ihre Bestimmungen, die das Höchstalter zur Aufnahme mit vierzehn Jahren angeben und einheimische Bewerber Ausländern vorziehen.

Verdi ist tief gekränkt und sieht angstvoll in seine Zukunft. Das Konservatorium ist seine einzige Chance gewesen. Es geht ihm auch darum, als Internatsschüler aufgenommen zu werden, um die Ausbildungskosten zu senken, so aber … Sein Hauswirt berichtet die Ablehnung seinem Freund Barezzi: »Nun bestimme Du, was das beste für Verdi ist. Entweder Du hältst es für richtig, ihn weiter zu unterstützen und wirst mit Deinem Starrsinn Glück haben, oder Du entschließt Dich, ihn zurückzuholen. Solltest Du zur ersten Ansicht neigen, dann müssen wir über Kosten und andere Misslichkeiten sprechen.« Da erscheint Antonio Barezzi als rettender Engel. Er werde alle Mehrkosten tragen, wenn Verdi in Mailand Privatunterricht nehme, wohnen könne er für ein Geringes bei Signore Seletti.

Giuseppe nimmt von nun an Stunden bei Vincenzo Lavigna, einem Orchestermusiker der Scala, der sich nebenbei mit Komposition und Unterrichten befasst. Von ihm erhält der junge Mann Kenntnis der Werke von Palestrina und Scarlatti sowie der Wiener Klassiker Haydn, Mozart und Beethoven. Dass Lavignia ihn nur mit alten Meistern und langweiligem Kontrapunkt gequält haben soll, dass er also seine Fähigkeiten als Orchestermusiker quasi autodidaktisch gelernt habe, ist eine von Verdis Selbstinszenierungen, die hervorragend zum Mythos des »Maestro della rivoluzione« passen. »In den drei Jahren, die ich bei ihm war, schrieb ich nichts anderes als Kanons und Fugen und Fugen und Kanons aller Art. Niemand brachte mir Orchestrierung bei oder wie man dramatische Musik behandelt«, sagt Verdi 1871. Doch wenn Mozarts Werke auf dem Lehrprogramm stehen, dann auch gewiss die Opern, und die Musik Beethovens ist höchst aktuell, schließlich ist der Meister erst fünf Jahre zuvor in Wien gestorben. Lavignas Unterricht ist demnach sehr umfassend.

4 österreichische Lire kostet die Stunde bei Lavigna. Seletti

führt in seinen Briefen an Barezzi Buch über die Ausgaben. Einmal fordert er 200 Lire, einmal 300.

Im Frühjahr 1834 stellt Lavigna seinen Schüler bei einer Soiree Pietro Massini, dem Leiter der Mailänder Philharmonischen Gesellschaft, vor. Verdi erhält dort eines Tages die Chance, bei Proben zu Haydns *Schöpfung* als Korrepetitor einzuspringen. »Ich erinnere mich noch sehr gut an manches ironische Lächeln der signori dilettanti, denen meine jugendliche, magere und nicht besonders herausgeputzte Gestalt anscheinend wenig Vertrauen einflößte … die Probe begann … und ich begnügte mich nicht mehr mit der Begleitung, sondern spielte nur mehr mit der linken Hand, während ich mit der rechten dirigierte. Ich hatte großen Erfolg.« In der Gesellschaft darf er sofort den Chor dirigieren. Hier sammelt er unschätzbare Erfahrungen, denen er seinen späteren Titel als papa dei chori, »Vater der Chöre«, verdankt. Weitaus wichtiger sind die Kontakte, die sich zu Mailänder Musikliebhabern spinnen. Ein Graf Borromeo bestellt sich bei dem gelehrigen Studenten eine Hochzeitskantate. Der erste Kompositionsauftrag!

Nun bemüht sich Verdi um eine feste Anstellung. Eine Organistenstelle am Dom zu Monza lehnt er allerdings ab, Barezzi zuliebe. Er beendet seine Studien bei Lavigna, um nach Busseto zurückzukehren und sich um die vakante Stelle als städtischer Musikmeister zu bewerben. »Ill.mo Sig.r Podestà, Giuseppe Verdi aus Roncole, wohnhaft in Busseto, ersucht in Übereinstimmung mit der Bekanntmachung Ew. Hochwohlgeboren … unter die Anwärter aufgenommen zu werden, die sich um die Stelle des Maestro di musica dieser Stadt bewerben. Als Nachweis für das sittliche Verhalten und das Wissen, den die Aspiranten auf genannte Anstellung erbringen müssen, wüsste der Bittsteller sich niemand Besserem zu empfehlen, als Ew. Hochwohlg. als seinem Amtmann. Er bekennt sich inzwischen mit dem Ausdruck unerschütterlicher Achtung Ew. Hochwohlg. Ergebenster und gehorsamster Diener Giuseppe Verdi.« Als Nachweis seines sittlichen Verhaltens bringt er ein Zeugnis seines Lehrers Lavigna, der seine Tugendhaftigkeit lobt. Verdis Jahrhundert legt auf Anstand und Moral so hohen Wert, dass diese Punkte wichtigster Teil von Zeugnissen und Bewerbungen sind; sie überwiegen in der Notengebung sogar die naturwissenschaftlichen Fächer und die Religion. Seletti ist insgeheim froh, als Verdi 1836 nach Busseto zurückgeht. Am 25. April vertraut er Barezzi an: »Da Du offen zu mir bist und mich aufforderst, Dir ebenso offen zu antworten, schreibe ich Dir hiermit. Verdi ist mir nicht besonders sympathisch.«

Barezzi rät ihm zu der Bewerbung und unterstützt ihn in der Öffentlichkeit. Das missfällt den konservativen Kreisen der Stadt. Aus der Besetzungsfrage wird ein politischer Streit. Die codini, die Konservativen, wünschen ihren Kandidaten Giovanni Ferrari eingesetzt, die liberalen cocardini (nach der dreifarbigen Kokarde, den späteren Nationalfarben) stehen hinter Barezzi und Verdi. Eine Partei intrigiert gegen die andere. Lediglich Verdi hält sich aus dem Streit heraus. Um den Konflikten aus dem Weg zu gehen, bemüht er sich wie gesagt um den Posten in Monza; da nun aber die Liberalen gegen Barezzi wettern und ihm Untreue vorwerfen, entschließt er sich, auf jeden Fall in Busseto zu bleiben. Der Streit wird bis vor den Innenminister und die Herzogin getragen, die bei jeder Amtseinsetzung das letzte Wort haben. Sogar Luigi Sanvitale, der Bischof von Fidenza (Borgo San Donnino), wird von den codini eingeschaltet; er berichtet am 11. März 1835 dem Innenminister: »Verleumdung, nichts als Verleumdung ist all das, was Ew. Erlauchtesten Hochwohlgeboren berichtet werde … ich weiß wohl, dass der Herr Distriktbevollmächtigte … schrieb, der Propst und jene Priester, die dem örtlichen Kirchenrat angehören, seien die Hauptursache für alle Reibereien und Spannungen im Ort wegen der Philharmoniker, dass sie weiter andauern, ja sogar noch anschwellen, und dass man einen nahe bevorstehenden offenen Aufruhr befürchten müsse. Man möge daher den zivilen und militärischen Obrigkeiten befehlen, auf der Hut zu sein, um den Aufruhr im Keim zu ersticken. Dabei sind sie es und nicht die Geistlichen ... die das Feuer schüren ... die Glut schwelt unter der Asche.«

Marie Louise sucht eine sportliche Lösung. Sie richtet einen Wettbewerb aus, dem sich der Kandidat jeder Partei zu stellen habe. Giovanni Ferrari erscheint am angegebenen Tag nicht. Die Entscheidung fällt zu Giuseppe Verdis Gunsten, der sich der Prüfung stellt und dem der Prüfer hohes Können attestiert. Damit ist Verdi Städtischer Kapellmeister mit einer monatlichen Besoldung von 300 Lire. Der Posten als Organist am Dom zu Busseto, der zu Provesis Zeiten zum Aufgabenfeld des Musikmeisters gehört, fällt doch noch Ferrari zu. Die konservativ-katholische Liga geht sogar so weit, Verdi die Aufführung seiner Werke im Dom und in den Kirchen der Umgebung zu verbieten. Die Franziskaner halten sich nicht daran, sie stellen ihm ihre Räumlichkeiten in San Bartolomeo für seine Kirchenmusik zur Verfügung. Es wird gesagt, dass von da an der Dom sonntags leer gewesen sei, da die Kirchgänger lieber dem Orgelspiel, der Musik Giuseppe Verdis lauschten als der uninspirierten Durchschnittskunst Giovanni Ferraris.

Die hohe Bedeutung, die dem Streit von offizieller Seite zuerkannt wird, ist nicht weiter erstaunlich in einer Zeit des gärenden Widerstands. 1820 zettelt der General Guglielmo Pepe, ein Carbonaro, in Neapel eine Revolte gegen König Ferdinand an, auf Sizilien wehrt sich der Geheimbund der Mafia gegen die bourbonischen Regenten, ein Jahr später erhebt sich Turin. »Ich glaube nicht, dass es zwei unähnlichere Dinge gibt als Deutschland und Italien«, konstatiert Fürst von Metternich: »und doch wollen unsere Weisen in Wien, koste es, was es wolle, aus den Italienern Deutsche machen.« Der Gedanke an Revolution greift von Sizilien nach Oberitalien über. Die Krise spitzt sich zu, als in Belgien die Julirevolution losbricht. Zündender Funke ist eine Aufführung von Daniel Aubers Oper *Die Stumme von Portici*, die – auf der blutigen Episode des Masaniello-Aufstandes (Neapel 1647) beruhende – Geschichte eines Fürstensohns, der ein stummes Fischermädchen liebt, aber laut Beschluss seines Vaters, des Vizekönigs, eine Prinzessin Elvira heiraten soll; der Vizekönig lässt die stumme Fenella verfolgen, sie aber steht unter dem Schutz der Prinzessin; die Fischer wollen die Stumme rächen und stiften einen Aufruhr an; der Sohn muss mit seiner ihm inzwischen angetrauten Elvira fliehen, seine Truppen siegen über die Rebellen, Fenella stürzt sich aus Verzweiflung über den Tod der Ihren ins Meer. Die Belgier sehen darin ein Symbol ihres lange erfolglosen Aufbegehrens gegen die sie vereinnahmenden Niederlande, zugleich den Aufruf zu tätiger Rebellion. Im selben Jahr bricht in der Schweiz ein Bürgerkrieg mit revolutionären Zügen aus, was niemand von der friedliebenden Nation ohne monarchische Spitze erwartet hat: Die Eidgenossen setzen gegen den erbitterten Widerstand konservativer und katholischer Kräfte ein demokratisches Wahlrecht durch. Metternich nennt die Schweiz eine »befestige Kloake«, denn als Exilort verfolgter Freiheitskämpfer erscheint sie ihm als Sammelbecken aller Revolutionäre. In Bern hält sich Giuseppe Mazzini auf, der 1805 in Genua geborene Philosoph, von Metternich höhnisch »allergefährlichste Revolutions-coryphä« genannt, »Feind der gesellschaftlichen Ordnung«. Mazzini gründet 1834 in Bern seine Widerstandsbewegung »Das junge Europa«, er selbst gibt die Zeitschrift *Giovine Italia* heraus. Nach Mazzinis Beispiel bilden sich in ganz Europa Abteilungen seiner Bewegung. In Deutschland erscheint Heinrich Laubes erster Roman unter dem Titel *Das junge Deutschland*.

In Sardinien-Piemont bereitet sich der Umsturz vor. König Carlo Alberto flucht gegen den »Revolutions-Exzess«, muss aber in seinem »Statuto Albertino« seine absolute Macht in eine repräsentative umwandeln; seine Regierung besteht fortan aus Senat (Adel) und Abgeordneten (Bürger). In der Emilia Romagna, in Modena und Parma tobt die Rebellion am heftigsten. Reggio nell' Emilia ist die erste Stadt, die sich erhebt. Stolz trägt sie ihre Flagge vorweg, die den Städtebund Reggio, Modena und Bologna symbolisiert, Rot, Weiß und Grün, die spätere Nationalflagge. Am 4. Februar 1831 erklärt sich Bologna als losgelöst vom

Papst und seinem Kirchenstaat; Kardinal Benvenuti, Bischof von Osimo, wird gefangen gesetzt. Aus Parma flieht die Herzogin Marie Louise. Auf der Flucht schreibt sie: »Manchmal scheint mir alles ein böser Fieber-Traum ... Seit gestern Nachmittag bin ich wieder in einem schrecklichen Zustand wegen Parma, man hat dort mehrere Geiseln genommen ... meinen Beichtvater ... hat man ... mit seiner Nichte in einen Wagen gepackt ... nach Parma geschleppt, wo er eingesperrt ist ... Meine Pferde ... hat man wollen requirieren ... vermuthlich den Pallast plündern ...« (28.2.1831). Österreich schickt seine Armeen zu Hilfe. Schon Mitte März gilt die Revolution als niedergeschlagen. Der Geheimbund der Carbonari wird weitgehend aufgelöst. Im Juli ziehen die Österreicher wieder ab; prompt kommt es zu erneuten Unruhen, gegen die Kardinal Albani die päpstlichen Truppen führt. Endlich wird der italienische Brandherd erstickt, aber unter der scheinbar ruhigen Oberfläche schwelt der Kampfwille weiter, den Mazzini mit seinem Ausruf »Italia fara da se« (»Italien befreit sich selbst«) schürt. »Die Italiener sind zu unruhig, um treu zu gehorchen, und zu feig, um sich offen zu empören«, meint Kaiser Franz im Jahr 1834 und verdeckt damit nur mühsam seine Unsicherheit über die gefährliche Stille in seinem Sklavenstaat.

Im Herbst 1836 stirbt Lavigna; nach Provesi, der 1833 verschied, hat Verdi nun seinen zweiten Lehrer verloren. Provesi war übrigens die erste Person mit einem düster-zwielichtigen Lebenshintergrund, von denen viele noch Verdis Weg kreuzen sollen. Provesi stahl den Schatz der Kirche, bei der er als Organist angestellt war. Er wurde entlarvt, verurteilt, eingesperrt. Auf irgendwelchen Wegen gelang ihm die Flucht aus dem Gefängnis. Er ließ sich nur in Busseto nieder, weil er von dort aus schnell über den nahen Po ins Ausland fliehen konnte. Solche bunten Biographien scheint es im 19. Jahrhundert des Öfteren gegeben zu haben, während unsere Zeit so seltsam arm an eindrucksvollen Abenteuerleben geworden ist.

Anders als sein Lehrer schlägt Giuseppe Verdi den bürgerlich wohlanständigen Lebensweg ein. Er hat sich in Margherita Barezzi verliebt, die Tochter seines Gönners. Als Kind hat er ihr eine Zeit lang Klavierunterricht erteilt; Margherita wird eine ausgezeichnete Pianistin. Sie und ihre gesangsbegabte Cousine Theresa bereichern die Musikgesellschaften im Salon Barezzi. Während seiner Gymnasialzeit sieht Verdi das Mädchen bald jeden Tag, denn oft hilft er Barezzi im Geschäft. Margherita erhält später Gesangsunterricht in Mailand und singt in vielen Verdi-Kompositionen mit, die der Maestro für die Philharmonische Gesellschaft schreibt. Wie weit ihre Liebe zurückreicht, ist ungewiss, bevor Giuseppe 1832 nach Mailand geht, sind sie allerdings so gut wie verlobt. Sie heiraten am 4. Mai 1836. Er, ein hoch gewachsener junger Mann mit dichtem braunem Haar, grauen Augen, hoher Stirn; die Pockennarben in seinem Gesicht verbirgt er hinter dem dunklen Vollbart der coccardisti, ein Mann, dem sein Lehrer Lavigna »gutes moralisches Verhalten« nachsagt; Margherita gilt als schön und liebenswert, über das normale Maß hinaus geistig begabt, heißt es. Ihre Flitterwochen führen sie natürlich in die von Ghita so sehr geliebte Hauptstadt der Lombardei.

Robert Schumann wird in seinem Hochzeitsjahr mit der Pianistin Clara Wieck zur Komposition vieler seiner schönsten Lieder inspiriert, Giuseppe Verdis Muse erlebt einen ähnlichen Ansporn. Er komponiert die ersten Werke, die Erwähnung verdienen und für die Beobachtung seiner künstlerischen Entwicklung bedeutsam sind. Er schreibt ein *Tantum ergo*, vertont eine Ode Manzonis und vollendet seine Oper *Rocester* – seine erste Oper. »Zurück in meiner Heimatstadt begann ich Märsche, Sinfonien, Gesangsstücke … eine komplette Messe, eine komplette Reihe Vespern, drei oder vier Vertonungen des *Tantum ergo* und andere Kirchenmusik … Unter den Gesangsstücken waren Chöre nach den Tragödien Manzonis für drei Stimmen und *Il cinque Maggio* für Solo.« In San Bartolomeo werden die Kirchenmusiken aufgeführt, wobei sich Verdi später besonders

eines *Stabat mater* erinnert; in der Casa Barezzi, dem eindrucksvollen dreistöckigen Bau mit seinen hohen Torbögen, dem obli-
gatorisch im ersten Stock präsidierenden Balkon mit einer Zier-
leiste als Mauerabschluss, finden die Aufführungen der übrigen
Werke statt. Der Salon des Hauses ist dafür wie geschaffen, ein
großer Raum, bestückt mit Notenschrank, Flügel, einem langen
Tisch und Stühlen; es fehlen tonverschlingende Teppiche und
Vorhänge, Barezzi legt Wert auf gute Akustik.

Hier erklingen auch die Jugendwerke des Maestro, so die
Kantate *I deliri di Saul,* die Verdi 1828 auf einen Text von Alfieri,
dessen dichterische Welt ihm Barezzi eröffnet hat, komponiert.
»Das Werk ... umfasst acht Teile, in denen Giuseppe Verdi einer
glühenden Phantasie Ausdruck verleiht, gleichzeitig aber auch
ein sicheres Urteil in der Verteilung der Instrumentalstimmen
beweist«, lautet der Höreindruck eines Zeitgenossen. Ein Jahr
nach dem Rausch des Saul entstehen *Le lamentazioni di Gere-
mia*; im selben Jahr beendet Gioacchino Rossini seine Laufbahn
als Opernkomponist mit *Guillaume Tell.* 1836 ertönt zur Freude
Barezzis die Komposition *Der fünfte Mai,* die sich leider nicht
erhalten hat. Vielleicht ist sie einer Säuberungsaktion ihres
Schöpfers zum Opfer gefallen, der hin und wieder alte Werke,
die nicht seinen Erwartungen entsprechen, verbrennt.

Das *Tantum ergo* ist die Arbeit eines vollkommenen Studenten, nirgends ein Fehler, aber auch nirgends der Hauch einer Inspiration.»Die Noten haben nicht den geringsten musikalischen
Wert noch irgendeine Spur von Religiosität«, sagt der Maestro
selbst.

Wichtig ist ihm die Komposition des *Rocester.* Die Partitur
hat sich nicht erhalten. Lange Zeit glaubt man, Verdi habe die
Musik in seiner nächsten Oper *Oberto* einfach wieder verwertet,
das Konzept zu Rocester aber fallen lassen, nachdem sich kein
Theater gefunden hat, das ihn aufzuführen bereit ist. Es existieren jedoch Briefe aus dem Jahr 1836, in denen Verdi von seinem *Rocester* spricht, einmal am 16. September 1836 erklärt er,
dass er »die Oper fertig habe, bis auf jene kleinen Lücken, die

vom Dichter geschlossen werden sollten«. Das Libretto stammt aus der Feder Antonio Piazzas, eines Journalisten, der viel für Parma schreibt. Sein Text basiert auf einem der Romane Walter Scotts, die in dieser Zeit ungeheuer populär sind. Verdi beweist mit der Sujetwahl Gespür für operndramatisch wirkungsvolle und aktuelle Stoffe. Über Pietro Massini versucht Verdi, die Oper am Herzoglichen Theater in Parma unterzubringen. Der dortige Impresario lehnt das Stück allerdings ab.

Auch im privaten Bereich geschieht Schönes und Tragisches. Am 26. März 1837 wird dem Ehepaar Verdi eine Tochter geboren, schon anderthalb Jahre darauf, am 11. Juli 1838, ein Sohn. Giuseppe Verdi lässt sie nach Figuren aus den Tragödien Vittorio Alfieris taufen, Virginia und Icilio Romano. Ein vollkommenes Familienglück.

Da stirbt am 12. August 1838 Virginia Verdi.

Merellis Geschäfte

Die Trauer um das tote Töchterchen sitzt tief. Beim Komponisten, aber mehr noch bei Margherita, deren Lebensmut brechen würde, gäbe es nicht den wenige Wochen alten Icilio zu versorgen.

Giuseppe Verdi trägt sich bereits seit langem mit dem Gedanken, nach Mailand oder zumindest in eine künstlerisch ähnlich bedeutende Stadt zu ziehen. Ganz deutlich sieht er seine Zukunft als Opernkomponist, nicht als Organist oder Musikdirektor eines Provinzstädtchens. Wann ihm dieser Gedanke gekommen ist, weiß er selbst nicht so genau, noch weniger ist bekannt, was die Initialzündung zu seiner Berufung war; seit 1837 spricht er von einer eigenen Opernkomposition. Kurzum, das Musikleben in Busseto fordert ihn kaum mehr. »Meine schönste Jugend verbringe ich im Nichts«, sagt er bitter. Margheritas Traurigkeit bietet den entscheidenden Anlass, die Provinz zu verlassen, wo alles an die verstorbene Tochter und das einstige vollkommene Familienglück erinnert. Eine wagemutige Unternehmung, denn Verdi verfügt über keine Rücklagen, von einem Vertrag in Mailand ganz zu schweigen. Dann muss auch noch für Icilio Sorge getragen werden; durch die kräftezehrenden Tage vor der Geburt am Krankenbett Virginias und durch die Depressionen nach ihrem Tod, verstärkt durch das Wochenbett, kann Margherita ihren Sohn nicht selbst stillen; eine Amme muss besorgt und natürlich auch bezahlt werden. Das Kinderbegräbnis zweiter Klasse hat in dem bescheidenen Budget des Komponisten ebenfalls eine Lücke geschlagen, obwohl man annehmen darf, dass Antonio Barezzi im Verein mit Carlo Verdi hilfreich mit einer Summe beigesprungen ist. Mit Margheritas Einverständnis fährt Giuseppe im September 1838 erst einmal nach Mailand, um sich dort zu orientieren. Über Bekannte seines verehrten Meisters Lavigna versucht er, in der Musikmetropole Kontakte zu knüpfen, unter anderem mit den dortigen Impresarios. Vor seiner Abreise wendet er sich Hilfe suchend an seinen Schwiegervater: »Seit der Zeit, da ich in Busseto bin, war ich stets bestrebt, Sie so wenig wie möglich zu belästigen, und ich glaube, nie aufdringlich gewesen zu sein. Diesmal muss ich es wider meinen Willen. Sie wissen, dass ich und die Ghitta nach Mailand gehen, und das nicht aus reinem Vergnügen, sondern wegen meiner beruflichen Belange. Da ich genötigt bin, für die gesamte Dauer der Ferien dort zu bleiben, reicht das Geld, das ich habe, für unseren Unterhalt nicht aus, und ich brauchte alles in allem etwa 120 bis 130 Franken. Wenn Sie mir diese Summe vorstrecken wollten, nach meiner Rückkehr hätte ich meine Monatsgehälter einzufordern … Es wäre nichts als ein einfaches Darlehen und keine langfristige Anleihe.« Natürlich hilft Barezzi auch diesmal. Und so kommen Giuseppe und Margherita im Spätsommer in Mailand an.

Der Zeitpunkt ist klug gewählt. Kaiser Ferdinand von Habsburg wird in diesen Tagen in Mailand zum König der Lombardei gekrönt. Für Verdi ist das ein bitterer Beigeschmack der Mailänder Reise. Der als gewalttätig verschriene Ferdinand I., die »bestia austriaca«, ist allgemein unbeliebt; das einzig Positive an der pompös gefeierten Krönungszeremonie, die Verdi verächtlich »bordello« nennt, ist die Amnestie für politische Häftlinge, die in der berüchtigten Festung Spielberg gefangen gehalten werden. Unter den Freigelassenen ist der große liberale Dichter Silvio Pellico, den der junge Komponist anschwärmt. Der Zeitpunkt der Mailandreise ist deshalb klug gewählt, weil in Erwartung des Kaisers und im Tross des Österreichers viele Aristokraten und andere bedeutende Persönlichkeiten in Mailand sind. Die beste Protektion erfährt ein aufstrebender Komponist auch zur Zeit Verdis immer noch durch Adelskreise. Für die

Festlichkeiten hat sich Mailand natürlich kulturell aufgerüstet. Sämtliche Theater der Stadt sind allabendlich ausverkauft, was im besonderen Maße für die Scala gilt. In der Hoffnung auf Geschäftsverbindungen sind viele Impresarios, Agenten, nicht zu vergessen die einflussreichen Primadonnen und Tenöre zugereist. Jeder sucht das große gesellschaftliche Ereignis für sich zu nutzen. Auch für Verdi scheinen die Umstände günstig, jedenfalls muss er die Aussicht bekommen haben, eine Oper für die Scala schreiben zu dürfen. Unter anderen Voraussetzungen würde der Familienvater kaum sein Stellung als städtischer Kapellmeister kündigen, was er sofort im Herbst 1838 unternimmt. An den Bürgermeister von Busseto: »Die Notwendigkeit, mir einen ausreichenden Unterhalt zur Ernährung meiner Familie zu beschaffen, veranlasst mich, anderswo das zu suchen, was ich in meiner Heimat nicht finden kann. Deshalb tue ich in Übereinstimmung mit dem ... von hiesiger Gemeinde und mir unterschriebenen Vertrag ... kund, dass ich hier nicht über den 10. Mai 1839 hinaus in der Eigenschaft als maestro di musica tätig sein werde.« Bald munkelt man in Busseto, dass Giuseppe Verdi demnächst eine Oper in Mailand aufführen lassen werde.

Im Sommer 1839 übersiedelt die dreiköpfige Familie endgültig in die Hauptstadt. Vorerst wohnen sie sehr beengt in einer vorübergehenden Unterkunft. Um in eine bessere Wohnung in der Via S. Simone umziehen zu können, muss Verdi sich erneut Hilfe suchend an seinen Schwiegervater wenden: »Sie wissen, dass wir vorläufig in San Michele sind und ich noch keine Wohnung gefunden habe, weil die Miete im Voraus verlangt wird. Ich habe sie nicht und wende mich an Sie. Ich benötige noch anderes, denn da ich für die Oper schreiben muss, kann ich mir keine anderen Mittel beschaffen ... Im Übrigen würde die gesamte Summe ... 350 Lire betragen.« Und er fügt eindringlich hinzu: »Wenn ich von Ihnen nicht das erhielte, was ich erbitte, dann würde ich mir vorkommen wie jemand, der, im Wasser schwimmend, das ersehnte Ufer erblickt und drauf und dran ist, sich daran festzuklammern, aber ... die Kräfte versagen und er stirbt.« Barezzi schickt auch diesmal Geld, und Verdis richten sich in einem gemütlichen Appartement ein.

Die richtige Adresse in einem gut situierten Wohnviertel ist für Verdis Renommee durchaus wichtig. Er darf hier nicht als Habenichts aus der Provinz auftreten, sondern muss sich gut verkaufen. Künstlerisches Strandgut ist im Mailand jener Tage genug angetrieben.

Mailand ist gleichsam das italienische Wien: ein Musikzentrum erster Qualität, in das es Künstler jeder Fasson zieht. Eine Literaturstadt, denn hier leben und arbeiten die populärsten Dichter Italiens. Damit ist Milano zugleich eine Hochburg der italienischen Liberalen, die auf engstem Raum mit Österreichern und germanophilen Italienern zusammenleben. Ein politisches Pulverfass. Das österreichische Militär ist auf den Straßen ständig präsent. Spitzel werden in die Salons und auf Gesellschaften eingeschleust. »Über Politik redete niemand. Die Straßen wurden von Öllampen erhellt, deren reflektierendes Flammen die Passanten völlig blendete«, berichtet Antonio Ghislanzoni in seiner *Storia di Milano*, gleichzeitig beklagend: »Die Zahl derer war klein, die an Italien dachten, die unter der fremden Herrschaft stöhnten … die meisten ignorierten, dass es ein Italien gab … Im Übrigen war es äußerst riskant, über Politik zu sprechen, selbst mit den intimsten Freunden.« Das Mailand der erste Hälfte des 19. Jahrhunderts ist eine Lebewelt. Aristokratie, Bildungsbürgertum und Militär sind die Stützen der städtischen Gesellschaft. Auf diese drei Stände konzentriert sich das gesamte Dasein der Stadt, ihrem Amüsement, ihrer Unterhaltung und Bedienung ist alles andere untergeordnet. Daher die hohe Qualität der Opernhäuser und Theater Mailands, die den genussgewöhnten Ansprüchen Genüge tun müssen. Das Gesellschaftsleben am Abend prägt das Stadtbild: »Der Dom … diente … in Missachtung des Gebäudes als Pissoir. Die Stadt erwachte gegen elf Uhr morgens; die echten lions (Anm.: Salonlöwen) traten erst um ein Uhr mittags öffentlich in Erscheinung … Die jungen Leute betranken sich mit Porter oder Madeira und brachten sich zu guter Letzt mit Absinth selber um. Dieses abscheuliche Getränk wurde um 1840 in Mailand eingeführt.« Luxus, Leichtlebigkeit, Liberalität, das sind die Kennzeichen der lombardischen Hauptstadt. Eine gewisse Dekadenz und politisches Desinteresse beherrschen die Atmosphäre: Über Jahrhunderte hinweg hat sich Mailand damit abgefunden, besetztes Gebiet zu sein. 1540 tritt Karl V. das Herzogtum an Philipp II. ab und Mailand bleibt bis 1700 unter spanischer Krone (Verdi arbeitet diesen historischen Hintergrund in seiner Oper *Don Carlos* von 1869 auf). Im Spanischen Erbfolgekrieg fallen Mailand und Mantua an Österreich. 1796 unterwirft Bonaparte die Stadt, in der er sich 1802 zum König krönen lässt. Nun sind es wieder die Österreicher, die das Herz der Lombardei regieren, die allabendlich in der Scala sitzen, deren Bau die Kaiserin Maria Theresia vormals gestattet hat und für die Giuseppe Verdi inzwischen eine Oper schreibt.

Mit *Oberto, Conte di San Bonifazio* soll der Traum des Provinzmusikers tatsächlich in Erfüllung gehen. Drei Jahre habe er an seinem Erstling gearbeitet, behauptet Verdi einmal. 1835 hat ihm der befreundete Impresario Pietro Massini ein Libretto Antonio Piazzas zur Verfügung gestellt, das offenbar sonst keinen Abnehmer fand. Eher zögerlich beginnt Verdi die Arbeit, die nur langsam Fortschritte macht. Dabei dürfte ihm das Sujet eigentlich gefallen, geht man von seinen späteren Werken aus; *Oberto* besitzt nämlich die personaggi, die Verdi bevorzugt: den edlen Vater, den machtbesessenen Grafen, die liebliche Naive und die verführte Tragische. Aber es ist Verdis erste Bühnenarbeit; alle Schliche der Bühnenkomposition muss er sich erst noch erarbeiten, sich zurechtfinden mit dramatischen Problemen und ihren Lösungen. Eine Oper erfordert auch ein mehr an Instrumentationskunst als die Auftragsarbeiten, die Märsche, Ouvertüren und Kantaten, die der junge Komponist bislang verfasst hat. Endlich ist die Partitur Anfang des Jahres 1839 beendet.

Vermutlich durch Massinis Fürsprache kommt ein Treffen zwischen dem Impresario der Scala, Bartolomeo Merelli, und dem Nachwuchsmusiker zustande. Das Vorstellungsgespräch wird den üblichen Weg gegangen sein. Der Komponist hat Auszüge aus seiner Oper für Klavier und Singstimme bearbeitet vorzulegen, die dem Direktor oder künstlerischen Leiter vorzutragen sind, dann muss er sein Libretto (falls der Opernleitung nicht bekannt) und die Partitur zur Einsicht überlassen. Der Direktor, wird die Oper angenommen, hat das Recht, Änderungen einzufordern oder selbst vornehmen zu dürfen. Meist geht es darum, die Stimmen den am Haus engagierten Sängern anzupassen. Kaum hat Verdi einen Vertrag mit Merelli unterzeichnet, geht der gewiefte Direktor daran, Libretto und Musik umändern zu lassen. Sein Hausdichter Temistocle Solera soll die Verse hie und da feiner schleifen. Verdi hat die Singstimmen für die vorgesehene Besetzung umzuarbeiten und soll auch den zweiten Akt, der Merelli noch zu steif klingt, mit einem effektvollen Quartett bereichern. Die Aufführung wird für den Herbst festgesetzt. Die Proben beginnen bald nach Verdis Umzug nach Mailand.

Merelli hat die Sopranistin Antonietta Ranieri-Marini, den Tenor Lorenzo Saleri und den Bass Ignazio Marini für die Hauptpartien unter Vertrag genommen; eine gediegene Auswahl; Bühnenbild und Inszenierung sind perfekt abgestimmt. Merelli darf mit hohen Einnahmen rechnen.

Bartolomeo Merelli nimmt sich des aufstrebenden Komponisten nicht etwa aus hervorragender Menschenkenntnis an, nicht, weil er das Genie in der *Oberto*-Partitur aufblitzen sieht, oder aus purer Hilfsbereitschaft, sondern weil er hinter dem *Oberto* ein übliches Geschäft wittert. Das Musikleben des vorigen Jahrhunderts zehrt nicht wie unser heutiges allein vom ständigen Wiederholen der längst zu »Klassikern« gewordenen Musik, sondern ist auf das Neue, Moderne, den Fortschritt ausgerichtet. Täglich werden Neuheiten vom Musikmarkt erwartet, keine Theatersaison ohne eine oder besser mehrere Uraufführungen. In einer Epoche, in der Oper und Theater die hauptsächliche Abendunterhaltung sind, legt man Wert auf Abwechslung und

ein reichhaltiges Programm. Von den ständig neuen Bühnenmusiken lebt selbstverständlich auch die übrige Musikindustrie
mit der Anfertigung von Klavierauszügen und Bearbeitungen
für verschiedenste Ensembles, geeignet für die familiären Tee-
stundenmusiken am heimischen Herd. Auch Merelli ist auf
Neuheiten bedacht. Unbekannte Komponisten mit Erstlingswerken sorgen stets für Gesprächsstoff und ziehen immer ein
interessiertes Publikum an. Dieser Verdi hat Talent, unzweifel-
haft, der *Oberto* kann sich hören lassen und ist ebenso gut wie
tausend andere zeitgenössische Opern diverser Kleinmeister
oder wie ein drittklassiges Werk der überragenden Maestri wie
Mercadante oder Donizetti. Das Wichtigste: Junge Komponisten
sind für weniger Geld zu haben als die »alten Hasen« in dem
Operngeschäft.

Bartolomeo Merelli liebt kaum etwas mehr als das Geld, das
gibt er offen zu. Es hat ihn seit früher Jugend verführt und ihm
mehrfach beinahe Haftstrafen eingetragen. Einmal stiehlt er im
Hause eines reichen Gönners dessen gesamtes Tafelsilber, wird
aber leider auf frischer Tat ertappt; nur seine Jugend sowie die
Fürsprache des Bestohlenen, der dem gestrauchelten Merelli
wohlgesonnen ist, ersparen ihm das Gefängnis. Dabei hat sein
Leben ganz auf der hellen Seite begonnen. 1794 in Bergamo geboren, studiert Bartolomeo zunächst Jura. Sein Jugendfreund,
der Komponist Gaetano Donizetti, bringt ihn zur Dichtkunst.
Neben seinem Studium verfasst Merelli Libretti für namhafte
Meister wie Simon Mayr und Vaccai – wie es häufig so viele
Dichter und Musiker unter den Juristen gab. Dann schreibt Merelli für Donizetti den Text zu *Zoraide di Granata* und wird
berühmt. Er lässt die Juristerei, um sich aufs Theaterfach zu verlegen, arbeitet als kleiner Angestellter in einer Theateragentur
und schreibt nebenbei weiter seine Libretti. Bald schmiedet Merelli eine eigene Künstlertruppe zusammen, mit der er durch
Europa tingelt, von London über Paris, über Berlin, Wien nach
St. Petersburg. Die Karnevalssaison in Cremona 1835 wird ein
derart überragender Erfolg, dass dem regen Agenten die Im-

presa der österreichischen Theater angeboten wird. Das Kärntnertortheater in Wien soll ihm ebenso unterstehen wie die
Mailänder Scala und andere Häuser im österreichischen Herr-
schaftsgebiet. Bis zur Revolution 1848 ist er in Wien, dann muss
der Italiener seinen Platz dort räumen; die Scala steht bis 1850
unter seiner Leitung. Auf dem Höhepunkt seiner Arbeit reicht
sein Einflussbereich von St. Petersburg bis hinüber in die neue
Welt nach Ciudad de Mexico. Merelli beginnt weit über seine
Verhältnisse zu leben. Er residiert in einer Villa mit eigenem Tafelsilber und einer exquisiten Gemäldesammlung. Manchmal
riskiert der Theatermann zu viel, verliert Einnahmen, steht mit
einem Bein im Schuldturm, aber dann gelingt ihm immer wieder ein glücklicher Coup. In solchen Zeiten stehen sechzehn
englische Vollblüter in seinen Ställen, werden Bilder gekauft und
wird literweise Champagner konsumiert.

Für den lukrativen Erfolg geht Merelli über Leichen. Durchschnittliche Sänger werden bei ihm pro Rollenauftritt bezahlt,
nur die Stars erhalten eine Gage für die jeweilige Spielzeit und
auch ihr Honorar hält sich an der unteren Grenze des Üblichen.
Die Sänger lassen es sich gefallen, da ein Engagement an der
Scala und am Kärntnertortheater das Ziel all ihrer Träume ist.
Wer an der Scala singt, für die Scala schreibt, der kann etwas,
heißt es allgemein. Merelli schont die Sänger nicht. Er gibt ihnen
die Rollen, auch wenn sie ihre Kräfte übersteigen oder der
Stimmlage völlig widersprechen. Da muss sich ein Bariton
schon mal zum hohen C des Tenors hinaufquälen oder die Sopranistin eine Altpartie übernehmen. Merelli gilt unter den Sängern als »Stimmenmörder«, unter den Komponisten als Dieb,
weil er sie um Tantiemen und Einnahmen betrügt; Vincenzo
Bellini nennt ihn »Gauner«, Otto Nicolai »Schurke«. Aber alle
sind sie auf den Impresario angewiesen.

Die Impresarios … wer oder was sind sie eigentlich genau?
Sie sind Theaterdirektoren, Künstleragenten, Komponisten-
makler, Bühnenbildner, Intendanten und Regisseure in Perso-
nalunion. Sie bestimmen die künstlerischen Belange eines Thea-

ters ebenso wie die geschäftlichen. Meistens ist ihnen die Theaterdirektion, bestehend aus dem Verwaltungschef und dem artistischen Direktor, unterstellt. Der Impresario vertritt sein Theater gegenüber der Öffentlichkeit, nimmt also auch Pflichten des Dramaturgen wahr. Er kann fest an ein Haus gebunden sein oder mit eigener Truppe umherziehen und Bühnen für eine Saison pachten. Ist er gebunden, so steigt und fällt das Ansehen des jeweiligen Opernhauses mit seinen unternehmerischen Fähigkeiten, seiner Durchsetzungskraft; Verdi bemerkt 1840 einmal: »Mit dem Theater in Parma geht es immer mehr bergab, weil der Impresario sein Handwerk nicht versteht. Ein Impresario darf die Auswahl der Partitur niemals den Sängern überlassen.« Der Impresario des ersten Hauses einer Stadt beherrscht deren Musikleben völlig; schließlich findet keine Oper statt, singt kein Sänger, den er nicht billigt. Zu den bedeutendsten Impresarios in Italien zählen Vincenzo Flauto am Teatro San Carlo in Neapel und Alessandro Lanari, der Bologna, Venedig und Florenz gleichzeitig vertritt. Der mächtigste aller Theaterunternehmer aber ist Bartolomeo Merelli.

Sein Vertrag mit Verdi ist zwar nicht gerade ein Schurkenstück, aber für Merelli doch sehr profitabel. Fünfzig Prozent aller Gewinne des *Oberto* stehen ihm allein zu. Verdi, pekuniär in schwieriger Situation – Margherita muss einmal ihren Schmuck versetzen, um die Miete zahlen zu können –, muss sich zufrieden geben.

Am 17. November 1839 wird das Debütstück aus der Taufe gehoben. Es hat großen Erfolg beim Publikum. Die Presse nimmt es gut, aber mit der üblichen Vorsicht gegenüber Erstlingswerken auf. *La Fama* im November 1839: »Die Musik zu dieser Oper, die eigens vom Maestro Signor Verdi geschrieben wurde, nähert sich ziemlich dem Stil Bellinis, und die Melodie wird mit vollen Händen ausgeteilt …« Weiter spricht das Blatt von einer »schönen Instrumentation«. In der *AMZ* vom Februar 1840 heißt es: »Die Stagione endigte mit zwei neuen Opern … Die zweite … *Oberto, Conte di San Bonifazio* betitelt … gefiel außerordentlich und machte hier gewissermaßen eine kleine Epoche … Was nun eigentlich ihre Musik betrifft, so muss … bemerkt werden, dass sie überhaupt melodiös ist; nur … dem Melodiösen fehlt es an Reiz … an Charakteristik.«

Bleiben wir bei der Charakteristik und der »schönen Instrumentation«. Exposition drei der Hauptfiguren ist das Terzett Oberto–Cunzia–Leonore im ersten Akt. Eine absteigende Melodielinie mit punktiertem Rhythmus beschreibt den Grafen; gleichmäßig schrittweise, sicher und fest in der Tonart ruhend, stets auf die Tonika (den Grundton) hinzielend – das musikalische Bild eines unerschütterlichen, geraden Charakters. Cunzia, die Verlobte Riccardos, erscheint dagegen unsicher, mal ahmt sie den Rhythmus Obertos, mal den Leonoras nach; dadurch und durch zahlreiche Zäsuren erhält ihre Melodielinie einen uneinheitlichen, geborstenen Charakter. Pathetisch die melodische Geste Leonoras: Intervallsprünge auf kleinstem Raum, forcierende Rhythmen, akzentuierte Betonungen und weite Spannungsbögen malen das Porträt einer gefühlsbestimmten, liebenden Frau; ihre Singstimme wagt sich am weitesten in tonartenfremde Harmonien vor und ist gleichzeitig die Figur, mit der Verdi sich am meisten von traditionellen Vorbildern entfernt, beispielsweise in der großen Sterbeszene im Schlussakt. Die typischste Behandlung erfährt Riccardo, der mezzo carattere. Seine Figurenkonzeption bildet zugleich die entscheidende Schwachstelle der Komposition. Seine Entwicklung vom gedankenlosen Verführer zum reuigen Liebenden wird musikalisch nicht nachvollzogen; sein melodischer Ausdruck ist im Finale immer noch derselbe wie zu Beginn. Auch hat Verdi versäumt, das Janusköpfige seines Wesens in der Orchestrierung zu fixieren. In seinen späteren Opern legt er das Schwergewicht gerade auf die zweifelhaften Gestalten wie Riccardo, indem er ihnen meist eine sinistre Note gibt. Was aber bereits ganz Verdi ist und auf Werke der Reifezeit vorausdeutet, ist die Durchformung des Bewegungsablaufs in *Oberto*. Von dem sehr stürmischen ersten Akt verringert sich die Motivation schrittweise bis zur getra-

59

genen, schwebend klingenden f-Moll-Arie Leonorens im Finale – es sei auf die Zeitkonzeption der *Traviata* hingewiesen. Die Instrumentation im Detail hält sich dagegen mehr an Bellinis Vorbild – wahrscheinlich empfand sie der zeitgenössische Kritiker gerade deshalb als »schön«. Was der *Oberto* in Sachen Orchestrierung zeigt, ist Verdis völlige Beherrschung und Kenntnis der Stilmittel zeitgenössischer Oper, durchaus mit individuellen Zügen gewürzt, aber noch keine zufrieden stellende, vollständige Umsetzung des Sprachdramas mit all seinen Nuancen in musikalische Bühnendramatik.

Vincenzo Bellinis Musik wird meistens assoziiert, hört man Verdis *Oberto*. Genau wie Gioacchino Rossinis Bühnenwerke stehen Bellinis Opern an der Grenze zwischen der klassischen Opera seria und einer romantischen Neubelebung der Gattung. Der 1801 geborene »bello maestro« gilt als der Melodista der italienischen Oper. Keiner versteht es wie er, eine an sich schlichte Phrase geschickt durch wenige Verzierungen zu einer perfekt schönen Melodie auszubauen. Seine Opern huldigen allein der Singstimme; wenn sie zum Zuge kommt, begleiten nur noch einzelne Orchestergruppen den Gesang. Lediglich in den Überleitungen, Szene- und Arieneinleitungen kommt der volle Orchesterapparat mit allen Möglichkeiten der Instrumentation zum Einsatz, um ein Stimmungsbild zu entwerfen, die Atmosphäre der Arie vorzubereiten. Bellini ist der Meister des Belcanto, der es zu neuer Höhe führt. Er vermischt dabei die Ansprüche an die Stimmführung (Brillanz, Koloraturen, Technik) der alten italienischen Seria mit den romantischen Forderungen von Natürlichkeit, Einfachheit und Charakteristik. Bellini ist der Erste, der von den herkömmlichen Figurentypen der Seria abweicht und damit von den nur auf eine typische Stimmung ausgerichteten Arien. Mit Recht gehören seine Opern *La Somnambula* und *Norma* (1831) zu den bedeutendsten Bühnenmusiken des 19. Jahrhunderts. Seine Karriere beginnt er mit den Opern *Adelson und Salvini* und *Il Pirata* (1827), die bereits seine Neigung zu weiten lyrischen Einlagen aufweisen, eine Neigung, die

Verdi von ihm übernehmen wird. Durchbruch erzielt er mit *I Capuleti ed i Montecchi*, einer Romeo- und Julia-Oper. Am 25. Januar 1835 wird sein Melodram *I puritani* in Paris uraufgeführt, wo sich der Komponist 1833 niedergelassen hat. Es ist Bellinis letzte Oper, die ihr Publikum in Ekstase versetzt. Bei der patriotischen Arie *Suoni la tromba e intrepido* schwenkt das Auditorium »Hüte und Taschentücher in der Luft«. Der Komponist stirbt mit knapp einunddreißig Jahren wenige Monate nach der Premiere.

Der Bezug Verdis zu dem anderen Großmeister der Oper, Gioacchino Rossini, geht weniger ins Detail, sondern besteht darin, dass sich Verdi an die Forderung Rossinis nach einem *ritmo chiaro*, einem klaren Rhythmus, hält. Durchsichtigkeit, Durchsichtigkeit und Klarheit, predigt Verdi im Anschluss an Rossini, der seit 1830, nach dem überragenden Erfolg seines *Guillaume Tell*, nur noch zu seinem Privatvergnügen komponiert und bis zu seinem Tod 1868 als Rentier lebt.

Den größten Einfluss auf Giuseppe Verdi hat Gaetano Donizetti, der nicht nur in direktester Traditionslinie zu dem wesentlich jüngeren Verdi steht, sondern bis Mitte der vierziger Jahre in einem Konkurrenzverhältnis. Donizettis Wirkung auf Verdi lässt sich noch im *Falstaff* des greisen Bussetaners ablesen.

Gaetano Donizetti füllt in der Musikgeschichtsschreibung eher eine Nebenrolle aus. Ungerechterweise, denn er ist nicht nur ein Epigone Rossinis und Wegbereiter Verdis, zu welcher Zwischenposition er allgemein verdammt wird.

1797 wird Donizetti in Bergamo geboren. Das Kind einer Künstlerfamilie: Ein Großvater war Kunsthandwerker, der ältere Bruder Giuseppe wird ebenfalls Komponist und hat ein Amt am Hof des osmanischen Sultans Mehmed II. inne. Ähnlich wie Verdi erhält Donizetti eine umfassende, vor allem auf Musik ausgerichtete Ausbildung in einer Wohltätigkeitsanstalt. Sein Lehrer ist Simon Mayr, einer der namhaftesten Opernkomponisten seiner Zeit und damit Garant für ein solides Musikstudium.

Bologna wird seine erste Wirkungsstätte – und der verhängnisvolle Ort, an dem er sich die Syphilis zuzieht, der er schließlich zum Opfer fallen soll; diese schwerste der Geschlechtskrankheiten führt damals, vor der Entdeckung des Penicillins, in der Regel zu geistiger Erkrankung und Tod. Ein Freund bemerkt über Donizettis Lebenswandel: Es fällt uns schwer zu glauben, dass »Donizetti das Leben eines Heiligen führt, zumal in einer Stadt wie Bologna, wo ein Gefühl der Lebenslust allerlei Ablenkung nahe legte ... er studierte sicherlich ... aber er wird sich bestimmt daneben auch amüsiert haben, und zwar mit seinen Kameraden, mit den Studenten der Universität, mit – «.

1818 ist es, als sein Jugendfreund und ehemaliger Mitschüler Bartolomeo Merelli ihm ein Libretto aushändigt. Donizetti vertont das Textbuch und erreicht die Aufführung seiner ersten Oper im Teatro San Luca. *Enrico di Borgogna* zeuge von »guter Begabung«, ist die einhellige Kritikermeinung. Sein Weg zum Opernkomponisten ist damit geebnet. Zwei Jahre später droht der Armeedienst im österreichischen Heer die Karriere zu unterbrechen, aber Donizetti treibt irgendwie die horrende Geldsumme auf, mit der man sich damals vom Dienst an der Waffe freikaufen kann. 1822 wird Donizettis erste Oper von historischem Wert uraufgeführt: *Zoraide di Granata*. Das Libretto ist abermals von Merelli. Mit *Zoraide* erkämpft er sich einen Platz in der vordersten Reihe italienischer Opernkomponisten. Mitte der zwanziger Jahre erwächst ihm allerdings in Vincenzo Bellini ein Konkurrent. Er hört Bellinis Musik zur Oper *Bianca e Fernando* und seufzt: »schön, schön, schön und besonders weil es das erste Mal ist, dass er komponiert. Sie ist unglücklicherweise schön ... «.

Donizetti schreibt mittlerweile für die Theater in Neapel, die dem Impresario Domenico Barbaja unterstehen, einem weitaus mächtigeren Mann, als es Merelli zehn Jahre später sein wird. Zu Donizettis Pflichten gehört nicht nur die Opernkomposition, sondern auch das Dirigieren; er leitet das Orchester des Teatro Nuovo. Im Sommer 1827 heiratet der Komponist; er hängt mit fanatischer Zuneigung an seiner Frau. Unglücklicherweise nimmt im selben Jahr seine Krankheit (die übrigens ansteckend ist und unter der deshalb auch seine junge Frau zu leiden hat) fortschreitende Formen an: »Ich bin sehr krank gewesen, mit Krämpfen, Gallenschmerz und inneren Hämorrhoiden; daher Aderlässe, Bäder, Abführkuren und Behandlungen. Und danach … hatte ich einen Rückfall.« Kopf- und diffuse Unterleibsschmerzen sind von da an seine ständigen Begleiter. Doch unbeeindruckt schreibt Donizetti weiterhin Opern, Kantaten, Kammer- und Kirchenmusik, ein allein schon quantitativ gewaltiges Werk. 1830 vollendet er seine erstes Musikwerk, *Anna Bolena*, an der Bellini neidlos das »vorbildliche Drama, voll von innerlicher, starker und rührender Leidenschaft« lobt. Das Individuum in seiner Leidenschaft realitätsnah darzustellen, das ist die Errungenschaft Donizettis, die Verdi für sich aufgreifen wird. »Die Individualität der Charaktere, die so grausam von den sklavischen Nachahmern von Rossinis lyrischem Stil vernachlässigt wurde, wird mit seltener Energie in vielen Werken Donizettis wiedergegeben … *Anna Bolena* ist ein solches Werk, das dem Charakter eines musikalischen Epos nahe kommt … Die Instrumentierung verläuft … mit vollem Klang, fortlaufend und majestätisch«, schreibt der Musikphilosoph Mazzini. Er hebt vor allem Donizettis Ensembles hervor mit ihrer Stärke, die unterschiedlichen Charaktere kontrastierend und einander reflektierend darzustellen, ein Stilmittel, das Verdi weiterführen soll. Etwas später gelingt dem Maestro mit *L'Elisir d'amore* auch eine Qualitätsarbeit auf dem Gebiet der heiteren Oper. Nun folgt Höhepunkt auf Höhepunkt: *Lucrezia Borgia, Rosmonda d'Inghilterra, Lucia di Lammermoor.*

1837 stirbt seine Frau Virginia im dritten Wochenbett (alle Kinder sterben kurz nach der Geburt) und Donizettis ohnehin krankheitsbedingt labile Psyche erhält einen entscheidenden Bruch: »Ich werde ewig unglücklich sein«, schwört der Witwer. Er verlässt Italien und geht nach Paris. Hier entsteht »eine kleine Oper«, *La Fille du Régiment, Die Regimentstochter.* Der Komponist sondert sich immer mehr von jeglicher Gesellschaft ab. Ruhelosigkeit fasst ihn. »Wohin ich gehen werde, weiß ich selbst noch nicht«, schreibt er vor der Abreise aus Wien, wo 1842 seine *Linda di Chamounix* über die Bühne geht. Ein Jahr später krönt er sein Œuvre mit der meisterlichen Musikkomödie *Don Pasquale.* Immer häufiger klagt er über sein »Nervenfieber«, nimmt vier Löffel Digitalis täglich ein und kann doch nichts gegen die regelmäßig auftretenden Schwindelanfälle unternehmen. Am 7. Oktober 1845, nicht lange vor seinem endgültigen Zusammenbruch, schreibt er: »Sollte man verstehen, dass das Blut in meinem Kopf mich nicht sterben ließ, weil Gott nicht wollte, dass ich sterbe? Ich bin nachts aus dem Bett gefallen, und mit dem Kopf auf den Boden geschlagen, um es herauszutreiben … Ich erkläre den Ärzten, dass wegen des Blutes in meinem Kopf und wegen meiner unempfindlichen Nerven die Nacht das Traurigste ist – … Licht, Licht! Entweder das von Gott oder das von Öl und Wachs! Zwölf Stunden Krämpfe – vierundzwanzig Blutegel, Waschen, Mittel zum Übergeben, feurige Senfpflaster auf meinen Schenkeln.« Er wird in die Heilanstalt von Ivry gebracht; zum Schluss pflegen ihn Freunde in ihrem Haus, denn »sein Irrsinn war sanft … Er lag ausgestreckt auf einem großen Lehnstuhl … seinen Kopf auf die Brust gesenkt«. Giuseppe Verdi schreibt 1847 von Paris an Donizettis Gönnerin, Gräfin Giuseppina Appiani: »Sie bitten mich um Neuigkeiten über Donizetti. Bisher habe ich ihn noch nicht gesehen, weil man mir abgeraten hatte … Seine äußere Erscheinung ist gut, außer dass sein Kopf dauernd auf seiner Brust ruht und seine Augen geschlossen sind. Er isst und schläft gut und spricht kein Wort oder nur ein paar undeutliche Worte … Trotzdem sagte mir der Arzt … dass … es besser wäre, wenn er lebhafter, selbst ein wild Rasender wäre … Da haben Sie Donizettis augenblicklichen Zustand! Es ist trostlos, zu trostlos.« Am 8. April 1848 stirbt der Komponist.

Gaetano Donizetti gebührt der Verdienst, den Ruf der italienischen Opernmusik mit einer Reihe glänzender Werke aufrechterhalten zu haben, in einer Zeit, die als ihre Krisenzeit begriffen werden kann.

Ungebrochen reicht die Vormachtstellung der italienischen Oper von ihrer Entwicklung im 16. Jahrhundert bis zur Mitte des 18. Jahrhunderts.

Im Kreis der Florentiner *camerata*, einer Gruppe Intellektueller, die sich im Palazzo des philosophierenden Conte Bardi zusammenfindet, versucht man, in Anlehnung an die verherrlichte Antike, den altgriechischen Sologesang zur Kitharabegleitung wieder zu erwecken. Eigentlich die Geburtsstunde der Arie, des begleiteten Sologesangs; grundsätzlich etwas Neues, denn bis dahin ist die Hauptform der Vokalmusik des christlichen Abendlandes der mehrstimmige Gesang. Man experimentiert mit der »Monodie«, wie der Sologesang genannt wird, stellt sie schließlich ins Zentrum kleiner Szenen mit Chorliedern, Tänzen und Pantomimen. Heraus kommt die Oper. Das erste auf uns gekommene Bühnenwerk ist Jacopo Peris *Dafne* von 1598; Ottavio Rinuccini dichtet das zugehörige Libretto nach einer Geschichte aus Ovids *Metamorphosen*. Mit Claudio Monteverdis frühbarocken Opern *Orfeo* (1607), *Il ritorno d'Ulisse in patria* (1640) und *L' incoronazione di Poppea* (1642) entstehen die ersten hochdramatischen Musikszenen; Monteverdi komponiert im damals modernen »stile espressivo«, der Gefühlsbildern Raum lässt, während zuvor nur der erzählende Stil, der »stile recitativo«, galt. In Italien bilden sich drei große Zentren der Opernpflege, jedes mit einer spezifischen Ausdrucksweise. Während Venedig seine zentrale Position schon früh aufgeben muss, kann sich Rom bis ins 18. Jahrhundert hinein gegen Neapel behaupten. Die neapolitanische Opernschule verfügt zu dieser Zeit über exzellente Librettisten, Apostolo Zeno, den Wiener Hofpoeten, und Pietro Metastasio, dem noch Zeitgenossen Verdis wie Giacomo Meyerbeer mit Vertonungen huldigen. Neben dem Palermitaner Alessandro Scarlatti und dem Neapolitaner Giovanni Battista Pergolesi zählen drei Deutsche zu den herausragenden Vertretern der Opera seria: Georg Friedrich Händel,

Johann Adolf Hasse und Christoph Willibald Gluck. Letzterer bereichert die tragische Oper um eine natürliche, aus der Gefühlssituation der Figuren erklär- und entwickelbare Dramatik. Ende des 18. Jahrhunderts laufen französische und deutsche Opern der italienischen den Rang ab. Die wichtigsten Stätten der Opernpflege liegen nicht mehr in Italien, sondern in Paris und Wien, was eng mit der politischen Vormachtstellung Frankreichs und Österreichs zusammenhängt. Die österreichische Regierung schmälert sogar die Subventionen der Theater ihrer italienischen Kolonien; die Mailänder Scala bleibt davon nicht unberührt und selbst ein ausgefuchster Geschäftsmann wie Merelli hat Mühe hier hauszuhalten. Sowohl Donizetti als auch Verdi beklagen mehr als einmal den katastrophalen Zustand ihrer Theater. Das schlägt sich natürlich auf Neukompositionen nieder. Der fehlende finanzielle Anreiz treibt viele dazu, von vornherein für die Pariser Grand Opéra französische Opern zu schreiben oder wenigstens am französischen Théatre Italien. Gioacchino Rossini zieht es nach Paris, endlich auch Gaetano Donizetti; Gasparo Spontini und Luigi Cherubini, der Pionier der Grand Opéra und der Direktor des Pariser Conservatoire, sind gebürtige Italiener. Auf den übrigen Gebieten der Vokalmusik (Lied, Kirchenmusik, Oratorium etc.) spielt Italien im 19. Jahrhundert nur noch eine geringe Rolle. Dagegen holt es auf dem Gebiet der Orchestermusik und Kammermusik wieder auf. Entscheidende Impulse geben hervorragende Solisten wie die geigenden Schwestern Teresa und Maria Milanollo und Niccolò Paganini. Italienische Konzertorchester bleiben allerdings hinter deutschen Konzertvereinigungen zurück, die dank engagierter Dirigenten wie Hans von Bülow im Laufe des 19. Jahrhunderts weltberühmte Orchester bilden, von einzigartiger Disziplin und konzentriertem Ausdrucksvermögen. Ganz und gar nicht zufällig markiert das Todesjahr Niccolò Paganinis einen Tiefstand der italienischen Musikkultur, aus der als einzige historisch bedeutende Größe Gaetano Donizetti herausragt – Verdi steht ja erst am Anfang seiner Laufbahn.

Sein *Oberto* tritt einen kleinen Siegeszug durch Europa an, wird im Frühjahr 1841 in Genua und Wien, dann in Parma, Mailand und anderswo gegeben. In Genua stößt er auf Missfallen. Verdi notiert am 12. Januar 1841: »Ich weiß nicht, ob über der Genueser Haupt Euterpes Fluch schwebt, aber ich weiß, dass der *Oberto* nicht jene Begeisterung geweckt hat, die er in Mailand weckte, obwohl die Aufführung in ihrer Gesamtheit gut und … ausgezeichnet war.« Merelli jedenfalls ist von dem Erfolg derart überzeugt, dass er Verdi einen weiteren Kontrakt anbietet, diesmal für drei Opern, die Verdi exklusiv für Mailand und Wien schreiben soll. Das ist nicht der große, menschenfreundliche Akt Merellis, als der er dargestellt wird, sondern ein Vertrag geringer Dimension, bedenkt man, dass Kontrakte über sechs, zehn und mehr Opern keine Seltenheit waren; Barbaja hatte beispielsweise mit Donizetti eine Absprache über ein Dutzend Opern und ging damit weiß Gott kein finanzielles Risiko ein. 4.000 Lire soll Verdi für die Opern erhalten, ein Abschlag von umgerechnet heute 2.000 Dollar, plus einem prozentualen Anteil an den Einnahmen. Immerhin: viel Geld für einen jungen Komponisten des 19. Jahrhunderts.

Man könnte sagen, das Glück hätte sich für die kleine Familie Verdi gewandelt, aber ein weiterer trauriger Verlust überschattet die Premiere, den Erfolg von und die finanzielle Sanierung durch *Oberto:* der Tod des Sohnes Icilio. Was das Kleinkind sterben lässt, muss unentdeckt bleiben; jedenfalls wird es etliche Zeit vor seinem Tod schwer krank, sodass Margherita Tage und Nächte bei dem fiebernden Baby wacht; Anfang November erkrankt dann Verdi. Es ist das erste Mal, dass sich eine seiner bösen Atemwegserkrankungen einstellt, die ihn ein Leben lang verfolgen. Unschwer lässt sich die Krankheit als psychosomatisch diagnostizieren. In Krisenzeiten wird Verdi immer Zuflucht zu nervösen Magen- und Halsbeschwerden nehmen, oft dann, wenn die Komposition einer Oper ihrer Vollendung entgegensieht und ihren Schöpfer unter enormen emotionalen Druck stellt.

Trotz seiner Angina befasst sich der junge Maestro mit seiner nächsten Oper, die ausgerechnet eine komische werden soll, da in Merellis Spielplan der folgenden Saison eine buffa fehlt. Nach der französischen Komödie *Le faux Stanislaus, Der falsche Stanislaus*, verfasst Felice Romani den Text zu einem »melodramma giocoso«, genannt *Un giorno di regno*. Ein typisches Opera-buffa-Sujet, eine Verwechslungskomödie: Der ehemalige König von Polen, Stanislaus (d. i. Stanislaw Leczinsky, 1677–1766), hat sich vor Zeiten nach Frankreich geflüchtet. Um seinen Thron zu retten, muss er heimlich nach Polen zurück, in dieser Zeit soll der Cavaliere Belfiore Stanislaus' Platz einnehmen. Belfiore wird zu einer Doppelhochzeit geladen, erkennt in der einen Braut seine frühere Geliebte wieder, die er damals verließ, und versucht nun, ihre Heirat zu verhindern. Er überredet die andere Braut, Giulietta, sich statt mit dem ihr zugedachten Minister La Rocca mit Edoardo, einem jungen Offizier, zu vermählen, was indirekt der zukünftigen Verbindung seiner Marchesa schaden würde. Giulietta und Edoardo kommt das gelegen, denn sie sind insgeheim ein Liebespaar. Nach einigem Hin und Her, bei dem sich La Rocca noch mit Giuliettas Vater duellieren muss, heiraten die Liebenden. Der echte Stanislaus kehrt siegreich aus Polen zurück, ernennt Belfiore zum Gouverneur, der schlussendlich seine Marchesa in die Arme schließen kann.

Hat sich Verdi mit *Oberto* stark an Bellini orientiert, so hält er sich jetzt an Rossinis Vorbild. Wirklich spritzig ist nur die Ouvertüre, alles Übrige an der Handlung des *Giorno di regno* ist zu typisch, als dass Verdi Raum zu originären Gedanken gehabt hätte. Er versucht stattdessen, die buffa-Handlung in das Formenkorsett der tragischen Oper zu zwängen, mit Arien anstelle verspielter Romanzen, die er stereotyp einleitet und ebenso schematisch weiterführt. Es fehlt die Charakterzeichnung, die natürlich bei den starren Figurenkonzeptionen der komischen Oper fast unmöglich ist. Hier muss erst Donizetti noch den Weg zu einer Vermischung von Tragödie mit ihren ausgefeilten Individuen und komischer Situation finden, aber bis zum *Don Pas-*

quale vergeht noch gut ein Jahrzehnt und von da annähernd ein halbes Jahrhundert bis zu Verdis *Falstaff*. Giuseppe Verdis Ansatz in die richtige Richtung einer Komödienreform scheitert also. Als derartiger Versuch sollte die Oper *Un giorno di regno* oder *Il finto Stanislao*, wie sie später betitelt wird, jedoch fairerweise gewürdigt werden, zumal sie ja trotz allem schöne Passagen birgt wie die Cavatine Belfiores im ersten Akt. Das Publikum der Uraufführung am 5. September 1840 empfindet die Oper als unbefriedigend. In der Zeitung *La Moda* heißt es: »… dem so gefeierten, mit Beifall bedachten jungen Debütanten des Vorjahres ließen die Zuschauer … vorgestern Abend eine eindringliche Warnung zukommen … Das Publikum schwieg oder missbilligte das Urteil derer, die Applaus für angebracht hielten … Das ist natürlich Pech für Verdi, doch darf es ihn nicht verbittern; er soll vielmehr … zu den leidenschaftlichen Inspirationen des ernsten Dramas zurückkehren.«

Die glücklose Premiere stürzt Verdi umso mehr in Verbitterung, als wenige Monate zuvor seine Frau, die elegante Margherita Barezzi, an einer Hirnhautentzündung gestorben ist, was ihn in tiefste Depressionen fallen lässt. Verdi flüchtet in diesem verhängnisvollen Sommer 1840 nach Busseto in das Haus seines Schwiegervaters. Barezzi gibt die Todesanzeige auf: »… durch eine schreckliche Krankheit … starb in Mailand am Abend des Fronleichnamsfestes in den Armen ihres Vaters, meine geliebte Tochter Margherita in der Blüte ihrer Jugend.«

Vor der Premiere seiner Komödie kehrt Verdi nach Mailand zurück. Er lebt zurückgezogen in seiner Wohnung, liegt meist den ganzen Tag auf seinem Bett und vertrödelt die Zeit mit Romanen. Von außen dringt kaum etwas zu ihm. Selbst die Nachricht, dass Merelli den *Giorno di regno* mir nichts, dir nichts abgesetzt habe und stattdessen *Oberto* wiederhole, berührt Verdi kaum. Die Presse bemängelt jetzt auch noch den *Oberto*; zwar muss Merelli in der Eile einige Partien neu und schlechter besetzen, aber immerhin singt Napoleone Moriani den Riccardo, ein begnadeter Sänger, ein Spezialist für Donizetti-Opern; »il tenore della bella morte« nennen ihn die Italiener bewundernd, weil seine Sterbearien so zu Herzen gehen.

Vielleicht ist die Presse wieder einmal nicht ganz objektiv in ihrer Kritik. Es ist keine Seltenheit im 19. Jahrhundert, dass sich Journalisten von Sängern, Komponisten oder deren Gegnern bestechen lassen, das gehört üblicherweise mit zur Theaterintrige. In den Erinnerungen einer Sängerin heißt es: »Dann kommen die Rezensenten, jene redlichen Männer ... und jene Schamlosen, die mit Schimpfen und Kritteln nur Geld, Geld und immer nur Geld zu erpressen bemüht sind ... es kam nicht selten vor, dass solche Leute sich ohne alle Umstände Geld von mir erbaten; in München drohte mir der Redakteur einer viel gelesenen Zeitschrift sogar, wenn ich ihn nicht augenblicklich mit sechs Louisdor bedenke, so würde er alle meine Fehler der Welt aufdecken.« Jeder gute Impresario legt Wert darauf, sich ein oder gleich mehrere Blätter durch »Spenden« wohlwollend zu stimmen. Darüber hinaus besitzen die großen Musikverlage ihre eigenen Fachzeitschriften, die den Komponisten des jeweiligen Verlagshauses positive Kritiken schreiben, ihre Gegner natürlich verreißen. Mit seinem Erfolg von *Oberto* und dem immerhin werbewirksamen Fiasko des *Giorno di regno* (jemand sagte einmal, dass die einzig schlechte Kritik sei, wenn ein Werk überhaupt nicht besprochen werde) gerät Verdi zwischen die Fronten des Pressekriegs.

Nur gut, dass sich ein einflussreiches Verlagshaus wie Ricordi um den jungen Maestro bemüht. Anfang des Jahrhunderts gründet Giovanni Ricordi seine Notenstecherei, der er nach und nach verschiedene Archivbestände und neue Kompositionen zufügt. 1833 kauft er von Merelli die Partitur von Vincenzo Bellinis *Beatrice di Tenda*, die geraume Zeit Gewinne garantiert, die den Grundstein zu einem Ausbau des Notenverlags legen. Ende der dreißiger Jahre kauft Giovanni Ricordi, dessen Sohn Tito bereits im Geschäft mitarbeitet und einmal Verdis Kompositionen betreuen wird, die Konkurrenzbetriebe Artaria und Longo und sichert sich damit die prominenteste Position unter italienischen Musikverlagen. Ricordi ersteht den *Oberto* für zweitausend Lire, andere Quellen geben die Summe mit dreitausend Lire an; Bartolomeo Merelli kassiert von der Partiturverwertung fünfzig Prozent. Giovanni Ricordi widmet den Druck der neuen Oper dem zweiten Ehemann der Herzogin von Parma; eine gebräuchliche Sitte, dem Landesherrn oder der Landesherrin Werke zu widmen.

Mit dem Bild vom revolutionären Verdi verträgt sich die Widmung an die österreichische Gattin Napoleon Bonapartes allerdings nicht. In liberalen Kreisen verkehrt der Komponist zu dieser Zeit noch nicht. Lieber als in den Salons der gebildeten Damen sitzt er im Café Cova, Mailands Künstlertreff. Der Besuch von Kaffeehäusern wird Mode; viele Künstler verbringen ihre Tage ausschließlich hier mit Diskussionen und Arbeiten. Das Café Cova ist zugleich Vermittlungsbörse zwischen Künstlern und ihren Verlegern, potenziellen Mäzenen und Publikum. Verdi trifft sich hier mit Ricordi und Merelli. Dennoch ersetzen die Kaffeehäuser nicht völlig die Musikabende in den gebildeten Cerclen. Giuseppe Verdi hat sich längst in typischer Komponistenmanier auf sein Debüt in den Mailänder Salons vorbereitet. Man erwartet dort von gerade eingeführten Tonkünstlern kleine, einfach auszuführende Proben ihrer Kunst, Kammermusik, am liebsten Sololieder mit Klavierbegleitung. In seiner sauberen, fehlerlosen Notenhandschrift – Verdi wirft seine Kompositionen nach nur wenigen Skizzen fast ohne Änderungen aufs Papier, worin er Mozart ähnelt, der seine Werke oft sofort in Reinschrift fixiert, als würde er eine vollständige Partitur aus seinem Kopf einfach abschreiben – hat er sechs *Romanzen* verfasst, die 1838 bei Canti veröffentlicht werden. Die ersten vier Lieder gehören inhaltlich eng zusammen, ihre Themen sind unerfüllte Liebe und Tod: *Non d'accostare all urna, More, elisa, lo stanco poeta* (Text: Tommaso Bianchi), *In solitaria stanza* (Verse wie Nr. 1 von Jacopo Vittorelli), *Nell' orror di notte oscura* (Text: Carlo Angiolini). Ein dramatisch bewegtes Lied wechselt hier mit einem stilleren ab, es ist beinahe der dramatische Ablauf einer Oper mit ihren expressiven Höhepunkten und retardierenden Momenten; dementsprechend klingt jede einzelne dieser Liederperlen arios. Das gilt auch für die fünfte und die sechste Romanze, vertonte Goethe-Übersetzungen, beide aus dem *Faust*, einmal Gretchens Monolog *Meine Ruh' ist hin, Perduta ho la pace*, daneben ihr Gebet *Ach neige, du Schmerzensreiche, Deh, pietoso, oh Addolorata*. Die geraten Verdi zu ausdrucksvollen Theaterszenen, sind also ganz und gar nicht in vielleicht erwarteter schubertscher Manier vertont. Dabei wäre es interessant, einmal nachzufragen, ob eine theatralische Inszenierung, wie sie Verdi vornimmt, der Herkunft der Gretchen-Gesänge als lyrische Einlagen einer Tragödie nicht mehr entspricht als die abstrakt-unszenische Liedvertonung Franz Schuberts.

Seine *Romanzen* während glänzender Gesellschaftsabende vorzuführen, soll Giuseppe Verdi bald schon Gelegenheit haben.

Hineingezogen

Bartolomeo Merelli führt den jungen Maestro in die Kreise ein, die der Kunstwelt geöffnet sind. Mailand besitzt eine Unzahl bedeutender Salons. In allen Metropolen Europas blühen und gedeihen die Cercle der gebildeten, kunstbegeisterten Damen, aber gerade in Städten politischer Spannungen wachsen sie in besonderem Maß; in den dreißiger und vierziger Jahren des 19. Jahrhunderts sind das vor allem Paris, Berlin und Mailand. Salons erfüllen nämlich nicht nur eine unterhaltende oder bildende Funktion, sondern sind Treffpunkte politischer Parteien, meist mit diplomatischem, verbindendem Charakter; hier wird Einfluss auf die jeweiligen Regierungen oder ihre Opposition genommen, hier wird Politik gemacht. Und zwar nicht zuletzt von den Frauen, die diese Cercle leiten. Die bekanntesten Salonnièren mischen sich gleichzeitig in die Politik: Die Berliner Dichterin Bettine von Arnim fordert soziale Gerechtigkeit, die französische Schriftstellerin Aurore Dudevant, besser bekannt unter ihrem Pseudonym George Sand, mischt sich in geheimen Aktionen in die Regierungsgeschäfte ein, spielt eine dunkle Rolle beim Aufbau der Republik und gilt als »Mutter der Revolution«.

Wie es aber für einen jungen Künstler üblich ist, der noch keine weit reichende Anerkennung besitzt, außer einem einzigen Tageserfolg, seiner Oper *Oberto*, gelangt Giuseppe Verdi nicht sofort in die berühmtesten Salons. Er muss den Umweg über die zahlreichen kleinen Abendgesellschaften diverser Comtessen und Kaufmannsgattinnen gehen, ehe die ersten Häuser am Platz Notiz von ihm nehmen. Ein Komponist oder Virtuose des

19. Jahrhunderts wird nicht nur im Konzertsaal und auf der Opernbühne »gemacht«, er wird es durch die Salons der Großstädte; hier hat er sich mit seiner Kunst zu beweisen, hier kann er sein Programm, seine Ideen formulieren, hier sitzen die ebenfalls geladenen Journalisten, Verleger, Intendanten, die es zu überzeugen gilt.

Seine *Sei Romanzi* gefallen in den Cerclen. Ebenso oft werden diese oder jene Arien und Duette aus dem *Oberto* wiederholt, begleitet vom Klavierspiel des jungen Maestro. Verdi hat in dieser glänzenden, kunstbeseelten Welt Erfolg, und er findet an ihr Gefallen. Er liebt es, sich in die modernen, weißen Seidenhemden zu hüllen, den obligatorischen Frack mit Zylinder und Seidenschal anzulegen, er wird elegante Kleidung sein Leben lang lieben.

Er komponiert ein weiteres Gesangsstück, dem man weithin anmerkt, dass es für den musikalischen Rahmen eines Salons gedacht ist. *L'esule*, *Der Verbannte*, besingt seine Sehnsucht nach dem Vaterland. Der Text stammt aus der Feder Temistocle Soleras und ist deshalb erfüllt vom Geist des Risorgimento; die Musik schließt sich dem an, ohne auf brillante Einlagen der Klavierbegleitung zu verzichten, die für Salonmusik so typisch ist. 1839, 1840 – über die genaue Datierung herrscht Unklarheit – vertont er auch Luigi Balestras *La seduzione*, eine düstere Ballade über einen »gefallenen Engel«. Balladen werden in den Cerclen der Zeit sehr geschätzt, nicht von ungefähr hat einer der bekanntesten Salonpianisten, Frédéric Chopin, wirkungsvolle Balladen komponiert. In Verdis *La seduzione* wird die Erwartungshaltung des Publikums voll und ganz befriedigt, wenn zum dramatischen Höhepunkt die Tonart a-moll erreicht wird, die bevorzugte Tonart dieser Gattung.

Einen Komponisten, der ein derart gutes Gespür für Publikumswünsche hat, lässt Merelli nur ungern von der Hand. Geschickt fädelt er es ein, dem Maestro ein neues Libretto zuzuspielen, um ihn nach den furchtbaren Schicksalsschlägen zur Komposition zu ermutigen. Was nun geschieht, liest sich wie ein Märchen, vor allem in der oft wiedererzählten Erinnerung Verdis: »Ich … wandte keinen Gedanken an die Musik … Dann traf ich eines Abends … Merelli auf dem Weg ins Theater. Der Schnee fiel in schweren Flocken. Merelli fasste mich am Arm und forderte mich auf, ihn in die Scala zu begleiten«, hier übergibt der Impresario Soleras Libretto *Nabuccodonosor;* »zu Hause angelangt, warf ich das Manuskript mit einer fast heftigen Geste auf den Tisch … Im Fallen hatte sich das Heft geöffnet; ohne zu wissen wie, heftet sich mein Blick auf die Seite, die offen vor mir lag, und folgender Vers fesselt meine Aufmerksamkeit: Va, pensiero, sull' ali dorate. Ich überfliege auch die folgenden Verse, und sie beeindrucken mich so sehr, umso mehr, als sie fast eine Paraphrase der Bibel waren, die ich immer mit Vergnügen gelesen habe. Ich lese einen Abschnitt, einen zweiten; dann zwinge ich mich – standhaft in meinem Entschluss, nichts mehr zu schreiben –, das Heft zu schließen, und gehe zu Bett! Aber ach, *Nabucco* ging mir nicht aus dem Kopf! … ich stehe auf und lese das Libretto … zweimal, nein, dreimal – so oft, dass ich am nächsten Morgen Soleras ganzes Textbuch auswendig konnte«, trotzdem erhält Merelli das Libretto zurück.

»›Schön nicht wahr?‹ sagt er zu mir.

›Sehr schön.‹

›Nun, dann vertone es!‹

›Ich denke nicht im Traum daran …‹

›Komm schon, vertone es!‹ Mit diesen Worten nimmt er das Libretto, steckt es in meine Manteltasche, packt mich an den Schultern und schiebt mich nicht nur zum Zimmer hinaus, sondern schließt auch noch die Tür hinter mir ab.

Was tun?

Mit dem *Nabucco* in der Tasche kehre ich nach Hause zurück: heute ein Vers, morgen ein anderer, einmal eine Note, ein andermal eine Phrase … nach und nach entstand so die ganze Oper.«

Die Erinnerung ist sicher nicht frei von Wunschvorstellungen, immerhin ist zu bedenken, dass Verdi zum Zeitpunkt dieser biographischen Skizze ein berechtigtes Interesse an der Mythenbildung um ihn als »maestro della rivoluzione« hat; er, der stets zurückhaltend mit biographischen Enthüllungen gewesen ist, hat die romantische Erinnerung sicher nicht zufällig Anfang der achtziger Jahre ausgegeben, als sein Stern gegenüber der jungen Komponistengeneration und dem faszinierenden »tedesco« Richard Wagner zu sinken droht. Laut der Aussage eines anderen Zeitgenossen war es keineswegs der berühmte Chor *Va pensiero*, der Verdi so beeindruckt, sondern die Todesszene der Abigaille. Offenbar bemüht sich der Komponist in seiner biographischen Notiz, dem Image des Risorgimento-Komponisten zu willfahren.

Die kurze Erinnerung zeigt darüber hinaus, wie Verdi zu komponieren pflegt: Er bemächtigt sich eines Textes durch intensives Lesen, Hineinfühlen in jede einzelne Figur des Dramas, damit steht ein Rahmenkonzept fest, das sich an die Charakterentwicklung der Figuren knüpft; dann verlässt er sich auf seine Inspiration, vertont die Passagen zuerst, die ihn gefühlsmäßig am stärksten anregen.

Eigentlich sollte Verdi die Oper *Il Proscritto* vertonen; für *Nabucco* wollte Merelli den deutschen Komponisten Otto Nicolai gewinnen, einen hervorragenden Schreiber italienischer Opern. Aber Nicolai lehnt *Nabuccodonosor* ab, und als Merelli ihn darum bittet, tauscht Verdi seinen Text mit dem Nicolais. Der Deutsche vermerkt in seinem Tagebuch: »Das für Mailand bestimmte Buch von Temistocle Solera *Nabucco* war durchaus unmöglich in Musik zu setzen – ich musste es refussieren, überzeugt, dass ein ewiges Wüten, Blutvergießen, Schimpfen, Schlagen und Morden kein Sujet für mich sei, – der *Nabucco* taugte nichts.«

Gewiss ist *Nabuccodonosor*, der später unter dem abgekürzten Titel *Nabucco* geführt wird, ein höchst todesseliges Stück, das in Jerusalem und Babylon um 578 v. Chr. spielt: Vor den Toren Jerusalems steht das Heer des Babyloniers Nabucco (Nebukadnezar II., 605–562 v. Chr.). Doch der Hohepriester Zacharias hält

Nabuccos Tochter Fenena als Geisel, die den jüdischen Prinzen Ismael liebt. Als Nabucco dennoch in die Heilige Stadt eindringt, will Zacharias die Geisel töten, aber Ismael rettet die Geliebte; die gefangenen Juden verfluchen ihn. Auch Nabuccos Adoptivtochter Abigaille liebt Ismael und will aus Eifersucht, angestachelt vom Oberpriester des Baal, Nabucco und Fenena stürzen. Ihr kommt das Schicksal zu Hilfe: Nabucco, durch seine Kriegserfolge überheblich geworden, erklärt sich zum Gott; da schlägt ihn die Hand Jahwes mit Wahnsinn. Den sinnverwirrten Nabucco überredet Abigaille, Fenena wegen Hochverrats (sie versuchte die Juden freizulassen) töten zu lassen, ihn selbst lässt sie ins Gefängnis werfen. Die Juden beklagen das Schicksal, doch Zacharias spendet ihnen Trost, indem er den Untergang Babylons voraussagt. Nabucco ist ebenso verzweifelt; in seiner Not fleht er den Gott der Juden um Beistand an. Er wird erhört; seine Verstandeskraft kehrt zurück, er befreit Fenena und verlobt sie mit Ismael, dessen Volk er befreit und zu dessen Gott er sich von nun an bekennt. Abigaille mordet sich selbst.

Die Uraufführung findet am 9. März 1842 statt. Trotz der miserablen Leistung von Giuseppina Strepponi, die die Hauptrolle der Abigaille singt, ist die Aufführung ein Erfolg, ein überdimensionaler Erfolg. »Herrlich, herrlich, herrlich«, ruft Rossini überwältigt aus, der große Gioacchino Rossini! Man empfindet etwas Neues, eine neue Stimmung in dieser Oper; die *Gazetta di Milano* applaudiert: »Wir bekennen uns unerschrocken zu Signor Verdis Lob; dennoch bedurfte es dieser Art Wagemuts, um in die kleine, doch auserlesene Phalanx der Komponisten einzudringen, die ungeachtet des schlechten Geschmacks, der nach wie vor den Geist vieler umnebelt, alles in ihrer Macht Stehende daransetzen, um … die so abgeschmackten, sich seit langem angewandten melodramatischen Gewohnheiten zu durchbrechen«, »die Melodik Verdis … entfaltet sich spontan, fließend, klar, nie geziert, nie blumig.«

Interessant zu bemerken, dass die italienischen Kritiker dieser Epoche ein musikalisches Werk stets nach der Qualität seiner

Melodien beurteilen. Das hängt natürlich mit der spezifisch italienischen Tradition des Belcanto, des »schönen Gesangs«, zusammen. Die auskomponierte Melodie bietet dabei eigentlich nur das melodische Gerüst, es bleibt dem Sänger überlassen, seinem Können gemäß den Gesang auszuschmücken. Triller, Verzierungen, Kadenzen, zu improvisieren fast nach eigenem Gutdünken. Die »klassische« Arie besteht aus drei Teilen, A-B-A, wobei der erste A-Teil der Partitur entsprechend ausgeführt wird, der wiederholende, zweite A-Teil von den Sängern ganz nach Belieben verziert werden darf. Eine schöne Melodie meint daher immer eine Melodie, die der Brillanz der Ausführenden genügend Raum lässt. Vincenzo Bellini ist wohl einer der ersten Komponisten, die die Ausschmückung der Partien nicht mehr den Interpreten überlassen. Bellini schreibt alle Verzierungen aus, die er als musikalisch notwendig erachtet. Das »Arienverzieren« nimmt nämlich oftmals überhand, wollen die Sänger doch ihre gesamte technische Kunst zur Schau stellen. Gerade Anfang des 19. Jahrhunderts, als sich ein neuer Begriff von Gesangsstars heranbildet, die primadonna assoluta, und Sängerinnen wie Giuditta Pasta und Maria Malibran gegeneinander um die Gunst des Publikums buhlen. Im jungen Verdi soll das Können Giuditta Pastas denn auch den Wunsch geweckt haben, Opernkomponist zu werden; in seinen frühen Werken schreibt er noch wie alle Meister vor ihm explizit für bestimmte Sänger oder Sängerinnen, maßgeschneidert für die jeweilige Stimme. Oft fordern Sänger eine weitere Arie, um sich in mehreren großen Szenen präsentieren zu können, häufig wird die Umarbeitung eines bereits vollendeten Gesangsstücks verlangt, um die Stimme des jeweiligen Interpreten in ein besseres Licht zu rücken. Das geht oft genug nur auf Kosten der dramatischen Handlung. Verdi wird sich das nicht lange gefallen lassen; später sind ihm Primadonnen und Primouomini mit ihren Ansprüchen und divenhaftem Gehabe ein Dorn im Auge. Jähzornig fährt er sie an, wenn sie etwa in den Proben nur mit halber Stimme singen, um sich zu schonen. Extrawünsche der Sängerinnen und Sänger weist er brüsk zurück. Sie sollen ihre Rollen lernen, sich dem Werk unterordnen und damit basta! Von dieser harten Linie geht er nicht einmal für seine Lieblinge ab, La Tadolini etwa oder Gaetano Fraschini, oder, sehr viel später, La Stolz. Es gibt unter den Sängern keinen, der sich betont einen Verdi-Sänger nennen könnte; es gibt sie, die Wagner-Sänger, die Mozart-Sänger, die Puccini- und Bellini-Sänger, aber es gibt nicht *den* Verdi-Interpreten. Vielleicht liegt das an der seltsamen Ambivalenz seiner Melodien: Sie sind schlicht, klar, niemals allzu üppig, obschon blühend, würde man sie aber ebenso schlicht und klar singen, wären sie wirkungslos. Immer ist bei Verdi-Arien neben dem Sänger auch der Schauspieler gefragt; das dramatische Spiel passt aber nur in den dramatischen Gesamtzusammenhang. Deshalb hat Verdi sich stets dagegen gewehrt, dass einzelne Arien, losgelöst aus der jeweiligen Opernhandlung, in Konzertsälen gesungen werden. Eine Bellini-Arie, eine Wagner-Passage lassen sich ohne weiteres als autonome Werke präsentieren, nicht aber seine Gesangsstücke. Startenor José Carreras bemerkt in seiner Autobiographie: »Stücke von Verdi oder Donizetti kann man in ein paar Tagen lernen – ich meine musikalisch und technisch … etwas ganz anderes ist natürlich, der Rolle die richtige Dynamik, den richtigen Ausdruck zu geben« (seine erste Hauptrolle war übrigens die des Ismael in *Nabucco*). – Inwieweit hebt sich die Melodik des *Nabucco* vom Konventionellen ab? Giuseppe Verdi baut Melodien, in denen rhythmische Gegensätze, hohe Intervallsprünge, verschiedenste Akzentuierungen (quasi von Wort zu Wort) hart gegeneinander gesetzt werden und eine hohe innere Spannung erzeugen. Bellini beispielsweise pflegt kleinschrittige Tonfolgen, beachtet ein Gleichmaß der Notenwerte, einheitliche Akzentuierungen und komponiert entlang dem Atem- und Melodiebogen mit betontem Anfangs- und Endpunkt und hervorgehobenem Mittelteil; Verdi arbeitet mit Wiederholungen, Sequenzierungen, einem weit gespannten Ambitus, dem Kontrast langer und kurzer Notenwerte. Seine Melodie, so hebt der

Kritiker der *Gazetta di Milano* hervor, sei spontan, und meint damit das pathetische Hervorbrechen so mancher Melodie. Zum Vergnügen stellte ich einmal die Anfänge nur seiner bekanntesten Arien, Duette und Chöre zusammen und bemerkte, dass die meisten mit der Tonfolge punktierte Viertel, Achtel, Intervallsprung aufwärts beginnen, mit einer sehr bewegten, Aufbruch assoziierenden Geste also. Verdis Melodien setzen Ausrufezeichen statt Punkte. Das ist nebenbei bemerkt etwas, was den ganzen Verdi beschreibt: Seine Briefe sind durchsetzt mit Ausrufen und Lauten wie Ahs und Ohs, er begnügt sich sogar selten mit einem Ausrufezeichen allein, sondern schreibt gleich eine Hand voll. Oder er zerteilt die Absätze mit Gedankenstrichen, zergliedert die Sätze mit Doppelpunkten und Kommata. Ein impulsiver Mensch, einer, der es auch liebt, zu provozieren; mit solcher Ausschließlichkeit schreibt er manchmal Forderungen, Wünsche, Tatsachen, dass man das gedachte »basta« mitzulesen vermeint.

Diese neue Melodik passt perfekt in die Ära des Risorgimento, ideal zur Revolutionsdichtung Temistocle Soleras. Der pathetische Anfang, die Aufbruchstimmung, ist auch seinen Texten zu eigen, was man später schlichtweg »Risorgimento-Geste« nennt und was sich in dem Freiheitschor *Va, pensiero, sull'ali dorate, ›Flieg‹, Gedanke, auf goldenen Flügeln* tatsächlich am sinnfälligsten ausspricht. Eigentlich tragen die dreißiger, vierziger Jahre des 19. Jahrhunderts eine ähnliche Atmosphäre wie die expressionistische Phase vor dem Ausbruch des Ersten Weltkriegs: erwartungsvolle Spannung, Aufbruch aller Kräfte, egal ob negativ oder positiv. Verdis *Nabucco* erweist sich als wahrer Gefühlsspiegel seiner Zeit. Ob der Komponist allerdings mit vollem Willen seine neuen Melodien ausgerechnet den Passagen der Juden, der Identifikationsfolie der unterdrückten Italiener, zuordnet, muss fraglich bleiben, wie überhaupt die Absicht, eine Revolutionsoper zu schreiben. Sicher haben weder Verdi noch Solera den Erfolg erwartet, den *Nabucco* schließlich hat. Allerdings fällt die strikte Rollenverteilung im *Nabucco* auf; auf der einen Seite der Hohepriester Zacharias, auf der anderen der Oberpriester des Baal, beides Bass-Partien; auf Seiten der Juden Fenena, ihr gegenüber Abigaille, Soprane. Zacharias Melodien sind die Aufbruchsgesten zu eigen, seine Partie ist spannungsgeladen, erregt, gefühlsdominiert, dagegen erscheint die Stimme des Oberpriesters des Baal strenger, konventioneller. Bei den Frauenrollen ist es allerdings genau umgekehrt. Die Melodien der Fenena bleiben blass gegenüber den extrovertierten Ausbrüchen der Abigaille. Außerdem gilt die Sympathie des Zuhörers nicht gerade Zacharias, der die Absicht hat, Fenena zu töten, andererseits erwecken Abigailles Wut-, Eifersuchts- und Verzweiflungsausbrüche durchaus Mitgefühl und Verständnis, obwohl sie die Unterdrückerin und Zacharias der Bedrohte ist. Zu allem Überfluss huldigt Verdi »Ihrer Kaiserlichen Hoheit, der durchlauchten Erzherzogin Adelaide von Österreich«, mit der Widmung des *Nabucco*; Adelaide, obzwar mit Vittorio Emanuele, dem zukünftigen Re d'Italia, verheiratet, ist und bleibt eine Herrscherin aus dem Hause Habsburg.

Das Auditorium der *Nabucco*-Premiere nimmt die Oper allerdings als Risorgimento-Oper an. Zum einen kennt es natürlich den verdienten Librettisten Solera und dessen liberale Einstellung, zum anderen sind Stoffe aus dem Alten Testament seit Beginn des 19. Jahrhunderts fast immer revolutionär konnotiert; die jüdische Geschichte lädt dazu ein, sie mit Unterdrücktheit, Leiden und dem Versuch von Befreiung gleichzusetzen. Der Franzose Etienne Nicholas Méhul beispielsweise, Sympathisant der republikanischen Bewegung während der großen Revolution, fasst nach Napoleons Kaiserkrönung seine Forderung in Töne, der Mächtige möge als Monarch doch nicht die Werte vergessen, das Volk, die Untertanen und ihre Rechte, für die er vormals kämpfte; seine Oper *Joseph en Egypte* wird 1807 an der Pariser Opéra Comique uraufgeführt. Gioacchino Rossini schreibt 1827 mit *Mosè in Egitto* eine wahrhafte Risorgimento-Oper, in der die Korrelaten Ägypter/Österreicher, Israeliten/Italiener unschwer herauslesbar sind. Ferdinand Hiller, ein deutscher Komponistenkollege Giuseppe Verdis und Freund Robert Schumanns, vertont mehrmals alttestamentarische Sujets im Hinblick auf die Diskriminierung seiner jüdischen Religion. Neben Opern bedienen sich Oratorienkomponisten dieser Stoffe. Hiller ist hier abermals zu nennen; in gleicher Weise bereitet Felix Mendelssohn-Bartholdy (*Elijah*) seine Oratorien nach Worten der Heiligen Schrift auf. Es wird in der Fachliteratur des Öfteren darauf hingewiesen, dass die Chöre des *Nabucco* oratorienhaft klängen. Höchstwahrscheinlich ein Effekt, den der Komponist beabsichtigte, um die religiöse, vorchristliche Atmosphäre einzufangen, möglicherweise auch ein Spiel mit den Gattungen und Traditionen, etwas, was Verdi sehr liebt und dem man in seinem Œuvre andauernd begegnet; abgesehen davon hat Italien auch eine reiche Oratorientradition: Giacomo Carissimi, Alessandro Stradella, Giovanni Battista Pergolesi, um nur einige wenige zu nennen.

Va, pensiero, sull'ali dorate wird jedenfalls zur Hymne der liberalen Mailänder. Verdi wird in ganz Lombardo-Venetien zum ruhmreichen Komponisten, zum »Idol der Milanesi«, wie es heißt. Jetzt wird er auch in die größten Salons der Hauptstadt eingeladen. Verdi sieht »sich plötzlich von einer Menge Freunde umlagert, die … ihm … versichern, wie sehr sie ihn schon immer geliebt hätten … Alle wollten Arm in Arm mit ihm spazieren gehen, ihm auffällig die Hand drücken, ihn duzen.« Jede Abendgesellschaft ist darauf bedacht, sich mit dem provozierenden Maestro zu schmücken. Vor allem natürlich die politischen, die liberalen Salons. Vermutlich auf Empfehlung Gaetano Donizettis und Bartolomeo Merellis erhält Verdi Zutritt zum Cercle der Gräfin Appiani. In ihrem Haus komponiert Donizetti, der Verdis Laufbahn genauestens im Auge behält, gerade sein *Linda di Chamounix*. Hin und wieder gewährt die Gräfin ihren Protegés nämlich freie Unterkunft in ihrem Palazzo; in den Jahren 1830, 1831 erhält Vincenzo Bellini diese Gunst. Appiani, die Tochter des Politikers Antonio Strigelli, ist eine außergewöhnlich schöne Frau, Gattin des Malers Andrea Appiani. Kein Wunder, dass ihr so manches Liebesverhältnis mit den Musikern angedichtet wird, die sie in ihrem Salon begrüßt. Nach Bellini und Donizetti soll Giuseppe Verdi ihr Geliebter sein, munkelt die Mailänder feine Gesellschaft: sitzt sie nicht gemeinsam mit Gaetano in ihrer Loge in der Scala, als *Nabucco* uraufgeführt wird? Die Gerüchte bleiben Donizetti nicht verborgen; als sie sich im Laufe der Zeit verdichten, schreibt der Komponist des *Liebestranks* an Giuseppina: »Man erzählt mir, … dass Sie nur für Verdi leben und besorgt sind, und Ihr Brief verrät dies … aber ich billige Ihre Leidenschaft; so lange wie Sie hoch talentierte Künstler lieben, werde ich Sie bewundern; ich kann darüber nicht verärgert sein … es ist höchste Zeit, dass ein anderer meinen Platz einnimmt. Die Welt will etwas Neues haben; andere haben uns Platz gemacht, und wir müssen unseren Platz wieder für andere räumen … glücklich … ihn talentierten Leuten wie Verdi zu überlassen … seien Sie ganz beruhigt über den Erfolg dieses jungen Mannes. Die Venezianer schätzen ihn ebenso sehr wie die Mailänder … Auf alle Fälle wird, selbst wenn sein Erfolg nicht die Hoffnungen seiner Freunde voll erfüllt, dies den guten Verdi nicht davon abhalten, in kurzer Zeit eine überaus ehrenvolle Stellung in den Reihen der Komponisten einzunehmen.«

Im Salon Giuseppina Appianis pflegt man ein Leben L'art pour l'art, obwohl unter anderem der Risorgimento-Dichter Giovanni Prati hier verkehrt; anders im weitaus einflussreicheren Kreis Clara Maffeis. Schon mit zwanzig Jahren, kurz nach ihrer Vermählung mit dem Dichter Andrea Maffei, leitet die 1814 geborene Frau aus dem Hause Carrara-Spinelli einen politisch ambitionierten Salon. Schließlich gehört ihr Ehemann zu den eifrigsten Befürwortern der Wiedervereinigung Italiens. In ihrer beider Palazzo treffen sich die Anhänger des Giovine Italia, diskutieren über die Lage der Nation bei Billard, Karten und Klaviermusik. Verdi wird der Star ihres Kreises, ein lebenslanger, guter Freund, wie auch für ihren Gatten. Andrea Maffei widmet dem Maestro, dem »Ruhm Italiens«, ein überschwängliches Gedicht, das wunderbar mit der *Nabucco*-Kritik der *Gazetta di Milano* korrespondiert: »Neu ist der süße, engelsgleiche Zauber,/ Neu ist die zarte, klare Melodie.« Die Ehe zwischen der Kunstkennerin und dem Poeten hält allerdings nicht lange. Andrea Maffei hat mehrere Affären und Clarina wird die Geliebte Honoré de Balzacs. Die Ehe wird 1846 in beiderseitigem Einvernehmen geschieden; Verdi übernimmt die traurige Zeugenpflicht. Einer anderen Salonnière, der Marchesa Sofia de Medici di Marignano, der bereits Donizetti eine Kantate, *La Fuga di Tisbe*, widmet, komponiert Verdi das Lied *Chi i bei di m'adduce ancora*; der Text ist eine Übersetzung von Goethes Gedicht *Erster Verlust*. Verdi taucht die kleine melancholische Kinderszene in das voluminöse Licht seiner *Nabucco*-Klänge.

Seine bereits etablierten Künstlerkollegen heißen den aufstrebenden jungen Musiker in ihren Reihen willkommen. Letzte, höchste Weihen erfährt Verdi durch eine Einladung in das Haus Gioacchino Rossinis in Bologna. Er zeigt sich begeistert, aber zugleich auch einigermaßen enttäuscht von dem berühmten Komponisten, der das Komponieren an den Nagel gehängt hat und von den riesenhaften Einnahmen seiner früheren Meisterwerke bequem lebt, leidenschaftlich gerne kocht und Gesellschaften gibt. Dieses untätige Leben erscheint Verdi mit seinen hohen bürgerlichen Werten von Arbeitseifer und Pflichterfüllung als Unrecht, als Verrat gegenüber der Kunst.

Der junge Meister verkehrt jetzt kaum noch in den bisherigen Kaffeehäusern, sondern besucht das Café Martini, ein Künstlercafé in der Nähe der Scala. Die Kaffeehäuser besitzen ihre ganz eigene Hierarchie von Besuchern, hier versammeln sich Durchschnittskünstler, da, im Martini, die Crème de la crème der Musiker, im nächsten die konservativen Komponisten, in wieder einem anderen die Avantgardisten, eines ist ein Dichtercafé, das nächste frequentieren mit Vorliebe die Philosophen. In welchem Kaffeehaus ein Künstler verkehrt, gibt genauso Auskunft über seinen Rang, wie sein Stamm-Salon. Giuseppe Verdi ist in die erste Garde der Maestri aufgestiegen.

Und er verändert sich. Er nimmt an, was er in den Kreisen erfährt. Zunächst ist es seinen Briefen anzumerken. Seine frühen Schreiben sind – selbst Briefe an Freunde – stets um Formvollendung und schöne Wendungen bemüht, was sich manchmal anmutig barock liest. Seine Geschäftsbriefe klingen meist devot, sehr distanziert, denn wer ist er zu diesem Zeitpunkt auch, dass er es wagen könnte, sich selbstbewusst an einen Impresario, Verleger oder Intendanten zu wenden! Im Laufe der Opernerfolge werden seine Schreiben äußerst gefühlsintensiv, es sind spontane, improvisiert hingeworfene Gedanken, ohne Sorge um irgendeine Form. Aus Geschäftsbriefen verschwindet die untertänige Geste: Sachlich, knapp sind sie gehalten, immer mit einer Art lutherschem Unterton »hier stehe ich und kann nicht anders«. Das Schriftbild ist rechtsgeneigt mit auseinander springenden Buchstaben, schnörkellos, doch schwer entzifferbar. Widersprüchlich, sich neigend und doch auch wieder schroff aufgerichtet, wie der vielschichtige Charakter des Schreibers. Immer ist sein Schriftbild zugleich ein Stimmungsbild: mal in ordentlicher Reihung mit kleineren, enger zusammenstehenden Lettern, mal weit auseinander klaffende Buchstabenlücken; je älter er wird, umso krakeliger wird seine Schrift, manchmal verschwinden die Worte in Strich- und Punktzeichen. Demgegenüber neigen sich seine Notenzeichnungen nach links, fahrig sind die Töne aufs Papier geworfen, einmal körperhaft rund, dann wieder gestrichelt dünn.

Giuseppe Verdi ändert sich vor allem in seinem politischen Bewusstsein. Zum ersten Mal mag ihm nach dem überraschenden Erfolg von *Nabucco* aufgegangen sein, dass Musik in nicht unbedeutender Weise Einfluss auf das Gemeinwesen nehmen kann. Sein Interesse für die Politik erwacht jetzt, da er tagtäglich im Kaffeehaus, in den Salons mit ihr in Berührung kommt. Gewiss, Barezzi und seine liberalen Bussetaner, der unkonventionelle Provesi, die Bücher Alfieris oder Alessandro Manzonis 1840 veröffentlichter romantischer Roman *I promessi sposi* legen die Grundsteine zu Verdis politischem Empfinden, aber dass er als Einzelner, als Komponist etwas im Lande bewegen könnte, das beginnt er erst nach der Premiere am 9. März 1842 zu glauben.

Seine nächste Oper steht natürlich ganz unter dem Zeichen dieses neuen Bewusstseins; vieles an *I Lombardi alla prima crociata, Die Lombarden auf dem ersten Kreuzzug*, tönt plakativ, gewollt, die Risorgimento-Gestik gerät hart an die Grenze zur Parodie. Trotzdem – oder gerade deshalb, denn nur so kann *Nabucco* zu diesem Zeitpunkt noch übertroffen werden – ist die Uraufführung am 11. Februar 1843 ein wahrer Triumph. Nach dem Heldengedicht Tommaso Grossis hat Temistocle Solera ein handlungsreiches Drama geschaffen. Kernpunkt des Libretto ist der Pilgerchor des dritten Akts, der dem Freiheitswillen der Italiener Ausdruck verleiht; der hymnische Chor ist als eigenständiges Gedicht Soleras in die Reihe der bedeutendsten Risorgimento-Texte aufgenommen worden und soll deshalb hier einmal ganz zitiert sein, auch, um ein eindrucksvolles Beispiel von Risorgimento-Dichtung zu geben.

> O Signore, dal tetto natio
> ci chiamasti con santa promessa;
> noi siam corsi all'invito d'un pio
> giubilando per l'aspro sentier.
>
> Ma la fronte avvilita e dimessa
> hanno i servi già baldi e valenti!
> Deh! Non far che ludibrio alle genti
> sieno, Cristo, i tuoi figli guerrier!
>
> Oh frec'aure volanti sui vaghi
> ruscelletti de'prati lombardi!
> fonti eterne! Purissimi laghi!
> oh vigneti indorati dal sol!

Dono infausto, crudele è la mente
che vi pinge si veri agli sguardi,
ed als labbro più dura cocente
fa la sabbia d'un arido suol!

Verdi vertont dieses Gedicht, wie es zu erwarten ist. In einem
kühnen Vorspiel künden Hornsignale von dem martialischen,
bedrohlichen Rahmen, in den dieser Pilgerchor eingelassen ist.
Der Beginn klingt schwer, belastet, die Bässe des Orchesters nehmen die Melodie der nun homophon einsetzenden Singstimmen vorweg. Zur zweiten Strophe hin betont Verdi die Bläser
stärker und setzt auf das Wort »Cristo« einen fortissimo-Höhe-
punkt: Jesus als Grund und Ziel des Kreuzzugs, Identifikation
der heimatfernen Lombarden mit dem gerechten Erlöser,
sprich: Gleichsetzung mit dem Anspruch der liberalen Italiener,
für die gerechte Sache einzutreten. Vor der dritten Strophe setzt
Verdi eine starke Zäsur. Walzerrhythmus, dominierende Holz-
bläser malen das wesentlich bewegtere Bild der Sehnsucht nach
dem Vaterland. Abermals eine Steigerung zu den Zeilen »Dono
infausto, crudele è la mente/ Che vi pinge si veri agli sguardi«,
ein Einbruch in den Bewegungsablauf; erst mit den letzten beiden Zeilen findet der Komponist zum Walzerrhythmus zurück
und lässt den Chor in Wiederholungen der letzten Zeile und den
letzten drei Worten allmählich ausklingen. Das schöne Vaterland könnte ein Idyll ewiger Quellen und frischer Brisen sein,
wäre es nicht bedroht von fremder Macht.

Das zündet in einer Zeit, da der Geheimbund der Carbonari
wieder verstärkt einen Umsturz herbeizuführen sucht. *Signore
del tetto natio* wird die Hymne der Revolte in der Lombardei
1847.

Bereits im Vorfeld der Uraufführung kommt es zu Spannungen mit konservativen Kräften. Als der Premierentermin feststeht und das Libretto zum Verkauf freisteht, wettert der Erzbischof von Mailand gegen die Oper. Eine Prozession käme darin
vor, eine Bekehrung und eine Taufe, es ginge nicht an, das hei-

lige Sakrament auf der Bühne zu zeigen! Merelli, fordert der erzürnte Kirchenmann, der infame Merelli solle die Aufführung absetzen, andernfalls wolle er Ferdinand I. einschalten. Der Impresario teilt die Situation seinem Maestro mit, der rundweg erklärt: »Sie wird entweder so aufgeführt, wie sie ist, oder sie wird gar nicht aufgeführt.« In die verfahrene Sache mischt sich der glücklicherweise von Musik begeisterte Polizeichef ein: »Nie und nimmer werde ich es sein, der diesem in der Kunst der Musik so viel versprechenden jungen Mann die Flügel stutzen wird. Macht weiter! Ich übernehme die Verantwortung!«

Im Nachhinein erweisen sich *I Lombardi alla prima crociata* als wenig gefährlich. Wohl sind da die mitreißenden patriotischen Chöre, die Verdi zu einem berühmten Opernchorschreiber machen, aber ein aufmerksamer Biograph erkannte einmal, dass es in der Oper keine ausschließlich guten Lombarden (= Italiener) und bösen Sarazenen (= Österreicher) gibt, sondern Unrecht und Leid sich gleichmäßig auf die Parteien verteilen. Außerdem widmet Verdi die Partitur abermals einer Landesherrin, diesmal der Herzogin von Parma. An Marie Louises dritten Gatten, den Grafen von Bombelles, schreibt der Maestro 1843: »Eure Exzellenz, geschmeichelt durch die freundliche Aufmerksamkeit, welche Ihre Majestät geneigt ist mir zuzuwenden, und durch das außerordentliche Geschenk, mit welchem sie mich ehrte, bitte ich Eure Exzellenz Ihr meinen demütigsten und respektvollsten Dank zu übermitteln … Ich danke genauso Eurer Exzellenz für die Freundlichkeit … der ich immer eingedenk sein werde … Mit tiefster Hochachtung. Euer Exzellenz untertänigster Diener Giuseppe Verdi.« Der Brief eines Maestro der Revolution? Die Zensur sieht keinen Anlass, die Aufführung zu unterbinden, die Regierenden widmen ihr wenig Aufmerksamkeit, bis auf den aufgebrachten Erzbischof. Bei allem Plakativen und Gewollten sind *I Lombardi* noch kein ernsthaft revolutionäres Werk wie beispielsweise wenige Jahre später *Macbeth* oder *Luisa Miller*. In diesen Opern flicht Verdi seine Anklagen gegen Unterdrückung und Unfreiheit subtiler ins Werk ein. In

Luisa Miller ist die Anspielung auf die italienische Situation einzig im Handlungsort Tirol chiffriert. Man muss wissen, das Südtirol immerzu ein von Österreichern und Italienern umkämpftes Gebiet ist; bis Österreich es nach dem Ersten Weltkrieg 1919 im Friedensvertrag von St. Germain-en-Laye an Italien abtreten muss, halten die Italiener es für ihr unrechtmäßig besetztes Land, Inbegriff der Irredenta. Nur vor diesem Hintergrund ist die volle Bedeutung von *Luisa Miller* zu entschlüsseln.

Die *Lombarden* haben nicht in ganz Italien Erfolg. Das streng unter habsburgischer Kontrolle stehende Venedig lehnt die Oper ab. »Die *Lombarden* waren ein großes Fiasko«, berichtet der Komponist an Giuseppina Appiani von der dortigen Aufführung des Jahres 1843. Finanziell sind sie ein immenser Erfolg für einen jungen Maestro, und die mangelnde Popularität in Venedig kann er durchaus verschmerzen. 9.000 österreichische Lire erhält der Meister für seine Kreuzzugsoper, mehr als einst Vincenzo Bellini mit vergleichbaren Werken einnehmen kann. Verdi ist ein gemachter Komponist. Von *Nabucco* sagt er später: »Das ist die Oper, mit der meine künstlerische Laufbahn eigentlich begann.«

Frauenschicksal am Theater

Da ist sie wieder! Wie immer ganz à la mode gekleidet; so ist sie auf diversen Lithographien zu sehen, die ihre Agenten zu Reklamezwecken anfertigen lassen: das glatte Haar in der Mitte gescheitelt und am Hinterkopf zu einem Dutt hoch gesteckt, das Gesicht umrahmt von zwei herabfallenden romantischen Locken; sie trägt die Krinoline, darüber das volantreiche Kleid, das sich besonders im mondänen Frankreich größter Beliebtheit erfreut, gehalten von einem breiten Schmuckgürtel. Sie entspricht in ihrem Äußeren dem Frauenideal der dreißiger Jahre des 19. Jahrhunderts, ist biegsam und schlank, mit runden Armen und schönen Schultern, die ihr die freizügige Revolutionsmode zu zeigen erlaubt, ihre Gesichtsform ist oval, ihre Züge sind weich und sanft, ein kleiner, aber voller Mund, eine gerade Nase, wehmütig blickende, große Augen. – Giuseppina Strepponi singt am Teatro Reggio in Parma die Abigaille, erneut unter Verdis Leitung, der sich in diesem Vorfrühling 1843 die Zeit genommen hat, die Neuinszenierung seines erfolgreichen *Nabucco* zu begleiten.

Wenn er ehrlich sein soll, enttäuscht ihn die stimmliche Qualität der Strepponi dieses Mal ein wenig. Es werden schon von verschiedenen Seiten die Stimmen laut, die der Sopranistin mangelhafte Leistungen nachsagen, den Verlust ihrer gesanglichen Kraft prophezeien. In Parma überzeugt sich Verdi davon, dass diese Kritiker nicht ganz Unrecht haben. Dem Publikum bleibt Gott sei Dank noch verborgen, was Verdis geschultes Ohr bereits hört: einen unsicheren, in den Höhen brechenden Sopran.

Giuseppina Strepponi durchlebt soeben eine kritische Zeit. Sie hat immense private Probleme, die sie sorgfältigst vor der Öffentlichkeit verborgen hält. Selbst die Theaterkollegen sind sich über ihre Angelegenheiten nicht im Klaren, einzig dem Impresario Antonio Lanari vertraut sich die Sängerin an. Aber auch in ihren Briefen an den Freund ist sie so diskret, dass nicht einmal ihre späteren Biographen, die doch eine Überschau über alle zur Verfügung stehenden Dokumente haben, eine überzeugende Darstellung ihrer Krisenjahre liefern können.

Giuseppina ist seit Mitte der dreißiger Jahre mit einem verheirateten Mann liiert, über dessen Identität nur spekuliert werden kann. Im Jahr 1838 soll sie ein Kind geboren haben, den unehelichen Sohn Camillino. Schon bald darauf muss sie wieder schwanger gewesen und im Februar 1839 mit einer Tochter, Giuseppina Faustina, niedergekommen sein. Zwei Jahre später bringt sie erneut ein Mädchen zur Welt; Adelina Rosa Strepponi wird im November 1841 geboren. Die Jahresangabe für die Geburt Camillinos kann allerdings nicht stimmen. Es existiert ein Brief der Sängerin an Lanari, datiert Ende November 1841, der meldet: »Camillino beginnt zu laufen.« Wäre das Kind im April 1838 geboren worden, hätte es zum Zeitpunkt dieses Briefes, mit drei Jahren also, bereits laufen können müssen. Das angegebene Datum kann also nicht stimmen; Camillino muss Anfang des Jahres 1840 geboren worden sein.

1837/38 hat Giuseppina Strepponi einen ausgefüllten Terminkalender. Sie zählt zu den begehrtesten Sängerinnen ihrer Zeit, glänzt in Donizettis *Anna Bolena*, ist eine hervorragende *Lucia di Lammermoor*, feiert Triumphe mit Bellinis *Norma* und *I Puritani*. Mehrmals ist ihr zu diesem Jahreswechsel unwohl, es kommt vor, dass sie Aufführungen abbrechen muss. Diesen Hinweis nehmen viele als Zeichen von Schwangerschaft und Geburt; es fehlt allerdings in Strepponis Terminplanung eine längere Zeitspanne, die auf eine notwendige Geburtspause hindeutet. Es könnte sich jedoch, was wahrscheinlicher wäre, um eine erlittene Fehlgeburt handeln, die die Künstlerin zwingt, eine Aufführung plötzlich unterbrechen zu lassen. Erst Ende des Jahres klagt Strepponi wieder über Beschwerden und lässt ihren Vertrauten Lanari wissen, dass sie um ihre Stimme fürchtet. Sie steht zu dieser Zeit in Vertragsverhandlungen mit dem Impresario und auch mit Bartolomeo Merelli, die sie grundlos nicht gefährden würde. Tatsächlich ist ihr erstes Kind die im Februar 1839 geborene Faustina, der ein Jahr später Camillino, wieder ein Jahr später die kleine Adelina folgen. Sowohl 1839 als auch zu den entsprechenden Zeiten 1840 und 1841 legt Strepponi längere Auftrittspausen ein, 1840 sogar drei Monate lang. Ihre unehelichen Kinder bringt sie bei Privatpersonen unter, Arbeiterehepaaren, die sich mit dem Unterhalt und Kostgeld für die Kleinen ein Zubrot verdienen. Es gibt damals nur die eine Möglichkeit für allein stehende Mütter: ihr Kind wegzugeben, sollte der Ruf einigermaßen erhalten bleiben. Besser betuchte Personen können ihre Sprösslinge in ebenso renommierten wie diskreten Erziehungsinstitutionen oder bei Privatleuten unterbringen, den Übrigen bleibt nur ein Waisenhaus, ein »Ospedale degli Innocenti«. In den Ospedali herrscht ein Dreiklassensystem, das ehelich geborene Kinder sorgsam von den Illegitimen und Findlingen trennt.

Die meisten Biographen halten den Tenor Napoleone Moriani für den Vater der Kinder und langjährigen Geliebten Giuseppinas. Moriani gehört zur selben Künstlertruppe wie Strepponi. Ab Mitte der dreißiger Jahre treten sie gemeinsam auf; vor der Geburt Faustinas sind sie zusammen in Rom. Dann muss es zum Bruch gekommen sein, denn in einem Brief an einen Freund erwähnt Strepponi einen Heiratsantrag Morianis, den sie abgelehnt hätte. Lanari vertraut sie an, Moriani nicht zu lieben. Zu diesem Zeitpunkt ist sie mit einem gewissen Camillo Cirelli verbunden, der in einem Brief zugibt, Camillinos Vater zu sein. Das dritte Kind besitzt vermutlich wiederum einen anderen Vater, den Conte Filippo Camvata di Passionei, einen Intimus Antonio Lanaris. Von ihm erhofft sich Giuseppina tatkräftige Unterstützung, finanziell zumindest, vielleicht sogar

Giuseppina Strepponi

durch Heirat. Es ist kein Einzelfall, dass berühmte Sängerinnen
egal welcher Herkunft von adligen Bewunderern geheiratet werden. Eine Henriette Sontag wird zur Gräfin Rossi, eine Maria
Waldmann (Verdis Amneris) zur Gräfin Massari. Strepponis
Conte ist von der weniger treuen Sorte und verlässt seine Sängerin noch vor der Geburt der Tochter. Ab dem Jahreswechsel
1841/42 lebt sie solo, worauf ein Brief an Lanari vom Januar 1842
hindeutet: »Du wirst beschäftigt sein, sicher mit Gott weiß wie

vielen Liebesaffären!!! Du Glücklicher, während ich am Boden bin, aber mir geht es besser so als mit Leuten wie M … in meiner Nähe.«

Die rasch aufeinander folgenden Schwangerschaften, der Stress privater wie beruflicher Natur ruinieren Strepponis Gesundheit. Der Theaterbetrieb nimmt auf »weibliche Angelegenheiten« keine Rücksicht; Mutterschutz und Erziehungsurlaub, diese modernen Errungenschaften gibt es im 19. Jahrhundert nicht, schon gar nicht am Theater. Es existieren Lebensberichte von Sängerinnen, die bis zur letzten Minute vor der Geburt auf der Bühne stehen müssen; Kindererziehung läuft zwischen den einzelnen Akten eines Dramas ab. Sowieso gibt jeder Künstler, der es sich leisten kann, seinen Nachwuchs sobald als möglich in Erziehungsinstitute. In einer Biographie der berühmten Sängerin Wilhelmine Schröder-Devrient von 1862 wird die Situation drastisch geschildert: »Auch solange sie ihre Kinder noch hatte … durfte sie die Freude an ihnen nicht so rein genießen wie andere Mütter. Ihr ältester Sohn war kaum ein paar Monate alt, als sie ihn fremden Händen anvertrauen musste, um den Gatten auf einer Kunstreise zu begleiten, und das wiederholte sich auch bei den anderen Kindern. ›Wie oft habe ich damals mit mühsam zurückgehaltenen Tränen gesungen‹, sagt sie … Das Schrecklichste aber war, dass ihr jüngstes Töchterchen … der unachtsamen Wärterin vom Arme fiel, während die Mutter in der Probe war. Sie fand das arme kleine Wesen in Konvulsionen liegend, in denen es nach wenigen Stunden verschied … Wilhelmine erschien es wie ein Fluch ihres Standes …«

Giuseppina gerät durch ihre Krankheiten in finanzielle Not. Kein Impresario verpflichtet gerne eine Sängerin, die ständig vom Verlust ihrer Stimme bedroht ist, deren schwankender Gesundheitszustand ein hohes Geschäftsrisiko birgt. Giuseppina ihrerseits täte nichts lieber, als die Singerei aufzugeben, wenn es ihr materiell nur möglich wäre. Sie spielt sogar in der Lotterie, in trügerischer Hoffnung auf einen Glückszufall. An Lanari schreibt sie im August 1841: »Ich habe vergessen, Dich zu fragen, Nicola zu sagen, dass, wenn die Ergebnisse der großen Lotterie kommen ... ich sehr froh wäre, wäre er so freundlich, mich es wissen zu lassen ... Es ist sehr wichtig, denn wenn ich den ersten Preis gewinne, könnte ich diese ungeliebte Singerei aufgeben.« Schon sechs Jahre zuvor warnt ein Kritiker des *Il Figaro* davor, diese »helle und schöne« Stimme zu sehr zu strapazieren. Offenbar muss Giuseppina einen ebenso hohen, leichten wie zarten Sopran besessen haben, da entsprechende Partien wie Rossinis *Cenerentola* oder Donizettis *L'Elisir d'amore* zu ihrem ständigen Repertoire gehören. Im Frühjahr 1842 tritt ein, wovor der aufmerksame Journalist gewarnt hat. »Ich habe meine Gesundheit verloren. Ich verdiene nichts«, beginnt Strepponi einen Bettelbrief an den mächtigen Freund Lanari, »Ärzte, Medikamente, Lebensmittel für mich und meine Familie brauchten das bisschen Geld auf, das ich hatte ... Du bist ein vornehmer Herr und ich bloß ein armer Teufel.« Den Tiefpunkt ihrer Krise erreicht sie, als ihr die Zieheltern der kleinen Adelina Rosa den Tod des Kindes mitteilen.

Lanari vermittelt der Sopranistin immerhin so viele Auftritte, dass sie davon einigermaßen leben kann. Der Erfolg von *Nabucco*, für den sich die Strepponi begeistert eingesetzt hat, reißt sie wenigstens etwas aus ihrer depressiven Stimmung und bringt sie vor allem als Sängerin wieder in die Publikumsgunst. Die Kritiker täuscht das jedoch nicht über den tatsächlichen Zustand ihrer Gesangsqualität hinweg. Donizetti, der sich unter das Premierenpublikum gemischt hat, bestätigt es: »Die Strepponi ist die Einzige gewesen, die niemals Applaus bekommen hat, ihr Verdi hat sie nicht in seiner Oper mitwirken lassen wollen, aber die Theaterleitung hat sie ihm aufgenötigt.«

Nach einem wiederholten Zusammenbruch im Jahr 1843, der sie bis an den Rand der Schwindsucht führt, konstatiert ein Arzt »Irritationen in Luftröhre und Kehlkopf«, was das endgültige Aus für die Sopranistin bedeutet. Sie orientiert sich um, tritt noch einige Zeit an kleinen Provinzbühnen auf, geht dann nach Paris, wo sie sich als Gesangslehrerin niederlässt. »Mme Strepponi kommt, um in Paris, in der Welt … durch Unterricht einen Stil, eine Methode bekannt zu machen, die in Einklang mit unserem Geschmack und unserer Wesensart stehen. Wir sind überzeugt, dass sich diese hervorragende Künstlerin in diesem Winter in der eleganten Welt von Paris großer Beliebtheit erfreuen wird«, heißt es in der Zeitschrift *La France musicale*.

In Paris trifft sie 1847 wieder mit Verdi zusammen, der seine Oper *I Masnadieri* in London vorstellen will. Seither sind der Komponist und die Gesangslehrerin ein Paar.

Wie kann sich Verdi bloß mit einer solchen »gefallenen Frau«, einer »Theaterdirne« mit drei unehelichen Kindern einlassen? Das fragen sich nicht nur die Familienmitglieder Verdis oder die Einwohner der biederen Provinzstadt Busseto, diese Frage werfen die Biographen immer wieder auf – und versuchen, die Beziehung des verklärten Maestro zur sündigen Sängerin zu tarnen oder … zu verschweigen. In vielen frühen Biographien wird das Liebesverhältnis, das erst 1859 mit der Heirat legalisiert wird, schlicht übergangen. In dem knappen Satz, »1847 lernte er die Sängerin lieben, die er später heiratete« wird die gesamte Zeitspanne zusammengefasst, wobei sich das Wörtchen »später« natürlich beliebig kurz oder lang dehnen lässt. Ein Autor der Jahrhundertwende fälscht kurzerhand das Hochzeitsdatum, ein anderer Biograph geht über Strepponis Vorleben hinweg und rühmt stattdessen die Gattinnentugend Giuseppinas: »Als echt weibliche Natur war sie seit ihrer Verheiratung mit Verdi nur noch Gattin.« Auch moderneren Lebensbeschreibungen ist Verdis langjährige »wilde Ehe« ein peinlicher Dorn im Auge, obwohl sie diese Tatsache nicht mehr leugnen können. Meist wird nur ein illegitimes Kind der Strepponi benannt, der Sohn Camillino. Vermutlich, heißt es vage, habe es noch ein weiteres Kind gegeben, aber all diese gewiss vom selben Vater, dem bösen Verführer der mehr oder weniger unschuldig in diese Not geratenen Sopranistin.

Dabei ist der Fall Giuseppina Strepponi kein Sonder-, nicht einmal ein Einzelfall innerhalb der Theatergeschichte. Vielen

Sängerinnen ging es ähnlich; die Lebenswege ähneln sich. Clelia Maria Josepha Strepponi wird 1815 geboren. Wie so oft bei Musikerinnen der Fall, entstammt sie einer Theaterfamilie, ihr Vater ist als Kapellmeister in Monza beschäftigt. Giuseppina – die italienische Variante ihres Vornamens – ist siebzehn Jahre alt, als ihr Vater stirbt und damit das Familieneinkommen entfällt. Er hat seiner Tochter den Sängerinnenberuf bestimmt, wünscht ihren Sopran behutsam und ohne Eile ausgebildet. Sein Tod macht diesen Plan zunichte. Zwei Jahre darf »La Strepponi«, wie man sie bald titulieren sollte, noch ihr Studium am Konservatorium fortsetzen, dann aber muss sie schnellstmöglich zur Bühne, muss alle Rollenangebote annehmen, kann nichts ablehnen, wofür ihre Stimme vielleicht noch nicht kräftig genug ist: Die Mutter und drei Geschwister müssen versorgt werden. 1834 gibt sie ihr Debüt und wird sogleich der Star in Rossinis *Matilde di Shabran* – bestimmt auch wegen ihrer attraktiven Jugend. Antonio Lanari nimmt sie unter Vertrag. Strepponis Tourneeleben beginnt; unermüdlich reist sie von Auftritt zu Auftritt, Probe zu Probe, eine Stagione ist sie in Venedig, gibt ein Konzert in Mantua, singt auf den Bühnen Triests, Bolognas, Roms und Florenz'. Lanaris Konkurrent Bartolomeo Merelli wird nun aufmerksam; auch er nimmt Giuseppina unter seine Fittiche, schickt sie sogar nach Wien, durch ganz Italien; auch er bietet ihr Rollen an, ohne Rücksicht auf ihre Jugend und die längst nicht gefestigte Stimme.

Ebenfalls aus einer Notlage heraus beginnt die bedeutendste Sängerin der Epoche, die Schwedin Jenny Lind, ihre Karriere. 1820 wird sie geboren; für die damalige Gesellschaft doppelt belastet als uneheliches Kind und Tochter einer geschiedenen Frau. Bereits mit zehn Jahren kommt Jenny auf Betreiben ihrer Mutter zur Königlichen Opernschule, also in außerordentlich jungen Jahren. Bereits ein Jahr später gibt sie ihr Debüt als Schauspielerin, mit achtzehn als Sängerin in Carl Maria von Webers *Freischütz*. Da sie in ihrer Familie keinen Rückhalt genießt, weder seelisch (der Vater bleibt ihr nahezu unbekannt, die Mutter ist ein labiler, hysterischer Charakter) noch finanziell, gibt sie sich mit Leib und Seele in die Hände der Leitung des Königlichen Theaters in Stockholm, ihrer Heimatstadt. Das Theater setzt sie für alle möglichen Rollen ein, ob nun große Oper oder komisches Vaudeville. Als sie 1841 nach Paris kommt, um dem dortigen ersten Gesangspädagogen Manuel García d. J. vorzusingen, winkt der nur müde ab: »Fräulein, Sie haben keine Stimme mehr.« Mit einundzwanzig Jahren scheint die Sopranistin am Ende zu sein; verbraucht. Aber sie hat, im Gegensatz zu Kolleginnen wie Strepponi, Glück: Nach mehrmonatiger Pause, während der sie keinen einzigen Ton singt, beginnt sie, ihre Stimme peu à peu wieder aufzubauen – und sie vollbringt ein Wunder. Ihre zweite Karriere beginnt wieder in Stockholm; sie singt die Norma.

Wo nicht finanzielle Not Triebfeder einer frühen Sängerinnenlaufbahn ist, da ist es der Druck eines ehrgeizigen Vaters, wie zum Beispiel bei der berühmten Maria Malibran. Manuel García d. Ä., selbst hervorragender Sänger und Opernmanager, besessen von der Kunst, dem Geld und dem Erfolg, schickt seine älteste Tochter (*1808) bereits in Kinderjahren auf die Bretter der Welt. Mit siebzehn debütiert Maria als Rosina in Rossinis *Barbier*. Sie heiratet ein Jahr später. Ihr Mann, Spekulant und Spieler, hat Schulden, die Maria Malibran bezahlen muss. Unermüdlich singt sie die großen Rollen der schwierigsten Opern, steht noch hochschwanger auf der Bühne. Zwei Jahre nach der Geburt ihres Sohnes lässt sie sich scheiden. Sie ist nun auf sich gestellt, sie singt weiter. Bellini soll zu dieser Zeit ihr Geliebter gewesen sein, ein illegitimes Kind Frucht der Beziehung. Kurz nach Vincenzo Bellinis Tod heiratet Maria den Geiger Bériot. Maria Malibran stirbt 1836 nach einem Reitunfall.

Ihre jüngere Schwester Pauline tritt Marias Nachfolge als Sängerin an. Sie hat ihr Debüt mit achtzehn, ein Jahr später heiratet sie den Direktor des Théâtre Italien, Louis Viardot. Ihr Mann toleriert ihre unzähligen Liebschaften: die mit dem Pianisten Frédéric Chopin, dem Dichter Alfred de Musset, dem Schriftsteller Turgenjew. Pauline hat Kinder … mit ihrem Ehemann oder ihren Geliebten – das bleibt unklar.

Henriette Sontag, Giuditta Pasta, Teresa Stolz, Wilhelmine Schröder-Devrient, jeder von ihnen werden Affären nachgesagt, illegitime Kinder zugesprochen; die Väter dieser Kinder sind Komponisten, Operndirektoren, Impresarios, Künstlerkollegen, reiche Logenbesitzer. Und wohlgemerkt, selten gibt sich eine Sängerin aus dem Kalkül hin, diese oder jene Rolle um jeden Preis ergattern zu wollen, sondern weil die allmächtigen Männer des Theaterbetriebs es ihr vor dem Hintergrund finanzieller Abhängigkeiten abnötigen. Es ist Usus (in diesem Zusammenhang ein böses, aber wahres Wort), dass Sängerinnen und Schauspielerinnen gleichzeitig mit dem Vertrag ihre ständige Verfügbarkeit unterschreiben. Nicht selten fungieren Impresarios als Kuppler, die wohlhabenden »Opernfreunden« die Garderobentüren der Aktricen öffnen. Zustände an Opern- und Operettenhäusern, wie sie etwa Thomas Mann im *Felix Krull* andeutet, sind keine bloße literarische Fiktion. Sängerinnen erfüllen oft eine doppelte Funktion, einmal als Protagonistin auf der Bühne, zum anderen als Anreiz für das männliche Publikum (und die Männer sind es, die Theaterkarten kaufen, Abonnements bestellen, Logen mieten und ihre Damen, Ehefrauen, Töchter in das von ihnen gewählte Stück einladen – Frauen dürfen nicht unbegleitet ein Opernhaus betreten). Die Verträge sehen oftmals entsprechend aus, regeln nicht nur Auftrittszeiten und Gage, sondern verbieten eine Eheschließung, eine Schwangerschaft (es gibt immer noch keine sozialgeschichtliche Untersuchung zum Thema Schwangerschaftsabbruch bei Künstlerinnen), öffentlich präsentierte Affären; dem männlichen Publikum soll die Fiktion erhalten bleiben, die Sängerinnen seien noch sexuell verfügbar; andererseits nähren aber auch die Gerüchte über Liebeshändel das neugierige Interesse des Publikums.

Die Sängerin Agnese Schebest berichtet in ihren Erinnerungen aus dem Jahr 1857 von der Erwartungshaltung männlicher Zuschauer und was geschehen kann, wenn die Sängerin diesen

Erwartungen nicht nachkommt: »Mittlerweile hatte sich ein gewaltiger Auftritt mit einem vornehmen Manne ereignet. Dieser wusste, dass ich allen gefährlichen Herrenbesuchen ein für allemal die Tür verschlossen hatte. Er dachte ohne Zweifel: Kann das Fräulein mit ihren Noten so artig und säuberlich umgehen, so könnte sie's noch viel eher mit einem K. K. Oberstleutnant … er ließ sich deshalb als ein von Wien, mit angenehmen Aufträgen versehener Freund bei uns melden … Er kam … wir ließen … den Herrn sehr kleinlaut ablaufen. Am folgenden Tag lauerte er mir auf der Treppe auf … schilderte auch seine Verehrung in einer Weise, dass ich ihm davonlief … Die Folge war, dass ich zum Stadthauptmann gefordert wurde, ich schickte aber für mich den Direktor dahin … Nun hieß es, der Oberstleutnant werde mich auf der Bühne erschießen lassen. Ich trat deshalb drei Wochen lang nicht auf …«

Unweigerlich haftet den Sängerinnen der Ruch an, sie müssten verdorben und sündig sein, und außerdem noch irgendwie exotisch. Köstlich wird diese Erwartung in Theodor Fontanes Roman *Effi Briest* geschildert; das Ehepaar Innstetten ist zu einem musikalischen Abend mit der Sängerin Tripelli eingeladen; Effi erfährt, dass die Sängerin die Tochter eines ortsansässigen Pastors ist – ihre Reaktion: »Effi lachte: ›Von der Tripelli! … Dass sie in Kessin geboren, schrieb ja schon Gieshübler; aber ich dachte, sie sei die Tochter von einem italienischen Konsul … Und nun ist die gut deutsch und stammt von Trippel. Ist sie denn so vorzüglich, dass sie wagen konnte, sich so zu italienisieren?‹« Die Antwort, eine kurze Lebensschilderung, bringt die Sängerin einmal mit dem erotischen Hintergrund der Förderung durch einen Adligen in Verbindung, zum anderen mit der Warnung vor diesem Künstlerinnenleben: »Sie war ein paar Jahre lang in Paris bei der berühmten Viardot, wo sie auch den russischen Fürsten kennen lernte, denn die russischen Fürsten sind sehr aufgeklärt, über kleine Standesvorurteile weg … und Kotschukoff hat sie dann in die Tripelli transponiert … aber hüte dich vor dem Aparten oder was man so das Aparte nennt.

Was dir so verlockend erscheint – und ich rechne auch ein Leben dahin, wie's die Tripelli führt –, das bezahlt man in der Regel mit seinem Glück.« In der darauf folgenden Schlüsselszene des Romans, dem musikalischen Abend bei dem Apotheker Gieshübler, vertraut die Sängerin Effi an: »Ja, meine gnädigste Frau, das ist in der Kunst nicht anders. Und nun gar erst auf dem Theater, vor dem ich übrigens glücklicherweise bewahrt geblieben bin. Denn so gewiss ich mich persönlich gegen seine Versuchungen gefeit fühle – es verdirbt den Ruf, also das Beste, was man hat. Im Übrigen stumpft man ab, wie mir Kolleginnen hundertfach versichert haben. Da wird vergiftet und erstochen, und der toten Julia flüstert Romeo einen Kalauer ins Ohr oder wohl auch eine Malice, oder er drückt ihr einen kleinen Liebesbrief in die Hand.«

Das 19. Jahrhundert ist das Jahrhundert der großen Sängerinnen und Tänzerinnen. Aber der alte, schon am Ende der Antike von Christen erhobene Vorwurf, eine Sängerin oder Schauspielerin stelle unzüchtig ihren Körper zur Schau und habe stets in irgendeiner Weise den Charakter einer Hetäre, bleibt bestehen, auch wenn es seit der Renaissance und der Aufklärung immer wieder Ansätze gegeben hat, den Status der Frau auf der Bühne im Sinne einer eigenschöpferischen »Priesterin der Kunst« aufzuwerten, und einige wenige Frauen als Komponistinnen und Mäzeninnen Anerkennung finden. Die prüde Abwertung weiblicher Gesangs- und Schauspielkunst wird dessen ungeachtet sogar verstärkt, wozu viele Nebenaspekte beitragen, zum Beispiel die archäologische Entdeckung antiker Kunstwerke, deren Darstellung nackter und halb nackter Figuren bei Tanz, Gesang und Saitenspiel die erotischen Phantasien einer ganzen Gesellschaft gerade über Sängerinnen freisetzen. Nicht umsonst wird das Leben der griechischen Dichtersängerin Sappho, der auch Homosexualität, eben die »Sapphische« oder »Lesbische Liebe«, nachgesagt wird, zu einem Lieblingssujet der Opernkomponisten. Aber auch die seit Antike und Mittelalter bekannten Sagenmotive von schönen, betörend singenden, männerverführenden und sogar männermordenden Frauen – Sirenen, Melusinen, Nixen, rauschhaft tanzenden Mänaden und Bacchantinnen, Lamien, Willis und Vampiren, Heines Loreley, Wagners Frau Venus, seine Rheintöchter – werden seit der Romantik zur großen Mode und prägen das Image von Sängerinnen mit.

In Eichendorffs Novelle *Das Marmorbild* verquicken sich Gesang, Antike und schöne Frauen zum Bild der sexuellen Verführung: »Der Mond, der eben über die Wipfel trat, beleuchtete scharf ein marmornes Venusbild, das dort dicht am Ufer auf einem Stein stand, als wäre die Göttin soeben erst aus den Wellen aufgetaucht und betrachtete nun, selber verzaubert, das Bild der eigenen Schönheit, das der trunkene Wasserspiegel zwischen den leise aus dem Grunde aufblühenden Sternen widerstrahlte … Florio stand wie angewurzelt im Schauen, denn ihm kam jenes Bild wie eine lang gesuchte, nun plötzlich erkannte Geliebte vor … Je länger er hinsah, je mehr schien es ihm, als schlüge es die seelenvollen Augen langsam auf … als blühe Leben wie ein lieblicher Gesang erwärmend durch die schönen Glieder herauf. Er hielt die Augen geschlossen vor Blendung, Wehmut und Entzücken. Als er wieder aufblickte, schien auf einmal alles wie verwandelt … Ein nie gefühltes Grausen überfiel da den Jüngling.«

Die singende Verführerin findet Eingang in das Musikschaffen. Felix Mendelssohn plant eine Loreley-Oper, die Max Bruch verwirklicht, Robert Schumann und (später) Hans Pfitzner vertonen z.B. Joseph von Eichendorffs *Waldgespräch* (eines der suggestivsten Gedichte der im Wesentlichen von Heines Ballade geprägten Loreley-Motivik). Eine moderne, schillernde, sehr zukunftsträchtige Variante des Mythos der singenden Verführerin bringt Georges Bizet, gestützt auf eine spanische Novelle des französischen E. T. A. Hoffmann-Nachfolgers Prosper Mérimée, in seiner letzten Oper ins Spiel: Die andalusische Zigeunerin *Carmen* becirct die Männerwelt mit ihrer triebhaften Habanera »Ja, die Liebe hat bunte Flügel«; in Jacques Offenbachs ebenfalls letztem Bühnenwerk *Les Contes d'Hoffmann* werden gleich vier durch Gesang und Schönheit verführende Frauen präsentiert: Olympia, die den Dichter Hoffmann betört, ist eine Automatenfigur und quasi Vorläuferin »virtueller« Sexualität; Gulietta, die venezianische Kurtisane, betrügt ihn; Antonia stirbt durch Hoffmanns Schuld, der sie trotz ihrer schwachen Gesundheit in obsessiver Weise immer wieder zum Singen zwingt; die Sängerin Stella wendet sich vom Bohemien Hoffmann ab und einem anderen – reichen und diabolischen – Verehrer zu. Noch Leos Janaček spielt in seinem Spätwerk *Die Sache Makropoulos* mit dem Mythos der dämonischen, dunkle Mächte verkörpernden Sängerin.

So wie in Opernstoffen des 19. Jahrhunderts das Bild der singenden Frau reflektiert wird, wurde es, in Wechselwirkung mit anderen Opernsujets, überhaupt erst Thema der Gesellschaft. Mir ist aufgefallen, dass im Renaissance- und Barockzeitalter bis etwa 1740 die Opern in ihrer Vielzahl auf den männlichen Hauptdarsteller ausgerichtet sind; ab Mitte des 18. Jahrhunderts kommen aber die großen, tragischen Frauengestalten hinzu: Sophonisbe, Dido, Iphigenie, Alkestis, Antigone, Medea usw. Meines Erachtens hängt das nicht zuletzt mit den politischen und kulturellen Bedingungen im Europa dieser Zeit zusammen, das wesentlich von Herrscherinnen wie Maria Theresia, Katharina der Großen und Marie Antoinette geprägt wird. Die Opernheldinnen sind aktiv handelnde Frauen, die dem realen Frauenideal des männlichen Publikums ganz und gar nicht entsprechen, aber andererseits gerade dadurch männliche Adressaten anziehen. Dies lässt sich exemplifizieren an der tragischen Heldin Medea (Luigi Cherubini schrieb 1797 seine berühmte Oper *Médée*), der Zauberin der griechischen Sage, die ihren Mann Jason an die junge Glauke verliert und aus Rache die junge Rivalin sowie (im Konflikt zwischen Mutterliebe und Rachedurst) die eigenen, mit Jason erzeugten Kinder ermordet. In der vornehmlich männlichen Vorstellungswelt werden die Faktoren »schöne Frau«, »böse Frau«, »verführen«, »Aktivität« und »Sängerin«

miteinander verquickt; die Sängerin *ist* gleichsam die rächende Medea, die lockende Circe. Was man der Akteurin im Theater glaubt, hält man auch im wirklichen Leben für möglich; die singende Frau wird zum Männertrauma. Nebenbei bemerkt: Auch die politischen Herrscherinnen des späten 18. Jahrhunderts werden, weil sie aus dem typischen Frauenbild herausfallen, sexuell diffamiert; der Zarin Katharina und noch der abgesetzten und guillotinierten Königin Marie Antoinette werden sexuelle Exzesse wüstester Art zugeschrieben. In der biedermeierlichen Atmosphäre der Nachnapoleonischen Zeit tauchen dann die Verführerinnen in den Opernstoffen auf, die Undinen und die Kurtisanen, und wieder tritt das Phänomen auf, dass Sängerinnen mit ihren Rollen identifiziert werden. Diese Identifikation hat durchaus dazu beigetragen, das Ansehen der Sängerin in der Gesellschaft zu untergraben.

Ein weiterer Aspekt tritt hinzu. Das Nachtleben der Großstädte und Metropolen wird freier. Der Besuch von Bordellen und Clubs wird im 19. Jahrhundert gesellschaftlich stärker als in älteren Zeiten toleriert. Es gehört in gewissen großbürgerlichen Kreisen fast zum »guten Ton«, wenn Männer diverse Etablissements frequentieren; jeder weiß es und kaum einer regt sich darüber auf. Die noblen Nachtlokale des späten 19. Jahrhunderts sind längst keine zwielichtigen Hinterhofbars mehr, sondern werden den gestiegenen Ansprüchen angepasst. Aufwendige Erotikshows werden inszeniert, deren Mittelpunkt immer die singende Schönheit ist. Plüsch- und Samtausstattung, durchaus kostbaren Gepräges, diskrete Bedienung und abschirmende Separees sorgen für die Kommodität der männlichen Gäste. Jugendstilmaler wie Henri de Toulouse-Lautrec und Félix Vallotton, Schriftsteller wie der Wiener Arthur Schnitzler, der Münchner Ödön von Horváth, der Russe Alexander Kuprin, die Pariserin Colette schildern die Lebewelt der Zeit vor und nach dem Ersten Weltkrieg. Der Weltruhm einiger Nachtclubs wie des Pariser »Moulin Rouge« rührt aus dieser Zeit. Gleichwohl schmälern die modern gewordenen singenden Grisetten, die in

»veredelter« Weise in Lehárs Operette *Die lustige Witwe* auftreten, das Ansehen des Sängerinnenberufs.

Beispiele hoher Häuser tun ein Übriges. Von beinahe jedem gekrönten Haupt Europas werden Liebesaffären mit Sängerinnen, Tänzerinnen und Schauspielerinnen bekannt. Kaiser Franz Josef von Österreich hat seine Katharina Schratt, Vittorio Emanuele II. gilt als »Beherrscher aller Weiberherzen«, Napoleon III. besucht nur, wie man wissen will, seiner favorisierten Künstlerin zuliebe das Opernhaus, König Ludwig I. ist den Reizen der singenden und tanzenden »Halbkreolin« Lola Montez verfallen, eine Affäre mit politischen Auswirkungen, denn um seiner Mätresse willen muss der alternde König während der 48er Revolution abdanken. Und noch im Ersten Weltkrieg wird die holländische »Schönheitstänzerin« Mata Hari, die in der Pariser Demimonde wohl mancherlei Liaisons mit hochrangigen Männern aus Politik und Militär unterhält, als (angebliche) deutsche Spionin am Galgen enden.

Und Giuseppe Verdi? Was galten ihm Frauen wie Giuseppina Strepponi und ihre Kolleginnen?

Verdi sei einer der seltenen Männer des 19. Jahrhunderts gewesen, die die Frau allgemein und auch die »sündige Frau« respektiert hätten, lassen die meisten von Männern verfassten Biographien verlauten (die Verdi-Expertin Mary Jane Phillips-Matz kommt da zu völlig anderen Erkenntnissen). Es werden als Beispiele die Oper *La Traviata* angeführt, die über das Thema der »edlen Hure« handelt, und eine Anekdote aus Verdis Kindheit: Der kleine Giuseppe sei, als seine Mama das zweite Kind gebären sollte, zum Spielen vors Haus geschickt worden, sei im Spiel vor die Fenster des Elternzimmers geraten und habe dort die entsetzlichen Wehenschreie der Mutter gehört, in diesem Moment habe er unendliches Erbarmen mit der Kreatur und respektvolles Mitleid mit der Frau gefühlt und dieses Gefühl nie wieder verloren. Die Anekdote darf als solche in Frage gestellt werden, die Hintergründe der *Traviata*, die durchaus kein Plädoyer für die Kurtisane mit gutem Herzen darstellt, werden noch in einem späteren Kapitel analysiert werden. Jüngere Biographien referieren ab und zu eine mögliche Affäre des Komponisten, bleiben allerdings meist recht vage und konturlos. Immerhin geben diese Erwähnungen Material, ein anderes Bild von Verdi und den Frauen zu entwerfen.

Verdi war kein Kind von Traurigkeit. Mit knapp dreiundzwanzig Jahren heiratet er Margherita Barezzi, zwei Jahre später ist er Familienvater und in Mailand bereits ein gesuchter Gesellschaftslöwe. Die musikalischen Salons der Stadt, immer an den neusten, viel versprechenden Namen der Scala interessiert, bemühen sich um den Komponisten. Der junge Mann aus der Provinz kommt zum ersten Mal in näheren Kontakt zu Kreisen der Highsociety. Natürlich ist er angezogen von dem Prunk der Salons, den Comtessen und Marquisen, die ihn verehren. Keine Verlockungen für den Zwanzigjährigen? Sicher, da ist ja Margherita, seine Ehefrau, aber so bestürzend tief kann beider Liebe nicht gewesen sein, wie uns die romantische Legende um ihren Tod glauben machen will; bis zu seiner Beziehung mit Giuseppina Strepponi, die als »künstlerische Seelenverwandtschaft« geadelt wird, als wolle man sie damit aufwerten, habe Verdi keine Zuneigung zu einer Frau verspürt, sondern Margherita nachgetrauert, also volle sieben Jahre. Es sind aber Liebesbriefe Verdis an eine Dame bekannt, deren früheste Datierung das Jahr 1842 angibt. Da dieser Brief allerdings schon sehr intim ist, darf man von einer längeren Vorgeschichte ausgehen und den Beginn der Beziehung in das Jahr 1841 verlegen, also etwa ein Jahr nach Margheritas Tod. Die bewusste Dame ist Emilia Morosini-Zeltner, neun Jahre älter als Giuseppe Verdi und eine der wichtigen Mailänder Salonnièren. Die Liebschaft dauert bis Mitte der vierziger Jahre und wird sofort von der Beziehung zu Giuseppina abgelöst. In einem Brief Verdis an Emilia von 1842 heißt es: »Erinnere Dich, dass ich alle Zärtlichkeit bin. Ich sterbe für Zärtlichkeit.« 1843 vor einem Besuch auf dem Landgut der Morosini: »Ich dachte, dass ich Dich überraschen und Dir all meine Zärtlichkeit und Liebe zeigen könnte.« 1844 unterzeichnet er: »Ich bin Dein zärtlichster Giuseppe Verdi.« Der letzte intime Brief stammt aus dem Jahr 1847. Verdi hält sich nach der Londoner Uraufführung der *Masnadieri* in Paris auf; er tröstet Emilia: »Ich bin seit zwei Tagen hier, und wenn ich weiter so gelangweilt werde wie jetzt, werde ich bald wieder in Mailand sein.« Von Langeweile kann indes keine Rede sein. Er hat sich in die Strepponi verliebt, die ja zu dieser Zeit in Paris lebt. Seine Abreise verzögert sich um Wochen. Kleine Pikanterie am Rande: Er bewohnt ein Appartement in der Rue Saint-Georges – um die Ecke wohnt Giuseppina Strepponi, keine zwei Minuten Fußweg entfernt.

Emilia Morosini muss sich auch zu Beginn der Beziehung zu Verdi gefallen lassen, ihn zu teilen. Die Primadonna der *Lombarden*-Uraufführung unterhält eine kurze Affäre mit dem Komponisten. Nach dem durchschlagenden Erfolg von *Nabucco* ist Verdi auch für die Sänger und Sängerinnen ein gesuchter Maestro; in seinen triumphversprechenden Opern möchte jeder und jede gerne die erste Rolle spielen. Mit Erminia Frezzolini, einer einundzwanzigjährigen Sopranistin, kommt einer der stillschweigend hingenommenen Bühnenkontrakte zustande, die Partien im Austausch mit gewissen Gefälligkeiten regeln. Erminia wird für die *Lombarden* engagiert. Ihr Verhältnis mit Verdi währt nur für die Dauer der Proben und der Uraufführung. Frezzolini ist zu diesem Zeitpunkt mit dem deutschen Komponisten Otto Nicolai verlobt, der in Italien mit italienischen Opern Furore macht und später durch sein Bühnenwerk *Die lustigen Weiber von Windsor* in die Musikgeschichte eingeht. Nicolai muss von der Affäre erfahren haben, denn noch im Jahr 1843 bricht er mit Erminia. Man sagt allgemein, Nicolai sei schon vorher Verdis Feind gewesen, da Verdi mit ihm das Libretto zu *Nabucco* gegen das zu *Il Proscritto* getauscht habe, während Nicolais Oper durchgefallen sei, sei Verdi berühmt geworden, was Nicolai ihm neide. Tatsache aber ist, dass der deutsche Komponist erst nach den *Lombarden*, nach der Entlobung mit

Frezzolini gegen den italienischen Maestro intrigiert und gallige Sprüche verlauten lässt wie: »Der italienische Opernkomponist der Gegenwart ist Verdi ... Doch seine Opern sind wahrlich schrecklich und zutiefst entwürdigend für Italien. Er schreibt Partituren wie ein Verrückter ... in meinen Augen ist er ein jämmerlicher, nichtswürdiger Komponist.«

Giuseppe Verdis Frauenbild ist zweigeteilt, wie das seiner gesamten Epoche. In seinen Opern figurieren nur zwei Typen von Frauen: die ergebene Liebende und die herrschsüchtige Aktive. Die Leonora in *Oberto* beispielsweise ist eine völlig passiv gestaltete Rolle; in den Ensembles wird ihre Stimmführung immer der der übrigen Akteure angepasst, niemals greift sie einer Handlung voraus; ähnlich legt Verdi die Rolle der Fenena in *Nabucco* an, während Abigaille, Fenenas Rivalin, die erste seiner aktionsgetriebenen Frauengestalten ist, deren Reihe mit Lady Macbeth, Azucena (*Il trovatore*), Eboli und Amneris (*Don Carlos* und *Aida*) fortgesetzt werden kann. Unschwer zu bemerken, dass die agierende Frau immer der negative Charakter ist. Aktivität, Tatendrang, Entscheidungswille, Kraft, das sind Attribute, die in Verdis Zeitalter nur dem Mann zugesprochen werden, die Frau hat, dem Ideal entsprechend, passiv zu sein; tritt sie aus dem ihr gesteckten Rahmen, »vermännlicht« sie, so bedeutet das den Verlust aller weiblichen Tugend, aller Tugend überhaupt und den Wandel in eine charakterlose, entartete Kreatur.

Giuseppe Verdi verschließt sich diesen Ansichten seines Jahrhunderts auch im realen Leben nicht. Seine Beziehung zu Giuseppina Strepponi bedeutet für die Künstlerin das absolute Ende einer Sängerinnenkarriere und Gesangslehrerinnen-Laufbahn. Er verbietet es ihr. Die Frau an seiner Seite hat dem Idealbild zu entsprechen, gerade da sie »sündhaft vorbelastet« ist. Wie oft klagt Giuseppina in ihren Briefen über das zurückgezogene, häusliche Leben, das sie in Sant' Agata führen muss, wie viele Male fühlt sie sich eingesperrt, isoliert – »wie eine Nonne im Kloster«, formuliert sie einmal.

Nach seinem kleinen Abenteuer mit Erminia Frezzolini verlässt Giuseppe Verdi für einige Zeit italienischen Boden. Er begibt sich ins Herz des italienischen Feindes, nach Österreichs Kaiserstadt Wien. Hier soll *Nabucco* gegeben werden, zum ersten Mal eine Verdi-Oper außerhalb Italiens. Gerade in Wien soll diese patriotische Musik erklingen, ist das kein Affront? Bartolomeo Merelli macht es möglich. Er ist immer noch Impresario des Kärntnertortheaters und setzt die Aufführung dort durch. In anderen Musikinstitutionen Wiens wäre zu dieser Zeit kein Ton Verdischer Musik erklungen, das dortige Programm ist kaisertreu, konservativ und politisch neutral. Das Kärntnertortheater aber hat sich seit jeher an Neuerungen, auch an konfliktgeladenen, interessiert gezeigt. Das Publikum nimmt den *Nabucco*, der im März 1843 gegeben wird, an.

Der Komponist wohnt in der Nähe des Theaters, der heutigen Flaniermeile der Donaumetropole. Wiens Stadtbild trägt zu Anfang des 19. Jahrhunderts noch nicht das mondäne Gepräge der Jahrhundertwende. Der »Ring«, der Prachtboulevard rund um die Innenstadt, der heute wesentlich das Gesicht der Stadt prägt, existiert 1843 noch nicht. Die Innere Stadt ist viel stärker als heute von engen Gassen und verwinkelten Höfen geprägt, wie sie auch heute noch zu finden sind. Erst 1857 werden die Basteien und Schutzwälle auf Befehl Kaiser Franz Josephs geschliffen und die Ringstraße nach und nach angelegt, an der sich über 50 km hin Monumentalbauten reihen, darunter Parlament und Burgtheater. Weder das Parlament (ein markantes Gebäude griechischen Stils, geschaffen von Theophil Hansen) noch das neugotische Rathaus gibt es zur Zeit von Verdis Aufenthalt, auch die Votivkirche nicht, die den Schottenplatz dominiert oder gar die Jugendstilfassaden eines Otto Wagner. Doch seit 1838 sind Wiens Straßen von Laternen- auf Gasbeleuchtung umgestellt, die Dampfeisenbahn fährt, der Fortschritt namens Industrialisierung geht an Wien nicht spurlos vorüber.

Giuseppe Verdi jedoch steht gerade erst vor der Schöpfung seines romantischen Bühnenwerks.

Idealismus in der Musik: *Ernani*

*H*ernani. Ein Drama des französischen Schriftstellers Victor
Hugo. Ein programmatisches Drama, denn er formuliert in diesem Stück künstlerisch, was er zuvor bereits literaturwissen-
schaftlich verkündet hat: Die neue Sprache sei romantisch, das
heißt, sie vereine Erhabenes und Groteskes, reflektiere die wirkliche Welt, jedoch versteckt hinter Schauder, Geheimnis, Bizar-
rie, Wahnsinn und Tod.

1830 geht das Drama über die Theaterbühne, ein Skandalwerk. Hugo ist sich wieder einmal treu geblieben und nutzt sein
Drama als sozialkritische Anklage. Die Stunde der umstrittenen
Uraufführung gilt als Geburtsstunde der französischen literarischen Romantik, ein Romantikbegriff, der das Komische und
Abstruse gleichwertig neben das Tragische stellt und immer aktuell und politisch bleibt. Ein Jahr später wirft Giacomo Meyerbeer mit seiner Oper *Robert le Diable* das erste durch und durch
romantische Musikdrama aufs Notenpapier, in seiner gelungenen Kombination der von Hugo geforderten Elemente eine voll-
kommenere romantische Komposition als Aubers *Stumme von
Portici* (1828), für die sich die Ehrenbezeichnung »erste französische romantische Oper« eingebürgert hat.

Der Begriff »Romantik« als Bezeichnung einer Kulturepoche
hat immer wieder Schwierigkeiten evoziert, bedingt durch die
unendlich vielen unterschiedlichen Ausdrucksformen des Romantischen. In der Musikgeschichte lässt man gemeinhin die
Jahre um 1810 als Beginn der Romantik gelten: Der blutjunge
Franz Schubert versucht seine ersten Liedexperimente, Ludwig

van Beethoven, auf dem Zenit seines Schaffens, unternimmt Vorstöße in neue Ausdruckswelten (5. Symphonie), E.T. A. Hoffmann schreibt 1816 mit *Undine* die erste deutsche romantische Oper, Carl Maria von Weber fängt eine volkstümliche Romantik mit seinem *Freischütz* von 1821 ein; 1810 ist das Geburtsjahr von Frédéric Chopin und Robert Schumann, die als Exponenten der Hochromantik gelten. Da es aufgrund der vielen, oft widersprüchlichen Erscheinungsformen keine genauen Abgrenzungen der romantischen Epoche gibt (es werden sogar für das 18. Jahrhundert – mit oft umstrittenen Argumenten – Komponisten wie Johann Ladislaus Dussek und Carl Philipp Emanuel Bach als »Vorromantiker« reklamiert), wird in der Musikgeschichte nahezu das gesamte 19. Jahrhundert in dieser Bezeichnung gefasst, bis mit dem Impressionismus Claude Debussys, den neoklassizistischen Tendenzen eines Paul Hindemith, eines Igor Strawinsky, den Bemühungen Arnold Schönbergs um die Zwölftonmusik eine deutlich sich abhebende Tonsprache die romantische Ausdrucksform von einem Epochen- zu einem Stilbegriff reduziert; Komponisten wie Hans Pfitzner oder Richard Strauss, die bis weit in die vierziger Jahre des 20. Jahrhunderts hinein tätig sind, gelten noch als Spätromantiker.

Was soll die Romantik nicht alles umfassen: den glühenden Katholizismus Clemens von Brentanos und den strengen Protestantismus Achim von Arnims, die verstörenden Landschaften Caspar David Friedrichs und die lieblichen Idyllen Carl Larssons, die »nazarenischen« Bilder der frühromantischen Maler um Friedrich Overbeck und die wilde Naturdämonie in antiker Gewandung eines Arnold Böcklin, die klassizistischbrillante Klangarchitektur eines Gioacchino Rossini und die aufwühlende Leidenschaftlichkeit eines Giacomo Puccini, die volkstümlichen, klaren Klänge Carl Maria von Webers, die expressiven Tonwelten Richard Wagners und die zerborstenen Harmoniegeflechte Gustav Mahlers.

Was jedoch bei romantischen Musikwerken trotz aller Gegensätze deutlich im Vordergrund steht, ist eine Vorliebe für den

Gefühlsüberschwang, für das Unwahrscheinliche, das in der konventionellen Tonsprache nicht mehr Fassbare. »Die Musik schließt dem Menschen ein unbekanntes Reich auf, eine Welt ... in der er alle durch Begriffe bestimmbaren Gefühle zurücklässt, um sich dem Unaussprechlichen hinzugeben«, schreibt E.T.A. Hoffmann 1810 in einem berühmt gewordenen Aufsatz, der die Musik als romantischste aller Künste bezeichnet. Das Romantische wehrt sich gegen Grenzen und Begrenzungen, gegen Absehbares, logisch sich Entwickelndes, Benennbares, reizt die Grenzen menschlicher Gefühle und Vorstellungswelten aus, wenn es sich in Motiven von Wahnsinn, tragischer Verwechslung, Traum und Alptraum, Übersinnlichem und Märchenhaftem äußert; dabei geht an keiner Stelle das Bewusstsein von den realen Lebenszuständen verloren, im Gegenteil werden sie auf groteske, makabre, hyperidyllische, ironische, jedenfalls unkonventionelle Weise umso drastischer beklagt und denunziert.

In die italienische Literatur hält das Romantische sehr spät Einzug, über den Umweg französischer Dramatik und englischer Lyrik, Victor Hugo und Lord Byron. Bis etwa 1820 ist italienische Dichtung (mit Ausnahme einiger betont unorthodoxer Autoren wie des Märchendramatikers Carlo Gozzi) überwiegend klassizistisch geformt und orientiert sich in der Komödie an Carlo Goldonis Werken, in der Tragödie an den Bühnendichtungen Vittorio Alfieris († 1803). Der neue Ton westeuropäischer Autoren, die politische Öffnung nach Frankreich, verstärken Anfang des 19. Jahrhunderts das Interesse an der Romantik. Gemäß der verschiedenen, oft weit auseinander driftenden Erscheinungsformen des Romantischen, bilden sich in Italien zwei Gruppen unterschiedlicher Grundprägung, eine katholisch motivierte Partei mit den Köpfen Alessandro Manzoni und Giovanni Berchet und eine liberale Liga um Silvio Pellico. Während sich die Autoren um Manzoni und Berchet zurückhaltend und bedingt in gesellschaftliche Konflikte mengen, engagieren sich die Liberalen stark im Freiheitskampf. Im Wesentlichen sind sie es,

Pellico, Ludovico Marchese Di Breme und andere, die sich um eine Gleichsetzung der Begriffe Romantik und Risorgimento bemühen, die non-konformistischen Tendenzen der romantischen Weltanschauung auf den politischen Widerstand zu übertragen versuchen. Viele Vertreter dieser Liga wandern in Kerker der österreichischen Polizei, Pellico soll sogar in den Bleikammern Venedigs inhaftiert gewesen sein, in denen bereits ein anderer bekannter Italiener gefangen gehalten wurde: Casanova. Andere sind gezwungen, ins Ausland zu fliehen, leben im englischen oder Schweizer Exil, wie Giovita Scalvini, ein angesehener Goethe-Übersetzer, der sich für Manzonis Werke im Ausland einsetzt.

Alessandro Manzoni. Er scheint für Verdis Romantikauffassung die maßgebliche Autorenpersönlichkeit zu sein. 1785 wird der Aristokratensprössling in Mailand geboren, ein anfälliges, introvertiertes Kind, das mit etwa fünfzehn Jahren beginnt, Verse zu schreiben und sich in die Welt der Wörter einzuspinnen. Nach außen hin lebt er ein bürgerliches Leben, heiratet zweimal, zeugt neun Kinder, besucht Gesellschaften, empfängt zahlreiche Gäste. Umso weiter entfernt er sich innerlich von dem betriebsamen Alltag, dem seine instabile Psyche im Grunde nicht gewachsen ist. Nach dem Tod seiner zweiten Frau, die wohl seine seelische Stütze gewesen ist, zieht sich Alessandro Manzoni mehr und mehr zurück, nimmt Züge an, die man als wunderlich bezeichnen könnte; Sozialphobien plagen ihn, die sich zum Beispiel in einem starken Stottern äußern, Unsicherheit quält den Dichter Manzoni. Kein Gedicht, kein Roman, kein Aufsatz, der nicht mehrere Umarbeitungen erfährt, bis Manzoni von seinem neuen Werk überzeugt ist. Sein berühmtestes Buch *I promessi sposi, Die Verlobten*, wird mehrmals revidiert; 1821 beginnt er den Text mit dem ursprünglichen Titel *Fermo e Lucia* und veröffentlicht eine endgültige Fassung 1840. Der Roman, der einzige größere und bekannte Roman italienischer Romantik und einer der bedeutendsten Historien- und Zeitromane der Weltliteratur, erzählt die Erlebnisse des jungen

Seidenspinners Lorenzo, der das Dorfmädchen Lucia heiraten will. Seine Braut wird allerdings vom mächtigen Don Rodrigo, einem hochmütigen Repräsentanten der spanischen Besatzungsmacht, begehrt, der mit allen ihm zur Verfügung stehenden Mitteln, Gewalt, Erpressung, Morddrohung, die Heirat zu verhindern sucht. Das Liebespaar muss fliehen, wird getrennt, und der Leser darf nun zumeist den veschlungenen Lebenswegen Renzos folgen, wird zum Beobachter verschiedenster Schicksale, die Renzos Weg kreuzen und zusammen ein großes, vorwiegend düsteres Sittenbild des 17. Jahrhunderts in Oberitalien ergeben. Das ist zugleich das Besondere des Romans: dass er aus der Sicht des einfachen Handwerkers Lorenzo Tramaglino geschildert ist, dem sich nach und nach das schlichte Muster gesellschaftlicher Abläufe entschlüsselt, nämlich von dem immer währenden Spiel vom gewaltsamen, tyrannischen »Oben« und ausgelieferten »Unten«. Nach vielen Begebenheiten heiratet der Held doch noch seine Lucia, er findet zu einem arbeitsamen Bürgerleben in bescheidenem Wohlstand, seine Kinder lernen lesen und schreiben; »dass auch sie davon ihren Nutzen haben sollten, da es diese Schelmenkünste nun einmal gebe«, aber Renzos Erkenntnis am Schluss seiner Abenteuer ist resignativ, ist Rückzug: »Ich habe gelernt … mich nicht um Aufstände zu kümmern, ich habe gelernt, keine Volksreden zu halten … ohne zu bedenken, was daraus werden kann.«

Manzonis Roman ist zwar *Die Verlobten* betitelt, handelt aber auffallend wenig vom Liebespaar und vom Liebesidyll. Was in einem Buch, dessen Titel zunächst auf einen Liebesroman schließen lässt, im Vordergrund stehen müsste, wird hier gegenüber politischen und privaten Katastrophen zur Nebensache. Wichtiger ist es dem Autor, die Raster eines Systems aufzudecken, die sogar eine Liebe gefährden können. Eine gleiche Grundstruktur findet sich in vielen Opern Giuseppe Verdis, namentlich in denen der vierziger Jahre, also jenen, die der veröffentlichten Endfassung der *Promessi sposi* folgen; sehr prägnantes Beispiel ist die Oper *Macbeth* von 1847, in der es überhaupt kein traditionelles Liebespaar gibt (die allerdings vielleicht deswegen nicht zu den populärsten Werken des Meisters wird), aber auch in allen anderen Opern wirkt die Liebesgeschichte nur als Auslöser bedeutenderer Geschehnisse, die Liebesszenen treten sehr in den Hintergrund; bei *Luisa Miller* etwa oder, höchst auffallend, in *La forza del destino*. *Ernani* scheint das erste Paradebeispiel einer derartigen Konzeption zu sein: Zwar dreht sich alles vorgeblich um Liebe, denn gleich drei Männer begehren eine Frau, aber dem Liebespaar lässt Giuseppe Verdi lediglich eine kurze Duettpassage zu Anfang der Oper; ihre Hochzeitsfeier wird durch eine grausame Katastrophe abgebrochen, in die idyllische Tanzmusik hinein lässt Verdi einen Hörnerruf ertönen, die starre Motivik der Rivalencharaktere bricht die Hochzeitsmusik auf.

Räuberhauptmann Ernani – ein abtrünniger Adliger, der sich für Vatermord an Carlos, König von Spanien, rächen will – liebt Elvira, die Nichte des Granden de Silva, die von ihrem Onkel und dem König umworben wird. Don Carlos begibt sich verkleidet in Silvas Schloss, um Elvira für sich zu gewinnen. Ernani und Silva kommen nacheinander hinzu. Der Räuber fordert ein Duell, flieht jedoch, als sich Carlos als König von Spanien zu erkennen gibt. Man hält Ernani bald für tot, und Elvira entschließt sich, ihrem Onkel ihre Hand zur Ehe zu reichen. Doch Ernani kehrt zurück in Elviras Schloss. Eine Liebeserklärung wird von den hinzutretenden Rivalen unterbrochen. Der König klagt Silva an, dem gesuchten Verbrecher Ernani Unterschlupf gewährt zu haben, und fordert dessen Herausgabe oder Elvira als Geisel. Silvas Ehre als Hausherr gebietet, dass er Ernani vor des Königs Zugriff zu schützen habe. Elvira wird Don Carlos übergeben. Zu spät gelingt es Ernani, Silva von der Leidenschaft des Königs zu unterrichten. Der wütende Don Silva verbündet sich mit dem Räuber zu gemeinsamer Rache. Ernani schwört, die Hochzeit zwischen Elvira und Carlos zu verhindern, andernfalls mit seinem Blut Silvas Ehre wiederherzustellen. Als Beweis seines Eids überlässt er Silva sein kostbares Jagdhorn. Die Verschwörer treffen sich in der Gruft Karls des Großen und losen aus, dass Ernani den König töten solle. Der Plan wird von Don Carlos selbst belauscht. Er lässt alle einkerkern. Allein auf Elviras Bitten hin erteilt er ihnen wieder Amnestie und vereint sogar das Liebespaar. Mitten in die Hochzeitsfeier klingen plötzlich die Rufe des Jagdhorns: Silva fordert die Wiederherstellung seiner Ehre. Ernani tötet sich selbst.

In *Ernani* geschehen viele Dinge in zeitlich kurzem Ablauf. Die Handlung springt unablässig voran, ein Eindruck, der sich daran knüpft, dass Piave und Verdi die einzelnen Charaktere unablässig aufeinander stoßen lassen: Ernani schwört Elvira seine Liebe, sofort kommt Silva hinzu, Ernani fordert Carlos zum Duell ... Silva tritt zu ihnen, Ernani wird von Silva zur Rede gestellt, Carlos unterbricht die beiden. Unablässig wird gestört, unterbrochen, in rasches Wechselspiel, voller Unruhe. Giuseppe Verdi lässt das in seinen musikalischen Ausdruck einfließen: punktierte Motive, triolische Formeln, sie dominieren das Klangbild; stärker als in anderen Opern operiert Verdi mit hart gegeneinander gesetzten rhythmischen Kontrasten.

Der rasche Blickwechsel, das ist ein Stilmoment, das sich durch Alessandro Manzonis *I promessi sposi* hindurchzieht, meist indem sich der »allwissende Erzähler« erklärend in die Geschichte hineinmischt, aber auch durch häufigen Figurenwechsel und Perspektivänderungen der Hauptfigur Lorenzo.

Unruhe ist eine wesentliche Eigenschaft der romantischen französischen und italienischen Literatur, sie ist ein Bestandteil der italienischen romantischen Oper. In Gioacchino Rossinis letztem Werk für eine italienische Bühne, die für das venezianische La Fenice komponierte *Semiramide* (UA 1823), ist der romantische Ausdruck zum ersten Mal unübersehbar. Eindeutig romantisch ist seine drei Jahre darauf uraufgeführte lyrische Tragödie *Le Siège de Corinth, Die Belagerung von Korinth*, in der das Motiv der Vaterlandsliebe gestaltet wird – es gilt eben auch für die italienische Musik der Zeit, dass die Begriffe Romantik und Risorgimento untrennbar verbunden sind; neu ist in dieser

Verdi um 1845 (Porträt von Torriani)

Oper das Chorfinale, in dem die Solostimmen zu einem Ensemble und dann mit dem Chor vereint erklingen: Obwohl die Opern nach wie vor bevorzugt Liebeshändel und Intrigen in der aristokratischen Gesellschaft behandeln, erhält die Stimme der Masse, des Volkes, ungeahntes Gewicht. Die Zeit der romantischen italienischen Oper ist eingeläutet: Vincenzo Bellinis *Straniera* von 1829, seine *Somnambula* von 1831, Gaetano Donizettis *Lucia di Lammermoor* (1835), Saverio Mercadantes *I Briganti* aus dem Jahr 1836, um nur einige Beispiele der Zeit vor Verdis *Ernani* anzuführen.

Es ist von mehreren Seiten betont worden, *Ernani* sei eine der letzten romantischen italienischen Opern, ehe mit *Giovanna d'Arco, Attila, Alzira* etc. ein neuer Ton in Verdis musikalische Sprache, in die italienische Musik überhaupt, einflösse. In *Ernani* sind romantische Elemente auf die Spitze getrieben, das ist wahr – ein derart unvorhersehbares Ende wie Ernanis plötzlicher Selbstmord oder Carlos jäher Sinneswandel zum Guten, figurenpsychologisch nicht überzeugend genug vorbereitet, ist in späteren Opern des Bussetaner Maestros nicht mehr zu finden; hier ist es ein Tribut an die romantische Forderung nach dem Unerhörten, Unerwarteten. *Ernani* ist die romantischste Oper Verdis, aber bei weitem nicht seine letzte romantische Oper. Wenn der Romantikbegriff tatsächlich aufs Engste mit dem Risorgimento verbunden ist, dann löst sich Verdi etwa Mitte der fünfziger Jahre von der romantischen Oper, nämlich dann, wenn die italienische Einheitsbewegung den Rückschlag von 1848/1849 erfahren hat und sich eine diplomatische Grundhaltung gibt; und so ist es auch – im *Trovatore* kündigt sich eine Änderung an, im *Trovatore* wird bewusst übertrieben mit Stilmitteln des Romantischen gearbeitet, dann wendet sich der Komponist ganz von der italienischen Oper ab und der französischen Historienoper zu (*Les Vêpres Siciliennes*, 1855).

In *Ernani* bemüht sich Giuseppe Verdi bewusst um die romantische Oper. Er hat ursprünglich vor, Victor Hugos Drama *Cromwell* in Musik umzusetzen, gerade das Stück, in dessen

Vorrede der Schriftsteller seine Romantiktheorie entwirft. Aber mit allen Plänen und Entwürfen, die er und Piave unternehmen, ist er unzufrieden. Der *Cromwell* sei »arm an Handlung«, schreibt Verdi im September 1843: »Oh wenn man den *Hernani* machen könnte. Das wäre eine sehr schöne Sache! Für den Dichter würde es zwar eine große Mühe werden ... Sig. Piave (hat) viel Geschick im Verseschmieden.« Gemeinsam entscheiden sich Piave und Verdi für Hugos *Hernani*, denn »in *Hernani* gibt es nichts weiter zu tun als zu kürzen und zusammenzudrängen: Die Handlung ist fertig und das Interesse sehr groß«. Diese Oper soll nun wahrhaft politisch motiviert sein und den Idealen des Risorgimento Rechnung tragen! Dazu passt die Verschwörerszene in der Kaisergruft zu Aachen, die an die geheimnisvollen Rituale der Geheimbünde gemahnt (und bereits auf das Verschwörungsmotiv des *Maskenballs* verweist), oder die Gestalt des »edlen Outlaws« Ernani, die dem italienischen Publikum Identifikationsfolie bietet.

Die erfolgreiche Uraufführung wird bestätigen, dass Verdis Kalkül aufgeht. Giovanni Barezzi, Verdis Schwager, berichtet seinem Vater Ende Februar 1844 von den Proben: »Was ich bisher gehört habe, ist erstaunlich, vielleicht noch erstaunlicher als *Nabucco* und *I Lombardi*.« Die *Gazetta Musicale* wird im Juni 1844 zu einer römischen Aufführung bestätigen: »*Ernani* hatte wahrlich einen unerhörten Erfolg.« Und bei einer Aufführung in Rom 1847 werden in der Verschwörerszene Flaggen mit den italienischen Nationalfarben gezeigt, viele singen den Verschwörerchor *Si ridest'il Leon di Castiglia* mit, in dem es heißt: »Wir sind eine einzige Familie, wir wollen kämpfen.«

Vor der Uraufführung ergeben sich einige Probleme. Die Zensurbehörde möchte die Figur Don Carlos etwas gütiger haben; Piave vermittelt und zu guter Letzt beugen sich die Zensoren dem Starrsinn des Komponisten und der beredten Diplomatie Piaves. Dann schießt die Sängerin der weiblichen Hauptrolle, die berühmte Sopranistin Sofia Loewe, quer. Sie besteht auf einer zusätzlichen großen Arie für sich. Verdi lehnt natürlich brüsk ab, schließlich ist er nicht länger der unbedeutende Anfänger, der jeder Laune einer Diva nachgibt. Wenn die Sängerin nicht das singen wolle, was ihr die Partitur vorschreibe, ziehe er die Oper ganz zurück, dann brauche sie gar nicht erst den Mund aufzumachen. Sie rächt sich, indem sie sich bei der Aufführung einige Male im Ton vergreift, woraufhin Verdi sie nach der Premiere schneidet, allen Interpreten außer der Loewe persönlich mit den wärmsten Worten für ihr Engagement dankt.

Gaetano Donizetti ist hellauf begeistert von *Ernani* und bietet dem Kollegen an, die Proben einer Inszenierung am Wiener Kärntnertortheater zu übernehmen. Einem Dritten schreibt Verdi: »Sie können sich meine Freude darüber vorstellen zu hören, dass Donizetti die Leitung meines *Ernani* übernimmt. Auf diese Weise bin ich sicher, dass die Oper dem musikalischen Sinn der Komposition nach interpretiert wird.« Donizettis ganz und gar nicht rivalisierendes, sondern freundschaftliches Verhalten würdigt er in einem Brief an den Meister: »Es war eine angenehme Überraschung für mich, den Brief zu lesen … in dem Sie sich freundlicherweise anboten, sich um die Proben meines *Ernani* zu kümmern. Ich zögere durchaus nicht, Ihr höfliches Angebot mit der größten Dankbarkeit anzunehmen, da ich sicher bin, dass meine Noten von dem Augenblick an, wenn Donizetti bereit ist, sie zu studieren, nur große Vorteile ziehen werden. So kann ich hoffen, dass der musikalische Sinn der Komposition richtig beurteilt werden wird … Sie gehören zu der ganz kleinen Anzahl von Männern, die überragendes Talent haben … Der Gefallen, den Sie mir erweisen, ist zu ungewöhnlich, als dass Sie an meiner Dankbarkeit zu zweifeln brauchen. Mit tiefster Wertschätzung Ihr sehr ergebener Diener.«

Von Rom nach Venedig

Noch im Frühling 1843 kehrt Giuseppe Verdi aus Wien zurück. Nun gilt es, manches zu regeln. Der Druck, den der Mailänder Impresario Bartolomeo Merelli auf ihn ausübt, wird ihm zu viel. Er hatte schon bald nach dem Misserfolg des *Giorno di regno* angekündigt, die Scala verlassen zu wollen, sobald sein Vertrag über drei Opern erfüllt sei. Die Bedingung ist erfüllt. Nach der Komödie sind *Nabucco* und *I Lombardi alla prima crociata* erfolgreich von Mailand aus ihren Weg gegangen. Mit einem anderen Impresario, so hofft Verdi, könne er seine Vorstellungen einer vollendeten Inszenierung besser verwirklichen. Merelli hat zu viel Einfluss auf die Rollenbesetzung, die Regie und nicht zuletzt auf Textbuch und Komposition. Privat fühlt sich Verdi in Mailand »recht wohl« und denkt vorerst nicht daran, seine Zelte woanders aufschlagen zu wollen.

Um sich über die Situation der verschiedenen Theater zu informieren, vielleicht auch Kontakte zu knüpfen, reist der Komponist in den nächsten Monaten zu jeder großen Inszenierung seiner Opern. Mit dem Impresario des Teatro Fenice in Venedig kommt es zu Verhandlungen. Allzu gern wird Graf Carlo Mocenigo die *Lombarden* herausbringen. Schließlich einigt sich der Komponist mit dem Impresario über die Überlassung der *Lombardi* und der Annahme einer Neuvertonung. Selbstbewusst verlangt der Maestro 12.000 Lire in drei Raten sowie das Recht, seine *compagnia* selbst zusammenzustellen. Verdi macht sich ohne Umschweife auf die Suche nach einem geeigneten Sujet; »Ich möchte … dass das Libretto großartig und gleichzeitig leidenschaftlich sei und dass es sich vom *Nabucco* und den *Lom-*

barden unterscheide. Es soll sehr feurig, voller Handlung und kurz gefasst sein.« Zu den Stoffen, die Giuseppe Verdi in die engere Wahl zieht, gehören *I due Foscari*, die Mocenigo aber ablehnt, aus welchen Gründen auch immer. Höchstwahrscheinlich schreckt er als von Wien aus berufener Impresario davor zurück, ein derart erregendes Stück in einer Zeit neuerlicher Unruhen auf die Beine zu stellen. Papst Gregor XVI. lässt einige Reformen verkünden, die Clemens Fürst von Metternich unterstützt, die aber wenig bewirken. Der Unmut der einmal mehr enttäuschten Italiener macht sich in lokal begrenzten Aufständen Luft. Der Volksheld Giuseppe Garibaldi speit der Obrigkeit sein Wort, das Papsttum sei ein »Haufe aus Kot und Blut«, verachtungsvoll entgegen. Regelmäßig tagen militärische Sondergerichte, die die Aufwiegler in Schauprozessen verurteilen. Italien spaltet sich in zwei Gruppen, die Neoguelfen (papsttreue Katholiken, von Guelfen = Welfen), die die Einheit des Landes über den Katholizismus verwirklicht sehen möchten – zu ihnen gehören der Dichter Niccolò Tommasco und der Publizist Vincenzo Gioberti, ein Theologieprofessor aus Turin, der den Papst als Präsidenten eines italienischen Staatenbundes sehen möchte –, und die Neoghibellinen (die Antipäpstlichen, von Ghibellinen = Waiblinger, d. h. Staufer), die eine säkulare Republik anstreben. Beide Parteinamen knüpfen an die Zeit des staufisch-welfischen Konflikts an, der im frühen 13. Jahrhundert mit dem erbitterten politischen und ideologischen Ringen zwischen Kaiser Friedrich II. und den Päpsten aufflammte und sich im 14. Jahrhundert, dem Zeitalter Dantes, in den inneren und äußeren Kämpfen der großen italienischen Stadtstaaten, der Kommunen, gewaltsam fortsetzt.

Zu den Guelfen oder »cattolici liberali« zählen auch Verdis Lieblingsschriftsteller Alessandro Manzoni und Giuseppina Strepponi.

In die Diskussion um den geeigneten Stoff ist der Hausdichter des Fenice, Francesco Maria Piave, involviert, in den kommenden Jahren und Jahrzehnten Verdis Lieblingslibrettist. Nach einigem Hin und Her und der Entwicklung anderer Projekte entscheidet sich die Künstlertrias für *Ernani*.

Piave hat es nicht leicht mit den Kritikern seiner Werke. Selbst um Objektivität bemühte Biographen zählen den Verfasser von *Ernani, Macbeth, Rigoletto, La Traviata* und *Un ballo in maschera* zu den unfähigen Opernschreiberlingen des 19. Jahrhunderts, deren es so unendlich viele gab. Piave ist jedoch das typische Beispiel eines soliden Librettisten, der um Dramatik und musikalische Umsetzungsmöglichkeiten weiß. Nicht nur die Textschreiberei gehört zum Aufgabenfeld des Librettisten, sondern bis etwa um 1850 obliegt ihm die gesamte Regie- und Inszenierungsarbeit bis hin zur Kostümgestaltung, in enger Zusammenarbeit mit dem Impresario und dem Komponisten. Der Operndichter hat seinen Text vom ersten Federstrich an bis zum Fall des letzten Vorhangs zu begleiten. Verdi überflutet seine Autoren zudem mit Handlanger- und Sekretärsdiensten, etwa überträgt er ihnen mit Vorliebe die lästigen Zensurverhandlungen. Mit kurzen Worten, die Leistung eines Librettisten des 18. und beginnenden 19. Jahrhunderts kann nicht nur an der Qualität seines Textes bemessen werden. Zu Zeiten Arrigo Boitos, des Dichters von Verdis letzten Werken, den man allgemein als den besten, niveauvollsten Autor verdischer Opern empfindet, also in den beiden Jahrzehnten vor der Jahrhundertwende, sind die genannten Nebenaufgaben bereits speziellen Kräften anvertraut; der Dichter hat sich tatsächlich nur auf seinen Text zu konzentrieren. Überdies gibt es zwei Arten von Librettisten, diejenigen, die fest an ein Haus gebunden sind und sich in der Regel nicht aussuchen können, was für einen Text sie umzusetzen haben, sich folglich oft genug ohne innere Anteilnahme an eine Arbeit setzen müssen, und diejenigen, die auf freiberuflicher Basis arbeiten, sich ganz auf ihre Inspiration verlassen dürfen. Verdis erstes Urteil über Piave ist jedenfalls positiv: »Signor Piave ist sehr gewandt in der Versifikation!« Mit der Uraufführung des *Ernani* im Frühjahr 1844 hat sich Giuseppe Verdi das bedeutendste Theater Italiens nach der Scala erobert. Ein von außen keineswegs übertrieben geschmücktes noch weniger imposantes Gebäude. Gerade, klar komponiert mit den üblichen Zierraten antiken Tempelbaus. Das Innere ist jedoch mehr als prächtig gehalten mit einer Vielzahl geräumiger, mit Samt behangener Logen, in denen die Damen bequem sitzen und ihre Besucher empfangen können. Frauen sieht man nur in den Logen. Der Aufenthalt im Parkett ist aus Sittlichkeitsgründen nur Männern vorbehalten, zu nah säße oder stünde sonst eine Frau einem wildfremden Mann. Im Parkett halten sich mit Vorliebe die jungen Leute auf, vor allem Offiziere, die hauptsächlich der schönen Damen halber im Theater erscheinen. Damit man sich untereinander und das Geschehen auf der Bühne gut sehen kann, sind sowohl Szenen- als auch Zuschauerraum hell erleuchtet ... und es ist laut. Die Oper dient nämlich in erster Linie der Unterhaltung; vor allem in den Logen betreibt man Konversation, vom Gesellschaftsklatsch bis zu den neuesten Börsengerüchten, um dann und wann einer schönen Arie zu lauschen, eine dramatische Szene mitzuverfolgen oder aber einen Sänger, der nicht gefallen hat, mit dem traditionellen Buhruf »Via! Via!« von der Bühne zu verscheuchen.

Inzwischen melden sich zwei weitere bedeutende Theater bei Giuseppe Verdi mit der Bitte um eine aktuelle Oper. Zuerst schreibt der neapolitanische Impresario Vincenzo Flauto, dann langt ein Brief des Direktors des Teatro Argentino in Rom an. Verdi sagt beiden Direktoren zu, an Flauto stellt er am 21. März 1844 seine Bedingungen: 550 Napoleondor in drei Raten, »ich selbst wähle die Sänger aus ... vorausgesetzt, dass die Tadolini, Fraschini und Coletti auf dieser Liste stehen«.

Zunächst beschäftigt sich der Maestro mit der Komposition für Antonio Lanari in Rom. Lord Byrons Schauspiel *The two Foscari* hält er für »ein schönes Sujet, zart und sehr pathetisch«. Es bietet genau die lyrischen Momente, die Giuseppe Verdi so perfekt in Klänge umzusetzen versteht, rührende Szenen zwischen Vater und Sohn. Den Sommer 1844 über schreibt Giuseppe Verdi an seiner römischen Oper, die im September des

Jahres vollendet ist. Im Herbst macht sich der Komponist auf den Weg in die Papststadt.

Die Ewige Stadt liegt prächtig inmitten der sie umgebenden sieben Hügel. »Roma felix«, »glückliches Rom«, heißt sie seit dem Mittelalter und schon die Antike feiert ihre Stadt, Latium, das ist Rom, »Roma aeterna«, »ewiges Rom«, schreibt Kaiser Hadrian einmal. Noch hat Rom nicht das Gesicht von heute. Zwar wird die Stadt im Zeitalter der mächtigen Päpste des 15. bis 17. Jahrhunderts mit herrlichen Kirchen und Palästen der größten Renaissance- und Barockmeister von Michelangelo bis Bernini geschmückt, doch wie sich die Stadt uns präsentiert, mit breiten Straßen, imposanten Bauten der Gründerzeit, ist sie erst ein Werk der Zeit nach etwa 1870, als der erste König des wieder vereinigten Italien, Vittorio Emanuele I., Rom zu seiner repräsentativen Hauptstadt ausbaut; der Corso Vittorio Emanuele entsteht in den 70ern, der Palazzo della Giustizia, Paradebeispiel für die italienische Architektur zur Jahrhundertwende, in den 90ern. Als Verdi die Stadt bereist, sind die Straßen noch schmal, die antiken Ruinen nicht geschützt und abgesondert wie heutzutage. Vieles wird gerade erst ausgegraben und erforscht. Rombesucherin Fanny Hensel, die komponierende Schwester Felix Mendelssohn Bartholdys, schreibt am 28. November 1839: »Aus der großen Prätension und Absichtlichkeit der Römer und ihrer Bauten hat die Natur und die Zeit einen elegischen Trümmerhaufen gemacht, der an Reiz wohl schwerlich seinesgleichen haben möchte. Wie nun da gegraben und gemaulwurft wird und eine Säule und ein Stück Mauerwerk und ein Stück Fußboden nach dem andern zutage kommt, vieles noch unter der Erde steckt. Andres an der Luft schon wieder bewachsen ist, so erlebt dies merkwürdige Stück Gotteswelt eine neue Geschichte zu den vielen, die schon darüber hingegangen.« Erwähnenswerter Neubau ist die Piazza del Popolo, die Giuseppe Valdier 1820 vollendet. Die Stadt ist reich an Bibliotheken, Museen, Theatern und Opernhäusern; das Teatro Argentino ist das bedeutendste unter ihnen. Sie sind stets gut besucht, denn längst ist Rom eines der

Ziele des frühen Tourismus; die vielen Reisenden suchen natürlich nach abendlicher Unterhaltung in den Opernhäusern. Seit Johann Wolfgang von Goethes Reise in »das Land, wo die Zitronen blüh'n«, deren Eindrücke er in seiner *Italienischen Reise* auswertet, die seither unzählige deutsche Rombesucher begleitet hat, ist Italien, ist Rom beliebter Treffpunkt wohlhabender Reisender und junger Künstler aus Deutschland, Frankreich, England, Russland, Amerika … »Die Begierde, nach Rom zu kommen, war so groß, wuchs so sehr mit jedem Augenblicke, dass kein Bleiben mehr war … Alle Träume meiner Jugend seh' ich nun lebendig; die ersten Kupferbilder, deren ich mich erinnere … seh' ich nun in Wahrheit«, eröffnet Goethe seine Ansichten über die heilige Stadt. Ein anderer deutscher Dichter beschreibt eine Ankunft in Rom impressionistischer: »Die Sonne war eben über Rom untergegangen, als Fortunat von den Bergen mit der Abendkühle in die Stadt einzog. Nur ein Streifen des Meeres in der Ferne und das Kreuz der Peterskuppel brannten noch im Widerschein, dazwischen der Klang unzähliger Abendglocken, und Gärten, Paläste und einsames Gebirg unten wunderbar zerworfen – es war ihm, als zöge er in ein prächtiges Märchen hinein.«

Sicher nimmt auch Verdi Notiz von den »prächtigen Märchen«, besucht die Sehenswürdigkeiten, sogar den Petersdom, den Vatikan mit seinem unschätzbaren Museum, obwohl er sich eisern an ein Gebot hält, das er – von wem? Provesi, Barezzi? – aufgenommen hat: »Sta lontan dei preti«, »Halte dich von Priestern fern«. Von der zur Zeit dort gepflegten Kirchenmusik ist er genauso wenig angetan wie andere Romreisende. Noch einmal Fanny Hensel: »Gestern waren wir bei Papstens in der Sixtinischen Kapelle, und ich habe ihn und alle Kardinäle aufs Genaueste gesehen, vorbeipassieren nämlich, denn für die Zeremonien sind wir armen Weiber übel dran; wir müssen hinter einem Gitter sehr weit absitzen, und wer nun, wie ich, ein kurzes Gesicht hat, bekommt von dem ganzen Spaß nichts zu sehen und muss drei Stunden lang sitzen und den sehr unreinen und mittelmäßigen Gesang der päpstlichen Kapelle und den nicht kurzweiligen Vortrag der Messe durch ein paar zittrige Kardinalstimmen anhören.«

Aber Giuseppe Verdi ist ja nicht wegen der Kirchenmusik in der Stadt, sondern um die Proben zu den *Due Foscari* zu begleiten. Schon während der Proben beschleicht ihn das Gefühl, seine lyrische Tragödie sei ihm misslungen. Ein »langweiliges Leichenbegängnis« sagt er über das Werk, in dem ein Vater mitschuldig am Tod seines Sohnes wird und als gebrochener Mann stirbt. Die *Due Foscari* zählen tatsächlich zu den dunkelsten Opern Giuseppe Verdis, in einer Reihe mit *Macbeth* und *Don Carlos*. Das mag auch daran liegen, dass Verdi sich stärker als zuvor auf die beiden männlichen Hauptfiguren und ihre sinistre Charakterzeichnung konzentriert, während die Liebesszene recht spärlich ausfällt und Lucrezia lediglich einen Frauentyp (liebende, opferungswillige Gattin), nicht aber einen Charakter mit seinen Wandlungen verkörpert. Es ist oft gesagt worden, Verdi und Piave hätten zu wenig auf die tatsächlichen historischen Begebenheiten Bezug genommen, so zum Beispiel die Streitigkeiten zwischen den oberitalienischen Fürsten der Renaissance nirgends erwähnt, die den Anlass zur Tragödie des Dogen Francesco Foscari und seines Sohnes gegeben hätten. Damit wird unterstellt, Verdi habe eine politische Oper schreiben wollen, sei bei diesem Versuch jedoch gescheitert. Dagegen ist zu halten, dass es Verdi hier offensichtlich nur um die Vater-Sohn-Beziehung geht, kaum um politische Dinge, dass er sich mit *I due Foscari* gänzlich aus der Vereinnahmung als revolutionärer Maestro zurückzuziehen sucht. Wahrscheinlich liegt seine Trennung von der Mailänder Scala zum Teil darin begründet, dass Merelli und die Milaneser Gesellschaft ein stets gleiches politisches Opernkonzept von ihm erwarten, der Komponist jedoch fühlt, dass er aussagenreichere Bühnenwerke zu unternehmen habe; Merelli hätte ihm keine Chance zum Experimentieren mit Figurencharakteristiken, Dramenstrukturen und Sujets gelassen. Als Experiment ist die Oper *Due Foscari* durchaus gelungen; an der Figur Jacopo entwickelt der Komponist seine schlichten, ergreifenden Tenormelodien und entfernt sich von den affektiert-pathetischen Tenorarien üblichen Schemas. Verdi feilt an seiner Ensemblekunst, ein Terzett der drei Hauptfiguren und das Liebesduett sind hervorzuheben. Was noch nicht zur Gänze gelingt, ist die Charakterevolution einer Figur, weder die beiden Foscari, noch Lucrezia, noch der Gegenspieler Loredano modifizieren in irgendeiner Weise ihre Eigenschaften, sondern bleiben durchgehend ihrem Ausgangscharakter treu. Genauso wenig gelingt es Verdi, einen Charakter zweifelhaft erscheinen zu lassen, etwa durch Reflexionen anderer Figuren wie in *Macbeth*, oder durch widersprüchliche Verhaltensweisen wie beim Herzog in *Rigoletto*, der im mittleren Akt reiner Gefühle fähig zu sein scheint, während er ansonsten als oberflächlicher Lebemann porträtiert ist.

Das Premierenpublikum ist von den *Foscari*, die am 3. November 1844 über die Bühne gehen, angetan. Der Erfolg ist fast gänzlich der Sängerin Marianna Barbieri-Nini zuzuschreiben, die die Rolle der Lucrezia schauspielerisch aufzuwerten vermag. Sie erlebt übrigens einen aufs Höchste gereizten, mit den Interpreten tyrannisch herumschimpfenden, jähzornigen Maestro, der in den Proben äußerste Disziplin der Ausführenden verlangt und von keiner Seite Widerspruch duldet. »Wenn er sich etwas in den Kopf gesetzt hatte, dann wehe, ihm zu widersprechen«, erinnert sie sich.

Emanuele Muzio, Verdis Schüler, berichtet sofort an Barezzi von dem grandiosen Erfolg der *Foscari*, der sich in Mailand 1845 wiederholen soll: »Mercadante, Paccini und Battista werden vor Wut die Nägel kauen.« In der Tat gerät Giuseppe Verdi mit jedem neuen Werk tiefer in Intrigenspiele und Rivalitäten zu den übrigen italienischen Meistern. Es gibt ja nicht nur Rossini, Bellini und Donizetti, sondern eine Vielzahl heute vergessener Opernkomponisten rund um Verdi. Manche von ihnen haben ebenso schöne Bühnenstücke geschrieben wie er, einige sogar politisch wesentlich konkretere, aufrührerische Stücke wie Saverio Mercadante, der mit *Il Bravo* von 1839 auch eine Geschichte um den venezianischen Dogen Foscari vertont hat. Mercadante steht dem Risorgimento näher als sein Kontrahent; er spart in seiner *Foscari*-Oper aktuelle Bezüge nicht aus; die Geschichte des Dogen von Venedig zählt zu den großen Themen der Risorgimento-Kunst, unter anderem widmet sich der Maler Francesco Hayez dem historischen Sujet. Allein Verdi versteht es, die öffentliche Meinung zu lenken und für seine Zwecke zu nutzen. Er spielt die Rolle des volkstümlichen Genies bereits jetzt perfekt.

Emanuele Muzio, der da an Antonio Barezzi berichtet, hat viel zu dem verklärten Verdi-Bild beigetragen. Er vergöttert den »Signor Maestro«, wie er Verdi in seinen Briefen ehrfürchtig nennt. Knapp dreiundzwanzig Jahre alt ist dieser Bursche aus der Provinz von Parma, als Barezzi ihn zu seinem Schwiegersohn nach Mailand schickt, damit er seine Kompositionsstudien vollendet. Ersten Musikunterricht erhält der begabte junge Mann bei Ferdinando Provesi, genau wie Giuseppe. Er entschließt sich allerdings zunächst zu einem Philosophie- und Theologiestudium; die kirchliche Karriere bricht er 1842 der Musik zuliebe ab. Als Opernkomponist wird er sich später versuchen, aber erfolglos bleiben; das Bühnenwerk *Claudia* ist nicht der Rede wert. Muzio ist dagegen ein hervorragender Dirigent; er wirkt unter anderem am italienischen Theater in Brüssel, am Fenice in Venedig, am Königlichen Theater in London; sein Triumphzug als Orchesterleiter wird ihn bis nach Nordamerika führen, dem heimlichen Mekka der Stardirigenten des 19. Jahrhunderts.

Muzio, oder Mussio, wie er sich selbst schreibt, ist und bleibt Verdis einziger Schüler. Der Komponist nimmt das Talent lediglich Barezzi zuliebe zu sich, vielleicht auch ein wenig aus Mitleid mit dem armen Musikstudenten. Als Erstes kleidet er ihn von Kopf bis Fuß neu ein, damit er sich vor der Mailänder Gesellschaft Muzios wegen nicht schämen muss, der über keine anständige Ausgehgarderobe verfügt. Es ist zu dieser Zeit unabdinglich, dass ein Gentleman sich nur mit Frack, Zylinder, Krawatte und Seidenschal bei Gesellschaften zeigen darf. Jeden Morgen um elf Uhr erhält Muzio Unterricht. Wenn er etwas für Verdi besorgen muss, spendiert der Maestro ihm ein Mittagessen. Der Komponist hält ihn sich nämlich als eine Art Sekretär. Emanuele schreibt am 22. April 1844 stolz an Barezzi: »Seit einigen Tagen schon gibt Signor Maestro mir Unterricht im Kontrapunkt … viele Musikschüler würden zwei oder drei Taler für eine Stunde zahlen, wenn Signor Maestro Verdi sie geben würde, aber er gibt sie keinem.«

Emanuele Muzio bereichert fortan Verdis Mailänder Hausstand. Der Maestro bewohnt ein komfortables Appartement im Aristokratenviertel der Contrada il Monte. Die *Due Foscari* stocken seine Finanzen so weit auf, dass er außerdem seinen Eltern Land in Roncole zukaufen kann, und zwar für insgesamt 29.800 Lire in Gold. Der kleine Beppe aus der Provinz ist wohlhabend geworden.

Seine nächste Oper wird Ruhm und Finanzen beträchtlich mehren. Emanuele Muzio unterrichtet den Förderer Barezzi genauestens über die Fortschritte, die die Vertonung von *Giovanna d'Arco* macht. Zwei Tage vor Weihnachten schreibt er: »Heute Morgen machte der Signor Maestro den Marsch der *Giovanna*. Alles ist schön!« Am 29. Dezember: »Gestern hörte ich das große Duett zwischen Giovanna und Carlo … das ist das größte und bemerkenswerteste Stück in der Oper; ich habe das Finale des dritten Aktes gehört, darin ist eine der schönsten Melodien, die jemals gehört wurden.« Am 6. Januar 1845 heißt es: »Poi nella cabaletta tratto tratto sei fanno sentire é dèmoni cantando vittoria vittoria, e sempre più quel il canto Giovanna è concitate e forte; poi alla gran cadenza finale irrompono cori infernale, anda, Orchestra, cantando vittoria, vittoria plaudiam, ecc., tutto il coro intero che può andar del pari con i sublime del *Roberto il diavolo* di Meyerbeer.« Eine Woche später berichtet er: »Der Signor Maestro (hat) mit der Instrumentation der *Giovanna* begonnen.« Im selben Brief erwähnt er außerdem, dass die *Lombarden* weiterhin Furore machen.

Giovanna d'Arco, am 15. Februar 1845 uraufgeführt, begeistert das Publikum der Mailänder Scala, die Kritik ist jedoch in ihrem Urteil gespalten: Die einen verteufeln das Libretto von Temistocle Solera als oberflächlichen Auszug aus Schillers Trauerspiel *Die Jungfrau von Orleáns*, die anderern sind von dem inspirierten Belcanto entzückt. In der Tat hat die *Giovanna* Verdis wenig gemein mit Schillers »heilig Mädchen« und ihrem Schlachtruf »Gott und die Jungfrau«. Temistocle Solera ist an die aufführungstechnischen Bedingungen einer Oper gebunden, muss deshalb die Personen der Handlung auf die üblichen drei Hauptrollen begrenzen. Damit fallen beispielsweise Figuren weg wie die Offiziere La Hire und Du Chatel, die sich um Johannas Zuneigung bewerben, ebenso der Engländer Lionel, in den sich Johanna verliebt, dessen Liebe sie allerdings widersteht. In Soleras Drama liebt König Karl VII. das Hirtenmädchen und wird von ihm wiedergeliebt: Allein diese Liebe bringt Giovanna ins Unglück; in englischer Gefangenschaft gelingt es ihr, ihrer Gefühle Herrin zu werden und alle um Verzeihung zu bitten, nachdem sie ihrem Karl die französische Krone auf dem Schlachtfeld gesichert hat. Bei Friedrich Schiller überwindet Johanna ihre Liebe zu dem Feind ihres Vaterlandes, Lionel, nicht. Johannas gottgesandte Erscheinungen warnen sie vor der Zuneigung zu einem Mann (1. bis 3. Akt), sie verlöre dann die göttliche Gnade, das heißt ihre Kraft, die Engländer zu besiegen. Daher wehrt sie sich, als Karl ihr die Liebe seiner Offiziere anträgt.

Als sie sich dennoch in den Engländer verliebt, verliert sie prompt den göttlichen Beistand, gerät in Gefangenschaft. Und nun geschieht das Wesentliche in Schillers Drama: Johanna gewinnt, als sie ihr Lebensziel, die Königskrönung Karls, bedroht sieht, Ich-Stärke, Ich-Bewusstsein. Nicht Gott handelt jetzt durch sie, sie handelt selbst als autonomes Individuum und befreit sich von jeder Bevormundung, väterlicher, königlicher, göttlicher. Diese emanzipatorische Komponente geht bei Solera/Verdi verloren. Ihnen geht es nicht um die Selbstbehauptung eines Individuums gegen übergeordnete Mächte. Sie lösen andere revolutionäre Ansprüche ihres Dramas ein. Zum Beispiel ist der Kunstgriff, aus Carlo und Giovanna ein Liebespaar zu machen, nicht allein mit der operntechnischen Situation zu begründen, sondern hat aktuellen Bezug. Die österreichische Regierung verbietet Anfang der 40er Jahre wieder die Ehe zwischen Angehörigen verschiedener Stände. In der Folgezeit erweist sich dieses Verbot als nicht realisierbar – die Zeiten haben sich geändert, Ehen zwischen Mitgliedern verschiedener Kasten sind längst kein Tabu mehr –, aber Solera und Verdi reagieren sofort auf diese neuerliche Schikane der habsburgischen Reaktionäre. In Parma wird das Bühnenwerk allerdings unter einem Phantasienamen aufgeführt, aus der historischen Jeanne d'Arc eine völlig neue Frauengestalt, eben weil der Standesunterschied des Liebespaares anstößig erscheint (und eine heroische Pucelle tief sitzende Ängste der Zensoren vor Revolutionen wie vor kämpfenden Weibern auslösen mag).

Verdi arbeitet in *Giovanna d'Arco* das alte Thema der Frau zwischen Liebe und vaterländischer Pflicht auf. Auffallend an der gesamten Partitur sind nämlich zwei Duette, das Liebesduett mit Carlo im ersten Akt, das Giovannas fruchtlosen Widerstand gegen ihre Gefühle schildert, und das Duett mit ihrem Vater im dritten Akt, eines der ergreifendsten Versöhnungsensembles Giuseppe Verdis. Die übrigen Stücke sind sehr konventionell gehalten, dieser Vorwurf stimmt, aber sicher nicht völlig unbewusst; im Gegenteil gebraucht der Komponist die Folie des Konventionellen, um davor das Außergewöhnliche des Charakters seiner Giovanna zu unterstreichen.

Giovanna d'Arco gehört sicher zu den zu Unrecht vernachlässigten Werken des Musikers aus Roncole.

Das gilt auch für seine *Alzira*, eine Oper nach einem Text des französischen Aufklärungsphilosophen Voltaire, uraufgeführt am 12. August 1845 im Teatro San Carlo in Venedig. Bereits am

23. Mai 1844 schreibt er: »Ich las Voltaires Tragödie, die unter den Händen eines Cammarano ein exzellentes Melodram wird.« Zuvor lobt er den Librettisten: »Ihre Dichtung ist außergewöhnlich wohlgelungen. Wie soll ich die Musik machen?« *Alzira* soll bereits im Juni 1845 herausgebracht werden, doch Verdi, der gerade erst die *Giovanna* auf ihren Weg geschickt hat, ist die Zeit für eine Komposition zu kurz. Er täuscht gegenüber dem neapolitanischen Impresario Unwohlsein vor, lässt sich sogar entsprechende Atteste ausstellen, um sich zeitlichen Spielraum zu verschaffen. Ende Juni reist er dann nach Neapel. Wenige Wochen später kann er vermelden: »Ich habe nun auch die Instrumentation der Oper beendet, die Aufführung verzögert sich und wird ungefähr um den 9. August herum stattfinden. Ich könnte über diese meine Oper kein Urteil abgeben, weil ich es fast nicht merkte, dass ich sie schrieb, und sie mir auch keine Mühe bereitete: deshalb würde es mich nicht allzu sehr schmerzen, wenn sie durchfallen sollte ...« *Alzira* also ein Stiefkind Verdis, eher ein Gelegenheitswerk, mit dem er sich nicht intensiv genug befasst? Wieder wird ihm der Vorwurf gemacht, seine Figuren entwickelten sich nicht; in *Alzira* verweisen die Kritiker hauptsächlich auf das Finale, in dem der sterbende Guzmán plötzlich vom menschlichen Ungetüm zu einem reuigen, vergebenden Christen mutiert. Das heißt aber, die Originalquelle, nämlich Francois-Marie Arouets (Voltaires) Tragödie *Alzire oder Die Amerikaner*, verkennen. In seiner Tragödie stellt der französische Aufklärer Typen vor, die verschiedene Affekte verkörpern: Guzmán den Hass, Alzira die Liebe, Zamore Leidenschaft und Rache. Dass jeder Affekt sich letztlich negativ ausspricht, dass der Mensch nicht nach diesen gefühlsbestimmten Werten, sondern übergeordneten, dem Verstand entspringenden Regeln sich verhalten soll, die einzig ein friedvolles Zusammenleben garantieren, das versucht der Aufklärer in seinem Fünfakter darzustellen. Deshalb auch die aufgesetzt wirkende Sterbeszene; keinesfalls eine misslungene Konzeption Cammaranos, sondern ein in dem Voltaireschen Text vorgegebener Abschluss.

Giuseppe Verdi versucht, Voltaires Typologie dadurch in Musik umzusetzen, dass er auf Ensembles größtenteils verzichtet und die Musik ganz in den Dienst von Solonummern stellt, die er zudem noch eng an traditionelle Muster bindet, zum Beispiel die Cavatine Zamoros im Prolog, die ein wenig den Manrico im Troubadour vorausahnt, aber doch sehr tenortypisch gehalten ist. Zamoros Musik ist durchgängig pathetisch und ungebärdig, wie es seiner undisziplinierten Charakteristik entspricht. Alzira ist eine Figur, nach verdischem Maß geformt; selten sind seine positiven Frauenfiguren mehr als Typen (Desdemona, Elisabetta), mit Charakter beseelt sind seine boshaften, machthungrigen oder sonst irgendwie gebrochenen Frauenfiguren, Lady Macbeth, Amneris oder Margherita. In Alziras Cavatine im ersten Akt – ohnehin eine der Glanznummern des Stücks – driften Singstimme und Orchester gleich zu Beginn und mehrmals im Verlauf auseinander, was einmal einen interessanten Effekt macht, zum anderen die selbstständige Orchsterbehandlung Giuseppe Verdis zeigt; das Orchester wird zur zusätzlichen Figur der Handlung; es kommentiert die Aussagen der Figuren; während Alzira ihren geliebten Zamoro tot glaubt und auf ein Wiedersehen im Jenseits hofft, weiß das Orchester, Zamoro lebt.

In einem der wenigen Ensembles der Oper wird das Gegensatzpaar Guzmán und Alzira, Hass und Liebe, miteinander konfrontiert, in dem Duett im zweiten Akt. Guzmáns Melodie erscheint wenig bewegt, streng. Seine Melodien sind sehr finallastig komponiert, wie sie überhaupt aus Schlussgesten zusammengesetzt scheinen. Dagegen ist Alziras Stimme voller Passion, Verzweiflung. Nur in wenigen Momenten finden beider Melodien zu einem echten Zwiegesang zueinander. In der Arie des Guzmán im Finale des zweiten Aktes ist er dann eine der Herrscherfiguren, die einem doch Sympathie abfordern; hier wird er melodiös, sein strenger, rhythmusbetonter Ausdruck ist aufgegeben. Plötzlich – Zeichen seiner jähen Wandlung zum Guten – nimmt er Motive von Alziras Melodien, der Liebenden, auf. Das

Orchester bestätigt seine Wandlung zum reuigen Versöhner mit Harfenklängen, die Verdi stets als positive Symbole einsetzt.

Das neapolitanische Publikum ist von *Alzira* begeistert, vielleicht gerade wegen ihrer Typenhaftigkeit, die traditionellen Opernstoffen nahe steht. In Mailand und Venedig ist man dagegen den moderner wirkenden Musiken Verdis gegenüber aufgeschlossen, den psychologisierenden Dramen, den plakativ brisanten Sujets. In Neapel, vor allem im Teatro San Carlo, liebt man nach wie vor die großen Opern neapolitanischen Stils; das konservative Publikum hängt an den Werken im Stil der ruhmvollen Zeit des San Carlo. Eröffnet wurde es 1737 mit dem Dreiakter *L'Olimpiade* von Leonardo Leo nach einem Text des berühmten Librettisten Pietro Metastasio. Metastasio war übrigens für seine typenhaften Openfiguren bekannt und bewundert. Das Teatro San Carlo kann zu den schönsten Opernhäusern Europas zählen. Über sechs Etagen türmen sich die Logen übereinander, das Parkett ist riesenhaft, die Bühne schmaler als üblich, dafür aber tiefer.

Giuseppe Verdi findet nach der gelungenen Uraufführung Anschluss an die neapolitanische Gesellschaft. Er verkehrt in dem Künstlerkreis um den Kaufmann Cesare de Sanctis, der ihm ein treuer, lebenslanger Freund wird. Eine wichtige Bekanntschaft ist die mit dem Kritiker Francesco Florimo, der zu de Sanctis' Cercle gehört; es ist für einen Komponisten immer von Vorteil, Freunde unter den Angehörigen der schreibenden Zunft zu besitzen, und Florimo bewährt sich in beiden Hinsichten, als Freund und Kritiker.

Giuseppe Verdi kehrt kränkelnd von Neapel nach Mailand zurück. Bereits 1844 meldet Muzio an Barezzi von Verdis nervösen Leiden, seinen Hals- und Magenschmerzen. Nun kommen Rheumaschmerzen dazu. Der ohnehin zu Jähzorn neigende Verdi wird ganz und gar unleidlich, bitter sogar. »Humor ist bei ihm ein Zeichen von Gesundheit«, wird Giuseppina später bemerken. Nun ist er krank, dennoch beschäftigt er sich mit einer weiteren Oper, für die er wieder einen Vertrag mit dem La Fenice in Venedig geschlossen hat. »In wenigen Tagen werde ich mit dem *Attila* für Venedig beginnen«, schreibt er im September 1845 an Léon Escudier, hinzusetzend: »ein phantastisches Sujet!« Solera, der auch diesmal den Text besorgen soll, scheint an der Geschichte über den Hunnenkönig zunächst wenig interessiert. »Der Signor Maestro hat an Solera geschrieben, dass er nach Mailand kommt ... das Libretto des *Attila* zu holen«, schimpft Muzio, »aber der faule Hund von Dichter hat nichts getan.« Was so ganz nicht stimmen kann, denn fünf Tage später trifft in Busseto die Nachricht ein: »Solera hat inzwischen das Libretto beendet.« Kurze Zeit darauf kommt der Komponist selbst in seine Heimatstadt, um Ruhe zum Schreiben und ein wenig Erholung zu finden. Die bereits begonnene Arbeit am *Attila* bleibt liegen. »Hier passiert nichts – nichts, nichts; man isst, man trinkt, und man schläft fünfundzwanzig Stunden am Tag: Ich mache das auch«, heißt es am 12. September in einem Brief an Andrea Maffei.

Im Herbst ist Solera plötzlich verschwunden. Abgereist nach Spanien, sagt man. Verdi tobt vor Wut, braucht er seinen Dichter doch nötig, um die Oper vollenden zu können. In seiner Not wendet er sich an Piave, der einige Verse ändert. Solera erfährt davon und ist beleidigt, »eine Arbeit, die ihm Freude gemacht habe, als Parodie beendet zu sehen«. Jetzt reagiert Verdi in gewohnt rigoroser Art, unterbricht sofort jeden Verkehr mit Solera und wird sich nie wieder mit einer Oper an den Dichter wenden.

Zu der getrübten Laune gesellt sich eine schwere Krankheit, ein »gastrisches Fieber«, an dem der Komponist vor allem im Januar 1846 laboriert. Er steht unter Zeitdruck. *Attila* soll zum Ende der Stagione herausgebracht werden. Also schreibt er die Oper im Bett zu Ende, fühlt sich dabei sterbenskrank und erholt sich nur langsam. Die Vollendung der Oper wird zum Kraftakt. Einen Tag nach der Uraufführung schreibt Verdi an Clara Maffei: »Der *Attila* hat im Gesamtergebnis sehr gefallen. Applaus

und Vorhänge waren nur allzu viel für einen armen Kranken«
(18. März 1846). Nach der Aufführung geht es ihm wieder
schlechter. Einen Monat nach der Premiere lassen ihn die Ärzte
zur Ader. Die Krankheit habe den verehrten Maestro sehr abma-
gern lassen, klagt Emanuele. Verdi unternimmt starke Spazier-
gänge und führt eine Wasserkur durch. Muzio konstatiert im
Mai einen Erfolg: »Das Grazer Wasser bekommt dem Signor gut
… er hat einen guten Appetit und isst seine Mahlzeiten mit …
Lust … er ist stark, blühend, hat einen feinen, rosigen Teint angenommen…« Muzio hält ihn und die Freunde unterdessen
über den Erfolgsweg des *Attila* auf dem Laufenden, unter anderem bestätigt er das Gerücht, die Oper solle in Wien mit der
Tadolini und Fraschini, der schon in *Alzira* glänzte, gegeben
werden. In Reggio habe *Attila* fasziniert, in Verona »entschieden
fanatisiert«. Genussvoll meldet er die fiasci der Gegner Verdis,
zum Beispiel Rossis, Malipieros oder Meyerbeers, deren Werke
von *Attila* übertrumpft werden. »In Reggio machte der *Attila*
unbeschreibliches Furore, *Robert der Teufel* ein gehöriges Fias-
co«, schreibt er schadenfroh Mitte Mai über Meyerbeers *Robert
le Diable*.

Die Oper über den Hunnenkönig Etzel/Attila, nach einem
Drama von Zacharias Werner, der auf Geschichte und germani-
sche Sage der Völkerwanderungszeit zurückgreift (mit vagen
Anklängen an einige Motive des Nibelungenstoffs: z.B. Ermordung Etzels durch seine Frau Gudrun/Kriemhild), zählt zu den
meisterlichsten Werken des italienischen Opernkomponisten.
Und zu den Bühnenstücken Verdis, die ihre politischen Anspielungen nicht subtil vorbringen wie etwa die beiden vorhergehenden, *Giovanna d'Arco* und *Alzira*, sondern bei dem schon
die Fabel plakativ aktuellen Bezug herstellt. Man merkt, dass
Attila eine Oper im Vorfeld der 48er Revolution ist: Attila ist mit
seinen Hunnen bis Venedig vorgedrungen, bedroht Rom. Zu
seinen Geiseln gehört Odabella, eine italische Fürstentochter,
deren Vater im Krieg getötet wurde. Attila wirbt um das
Mädchen, die nur vom Gedanken an Rache beherrscht ist. Ezio,

ein römischer Feldherr, bietet als Abgesandter Roms das gesamte Reich kampflos an, wenn er nur Italien den Römern ließe. Attila lehnt ab. Währenddessen plant Odabella mit ihrem Geliebten Foresto die Rache. Attila wird in einem Traum vor dem Einzug in Rom gewarnt. Attila stimmt deshalb dem Waffenstillstand zu. Ezio bereitet jedoch seinen militärischen Untergang weiter vor. Durch eine tückische List gelingt es Odabella, sich Attila gnädig zu stimmen und Foresto zur Flucht zu verhelfen. Nun glaubt der Römer, Odabella liebe den Hunnenkönig, und verstößt sie. Bei einem heimlichen Treffen werden sie von Attila überrascht. Ehe er aber handeln kann, wird die Nachricht gebracht, dass die Römer unter Ezio angreifen. In diesem Moment ersticht Odabella den Mörder ihres Vaters.

Dass Attila überhaupt die Chance bekommt, ausgerechnet am habsburgisch kontrollierten Theater La Fenice über die Bühne zu gehen, verwundert doch sehr, zumal die Zensur in dieser Krisenzeit strengstens handelt. Das Duett Attila/Ezio im ersten Akt, in dem der Römer ausruft »Nimm dir den Erdball, aber lasse Italien mir«, löst bei der Premiere tumultartige Szenen aus und muss wie ein Fehdehandschuh im Gesicht der Österreicher gewesen sein. *Nabucco* und *I Lombardi* tragen nur einen geringen Teil des revolutionären Potenzials des *Attila* oder des *Macbeth*, der in London auch keine Zensurprobleme kennt, in sich, zumal die *Lombarden* mit der Widmung an Marie Louise abgesichert sind, und trotzdem sind sie in den österreichischen Augen gefährlicher als *Attila*. Lassen sich die Zensoren davon blenden, dass die Tragödie auf dem Drama eines deutschen Schriftstellers, Zacharias Werner, beruht? Werner, 1823 gestorben, sucht sich von Schillers Vorbild zu lösen und neue (bei den Zeitgenossen umstrittene) Wege der Dramengestaltung zu gehen. 1809 bringt er mit *Der 24. Februar* die erste Schicksalstragödie heraus, eine Gattung, die ungeheure Popularität erlangt. In *Attila, König der Hunnen*, 1807 vollendet, spielt das Schicksalsmotiv bereits eine große Rolle. Das Geschick einer unglücklichen Liebe lässt Attila vor Roms Toren den Tod finden. In

Werners Drama ist der Hunnenkönig durchweg positiv gezeichnet. Hat dies und die hohe Popularität Werners den Blick auf Verdis Oper verstellt? Die Zensoren arbeiten zuweilen sehr nachlässig, wie aus zeitgenössischen Quellen hervorgeht; Ludwig Börne weiß, dass sie oftmals nur Titel und die ersten Seiten durchsehen und daraufhin ihre Druckerlaubnis geben oder nicht; er reagiert entsprechend mit irreführenden Titeln und verwickelten, langen Einleitungen, um von dem eigentlichen Gehalt seiner Erzählungen abzulenken. Es ist allerdings schwer vorstellbar, dass die Zensurbehörde bei einem Namen wie dem Verdis nachlässig verfahren ist. Einer der Gründe für die problemlose Erlaubnis zur Aufführung liegt in Verdis Figurenzeichnung. Wie schon in den *Lombarden* sind die Fremden nicht eindeutig die Bösen; seinem Attila ringt Verdi höchst sympathische Seiten ab. Die ergreifendste Szene ist die Traumerzählung, wenn der sonst so grausame Herrscher aus dem Schlaf aufschreckt und seinen Sklaven zum Zeugen seiner Angst macht (»Uldino! Uldin! – Mentro gonfiarsi l'anima«). Düster, mit Tremolo der Bässe, beginnt sein Auftritt. Paukenschläge – man assoziiert die Komturszene in Mozarts *Don Giovanni*. Attila erzählt, er sei einem alten Riesen begegnet, der ihn bedroht und gewarnt habe, er sei dabei, auf das Gebiet der Götter vorzudringen, eine unvorstellbare Freveltat. Die Erscheinung genügt, um Attila von seinem Plan, Rom zu erobern, Abstand nehmen zu lassen. Der brutale, martialische Rhythmus, den Verdi seinem Attila unterlegt, wird hier von einer aufsteigenden, bogenförmig sich entspinnenden Motivformel der Celli und ihrer Gewichtigkeit und Kraft untergraben, der strenge Rhythmus scheint sich auflösen zu wollen. Auf der römischen Seite steht Odabella, eine der aktivsten Frauenfiguren Giuseppe Verdis. Aktive Frauen entsprechen allerdings nicht dem Frauenbild der Zeit. Kraftvolle Frauenfiguren in bildender Kunst, Literatur und Musik sind nicht positiv konnotiert; die beiden tätigsten Frauen in Verdis Opern sind zugleich Mörderinnen und machtgierige Herrscherinnen: Odabella und Lady Macbeth. Odabella hat noch nicht die Schwärze einer Figur wie Lady Macbeth, aber in ihrem Cantabile *Allor che i forti corrono*, in dem Verschwörer-Duett mit Foresto *(Si, quell'io son, ravvisamie)* klingt ihre dunkel gefärbte Seite an. Die italienische Heldin erscheint damit negativ, der feindiche Hunne erregt Sympathie. Damit sind die Zensoren in Venedig offenbar durchaus einverstanden.

Verdi stellt wie bereits in *Alzira* kein Liebespaar in die Mitte der Handlung. Foresto bleibt eine Nebenfigur, was sein Liebesduett mit Odabella hätte werden sollen, wird zum Intrigenduett. Verdi schreibt am 12. April 1844 an Piave, welche Punkte ihn an dem Stoff interessieren: »Hier hast Du den Entwurf zur Tragödie von Verner. Sie enthält großartige und wirkungsvolle Passagen. Lies *De l'Allemagne* von der Staël … Vorerst haben wir drei herrliche Rollen: Attila, der keine Veränderung duldet; Ildegonda … die nach Rache für den Vater, die Brüder und den Geliebten dürstet; Azzio … gefällt mir im Duett mit Attila, wenn er vorschlägt, sich die Welt zu teilen.« Und genau auf diese drei Momente hat Verdi in seiner Partitur das Schwergewicht gelegt – keine Rede von Liebesszenen.

Interessant zu bemerken, dass in allen seinen Opern vor 1848 die Liebesszenen zu kurz kommen, dass außerdem die aktivsten Frauenfiguren im Vordergrund stehen, in *Alzira*, *Attila*, *Macbeth* und *Il Corsaro*. In der Phase der Vorrevolution ist eben kein Platz für hingebungsvolle Liebesszenen. Die aktive Frau ist dagegen ein brennendes Thema der Zeit. Viele von ihnen knüpfen an die bürgerliche Befreiungsbewegung ihre Hoffnungen auf eine Emanzipation der Frau. Deshalb kämpfen sie in Wort, Bild und Musik mit für ein politisches Mitspracherecht der mittleren und unteren Klassen. Sie werden allerdings nicht nur von der reaktionären Gesellschaft, sondern auch von dem Großteil der männlichen Liberalen mit Argwohn und Verachtung beobachtet und abgelehnt. Die aktive Frau wird ihnen zum Symbol der ausartenden, dämonischen Seite der Revolution. Sie kann in der männlich dominierten Kunst der Zeit nur als Rächende, Mordende, Wahnsinnige erscheinen.

Zumindest eine aktive Frau wird für Giuseppe Verdi monatelang zum begeisternden Thema: Die österreichische Ballerina Fanny Elssler gastiert in Italien. Sie macht mit ihrer Tanzreform Furore, die auf natürliche Bewegungsabläufe und schauspielerische Leistung setzt. 1.000 österreichische Lire bezahlt ihr Merelli pro Abend, eine Ausgabe, die sich durchaus lohnt, denn die Elssler garantiert durch ihre Auftritte ein ausverkauftes Haus, und das kommt nicht zuletzt den Opern Verdis zugute. Ähnlich gut bezahlt sind die Gesangsstars in Mailand. La Tadolini kassiert 45.000 Franken, Moriani 30.000 für eine Stagione. Zum Vergleich: Der Impresario ist gewillt, Verdi 225 mareghini pro Quartal zu bezahlen, wenn der Komponist das Dirigat in Florenz übernähme, was Verdi allerdings als zu zeitaufwendig ablehnt. An Angeboten zu weiteren Opern fehlt es ihm nämlich nicht. Im August 1845 melden sich Madrid und St. Petersburg mit Musikwünschen, zuvor muss er noch an die versprochene Oper für England denken. Ein weiteres Thema ist eine Ehrung aus London, die ihm zuteil werden soll. Muzio erstattet am 22. April 1846 Bericht an Barezzi: »Einige Privatbriefe aus London behaupten, dass Prinz Albert, Gemahl der Königin von England, ihn zum Ritter ... mit dem Titel eines ›Masters of the Royal Music‹ erheben will ... eine hohe Rente ist mit dieser Ritterschaft verbunden.«

Zudem beschäftigt ihn wieder die Politik. Am 1. Juni 1846 stirbt Papst Gregor XVI. Sein Nachfolger wird Pius IX., der vor seiner Papstwahl als Kardinal dem Risorgimento sympathisch gegenübergestanden hat. An seine Wahl knüpfen sich die Hoffnungen des unterdrückten Volkes. Eine zeitgenössische Hymne auf Pius beginnt mit den Worten:

> »Unterlasst jetzt das Tändeln und Scherzen,
> Zu dem Throne Papst Pius' tretet
> Und tragt alle den einen im Herzen
> Der das Zepter der Liebe euch weist.«

Der Heilige Vater scheint zunächst den Hoffnungen Rechnung zu tragen. Er erlässt eine Amnestie für die Carbonari. »Ein liberaler Papst! Das ist das Unerhörteste, was man sich denken kann«, ruft Metternich in Wien erbittert aus.

54.000 Gefangene sitzen in den Kerkern des Kirchenstaates ein. Die Amnestie gilt nur einem Bruchteil von ihnen. Auch sonst enttäuscht der neue Kirchenoberste. Zögernd, zaudernd regiert er seinen Staat. Mäßig nur unterstützt er die Nationalbestrebungen. Für den Freiheitskämpfer Mazzini Grund genug, die Loslösung von der Kirche zu fordern. Sein »Dio e Popolo« (»Gott und Volk«) wird zum Schlagwort, dem auch der Komponist folgt.

Giuseppe Verdi reist kurz nach der Papstwahl mit seinem Freund Andrea Maffei zur Kur nach Recoara. Anschließend verbringt er den Sommer auf Clarinas Landsitz bei Clusone, »ein wahres Paradies«, in dem er neue Kraft schöpfen und die ihn seit zwei Jahren quälenden Magenschmerzen vollends auskurieren kann. Er beschäftigt sich ein wenig mit seinen nächsten Projekten, *Macbeth* und *I Masnadieri*.

»Der Signor Maestro schreibt adagio adagio und ist wohlauf«, sagt Muzio.

Die wandelbaren Revolutionäre

Mit der Operntrias *Giovanna d'Arco, Alzira* und *Attila* bestätigt Giuseppe Verdi seinen Ruf als revolutionärer Komponist, den er sich mit *Ernani* und *I due Foscari* erworben hat. *Ernani* macht seinen Schöpfer zu einer europäischen Bekanntheit. Die Oper wird beispielsweise in London ein triumphaler Erfolg, wo sie im Herbst 1845 ihre Premiere hat. Von weniger spektakulärer, aber konstanterer Popularität sind die *Due Foscari*. Vermutlich spielt bei ihrem Erfolg die Beliebtheit des Themas eine Rolle. Die italienische Romantik hat sich der Geschichte des Dogen und seines mordverdächtigen Sohnes immer wieder angenommen, unter anderem hat der Maler Francesco Hayez, einer der namhaftesten bildenden Künstler Italiens, Szenen der *Foscari*-Tragödie auf Leinwand gebannt. Sein düsteres Historienbild zeigt den prächtig gewandeten Dogen auf der Balustrade seines Palazzos, der sich seiner vor ihm knienden Enkelin zuwendet, die wie ihre Mutter und Geschwister um Gnade für den unschuldig verhafteten Vater flehen. Jacopo Foscari kniet, in Ketten, rechts vor seinem Vater, die Arme in bittender und erklärender Geste weit auseinander gestreckt. Mit schmutzigem Hemd bekleidet steht er den wohlgewandeten Räten des Dogen gegenüber; hinter Jacopo befindet sich ein Stück Mauerwand des Dogenpalasts, hinter den Gruppen seines Vaters, seiner Familie und der Räte öffnet sich die Balustrade in säulenumrahmten Ausblicken und gibt den Blick auf Venedig frei, der Markuslöwe auf seinem Sockel ist deutlich sichtbar; während aber Jacopo mit seinem hellen Hemd vor der glatten Mauerwand licht hervorgehoben ist, verschwinden die Räte im Schatten der Loggia – offenkundiger kann unschuldige Unfreiheit und schuldig gewordene Macht nicht dargestellt werden. Die starke Kontrastwirkung, auf die Hayez' Gemälde setzt, ist auch in Verdis *Due Foscari* Grundkonzeption und von da an in den meisten seiner Opern. Gerade das ist ein spannungsgeladenes Element, das seine Opern bei seinem Auditorium so attraktiv macht.

Je populärer Giuseppe Verdis Bühnenwerke werden, umso stärker gerät er in Konkurrenz zu den übrigen Maestri der italienischen Musik. Saverio Mercadantes Stern ist im Sinken. Sein letzter überragender Triumph ist das 1839 an der Scala uraufgeführte Melodram *Il Bravo*; desto verbissener kämpft er um seine Vormachtstellung in Italien. Direkter Rivale Verdis ist nun Giovanni Pacini, für den Salvatore Cammarano das Libretto zu *Sappho* schrieb. Pacinis Meisterwerk wurde 1840 in Neapel uraufgeführt, ein in nur achtundzwanzig Tagen komponierter Geniestreich, der Pacini auf längere Zeit zur unangefochtenen Nummer eins unter den italienischen Opernkomponisten erhebt. Mit einem 1843 uraufgeführten Melodramma tragico, das ebenfalls um eine starke Frauenfigur der Antike, *Medea*, kreist, knüpft Pacini an den Erfolg von *Sappho* an.

Mit wachsendem internationalem Ruhm wächst die Zahl und Qualität der Konkurrenten. Nach *Attila*, der vielerorts, namentlich in Deutschland, auf ungeahnte Ablehnung stößt, weil er so neu, so ungewohnt kalt und dunkel (ganz und gar nicht wie unter südlicher Sonne komponiert) klingt, ist der Name Verdi, ob im positiven oder negativen Sinn, ein fester Begriff. Die französische Musikwelt, die mit der italienischen seit Jahrhunderten in einer Art Freund-Feindschaft steht, betrachtet den populärer werdenden Verdi mit Argusaugen. Sie ist nur allzu gern bereit, ihm ihre bedeutendsten Vertreter als Rivalen entgegenzusetzen. Als bekannt wird, das León Escudier 1845 die französischen Rechte an Verdis Opern erworben hat, greifen die Freunde der französischen Großen Oper den lombardischen Maestro offen an. Mit ein Grund, weshalb der Komponist plant, 1847 nach Paris zu reisen, ist der Versuch, sich seinen dortigen musikalischen

Kontrahenten zu stellen und Freunde für seine Musik zu gewinnen. Die umgearbeiteten *Lombarden* werden am 26. November 1847 unter dem Titel *Jérusalem* an der Pariser Opéra gegeben. Jacques Fromental Halévy lässt sich in die Agitationen gegen Verdi hineinziehen. 1850 treten beide in direkte Konkurrenz, als sie von dem Impresario Benjamin Lumley zur Komposition des *Hamlet*-Stoffs angehalten werden. Lumley hatte offenbar im Sinn, die Rivalität der beiden aufstrebenden Opernsterne in klingende Münze umzusetzen. Verdi, weitsichtig Lumleys Absichten erkennend, tritt von dem Vorhaben zurück; er will nicht gleichzeitig mit Halévy ein und dasselbe Sujet angehen. Dennoch schreibt er an Marie Escudier: »Ich beabsichtige, den *Sturm* zu vertonen, so wie es in meiner Absicht liegt, mit den Hauptwerken des großen Tragödiendichters dasselbe zu tun, und es ist unwichtig, ob Halévy früher oder später dieselben Themen behandelt.« Mit einem andern Maître der französischen Opernwelt verbindet ihn respektvoller Umgang, mit Daniel Auber. Dem Komponisten von *La Muette de Portici* verdankt Verdi die Anregung, zur Londoner Weltausstellung 1862 eine Kantate zu vertonen, da er selbst bereits an einer Ouvertüre für die Eröffnungsfeierlichkeiten schreibe (an der auch William Sterndale Bennett und Giacomo Meyerbeer als Vertreter Englands und Preußens teilnehmen). Als 1867 ein Liederalbum für Piave zusammengestellt werden soll, schlägt Verdi seinem Verleger vor, Auber mit einem Beitrag zu beauftragen.

In Paris versuchen die Gegner der italienischen Oper, einen Disput zwischen Giuseppe Verdi und Giacomo Meyerbeer zu schüren, dem wichtigsten Vertreter der Grand Opéra. Immer wieder bringt die Fachpresse Vergleiche zwischen Meyerbeer und Verdi, in denen der Italiener herabgesetzt wird. Die italienische Liga in Frankreich unterstellt nun Meyerbeer, er kaufe die Presse, bezahle ein Heer von Claqueuren, die seinen eigenen Opern applaudierten und die Verdis auspfiffen, zettle Intrigen unter dem Theaterpersonal an, kurz, tue alles, um Verdi in Frankreich zu diskreditieren. Francesco Piave schreibt am 5. Mai

1854, als Verdi zur Vorbereitung seiner *Vêpres Siciliennes* längere Zeit in Paris bleibt, wütend an Tito Ricordi: »Ich wünschte, er wäre hier, statt sich den Arsch aufzureißen und gegen den reichen Juden Meyerbeer anzustinken. Er verzichtet auf den Thron, den ihm Italien anbietet, um sich in Frankreich auf eine Bank zu setzen.« Als 1857 der *Simone Boccanegra* in Venedig durchfällt, vermuten viele »darin die Machenschaften Meyerbeers«. Weder in den Notizen Verdis noch denen Meyerbeers finden sich üble Worte über ihren jeweiligen Widerpart, nur sachliche Werkkritik. Der Konflikt zwischen den beiden Komponisten scheint von ihren Anhängern ebenso aufgebauscht worden zu sein wie der angebliche Streit zwischen den Neudeutschen um Franz Liszt und Richard Wagner und den Spätromantikern um Johannes Brahms und Clara Schumann.

Der Zufall oder aber die internationale Prägung des Pariser Musiklebens wollen es, dass alle wesentlich an der Entwicklung der französischen Großen Oper Beteiligten gar keine gebürtigen Franzosen sind – Giacomo Meyerbeer kommt 1791 in Berlin als Sohn jüdischer Eltern zur Welt. Damit entdeckt sich sogleich das zentrale Moment seiner Biographie, das immer wieder in Erinnerung gerufen werden muss: Die Tatsache, Anfang des 19. Jahrhunderts als Jude geboren zu sein, hat Meyerbeers Vita geformt und sein Werk geprägt.

Die Eltern, Amalie und Jacob Beer, geben ihrem Erstgeborenen den Vornamen seines Urgroßvaters: Meyer. Als Erwachsener verändert Meyer Beer seinen Namen durch Zusammenziehung des Vor- und Nachnamens zu Meyerbeer und nimmt nach seines Vaters Tod dessen Vornamen als eigenen an; später wählt er die italienische Form des Namens, Giacomo statt Jakob.

Die Namensänderung geschieht höchstwahrscheinlich als Reaktion auf antisemitische Äußerungen. Namensänderungen sind bei jüdischen Bürgen des 19. Jahrhunderts Usus, zum Teil aus Gründen der Assimilation, zum Teil als Präventivmaßnahme gegen Vorurteile und Verfolgung. Gerade jüdische Künstler wie Meyerbeer, die in der Öffentlichkeit stehen, daher angreifbarer und ständigen Diskriminierungen ausgesetzt sind, nehmen Zuflucht zur Änderung ihres typisch jüdischen in einen weniger eindeutigen Namen. Ein bekanntes Beispiel gibt der Komponist Felix Mendelssohn, dessen Familie ihrem Nachnamen den Zusatz Bartholdy anhängt. Jacques Fromental Halévy heißt eigentlich Élias Lévy, der Dirigent Bruno Walter hat ursprünglich den Nachnamen Schlesinger. Anders aber als Heinrich Heine, Felix Mendelssohn Bartholdy und Gustav Mahler (dessen Vater seinen Namen Baruch in Bernhard abändert) tritt Giacomo Meyerbeer niemals zu einer der christlichen Konfessionen über, was seiner Karriere sicherlich förderlich gewesen wäre. 1818 äußert er sich über den Judenhass des Publikums: »Vergiss nicht, was ich bei der Wahl meines Berufsstandes vergaß, das eiserne Wort Richesse (Anm.: hebr. Judenhass). Von Individuum zu Individuum kann dies Wort für eine Zeit lang in Vergessenheit geraten … bei einem versammelten Publikum nie, denn es bedarf nur eines der sich daran erinnert, um der ganzen Masse ihr Natürel zurückzurufen.«

Meyerbeer schwört nach dem Tod seines Vaters, ewig am Judentum festzuhalten. Seine jüdische Herkunft und Haltung bilden das größte Hemmnis, den schon früh eingeschlagenen Weg eines Musikers zu folgen. Statistiken über die Berufe jüdischer Bürger belegen, dass Bildungsberufe wie Lehrer, Künstler, Juristen noch zu Anfang des 19. Jahrhunderts unüblich sind. Erst mit den entsprechenden, liberalisierenden Gesetzen von 1861 steht Juden jeder Beruf offen; in Folge gehören jüdische Lehrer, Rechtsanwälte und Ärzte zur tragenden Gruppe des Bildungsbürgertums.

Wie Felix Mendelssohn genießt Meyerbeer den Vorteil eines reichen Elternhauses. Der Großvater mütterlicherseits, Liebmann Meyer Wulff, erwirbt sich als Geschäftsmann ein beachtliches Vermögen; der Vater Meyerbeers betreibt Zuckerfabriken und muss mit seinen kulturellen Aktivitäten und seinem Einsatz für die Judenemanzipation eine zentrale Persönlichkeit der jüdischen Gemeinde Berlins gewesen sein. Wie für Frauen ihres

Standes und Bildungsniveaus üblich, führt Meyerbeers Mutter einen Salon, in dem angesehene Gelehrte und Künstler verkehren. Der junge Musiker, Schüler bedeutender Meister wie Muzio Clementi und Abbé Vogler, ist bald einer der führenden Pianisten Deutschlands und tritt seit 1813 auch als Opern- und Instrumentalkomponist hervor.

Für den dreiundzwanzigjährigen, begeisterungsfähigen Musiker wird Paris zum überwältigenden Erlebnis. Erringt er seine ersten Erfolge auch in Italien (er schreibt hier ab 1817 mehrere Erfolgsopern: *Emma di Risburgo, Margherita d'Anjou, Il Crociato in Egitto*), so bleibt die Seine-Metropole doch Meyerbeers große Herausforderung und sein Wunschziel.

Der Aufstieg Meyerbeers, dem schon in jungen Jahren der Rang eines Rossini zuerkannt wird, vollzieht sich von Anfang an gegen die Missgunst von Kritikern, deren antisemitische Äußerungen sich parallel mit Meyerbeers zunehmenden Erfolgen steigern; fachlich gerechtfertigte Kritik nimmt Meyerbeer willig auf.

1825 – sein italienisches Schaffen zeigt Züge von Stagnation – kehrt Meyerbeer an die Seine zurück. Paris erweist sich tatsächlich als sein künstlerisches Eldorado: Meyerbeer trifft auf den gleichaltrigen Dichter Eugène Scribe, den brillanten Bühnenschriftsteller. Scribes sehr auf Effekt bedachte Handlungen kommen Meyerbeers Dramatik entgegen; Pathos und große Szene sind die Schlagworte, die seine Texte am treffendsten charakterisieren. Sie sind erfüllt von ungeheurer Suggestivkraft, zumal das dramatische Geschehen meistens nicht nur ein oder zwei im Mittelpunkt stehende Individuen betrifft, sondern kollektiv alle teilnehmenden Figuren, wodurch sich natürlich die Identifikationsvorgaben für das Publikum erweitern; das Publikum setzt sich unweigerlich mit den Figurenmassen der groß angelegten Tableaus gleich.

Den ersten gemeinsamen Erfolg feiern Scribe und Meyerbeer mit *Robert le Diable* (1831). Die im Mittelalter spielende Oper mit der höchst wirkungsvollen Einbeziehung von Chor und Ballett sowie einer grandiosen Bühnenausstattung und Beleuchtungstechnik macht unendlich Furore. Die Pariser Kritiker überschlagen sich mit Lobeshymnen; in Meyerbeers deutscher Heimat dagegen herrschen Schweigen des Publikums und harsche Kritik vor. Ist das deutsche Publikum von der effektvollen Dramatik, dem manchmal aufgesetzt wirkenden Pathos der Grand Opéra verschreckt? Oder steckt mehr dahinter: Wer zwischen Meyerbeers Briefzeilen zu lesen vermag, hört, wenn der Komponist angesichts der Berliner *Robert*-Aufführung von der dortigen alten bösartigen feindlichen Stimmung spricht, die Klage über fortdauernde antisemitische Vorbehalte heraus, die sich angesichts des übermäßigen Erfolgs verhärten.

In die begeisterten Kritiken zur Uraufführung der *Hugenotten* (1836) mischen sich erneut antisemitische Äußerungen, und es ist beunruhigend, dass diese Äußerungen von Seiten der ansonsten wenig mit Antijudaismus beschwerten französischen Kritikerecke kommt. Wahrscheinlich fühlt man in dem Religionskonflikt der *Hugenotten* die zeitgenössische Judenfeindlichkeit angesprochen. Immerhin beschimpft auch ein sonst fachlich abwägender und fairer Rezensent wie Robert Schumann den jüdischen Komponisten nach den *Hugenotten* als »verzerrender und verzerrter Meyerbeer«, »dem ein verblendeter Haufe« zujauchze. Bleibt anzumerken, dass die Oper in Berlin zunächst verboten wird und erst 1842 auf dem Spielplan steht.

Im Jahr der Berliner Premiere wird Meyerbeer zum Preußischen Generalmusikdirektor ernannt und siedelt in der Folgezeit von der Seine an die Spree über. Die neue Aufgabe, der Meyerbeer in seiner peniblen Art äußerst pflichtgetreu nachkommt, nimmt den Komponisten völlig in Anspruch. 1844 wird eine neue, deutschsprachige Oper (*Ein Feldlager in Schlesien*) aufgeführt, Huldigung an die preußische, friderizianische Tradition, die aber nur ein mäßiges Bühnenereignis wird, obligatorisches Dankeschön für die Generalmusikdirektorenstelle. Meyerbeer, obwohl in Berlin seiner geliebten Mutter nahe, fühlt sich in Deutschland zeit seines Lebens nicht heimisch, sein Mekka ist

Frankreich, wo seine Opern allgemein und rückhaltlos bewundert werden und seine jüdische Herkunft ein weniger großes Handicap darstellt. In Berlin wirft man Meyerbeer vor, dass er sich mehr um die Protektion französischer Musik und Musiker kümmere als um die Aufführung deutscher Werke. Meyerbeer setzt sich daraufhin verstärkt für deutsche Werke ein, was er als »moralische Pflicht« bezeichnet. Bereits ab 1837 hat sich Meyerbeer für den jungen, mittellosen Komponisten Richard Wagner eingesetzt, u. a. in einem Empfehlungsbrief an den Dresdner Intendanten: »Ihre Exzellenz werden mir vergeben, wenn ich Sie mit diesen Zeilen belästige, ich erinnere mich aber Ihrer steten Güte für mich zu lebhaft, um einem jungen, interessanten Landsmann es abschlagen zu dürfen, wenn er … mich bittet, sein Anliegen mit diesen Zeilen zu unterstützen. Herr Richard Wagner aus Leipzig ist ein junger Komponist, der nicht allein eine tüchtige musikalische Bildung, sondern auch viel Phantasie hat … Sein größter Wunsch ist, die Oper *Rienzi*, deren Text und Musik er verfasst hat, auf die neue Königliche Bühne zu Dresden zur Uraufführung zu bringen. Einzelne Stücke, die er mir daraus vorgespielt, fand ich phantasiereich und von vieler dramatischer Wirkung.« Meyerbeer setzt sich als Nächstes für Wagners genialen Wurf *Der Fliegende Holländer* ein. Wagner dankt artig: »Gott mache Ihnen jeden Tag Ihres schönen Lebens zur Freude und trübe Ihr Auge nie mit Kummer, dies das aufrichtige Gebet Ihres alleraufrichtigsten Schülers und Dieners.« Rund ein Jahrzehnt später, nach dem *Lohengrin*-Erfolg, beschimpft Wagner seinen Helfer als »habsüchtigen Juden« und wird gegen seinen einstigen Förderer und andere jüdische Künstler weitere Angriffe folgen lassen, vor allem in der Kampfschrift *Das Judentum in der Musik* (1850).

Meyerbeer selbst befasst sich mit neuen Opernprojekten, allerdings nicht wieder mit einer deutschen Oper. Die Oper *Le Prophète* erscheint 1849 in der Pariser Opéra unter enormem Beifall. In ihr führt Meyerbeer seine Instrumentation weiter zu neuer Dramatik, zum Beispiel in der Schlussszene, dargestellt wird eine riesige Feuersbrunst, in welcher der Prophet, der Wiedertäufer Jan van Leyden, während der religiösen Wirren in Münster (1536) gemeinsam mit seiner alten Mutter den Tod findet.

Letztes großes Opernwerk (nach *Nordstern* und *Dinorah*) des fast siebzigjährigen kränkelnden Meisters ist *Die Afrikanerin,* völlige Neubearbeitung einer älteren Fassung von 1837. Nachdem Scribe während der Arbeit am Text verstorben ist, entsteht die Partitur nur schrittweise. Inmitten der Vorbereitungen zur Aufführung der Oper stirbt Meyerbeer am 2. Mai 1864.

Erst mit seinem letzten Werk hat sich Meyerbeer von der großen historischen Oper gelöst. Zwar beruht auch die Geschichte der indischen Fürstin und Sklavin Selica und des portugiesischen Seefahrers und Conquistadors Vasco da Gama auf historischen Ereignissen, die im Kolonialzeitalter der Meyerbeer-Ära höchst aktuell sind, doch steht die Liebesbeziehung im Mittelpunkt des Werks, während in Meyerbeers frühen Grand Opéras die historische Begebenheit zentrales Thema ist, die Figuren der Opern mit ihren Beziehungen zueinander nur ihre Reflektion. Schon das nimmt den Figuren seiner Bühnenwerke die realistische Note. Anders als bei Verdi, dessen Protagonisten, auch wenn sie als Symbole, als Ausdruck einer bestimmten politischen oder gesellschaftlichen Haltung stehen, immer menschliche Züge wahren, bleiben Meyerbeers Gestalten seltsam figurativ. Das ist der entscheidende Unterschied zwischen dem Wahlfranzosen und dem italienischen Patrioten; er könnte auf die kurze Formel gebracht werden, Meyerbeers Musik sei Historismus, die Verdis Realismus. Es geht Meyerbeer nicht um den Blick ins Detail, in die Tiefen und Abgründe einer menschlichen Seele, sondern um die Darstellung des ganzen, großen Systems, in dem es das Unrecht auf der einen Seite, das verfolgte Recht auf der anderen Seite gibt. Das mag so manchem als eine recht plakative Sicht der Dinge erscheinen, entpuppt sich aber als bedeutungsträchtiger Kunstgriff, denn der Kontrast von Macht und Unterdrückung lässt keinen Raum mehr für mildernde

Zwischenwelten, sondern vermittelt brutal und schonungslos, dass es nur diese beiden Positionen im menschlichen Leben gibt, entweder gehört man zu den Herrschenden oder den Beherrschten. In einem solchen Macht- und Ohnmachtsystem, als welches Meyerbeer die zeitgenössische Gesellschafts betrachtet, ist kein Platz für Individuen mit ihren durchgeformten Charakteren, seien sie nun gut oder böse. Hier existieren Menschen tragischerweise nur als Spieler einer gesellschaftlichen Rolle, als Teil des Ganzen. Meyerbeers Opern schildern drastisch, wie der Einzelne zerbricht oder zerbrochen wird, wenn er seine individuellen Ansprüche einfordert, in dieser Welt, die Menschlichkeit nicht kennt.

Meyerbeers große Historiendramen enden stets mit einem effektvollen Tableau: So zündet Jan van Leyden, der Prophet, in ausweglöser Lage ein Pulvermagazin an und findet gemeinsam mit seiner Mutter Fides bei der Explosion den Tod. Die Afrikanerin Selica sieht den Schiffen der Portugiesen zu, die unter Kanonensalven in ihre Heimat zurückkehren, und geht freiwillig in den Tod, indem sie den giftigen Blütenduft des Manzanillobaumes einatmet. Das ist spektakulär, natürlich auch eine Reverenz an den Publikumsgeschmack, das ist aber zugleich im höchsten Maße tragisch, denn gerade die Schlusstableaus führen den Einzelnen in seinem Scheitern vor dem mächtigen politischen Hintergrund vor. Nirgends in der Opernwelt scheint der Mensch verlorener, seine vergeblichen Anklagen erbärmlicher als in den Musikdramen Giacomo Meyerbeers. Der Komponist, zwar wohlhabend und erfolgreich, leidet unter der gesellschaftlichen Ausgrenzung, Jude zu sein – er hat aber Größe genug, die Angriffe gegen ihn zu ignorieren; nur selten sind ihm bittere Worte über den Antisemitismus entschlüpft. Das Publikum, schreibt er an Heinrich Heine, werde den Judenhass stets goutieren, »wenn er nur ein wenig geschickt administriert wird … nicht einmal das Bad der Taufe kann das Stückchen Vorhaut wieder wachsen machen, das man uns am 8ten Tage unseres Lebens raubte; und wer nicht am 9ten Tage an der Operation verblutet, dem blutet sie das ganze Leben lang nach, bis nach dem Tode noch.« Heinrich Laube erinnert sich an den Komponisten: »Er war ein sehr kluger Mann … Am letzten Ende war er Jude, welcher als Jude misstraurisch blieb, ob die Emanzipation wirklich halten werde … so nahm er immer Anteil an allen großen und kleinen Fragen des Liberalismus, hielt sich aber vorsichtig wie ein Dachs in seinem Bau und fragte viel lieber, als dass er selbst geredet hätte.«

Konsequente anklägerische Haltung gegen Unrecht und Diskriminierung also in den Werken Meyerbeers. Dagegen finden sich im Schaffen Giuseppe Verdis (und Richard Wagners) entscheidende Bruchstellen. In Verdis Œuvre fallen zwei Dramen besonders auf, die sich schon von ihren Stoffinhalten von den übrigen Stücken absetzen. Das eine ist *Ernani*, in den Verdi plötzlich romantische Elemente einfließen lässt, das andere ist der *Trovatore*, in dem bewusst auf bis zur Parodie übersteigerte Belcanto-Konventionen zurückgegriffen wird. In den Frühwerken des Bussetaner Meisters ist eine revolutionäre Haltung weder konsequent ausgeführt noch idealistisch durchformt. Den zündenden *Va pensiero*-Chor wiederholt Verdi als Risorgimento-Geste in den *Lombarden*, aber das bleibt Fassade, Elektrisierung des Publikums. Erst in *Ernani* schafft er gemeinsam mit Piave eine durch und durch idealistische Oper, in der ein Mächtiger (Don Carlos) vor den Ansprüchen des Individuums kapitulieren muss. Der Aufständische scheitert in dem Moment, da er selbst seine Ansprüche zurücknimmt; als Ernani und Elvira dem König fortan Treue und Gehorsam schwören, haben sie ihre freiheitlichen Ideen verraten. Silva mahnt Ernani mit einem dreimaligen Hornruf an seinen Eid ihm gegenüber und Ernani bleibt als Ausweg nur der Selbstmord.

Zwischen *Ernani* und *La Traviata* bleiben Verdis Opern revolutionär motiviert. Im *Trovatore* nimmt er diese Motivation zurück: Der rebellische Troubadour Manrico entlarvt sich als Adliger, als Bruder des unbarmherzigen Grafen von Luna (Verdi unterlegt ihm von vornherein eine Musik, die mehr dem Ausdruck des Edelfräuleins Elvira und dem Grafen entspricht als den leidenschaftlich zerborstenen Melodien der Zigeunerin Azucena), Azucenas Rache wendet sich gegen sie selbst, keine auftrumpfende Genugtuung, sondern auch schmerzhaftes Opfer – Manrico, den der grausame Graf auf dem Scheiterhaufen hinrichten lässt, um dann aus Azucenas höhnischen Worten erfahren zu müssen, dass der Troubadour sein eigener, totgeglaubter Bruder ist; Manrico ist der Zigeunerin wie ein leibliches Kind ans Herz gewachsen, sie opfert ihn ihrer Rache, sie opfert gleichzeitig ihre Mutterliebe; das Aufbegehren gegen den Mächtigen mit allen Mitteln wird damit in Frage gestellt; Widerstand ja, aber blutrünstiger, aktiver Aufstand, nein. Verdi ist zu diesem Zeitpunkt von einem begeisterten Mazzinisten zu einem glühenden Verfechter der gemäßigt-liberalen Politik Camillo Cavours geworden.

Wandelbarer Revolutionär ist auch Richard Wagner. Zwischen seiner romantischen Oper *Lohengrin*, die 1850 uraufgeführt wird, und dem Musikdrama *Tristan und Isolde*, 1865 im Münchner Hoftheater aus der Taufe gehoben, besteht eine deutliche Zäsur. Im *Lohengrin* werden politische Parteien ebenso kontrastiert wie in Meyerbeers Historiendramen. Das ist im Musikdrama *Tristan und Isolde* kein Thema mehr; Wagners weitere Musikdramen entbehren der politischen Aussage, und genau das lässt seine eigene veränderte politische Stellung erkennen. 1849 steht er auf den Barrikaden seiner Heimatstadt Dresden, ist neben Michail Bakunin als Agitator tätig, schreibt vom Sturz der Throne, komponiert den *Lohengrin*. Nach der Niederschlagung der sächsischen Rebellion muss Wagner fliehen. Er findet in der Schweiz, in Zürich, Zuflucht. Am 22. Oktober 1850 resigniert er: »Mit völligster Besonnenheit und ohne allen Schwindel versichere ich Dir, dass ich an keine andere Revolution mehr glaube als an die, die mit dem Niederbrande von Paris beginnt.« Aus der Enttäuschung über den Fehlschlag des Umsturzes wird der machtkonforme Richard Wagner geboren. *Tristan und Isolde* entsteht. Aufschlussreich deutet der Komponist die Handlung seines Musikdramas: »Welt, Macht,

Ruhm, Glanz, Ehre, Ritterlichkeit, Treue, Freundschaft, alles wie wesenloser Traum verstoben: nur eines noch lebend: Sehnsucht, Sehnsucht, unstillbares, ewig neu sich gebärendes Verlangen – Schmachten und Dürsten; einzige Erlösung – Tod, Sterben, Untergehen, Nichtmehrerwachen.« Auffälligstes Kennzeichen seiner Musikdramen ab dem *Tristan* ist ihr bruchloser dramatischer Ablauf, ein Aufweichen der Grenze von Rezitativ zu Arie, von Orchesterkörper zu Singstimmen. »Das Schroffe und Jähe ist mir zuwider geworden«, bestätigt Wagner in einem Brief an Mathilde Wesendonck vom 29. Oktober 1859. Das Prinzip des Kontrastes zwischen zwei weltanschaulichen Kasten wie bei Meyerbeer oder zwischen politisch motivierten Charakteren wie bei Verdi wird von ihm völlig aufgegeben. Seine Texte, seine mit Leitmotiven zusammengebundene, sprunglose Musik wissen nichts mehr von Aufbegehren.

In den vierziger und fünfziger Jahren wird Giuseppe Verdi in Rivalität zu Giacomo Meyerbeer gesehen, vor allem da er sich mit *Les Vêpres Siciliennes*, *La forza del destino*, *Un ballo in maschera* und *Don Carlos* auf das Gebiet der Grand Opéra vorwagt. Erst gegen Ende der 60er Jahre wird seine Rivalität zu Richard Wagner konstruiert. *Don Carlos*, behaupten Fachpresse und italienische Wagnerianer, sei eine Wagner-Kopie. Verdi setzt sich daraufhin mit der Musik des Deutschen auseinander, bittet Ricordi, ihm dessen Schriften und die Partitur des *Tannhäuser* zuzusenden. Sein musikalisches Urteil über diese romantische Oper: »Ich habe … die Sinfonia aus Wagners *Tannhäuser* gehört. Der ist total verrückt!!!« (Brief an Graf Arrivabene, 31, Dezember 1865) Über den *Lohengrin* urteilt er 1871: »Mittelmäßiger Eindruck. Die Musik ist schön, wenn sie klar ist und eine Idee ausdrückt. Schöne Effekte mit den Instrumenten.« Die Wagnerianer ihrerseits verwerfen Verdis Musik ganz und gar, von Hans von Bülows Schimpfwort vom »Attila der Kehlen« bis hin zu Cosima Wagners lakonischer Bemerkung über eine Aufführung des *Requiems*: »ein Werk, worüber nicht zu sprechen entschieden das Beste ist«. Als es nach der Uraufführung der

Aida abermals heißt, Verdi ahme Wagner nach, verwehrt sich der Maestro gegen eine Unterteilung in Wagnerianer hier, Verdianer da, Germanismus da, Italianità dort; an De Sanctis am 17. April 1872: »Staubige Perücken, die Ihr seid!!! – – Was erzählt Ihr mir von Melodie und Harmonie!!!! Von Wagner keine Spur!!!! – – Im Gegenteil, wenn man nur zuhören und sich Mühe geben wollte, richtig zu verstehen, würde man das glatte Gegenteil davon feststellen – – das glatte Gegenteil!!! … Was sollen all diese Schulen, diese Vorurteile in Bezug auf Harmonie, Germanismus, Italianismus, Wagnerismus usw. – – ? … die Musik ist universal! … Nur der Eindruck ist wichtig!«

Verstellt werden aber sicher auch Giuseppe Verdis Ansichten über Wagners Person und Werk durch die unüberwindliche Abneigung gegen die tedesci. Sie verstärkt sich nach dem Erlebnis des Krieges von 1870/71, bei dem sich Verdi auf die Seite der Franzosen stellt; aus einem Brief an Arrivabene: »Diese Katastrophe Frankreichs bringt auch mich so gut wie Sie zur Verzweiflung … wenn es fällt, so fällt … mit ihm jedwede Freiheit für uns alle, fällt auch unsere Zivilisation. Mögen unsere Literaten und unsere Politiker das wissen, die die Bildung und sogar … die Kunst jenes Siegervolks rühmen; wenn sie aber ein wenig mehr ins Innere gehen wollten, dass sie maßlos stolz, hart, unduldsam, grenzenlos gierig sind und alles Nichtgermanische verachten. Es sind Verstandesmenschen ohne Herz, es ist ein kräftiges Volk, aber es hat keinen Schliff.«

Die Rivalität Verdi/Wagner wird zu ihrer Zeit deshalb so überspitzt dargestellt, weil hinter den Komponistenpersönlichkeiten die Gegensätze der Nationen stehen. Es geht bei der Diskussion Wagnerismus/Verdianismus eigentlich nicht um die Musik, sondern um den Antagonismus deutsch/italienisch. Alle politischen Bestrebungen des 19. Jahrhunderts sind darauf ausgerichtet, die eigene Nation zu bilden, zu stärken, und ihre Grenzen auszudehnen. In Frankreich und dem britischen Empire sind die Prozesse nationaler Einigung zu Anfang des 19. Jahrhunderts bereits abgeschlossen. Beide Länder übernehmen die Vormacht auf wirtschaftlichem wie politischem Gebiet; England ist die erste Industriemacht. Italien ist ein zerrissenes Land, ähnlich wie Deutschland, das in diverse Königreiche und Fürstentümer zergliedert ist. Italien und Deutschland haben Nachholbedarf, was ein nationales Einheitsgefühl angeht und das Selbstbewusstsein als Nation. Ohne nationale Einigung sind beide Länder nicht stark genug, an den Expansionsbewegungen des übrigen Europa teilzunehmen. Also treibt man hier wie dort die nationale Einigung voran; auf Italiens Seite ist es nach den Aktionen der Mazzinisten und Geheimbünde der gemäßigte Politiker Camillo Cavour, auf deutscher Seite Otto von Bismarck. 1861 wird der italienische Staat mit Re Vittorio Emanuel II. an der Spitze ausgerufen, 1867 der Norddeutsche Bund (auf Kosten des besiegten Österreichs und seiner meist süddeutschen Verbündeten) gegründet, 1871, im Siegesrausch des gewonnenen Deutsch-Französischen Krieges, wird das Deutsche Kaiserreich errichtet, Wilhelm I. in Versailles zum deutschen Kaiser proklamiert. Ein Problem des neuen Reiches ist, dass sich in ihm zwar ein starkes Nationalbewusstsein verkörpert, aber auch viel an altertümlich monarchischem Geist. Italienisches Königreich und Deutsches Kaiserreich sind – das wird bei allen Unterschieden beider Länder und Völker deutlich – keine organisch gewachsenen Staatsgebilde, sondern (trotz der starken nationalen Volksbewegungen) »von oben«, von den Herrschenden in Verträgen ausgehandelte Monarchien, in denen sich ein moderner Parlamentarismus nur mühsam entfaltet. Geistige Grundlage sind die nationalen Tendenzen der Romantik. Verdis Rückgriff auf die traditionelle romantische Oper im *Il trovatore* ist auch unter diesem Aspekt zu lesen, genauso wie Wagners eisernes Festhalten am romantischen Ausdruck bis zu seinem letzten Werk, dem *Parsifal*; in dieselbe Richtung zielt – unschwer dechiffrierbar – seine Oper *Die Meistersinger von Nürnberg*, zu der Peter Cornelius anmerkt: »Das deutsche Volk wird früher oder später wie in einem Spiegel in das Werk schauen und sich für alle Zeiten hier gemalt sehen … und aus den Liedern Walther von Stolzings wird ihm die deutsche Melodie in siegender Schönheit entgegenklingen.«

Verdi und Wagner. Aus Kämpfern gegen nationale und soziale Unterdrückung sind zunehmend Werkzeuge nationaler Propaganda geworden. Sie lassen sich bis zu einem gewissen Grade vereinnahmen von Machtwelten, denen viel an der Mythologisierung des Begriffs Heimat liegt. Schon in Carlo Perinellos Verdi-Biographie von 1900 erscheint der Maestro als Nationalheld: »Verdi hatte seine Familie verloren, er war allein; er gab sich ganz dem Vaterlande hin; die Mission, zu welcher er auserkoren war, war eine erhabene; gleichsam ein zweiter Tyrtäus spornte er durch seine Freiheitslieder seine Brüder auf zum Kampfe und zum Siege.« Daher reagiert Verdi auch sehr empfindlich, als anlässlich der Erhebung Roms zur Haupstadt (1871) nicht eine seiner Opern gegeben wird, sondern ausgerechnet der *Lohengrin* Richard Wagners. Die Historikerin Birgit Pauls sieht in dieser Zurücksetzung gegenüber Wagner sogar den Auslöser der zehnjährigen Schaffenskrise Verdis; im selben Jahr zerbricht die Freundschaft zwischen dem Maestro und Angelo Mariani, weil dieser sich plötzlich zu Wagner bekennt und dessen Opern in sein Repertoire aufnimmt.

Auffallenderweise bemühen sich Giuseppe Verdi, Giacomo Meyerbeer und Richard Wagner um die Bildung jeweils anderer Musikmythen. Verdi versucht, ein Gedenkmonument für Gioacchino Rossini zu errichten, ein Requiem; Richard Wagner initiiert eine Beethovenverehrung – 1840 entsteht seine Novelle *Eine Pilgerfahrt zu Beethoven* –; Giacomo Meyerbeer setzt sich für das Werk Carl Maria von Webers ein, bittet Friedrich Wilhelm IV., König von Preußen, im Dezember 1844 um die Erlaubnis zur Aufführung von *Euryanthe:* »Die Asche des großen deutschen Tonmeisters Carl Maria von Weber ist nach zwanzigjähriger Verzögerung endlich in vaterländischer Erde bestattet worden … Das Berliner Theater … hat den Beruf in solchen nationalen Bestrebungen durch That und Beispiel voranzugehen«, ein Brief, den der König mit den Worten »Noble

Absicht« quittiert. Einmal bilden sich die Komponisten damit ihre eigene Traditionslinie, zum anderen liegt es in den Absichten der jeweiligen Regierung, den Eindruck einer ungebrochenen nationalen Musiktradition quasi als Legitimation eines Einheitsbewusstseins zu vermitteln. Dabei bleiben Meyerbeers Unternehmungen hinter denen Verdis und Wagners zurück; ihm als deutschen Juden, der vermehrt als »vaterlandslos« gilt, wird die Treue zur Nation rundweg abgesprochen, folglich kann ihm die Aufgabe kultureller Vereinigung nicht übergeben werden. Für Meyerbeer, der »an dem Gebäude einer deutschen Nationaloper ... fortbauen helfen« möchte, ist es abermals eine grenzenlose Enttäuschung, sich vom judenfeindlichen »Deutschland ... verworfen und mit Bitterkeit überhäuft« zu sehen. Da Meyerbeer als Jude und vermeintlich antiquierter Künstler abgelehnt wird, spielt man auf längere Sicht die Kontrahenten Giuseppe Verdi und Richard Wagner gegeneinander aus, obwohl rein vom Musikalischen her gesehen mehr Problempotenzial in den Beziehungen Meyerbeer/Verdi, Meyerbeer/Wagner steckt. Beide Komponisten sind nämlich wesentlich von Meyerbeer beeinflusst. Wagner, der 1850 noch eine Aufführung der *Propheten* als »Abend der Offenbarung« bezeichnet, hat Schwierigkeiten, sich von der Form der Grand Opéra zu lösen, die er bald als »ein buntscheckiges, historisch-romantisches, teuflisch-religiöses, bigott-wollüstiges, frivol-heiteres, geheimisvoll-freches, sentimental-gaunerisches, dramatisches Allerlei« bezeichnet. Auch Verdi kann den Einfluss Meyerbeers, zum Beispiel von dessen *Hugenotten* auf *Don Carlos,* nicht verleugnen; seine immer wieder vorgebrachte Forderung nach klarer, knapper Musik kommt dem Verlangen Meyerbeers nach Klarheit im musikalischen Ausdruck nahe.

Genau das, knappe, klare Worte, erbittet sich Verdi von seinem Librettisten Francesco Maria Piave für seine neue Oper. Der Impresario Alessandro Lanari hat sich eine phantastische Bühnenmusik für das florentinische Teatro Pergola gewünscht. Verdi bringt zwei Stoffe in Vorschlag. »Nun, da wir uns völlig einig sind über das phantastische Genre der Oper, die ich für Florenz schreiben soll, musst Du dafür sorgen, mich, so rasch Du kannst, die Ausführenden wissen zu lassen, denn ich habe zwei schöne Stoffe in Aussicht, beide phantastisch und wunderschön, und ich werde denjenigen auswählen, der sich am besten für die Ausführenden eignet«, schreibt Verdi dem Impresario am 17. Mai 1846. Die erwähnten Stoffe sind *I Masnadieri* nach Schillers *Räubern* und *Macbeth*. Nachdem Lanari die Sänger unter Vertrag genommen hat – es sind der Bariton Felice Vasari und die Sopranistin Marianna Barbieri-Nini –, entscheidet sich der Komponist für *Macbeth* in Florenz. Der Autor und Verdi machen sich an die Arbeit. Im Oktober 1846 schreibt Verdi dringlich an Lanari: »Ich brauche einen erstklassigen Chor … denn es wird zwei Chöre der Hexen von der größten Bedeutung geben. Achte auch auf die Maschinerie. Kurzum, die Dinge, die bei dieser Oper besonders zu berücksichtigen sind: Chor und Maschinerie.« *Macbeth* soll faszinieren, mit Lichteffekten und mitreißenden Ensembles. Die Oper entwickelt sich zu Verdis Lieblingsprojekt. Eine Oper, die ihren Schöpfer ergreift. Die seelische Anstrengung schlägt sich in zeitweiligen Depressionen und Bronchialattacken nieder, die Arbeit stockt. Emanuele Muzio konstatiert: »Er sieht nicht gut aus. Dann hat er melancholische Ideen in seinem Kopf, sagt, dass er schlimmer erkrankt sei als letztes Jahr, und vieles mehr, was mich fast weinen macht.« Dann aber ist der Bann gebrochen. Verdi komponiert mit Feuereifer. »Il Maestro lavora molto al *Macbeth*«, »Der Meister arbeitet viel am *Macbeth*; heute und morgen wird der dritte Akt beendet«, meldet Muzio an Antonio Barezzi am 18. Januar 1847. Etwa zwei Monate darauf wird *Macbeth* in Florenz aus der Taufe gehoben.

Spröde Töne

Bald nach der Uraufführung des *Macbeth* melden sich Verdis Kritiker zu Wort: Die neue Oper des Maestro sei sehr unzugänglich, denn sie entbehre des Belcanto, des »schönen Gesangs«, einer Liebesszene, überhaupt einer idealen Frauenfigur, und der ganzen Komposition fehle die innere Geschlossenheit. Vorwürfe, die bis heute weitergetragen werden und die Wertschätzung dieses Bühnenwerks schmälern. *Macbeth* sei bei seiner Uraufführung durchgefallen – ein Gerücht, das sich hartnäckig hält.

Tatsächlich aber scheint das Premierenpublikum von dem ungewöhnlichen Sujet begeistert gewesen zu sein. Emanuele Muzio zählt über dreißig Vorhänge; Verdi selbst schreibt lakonisch an seine Vertraute Clarina Maffei, *Macbeth* sei nicht durchgefallen; Antonio Barezzi verfasst euphorische Mitteilungen an den Bussetaner Freundeskreis über eine gelungene Inszenierung; die Protagonisten des Stücks, allen voran die »Lady« Marianna Barbieri-Nini, sprechen von einem unglaublichen Erfolg. »Macbeth ist eine große Oper«, resümiert Muzio in einem Brief vom 16. März 1847, »ausgesprochen groß und herrlich.«

Viel Belcanto kann das Auditorium der Uraufführung nicht vermisst haben. Verdi versteht es nämlich, wenig kantable Szenen mit lyrischen Passagen zu verquicken, die dadurch wesentlich strahlender und melodiöser erklingen, beispielsweise Banquos Romanze *Come dal ciel precipita* vor dem Hintergrund des geheimnisvollen, im Tempo Andante und Pianissimo gehaltenen Mörderchors im zweiten Akt. Der durchaus nicht unkritische Emanuele Muzio gerät während der letzten Arbeiten an der

Komposition ins Schwärmen. »Die Musik des Macbeth ist unermesslich schön«, schreibt er am 28. Januar an Verdis Schwiegervater Barezzi: »Nicht ein Stück ist gering, alle sind schön. Die tempi di mezzo. Selbst die nebensächlichsten Partien sind wunderschön gelungen. Ich glaube, dass niemand eine schönere Musik als diese des Macbeth machen kann. Der Effekt der mise en scène ist schön, es gibt sicherlich in keiner modernen Oper ein so großartiges und feierliches Schauspiel.« Der Vorwurf einer »spröden« Musik muss sich deshalb mehr auf die Konzeption des Werks beziehen. Verdi stößt in *Macbeth* das hergebrachte Opernschema um, indem er die üblicherweise am Anfang erscheinende Folge von Cavatinen und Cabaletten weglässt und auch in den weiteren Akten die Soloauftritte des Macbeth und der Nebenrollen (Banquo und Macduff) stark beschneidet. Das hat gute Gründe. Normalerweise wird mit den Eröffnungscavatinen der grundlegende Charakter einer Figur präsentiert. Es mag einem als signifikantes Beispiel das leichtsinnige *Questa o quella* aus *Rigoletto* einfallen, das die frivole Veranlagung des Herzogs schildert. Nun ist gerade der Herzog eine an und für sich simple Gestalt. Die Figur Macbeth lässt sich jedoch nicht durch ein Eröffnungsstück, das nur einen Wesenszug präsentieren könnte, fixieren. Macbeths vielschichtiger und wandelbarer Charakter entdeckt sich nur, indem seine Selbstreflexionen von den übrigen Figuren, aus deren Perspektive, und teils durch die Orchesterbegleitung korrigiert werden. Sein erster Auftritt wird von einem akzentuierten Marschmotiv eingeleitet, das, unschwer zu erraten, den befehlsgewohnten Kriegsmann zeichnet. Ebenso herrisch erklingt seine Anrede an die Hexen, die dem Feldherrn die Königskrone von Schottland prophezeien. Mit dem Andante assai sostenuto »Due vaticini compiuti or sono« scheint sich seine Cavatine zu entspinnen: Macbeth wehrt sich gegen Mordgedanken und will auf den Thron verzichten. Eine edle Haltung. Aber Banquo schaltet sich mit einer Bemerkung ein: »Die finstre Haltung! Die Herrschermiene! Schon glaubt er, dass ihm alles diene!« Macbeths scheinbare Soldatentugend wird im sich entwickelnden Duett seiner Machtgier und seiner Verführbarkeit zum Bösen gegenübergestellt. Und so verfährt Verdi im Verlauf der Oper noch einmal: Macbeths Charakter wird von der Lady kommentiert, die den entscheidungsträgen, labilen, tatschwachen, aber zum Bösen fähigen Menschen benennt.

Verdi wendet sich – das wird hier offenbar – von den typischen Figurenmustern wie Held, Verführer, Liebhaberin, Intrigant ab; nicht von ungefähr ist Macbeth kein Tenor, sondern Bariton, denn er ist kein Held im herkömmlichen Sinn. Stattdessen geht es dem Komponisten um die Schilderung von Menschen. Menschen in Ausnahmesituationen, in der Verlockung zur Macht. Verdis Einschätzung seiner drei Lieblingsautoren bestätigt dies: »Victor Hugo vergröbert die Charaktere zu sehr, Schiller ist zu viel Idealist und dringt nicht, wie Shakespeare, in den Menschengeist ein.« Den Menschen wie er ist darzustellen, dafür greift Verdi zu den herausforderndsten Mitteln. Die Lady Macbeth beispielsweise bewegt sich äußerlich gesehen in recht traditionellen Bahnen; ihr erster Auftritt ist die übliche Cavatine, sie hat ihre Arie, ihre große Szene, ein Trinklied im zweiten Akt ... aber ihr Charakter als abgrundtief Böse bedarf auch keines Kommentars. Um das noch zu unterstreichen, verlangt Verdi, die Lady solle mehr sprechen als singen; »... ich möchte die Lady Macbeth ungestalt und hässlich haben ... und ich möchte, dass die Lady überhaupt nicht – singt ... ich möchte für die Lady eine raue, erstickte, fahle Stimme haben ... die Stimme der Lady muss teuflisch klingen.« Ihre Arie im zweiten Akt verweilt nur kurz bei der eigentlich üblichen Naturschilderung, die einer entsprechenden Gefühlsstimmung vorausgeht. Lady Macbeth besingt den Sonnenuntergang in wenigen Takten,

– »Nun sinkt der Abend,
Schon lenkt zum Meer hinab Sonne des Tages feurige Pferde!
Nacht, du ersehnte, decke die Erde:
Zuckt wo ein Mordstahl, so decke ihn zu!« –

die schön fließend, legato, in zweitaktigen Spannungsbögen sich entfalten, doch sie wendet die idyllische Stimmung bald in die Beschwörung von Mord und Macht ab. Zerrissene Melodiephrasen, Deklamationen, große Intervallsprünge, starkes Kontrastieren der Lautstärke bestimmen von da an den Ausdruck. Nur an einer Stelle bricht der Gesang in Melodieschöne aus, nämlich bei der Vorstellung, dass ihr bald die Königskrone gehören wird; Verdi schreibt hier »a voce spiegata«, »aus vollem Halse«, vor und kennzeichnet auf diese Art die Machtgier der Lady.

Nicht Poesie steht im Vordergrund dieser Oper, sondern Realismus. Mit *Macbeth* ist Verdi die Lösung aus der romantischen Operntradition endgültig gelungen.

Die Kernszenen der Oper markieren die Lösung sehr deutlich. Der Maestro legt gerade auf diese Szenen größten Wert. »Ich erinnere mich, dass es für Verdi zwei Höhepunkte in der Oper gab«, berichtet die erste Interpretin der Lady, die Sopranistin Marianna Barbieri-Nini, »die Schlafwandelszene und mein Duett mit dem Bariton … Drei Monate lang versuchte ich morgens und abends solche Menschen nachzuahmen, die im Schlaf reden, die Worte artikulieren, wie mir der Maestro sagte, fast ohne die Lippen zu bewegen, und die anderen Teile des Gesichtes, einschließlich der Augen, starr lassen …« Der Komponist fordert von seinen Akteuren vor allem immer wieder, mehr zu sprechen als zu singen, gesanglicher und gestischer Ausdruck sollen so natürlich, so echt wie nur möglich erscheinen.

Verdi weicht in der Nachtwandelszene deutlich vom Typus der Wahnsinnsarie ab. Bei Donizetti, Bellini und anderen Vorgängern werden vergleichbare Szenen zu sanglichen Bravourstücken: endlose Triller, Rouladen, Läufe, leidvoll klingende Vorhalte und Seufzermotive sollen den Ausnahmezustand beschreiben. Verdi schreibt seiner Lady Macbeth dagegen abgehackte Phrasen, punktierte Rhythmen vor, lässt sie eher in verhaltener Lautstärke, an wenigen Stellen vollen Tones singen. Außerdem ist die Kadenz, wie sie normalerweise als gesangstechnische Pointe am Schluss einer derartigen Arie stehen würde, stark beschnitten. Als drittes Moment fügt der Komponist kurze Einwürfe zweier Augenzeugen des Schlafwandelns bei. Die Kammerfrau und ein Arzt kommentieren zunächst den pantomimischen Auftritt der Lady, die sich ihre Hände reibt, als wolle sie sie waschen, dann verstärken sie mit ihren Ausrufen den Eindruck des Entsetzlichen, Schrecklichen, des Mord-Geständnisses. Die Arie gehört also nicht der Primadonna allein – was das gewöhnliche Muster wäre –, sondern mutiert zu einem kleinen Ensemble.

Ebenso hervorstechend ist das Duett des teuflischen Ehepaars nach dem Mord an König Duncan im ersten Akt. Hier wird die dreiteilige Duettform schnell-langsam-schneller (meist allegro-andante-presto) durch mehrere Tempiwechsel in der Einleitungsszene des Macbeth verschleiert; wenn die Lady hinzutritt, verkündet ein prägnantes Schreitmotiv im Allegro und ein Wechsel von piano zu fortissimo scheinbar den Beginn des Duetts, das aber erst nach Macbeths Ausruf »Tutto è finito« beginnt.

An keiner Stelle des Werkes wird der Unterschied zwischen den beiden Mördergestalten so deutlich wie hier. Beide sind böse, beide schuldig, beide von Machtgier getrieben, aber während die Lady ganz und gar gewissenlos agiert, ist Macbeth sich des begangenen Unrechts bewusst. Das geborstene Melos der Lady steht seinem Gesang kontrastierend gegenüber. Beide Partien sollen nach Verdis Angaben »deklamieren mit fahler und verschleierter Stimme«, mit Ausnahme einiger a voce spiegata-Passagen. Diese Passagen bleiben allein Macbeth vorbehalten, und zwar analog zu den Textstellen, in denen sich sein Gewissen regt: »Die Engel der Rache, sie rufen mit donnernder Stimme: Du mordet'st den edelsten Mann.« Auch dieses Gegeneinander und nicht Miteinander der Singstimmen zweier verbundener Figuren ist neu. »Nun, wenn jemand sagte, das Duett hätte Begeisterung geweckt, dann sagte er so gut wie nichts«, betont Barbieri-Nini in ihren Memoiren, »es war etwas Unglaubliches,

Neues, nie Gesehenes.« Als Verdi das Werk dem Florentiner Impresario Lanari mit den Worten »ich glaube, dass diese Oper … unserer Musik eine ganz neue Richtung geben und den Komponisten … neue Wege eröffnen wird« anpreist, übertreibt er damit keineswegs. Warum *Macbeth* dennoch nicht zu den Favoriten unter Verdis Opern avanciert, bleibt unklar. Dem Vorwurf, es mangele dem Stück an Geschlossenheit und deshalb wirke es immer schlecht, entzieht ein genauer Blick auf die Orchesterbehandlung den Boden. So wurde moniert, dass die Schlafwandelszene keine Klärung finde, dass abrupt eine Szene des Macbeth folge und erst in der Schlachtszene über den Tod der Lady Aufschluss gegeben wird. Aber das Orchester gibt sehr wohl Auskunft. Am Schluss der Schlafwandelszene wird es ins Pianissimo geführt, ein aufsteigender Lauf als bekannte Todesformel ertönt, und unter leisen Glissandi klingt die Szene »morendo« aus – morendo, ersterbend. Vor der Schlachtszene, bei Verkündung des Todes der Königin erscheinen scharf punktierte Tonfortschreitungen, die zuvor Markenzeichen der Lady waren.

Die spätere Ablehnung dieser Verdi-Oper kann auch nicht an einem fehlenden Interesse des italienischen Publikums für Shakespeare gelegen haben. Ganz im Gegenteil erfährt der (im Übrigen seit dem 18. Jahrhundert in nahezu allen Ländern Europas gelesene) Dichter des Elisabethanischen Zeitalters vor der Jahrhundertmitte gleichsam eine Neuentdeckung. England und Frankreich erliegen einem wahren Shakespeare-Kult, der auch auf die umliegenden europäischen Nationen, die Italiener nicht ausgenommen, übergreift. Auf italienischem Boden tauchen bereits in den zwanziger, dreißiger Jahren des 19. Jahrhunderts immer mehr Bühnenmusiken, Ouvertüren und Opern nach Shakespeare-Stoffen auf. Saverio Mercadante, Verdis nationaler Rivale, befasst sich mit Stücken des großen Engländers. Er hat im Jahr 1822 Erfolg mit einer *Hamlet*-Umsetzung. Niccolò Vaccai wagt drei Jahre später eine *Romeo und Julia*-Vertonung, nicht zu vergessen Rossinis Dreiakter *Otello* von 1816 und Mercadantes *Falstaff*-Oper von 1834. Sogar Richard Wagner hat Shakespeare vertont; sein *Liebesverbot*, 1836 in Magdeburg uraufgeführt, basiert auf dem Drama *Maß für Maß*. Pionier der musikalischen Shakespeare-Renaissance ist – neben Mendelssohn Bartholdy mit seiner viel gespielten *Sommernachtstraum*-Musik – aber sicherlich Hector Berlioz. Überhaupt geht die Wiederentdeckung des Dichters von Frankreich, weniger von seinem Heimatland England aus. Die französischen Romantiker erfahren zuerst in Shakespeare einen literarischen Verwandten. Von ihnen übernimmt Berlioz die Vorliebe für die bizarre, ungestüme, durchweg dramatische, phantastische Welt des Engländers. Inspiriert wird er außerdem durch die zu dieser Zeit den Kontinent bereisenden Shakespeare-Schauspieltruppen aus England. »Shakespeare, der so unerwartet über mich kam, traf mich wie ein gewaltiger Blitzschlag, dessen Strahl mir mit überirdischem Getöse den Kunsthimmel eröffnete«, beschreibt Berlioz seine erste Bekanntschaft mit *Hamlet* in seinen Memoiren: »Ich erkannte die echte dramatische Größe, Schönheit und Wahrheit.« Übrigens heiratet Berlioz wenige Jahre später die Hauptdarstellerin des Stücks, Harriet Smithson. 1829 komponiert er eine Phantasie über Shakespeares *Sturm*, 1831 eine *Lear*-Ouvertüre, acht Jahre darauf folgt die Symphonie *Romeo und Julia*, die großen Erfolg hat. Berlioz ist es auch, der Mitte der dreißiger Jahre feststellt, wie populär die Werke des Dramatikers geworden sind, den er schließlich sogar zum Gott der Künstler erhebt: »Shakespeare! Shakespeare! Du musst menschlich gewesen sein; wenn du noch irgendwo lebst, so musst du die Elenden zu dir aufnehmen! Du, du bist unser Vater, der du bist im Himmel, wenn es einen Himmel gibt.« Der in Musikdingen stets wohlinformierte Verdi dürfte von Berlioz' Shakespeare-Vertonungen gewusst haben, jedenfalls aber erkennt er die Popularität des Renaissance-Dramatikers. Und auch im Fall einer negativen Einstellung des italienischen Publikums zu Shakespeare boten die schottischen Highlands ihm sicherlich einen ähnlichen exotischen Reiz wie orientalische Sujets. *Macbeth* entsteht nämlich auf dem Gipfel einer allgemeinen Schottlandbegeisterung, die

Ende des 18. Jahrhunderts ihren Anfang nimmt, mit den romantischen Dichtungen Robert Burns' (vertont von Mendelssohn und Schumann) und Sir Walter Scotts (Schubert, Rossini) einen Aufschwung erfährt und einen vorläufigen musikalischen Höhepunkt in Gaetano Donizettis *Lucia di Lammermoor* findet.

Dass Giuseppe Verdi mit der Wahl seines Sujets und der musikalischen Umsetzung den Publikumsgeschmack getroffen hat, beweist seine plötzliche Beliebtheit in den Cerclen der gehobenen Florentiner Gesellschaft. Das wird meist nur in einem Nebensatz erwähnt, ist aber von großer Bedeutung für die damalige Einschätzung des *Macbeth* und seines Schöpfers. Verdi wird nämlich nicht in irgendwelche Konversationssalons eingeladen, sondern ist hauptsächlich in den politisch-literarischen Kreisen en vogue. Er trifft auf einer seiner Gesellschaften mit einem der Köpfe des Risorgimento zusammen, dem Schriftsteller Giuseppe Giusti. Giusti ist es, der dem Komponisten bald nach der Uraufführung folgendes Billett zukommen lässt: »Begleite Du, mein Verdi, mit Deinen edlen Harmonien den erhabenen und feierlichen Schmerz ... der die Herzen von uns Italienern gegenwärtig erfüllt.« Die darin gefasste politische Anspielung ist mehr als deutlich. *Macbeth* wird ganz richtig in seinen gesellschaftlichen Dimensionen erkannt. Verdi stellt, wie es Shakespeares Drama vorgibt, den Machthunger Macbeths in den Mittelpunkt seiner Oper. Victor Hugo charakterisiert die Titelfigur einmal so: »Er hat eine rasende Unersättlichkeit, die sein Schicksal bestimmt. Hunger – manche Seelen haben Zähne.« Bei Verdi wirkt sich das persönliche Schicksal des Macbeth auf das Allgemeine aus: Natürliche Folge der Machtgier ist die Unterdrückung des schottischen Volks, was in einem Chor schottischer Flüchtlinge zum Ausdruck gebracht wird; Individualschicksale werden durch die Ermordung Banquos und der Familie Macduffs vorgeführt. Gerade Macduffs Arie *Ah, la paterna mano* schildert ergreifend die Opfer der Tyrannei und vor dieser Folie wirkt das nachfolgende Duett Macduffs und Malcolms mit dem Kampfesruf »Das Vaterland zu retten« besonders mobilisierend. Ebenso rebellisch muss die Sterbeszene des Macbeth in der Uraufführung von 1847 gewirkt haben, die Verdi in einer zweiten Fassung rund zwanzig Jahre später fortlässt. Die Szenen Banquos und Macduffs gehören übrigens zu den konventionellen Nummern der Oper, als wollte Verdi mit dem Neuartigen der Auftritte Macbeths und der Lady das Ungeheuerliche ihrer Gedanken und Taten unterstreichen. Die konventionellen Nummern sind die melodieschönsten; hier folgt der Komponist einem Ausspruch Schlegels, der über Shakespeares Drama sagt: »Das Böse ist von Grund aus hässlich, und es ist widersinnig, es auf irgendeine Art veredeln zu wollen.« Nur die Schlussarie des Macbeth vor der Schlacht, in der leicht Reue anklingt (»Pietà, rispetto, amore«), entspricht dem gewohnten Muster.

Das Bühnenwerk zählt mit Sicherheit zu den bewusst der Revolution nahe stehenden Werken Verdis. Der Komponist hat sich auch in diesem Fall – wie immer – mit politischen Äußerungen zurückgehalten, aber mehreres spricht für die These einer Risorgimento-Oper. Da ist einmal die Widmung an Antonio Barezzi, eine wichtige Stimme der Liberalen in Busseto und Umgebung, der zu dieser Zeit selbstverständlich mit den freiheitlichen Bewegungen Italiens sympathisiert. Die Widmung zeigt zugleich, wie sehr Verdi von dieser Oper überzeugt ist; er hätte dem verehrten Schwiegervater und Mäzen kein Werk dediziert, an dem ihm selbst wenig liegen würde: »Lieber Schwiegervater, seit langem wollte ich eine Oper Ihnen widmen, der mir ein Vater, Wohltäter, Freund war … Nun ist hier der *Macbeth*, den ich mehr liebe als alle meine übrigen Opern und der es, wie ich meine, am meisten wert ist, ein Geschenk für Sie zu sein. Es kommt mir aus dem Herzen…« Weitere Anhaltspunkte sind Mitteilungen an den Librettisten Francesco Piave. »Starke konzise Verse in der Art Alfieris«, »wenige, wenige, aber bezeichnende Worte«, knappe und erhabene Sätze verlangt der Komponist. Das entspricht den ästhetischen Forderungen der Risorgimento-Dichter, als deren frühester Vertreter der von Verdi angebetete Vittorio Alfieri gilt. Schließlich, dass der Maestro sich ausgerechnet für einen Shakespeare-Stoff entschieden hat, ist kaum Zufall. Schon einmal wird Shakespeare in einer krisengeschüttelten Zeit wieder entdeckt, nämlich kurz vor und während der Französischen Revolution; Johann Gottfried Herder, Christoph Martin Wieland und Friedrich Schiller beschäftigen sich intensiv gerade mit dem *Macbeth*. Nun, im Morgengrauen der 1849er Unruhen, greift Verdi auf dieses Drama zurück.

Noch unter dem Eindruck des *Macbeth*-Erfolges stehend, reist der Komponist im Frühling 1847 in die Heimat Shakespeares. Dabei fühlt er sich nicht ganz gesund; am 22. April informiert der getreue Sekretär Muzio die Bussetaner, dass der Maestro ein wenig Halsschmerzen habe und sein Rheuma ihn erneut plage; der Mai 1847 wird zudem außergewöhnlich heiß, das Wetter »bannt die Leute in ihre Häuser, die Theater sind wenig besucht«. Keine idealen Bedingungen, eine Reise anzutreten, die über die Alpen, den Rhein hinunter durch Deutschland nach Belgien und dann zurück nach Paris führt. Nach einer längeren Kutschfahrt setzen Verdi und Muzio über den See nach Luzern über, fahren dann mit einer Diligence nach Basel und weiter nach Straßburg. Natürlich machen sie Zwischenstation im Kurort Baden-Baden, denn hier versammeln sich während der Sommermonate zahlreiche Angehörige der höchsten Adelskreise Europas, ein idealer Ort für einen Musiker, sich gesellschaftlich zu präsentieren. Die nächsten wichtigen Zwischenstationen sind Köln und Brüssel, beides bedeutende Musikstätten. Vermutlich erfährt Verdi in Köln einiges über die alljährlich stattfindenden Niederrheinischen Musikfeste, jedenfalls besichtigt er den Dom, »der durch ein Erdbeben zerstört wurde und den sie wieder herzustellen begonnen haben«. Alles in allem beträgt die Reisezeit nach Paris – so berechnet Muzio punktgenau – mehr als neunzig Stunden. In der Seine-Metropole hält sich Verdi einige Zeit auf, während sein Begleiter Emanuele Muzio nach London vorausfährt. Der Komponist nutzt die Reisepause, seine Pariser Kontakte aufzufrischen und Geldangelegenheiten zu regeln. Er trifft sich unter anderem mit Giuseppina Strepponi, die ja seit geraumer Zeit in der französischen Hauptstadt als Gesangslehrerin arbeitet. Mutmaßlich nimmt sie Verdis Geschäftsinteressen wahr, ist ihm hauptsächlich als Englisch-Übersetzerin eine Hilfe und überwacht seine französischen Tantiemenforderungen.

Am 5. Juni erreicht dann auch Verdi die Stadt an der Themse und stimmt in Muzios erregten Ausruf ein: »Das Chaos ist London! Welches Durcheinander! Paris ist nichts im Vergleich. Die Leute schreien, die Armen weinen, vorbeieilende Dampfer, Menschen zu Pferd, in Kutschen, zu Fuß und alle heulen wie Verdammte … London ist eine Stadt, einzig in der Welt.« Der Impresario Lumley hat zu allem Übel eine Wohnung »mitten in diesem großen Tumult« zur Verfügung gestellt, in der Verdi nicht in Ruhe arbeiten kann.

Natürlich besichtigt der Komponist als Erstes seine Wirkungsstätte, das Königliche Theater. Die Tatsache beunruhigt ihn, dass es kurz zuvor Zwistigkeiten innerhalb des Hauses zwischen Verwaltung und künstlerischer Leitung gibt, in deren Folge der Chefdirigent das Majesty's Theatre verlässt und einige Publikumsmagneten (darunter die Primadonna Giulia Grisi) mit sich zieht, um in Covent Garden einen eigenen Opernbetrieb aufzuziehen. Emanuele Muzio lässt jedoch schon am 4. Juni 1847 den »Carissimo Signore« Antonio Barezzi wissen, dass Her Majesty's Theatre blühe und immer ein volles Haus habe; »man berechnet, dass Lumley am Ende der Saison 6 Milionen Franken einkassiert habe; die Einnahme eines kleinen italienischen Staates!« Die Liquidität des Impresarios ist also trotz ständiger Konkurrenz gesichert, und Verdi macht sich an die Vervollkommnung seiner Oper *I Masnadieri* nach Schillers *Räubern*, die hier am 22. Juli über die Bühne gehen soll. Mitte Juni liegen die ersten Akte den Kopisten vor, welche die Stimmen für Orchester und Sänger abschreiben.

Die Wochen bis zur Premiere nutzt Verdi, um sich ein Bild

von den Darstellern seines Karl Moor und seiner Amalia zu machen. Jenny Lind, die »schwedische Nachtigall«, ein ausgesprochener Publikumsliebling, soll die weibliche Hauptrolle übernehmen, obwohl Verdi ihre Stimme zu affektiert, zu wenig natürlich findet. Aber da eine Uraufführung in einer Stadt, die der Komponist musikalisch kaum einschätzen kann, ein Wagnis ist, setzt er wenigstens Interpreten ein, die dem Applaus des Auditoriums sicher sein können.

Jenny Lind – oder eigentlich Johanna Maria Fredericsson, wie es in den Geburtsakten von 1804 des Stockholmer Standesamtes heißt – zählt zu den prominenten Sopranistinnen ihres Jahrhunderts. Ihre ungewöhnliche Stimme befähigt sie, nahezu jede Sopranrolle unterschiedlichster Richtungen zu singen, ob die schlicht-naive Agathe in Carl Maria von Webers *Freischütz*, ob die heroische Norma in Bellinis gleichnamigem Werk oder die Frauenpartien der meyerbeerschen Grand Operás. Ausgebildet von dem schwedischen Komponisten Adolf Fredrik Lindblad, gefördert von Giacomo Meyerbeer und Felix Mendelssohn Bartholdy, kommt sie 1847, im selben Jahr wie Giuseppe Verdi, nach London. Benjamin Lumley bietet ihr 120.000 Francs für die gesamte Saison. Eine Summe, die ihre Auftritte leicht wieder einspielen. England, einschließlich der faszinierten Königin Viktoria, liegt ihr zu Füßen. Auch Verdi ist mit ihr als Amalia einverstanden, nachdem er sich mit Jennys Stimme angefreundet hat; sie überzeugt ihn vor allem durch ihre Kreation der Isabelle in Meyerbeers *Robert le Diable*.

Die Uraufführung der *Räuber* verläuft problemlos. Der Erfolg ist allerdings mäßig, obwohl Muzio am Tag danach Barezzi meldet: »Die Oper hat Furore gemacht«; der Applaus nach Amalias Cavatine und dem großen Duett sei groß gewesen, der zweite Akt habe Effekt gemacht; »der Maestro wurde mit Hochrufen gefeiert … man warf ihm Blumen zu und hörte nichts außer: viva Verdi, bietifol (schön).« Die *Times* stimmt in die Hochrufe ein, andere Organe bringen allerdings kritische Anmerkungen. »Schlecht«, »trivial«, »total wertlos«, »konventionell auf ein geistloses Libretto komponiert«, lauten die Gegenstimmen. Vielleicht liegt der mäßige Erfolg an dem geschmacklichen Richtungswechsel, den England vor der Jahrhundertmitte in Sachen Musik durchlebt. Bis dahin verehrt man die italienische Oper, schließlich kann man auf eine reiche Tradition zurücksehen, ausgehend von Georg Friedrich Händel, der von 1712 bis zu seinem Tod in London wirkt. Allmählich aber scheint das Publikum der italienischen Opern müde. Allein während Verdis Londonaufenthalt gehen Donizettis *Regimentstochter*, Bellinis *Somnambula* und *Norma* sowie seine eigenen *Due Foscari*, *Ernani* und der *Macbeth*, zuletzt noch *Nabucco* über die Bühne. Die englischen Musikliebhaber wenden sich der deutschen Musikkultur zu. Mendelssohn und Beethoven sind die aufgehenden Sterne im britischen Empire; die Opern Carl Maria von Webers werden mehr denn je geschätzt. Daneben regt sich langsam der Gedanke, eine nationale Musik zu schaffen, nachdem man jahrhundertelang mehr oder weniger nur die kontinentalen Klangwelten importiert hat. Vincent Wallace und Michael Balfe, Namen, die außerhalb Englands heute kaum noch jemand kennt, stehen für die Begründung einer nationalen, englischen Oper. Überhaupt lösen Symphonien, Konzerte und Oratorien (von den Altmeistern Händel und Haydn bis zum Zeitgenossen Mendelssohn, ein Erbe der großen biblisch-puritanischen Tradition Englands) die Oper in der Vormachtstellung ab; Anfang des Jahrhunderts werden viele niveauvolle Konzertvereine gegründet, die zur Jahrhundertmitte aufblühen. Kein Wunder in einer Zeit politischer Krisen, denn das Konzert gilt als bürgerliche Institution par excellence, das Opernhaus, besonders natürlich das königliche Theater als Synonym für aristokratisches Vergnügen.

Ob Giuseppe Verdi etwas von den aktuellen Nöten Englands erfahren hat? Seine Briefe schweigen sich darüber aus. Gleichwohl: Der Komponist verkehrt auch in der Themsestadt vornehmlich in politischen Salons. Die sozialen Probleme des Landes, das mit Eifer seine Industrialisierung vorantreibt und mittlerweile seine wirtschaftliche Vormachtstellung gegenüber dem Kontinent behaupten kann, sind hier mit Sicherheit ein Thema. Die Aufstände der Arbeiter in den riesigen Industriestädten der Midlands, die sich seit den ersten Weberrevolten nach 1806 in mehr oder weniger regelmäßigen Abständen wiederholen, die zunehmende Pauperisierung, Kriminalität und Prostitution in den Ballungsgebieten, wie sie der junge Sozialist Friedrich Engels in seinem erschütternden Report *Die Lage der arbeitenden Klasse in England* (1845) beschreibt, die Lasten hoher Kindersterblichkeit und Kinderarbeit bewegen die Innenpolitik Englands. Längst sind die sozialen Missstände Thema literarischer Arbeiten: Charles Dickens, William Makepeace Thackerey, Charlotte Brontë und viele namhafte Autoren mehr decken sie kritisch auf und lenken den Blick auf unumgängliche Reformen. Die sozialen Probleme Englands lösen keinen revolutionären Konflikt aus, wie es in anderen europäischen Staaten, Frankreich, Deutschland, Italien, schließlich Russland, der Fall ist. Eine Bewegung wie die Revolution von 1848 kann in England durch rechtzeitige Gegenmaßnahmen verhindert werden. Seit 1830 ist die liberale Whig-Partei an der Macht und sucht durch vielerlei Reformen einen gewissen Ausgleich zwischen den oberen und unteren Gesellschaftsschichten. 1836 wird die »Working Men's Association« gegründet, deren höchste Ziele ein allgemeines Wahlrecht und gerechtere Sozialreformen sind. In Königin Viktoria besitzt Großbritannien seit 1837 zudem eine Regentin, die die reformatorischen Entscheidungen des Parlaments umsichtig akzeptiert. London wird sogar zum Exil vieler politisch Verfolgter: Louis Napoléon, der Ansprüche auf die französische Krone besitzt, ist nach seinen erfolglosen Putschversuchen 1836 und 1840 nach England geflohen – er wird als späterer Napoleon III. noch eine wichtige Figur im Freiheitskampf Italiens; Giuseppe Mazzini ist aus seinem bisherigen Asyl in Marseille nach London entkommen. Mazzini verkehrt in den russischen und deutschen Exilsalons der britischen Hauptstadt. Hier lernt Jahre später die emigrierte Schriftstellerin Malwida von Meysenbug (eine Freundin des russischen Revolutionärs Alexander Herzen sowie Richard Wagners) »den Mann kennen, dessen Namen die Tyrannen zittern machte und den alle, die ihn näher kannten, schwärmerisch liebten und verehrten«: »Seine äußere Erscheinung rechtfertigte die Furcht nicht, die er seinen Feinden einflößte ... Die Haltung seiner feinen, mageren, mittelgroßen Gestalt hatte etwas Bescheidenes ... sein Kopf mit den edlen, geistvollen Zügen ... war der eines Philosophen und Weisen. Nur aus den wunderbar schönen, dunklen Augen blitzte es zuweilen gewaltig auf und verriet die Flamme der Tat...« Sowohl mit Louis Napoléon als auch mit Mazzini, den der Komponist schon so lange verehrt, trifft Verdi in den Exilsalons und im Kreis Benjamin Lumleys zusammen. Mit Sicherheit hat diese Begegnung sich auf seine beiden nächsten Opern, *Il Corsaro* und *La battaglia di Legnano,* ausgewirkt, ihn vermutlich auch zur Komposition der Kampfhymne *Suona la tromba* (1848) inspiriert.

Betrachtet man die Situation des Jahres 1847 in England, dann war die Uraufführung einer Oper wie *I Masnadieri* nicht ganz die richtige Wahl. Zustimmung erfährt Verdi von den Emigrantenkreisen wie vom gehobenen, gebildeten Bürgertum aus konservativ-liberalen Gruppierungen, deren öffentliche Stimme zu dieser Zeit die *Times* ist, die den Komponisten bejubelt. Auf Ablehnung stößt er in höheren, reaktionären Schichten genauso wie bei der breiten Masse der Bevölkerung. Und zwar nicht etwa, wie weitgehend angenommen, weil seine Musik dem beliebten Schillerdrama nicht gerecht geworden wäre, sondern weil er sich gerade zu sehr der Vorlage annähert. Denn Schillers Räuber, bis heute gern als Beispiel eines wahrhaft revolutionären Stücks zitiert, ist ein grandioser, aber seltsamer Zwitter. Durch vier Akte hindurch glaubt der Leser der Hauptfigur Karl Moor, dass hier persönliche Freiheit mit Recht und für alle Unterdrückten gefordert werde, obwohl der junge Adlige Karl Moor, der den Intrigen seines schurkischen Bruders Franz zu erliegen

droht, keinen politischen Geheimbund, sondern eine Räuberbande gründet. Das Dramenende aber macht stutzig. Moor wird
schuldig am Tod seiner Geliebten Amalia und seines Vaters. Die
Legitimation seiner kriminellen Vorgehensweise, sich gegen das
bestehende System zur Wehr zu setzen, gerät durch diese ungeheure Schuld ins Zwielicht und soll es nach dem Willen Schillers
wohl auch. Statt nun den Weg als Räuberhauptmann und Freiheitskämpfer konsequent zu Ende zu gehen, liefert sich Karl
Moor freiwillig dem Gesetz aus. Das heißt, er unterwirft sich
dem Recht, der Gesellschaft, gegen die er zuvor mit allen Mitteln
aufstand, und sucht, durch die (vermutlich tödliche) Bestrafung
seine aus guter Absicht begangenen Verbrechen zu sühnen.

Das Drama stellt sich also weder auf die Seite der Herrscher
noch auf die der »Revolution um jeden Preis«. Giuseppe Verdis
Vertonung hebt diese inkonsequente Haltung nur hervor. In pa-
thetisch-munteren Tönen verkündet sein Carlos in der Cabaletta *Nell'argella maledetta* des ersten Aktes den Entschluss, zu
den Räubern zu gehen, als wäre dies tatsächlich die Lösung von
der beherrschenden alten Ordnung. Sein Pathos verliert sich
auch in den nächsten beiden Akten nicht, davon zeugt vor allem
das Liebesduett mit Amalia, *Qual mare, qual terra*. Es ist ganz
die Erhabenheit, die der Karl Moor in Schillers Sturm-und-
Drang-Drama besitzt. Erst im vierten, dem schließenden
Opernakt mildert sich die feierliche Melodiegestik Carlos'.
Durch den Tod des Vaters und der Geliebten erschüttert, übergibt er sich seinen Richtern – Kritik am herrschenden System
und Wissen um das Scheitern von Revolutionen, das ist die un-
aktuelle Haltung, die Verdi mit seinen *Masnadieri* vertritt und
die in seiner Zeit auf Ablehnung stoßen muss.

Ein anderer italienischer Meister versteht es besser, das Schil-
ler-Sujet zeitgemäß umzusetzen. Elf Jahre vor Verdi führt Mercadante sein Melodram *I Briganti* am Pariser Thèatre Italien auf.
Sein Hermann (= Karl Moor) befreit den Vater aus der Gefangenschaft, tötet seinen intriganten Bruder (hier: Konrad; bei

Verdi begeht der Bruder wie im schillerschen Stück Selbstmord) im Duell, könnte nun ruhig mit seiner Geliebten leben, beschließt jedoch, gemeinsam mit den Räubern weiterhin für die Unterdrückten zu kämpfen. Diese Darstellung des Räubers entspricht der damaligen, aus heutiger Sicht eher fragwürdigen Schiller-Rezeption, die in Karl Moor einen »reinen, edlen Heldenjüngling« sieht, einen »unbewussten Siegfried, das … Ideal eines deutschen Heldenjünglings, strotzend von Kraft … unschuldig, unbefangen, treuherzig, hingebend«. Außerdem steht Mercadantes erfolgreiches Bühnenwerk dem Höhepunkt der Risorgimento-Bewegung auch zeitlich näher als Verdis *Masnadieri*.

Die eigentliche Kritik an den *Räubern* Verdis stützt sich auf ihre ideologische Gebrochenheit. Nur sie verhindert eine gerechtere Beurteilung der Oper und drängt sie fast vollständig aus der verdischen Werksrezeption hinaus. Man hält sich an allgemein akzeptierte Werturteile, bemängelt ein allzu konventionelles Libretto aus der Feder Andrea Maffeis und eine banale Vertonung; Verdi sei von der parallel laufenden Komposition des *Macbeth* so in Anspruch genommen worden, dass er sich nicht auf *I Masnadieri* habe konzentrieren können. Sicher war es ein Irrglaube des Komponisten und seines Textdichters anzunehmen, das britische Publikum ziehe die konventionelle italienische Oper vor. Was aber keineswegs stimmt, ist die Behauptung, die *Räuber* seien von Verdi weniger behutsam komponiert worden als *Macbeth*. »Ich schreibe meine Opern, so gut ich kann«, teilt er kurz vor der Uraufführung des Shakespeare-Dramas Vincento Flauto mit. Noch wenige Wochen bevor *I Masnadieri* aus der Taufe gehoben wird, feilt er an der Instrumentation, die der des *Macbeth* nicht im Geringsten nachsteht. Die Stärke der *Räuber* liegt in den Chören und Duetten, in denen Verdi durchaus Neuheiten wagt, beispielsweise im Zwiegesang Carlos' und des alten Grafen *Come un bacio d'un padre amoroso* (3. Akt) – mitnichten »spröde Töne«, sondern quellender Melodiefluss.

1849

Der inkonsequente Schluss von *I Masnadieri* ist in Verdis nächster Oper, *Il Corsaro*, die am 25. Oktober 1848 uraufgeführt wird, gelöst. Hier gibt es kein Irrewerden am Wunsch nach Befreiung, nach vollkommener Wiederherstellung freiheitlicher Rechte, auf welchem Wege auch immer.

Das Stück spielt im 16. Jahrhundert, dieser kritischen Zeit spanischen Hegemonialstrebens unter Karl V. und Philipp II., den kriegerischen Auseinandersetzungen der damaligen Großmächte (Spanien, England, Österreich) und der wehrhaften katholischen Haltung gegen den Protestantismus, gegen einen inneren Zerfall, in denen das vielfach geteilte Italien, aufgerieben, mehrfach Schauplatz politischer Machtspiele wird. Dieses Jahrhundert zieht Giuseppe Verdi magisch an. Es ist eine aufwühlende Epoche der Menschheitsgeschichte, in der Verdi seine eigene Zeit klar gespiegelt sieht. Und nicht nur er, viele seiner dichtenden und denkenden Zeitgenossen empfinden das 16. Jahrhundert als historisches Pendant ihrer gesellschaftlichen Situation: Spanische Königslegenden werden zu Sujets der bildenden Kunst; Anna Boleyn, oder die Wiedertäufersekte, oder Philipp II., die Bartholomäusnacht, dieses brutale Progrom in Frankreich, dem etwa 20.000 Hugenotten zum Opfer fallen, oder das Konzil von Trient, oder der Untergang der spanischen Armada werden auf der Opernbühne präsentiert; die geschichtsträchtigen Persönlichkeiten des 16. Jahrhunderts, Helden und Antihelden, Idealisten und Schurken, erwachen in der Literatur zu neuem Leben: Erasmus von Rotterdam, Zwingli, Luther, Heinrich VIII. von England und sein machtgieriger

Berater Thomas Cromwell, Maria von England, die man »die Blutige« nennt, weil sie das anglikanische Land gewaltsam zur Papsttreue zurückführen will, und Theresa von Avila, die heilig gesprochene Reformatorin des Karmeliterinnenordens, Egmont und Elisabeth I. Eine Zeit, die schon Friedrich Schiller zu glänzenden Geschichtsbildern inspiriert und die seinen Bewunderer Verdi zur Komposition von *Ernani, Alzira, Rigoletto* und natürlich *Don Carlos* anregt.

Il Corsaro bezieht sich auf wahre Begebenheiten der 30er Jahre des 16. Jahrhunderts, als der sarazenische Seeräuber Chaireddin Barbarossa die Küsten des Mittelmeers unsicher macht, im Auftrag des französischen Königs und als Vasall der bis vor die Tore Wiens vorrückenden Osmanen, wie sich später herausstellt, um auf diese räuberische Art die wirtschaftliche Stabilität Österreichs zu untergraben. In Verdis Oper zieht der Korsar Corrado in den Kampf gegen den türkischen Pascha Seid, seine Braut Medora in düsteren Vorahnungen zurücklassend. Er mischt sich verkleidet unter das Gefolge des Paschas. Zum Tross gehört auch die Sklavin Gulnara, die ihren Besitzer abgrundtief hasst. Als das Schiff des Paschas in Brand gerät, rettet Corrado die Sklavin. Sie verliebt sich in den Korsaren, der im selben Moment als Spitzel erkannt und gefangen genommen wird. Gulnara beschließt, mit ihm zu fliehen. Der Pascha ahnt das, doch Gulnara kommt seiner Bestrafung zuvor und tötet Seid. Gemeinsam mit Corrado, der ihr gesteht, eine andere zu lieben, flieht Gulnara. Corrado erreicht seine Heimat, doch zu spät: Im Glauben, der Pascha habe ihren Bräutigam hinrichten lassen, hat Medora Selbstmord verübt; sie beschwört sterbend in Corrados Armen noch einmal ihre Liebe. Verzweifelt stürzt sich der Korsar ins Meer.

Verdi hat bereits im Frühjahr 1845 dem Verleger Francesco Lucca eine Oper für Triest versprochen. Irgendwann taucht der Plan zu einer Vertonung von Lord Byrons Gedicht *Der Korsar* auf. Piave wird mit dem Schreiben des Textes beauftragt. Wie immer hat ihm der Maestro ein Exposé zukommen lassen, nach dem er schon einige musikalische Skizzen angefertigt hat. Piave, begeistert von dem byronschen Original, setzt die Poesie geschickt in dramatische Verse. Bald hält Verdi das Libretto in Händen und könnte nun an die Arbeit gehen, wären da nicht die eiligeren Projekte von *Macbeth* und *I Masnadieri*. *Der Korsar* verschwindet in der Schublade.

Francesco Maria Piave braucht Geld. Er ist meistens knapp bei Kasse, denn sein ausschweifendes Leben, seine wachsende Familie verschlingen Unsummen. Er kann es sich nicht leisten, ein Textbuch für die Schublade zu schreiben, und fragt dringlich bei Verdi an, ob er das Libretto einem anderen Komponisten verkaufen dürfe. »Was ist? Bist du verrückt geworden …? Ich soll Dir den *Corsaro* abtreten«, fragt Verdi aufgebracht: »Denselben *Corsaro*, den ich gehätschelt habe, der mich so viele Überlegungen kostet, und den Du selbst mit mehr Sorgfalt als sonst in Verse gesetzt hast? … Und Du verrätst mir nicht einmal … für wen? … ich schrieb, fast ohne es zu merken, so nach und nach diesen *Corsaro*, von dem ich einige Sachen skizziert habe … das Gefängnisduett und das letzte Terzett … Und den soll ich dir abtreten? … Los, geh ins Krankenhaus und lass Deinen Verstand untersuchen« (27.8.1846). Piave nimmt sofort von seinem Plan Abstand. Doch mehr als ein Jahr vergeht, ehe Verdi sich Textbuch und Skizzen wieder hervorholt. Ende des Jahres 1847 macht er sich an die Komposition. Eigentlich müsste diese Oper ein glatter Erfolg werden: Der Text des populären englischen Dichters, dem Gioacchino Rossini mit der Kantate *Il pianto delle muse in morte di Lord Byron* 1824 ein Grabdenkmal setzt, dessen Gedichte von den Meistern der Zeit in Musik gesetzt werden, von Felix Mendelssohn und Robert Schumann beispielsweise, ist eine zündende Vorlage; das Publikum kennt George Byron vor allem als edlen »Philhellenen«, als Freiwilligen im griechischen Freiheitskampf, der 1821 mit einer von Alexander Ypsilanti angestifteten Erhebung beginnt und erst acht Jahre später beendet sein sollte. Das, die Opernhandlung im 16. Jahrhundert und die konfliktreiche aktuelle Politikszene garantieren geradezu einen Erfolg beim patriotischen Auditorium. Außerdem vertraut Giuseppe Verdi einem erprobten Sängerteam. Seinem Lieblingstenor Fraschini, dem Bariton Achille De Bassini und der Barbieri-Nini. Auch der Uraufführungsort, Triest, spricht für eine ähnlich explosive Wirkung des *Corsaro*, wie sie vormals der *Nabucco* auf Mailand ausübt; Triest steht unter österreichischer Kontrolle und wird ein ewiger Streitpunkt zwischen Italien und den Habsburgern bleiben. Alles ist also auf Erfolg ausgerichtet, auch Piave und Verdi haben das ihre getan, ein leidenschaftliches Libretto verfasst, eine ausgeklügelte Musik dazu geschrieben, die ganz auf Transparenz und den beabsichtigten Kontrast von konventionellen zu modernen Formen setzt. Dennoch scheitert die Uraufführung. Dem *Corsar* soll es ebenso ergehen wie *Alzira* oder *Stiffeli*o – er wird zu einer der schlechtesten Verdi-Opern degradiert, auch diesmal mit dem Vorwurf, der Komponist habe sein Interesse an dem Stoff verloren und die Vertonung lustlos zu Ende geführt. Kein sehr haltbarer Vorwurf, bedenkt man Verdis Fanatismus, mit dem er komponiert, wenn er sich nach langen Überlegungen für einen Stoff entschieden hat.

Auffallendes Kernstück von *Il Corsaro* ist Gulnaras Duett mit Pascha Seid, *Vieni, Gulnara*. Hier lässt Verdi die zwei Welten von Versklavtem und Unterdrücker aufeinander prallen, und zwar im wahrsten Sinne des Wortes, denn an keiner Stelle des Duetts berühren die Stimmen einander, sie laufen nebeneinander her. Es gibt keine Gemeinschaft zwischen Herrschern und Beherrschten. Der Maestro hat ein derartiges Kontrastduett schon in *Alzira* und in *Attila* präsentiert, ausgereift erscheint es jedoch erst in *Il Corsaro*. Auch in der Behandlung des Dramenfinales greift der Komponist auf Lösungen vorheriger Opern zurück: *Il Corsaro* endet ebenso unversöhnlich, unutopisch wie *Macbeth* oder *I due Foscari*. Es sind zwei typische Finallösungen in Verdis Opern zu finden, entweder die großartige Versöhnungs- oder Vergebungsszene (*I Lombardi, Giovanna d'Arco, Alzira, Stiffelio,*

Traviata, Boccanegra, Un ballo in maschera, Falstaff) oder das hoffnungslose Ende in Selbstmord oder Mord von *Oberto* bis hin zu *Otello*.

Besagtes Duett führt noch einen weiteren Gegensatz vor, nämlich den widersprüchlichen Charakter des Paschas. Erst umschmeichelt er Gulnara mit freundlichen Worten, als sie ihn aber abweist, lässt er seine Maske fallen und wütet in herrischen Akkordfolgen. An dieser Stelle zeigt Verdi, wie er mit wenigen instrumentalen Kunstgriffen einen Stimmungsumschwung herbeiführen kann. Überhaupt ist *Il Corsaro* ein Fortschritt in seiner Orchestrierungskunst. Der Komponist beschränkt sich auf wenige, aber einprägsame Motive, einen Stimmungswechsel erreicht er oft durch Austausch nur einer Instrumentengruppe. Die Feinheiten der Figurencharakteristik liegen im Detail; wenn Gulnara ihre Liebe zu Corrado beschwört (»Vola talo dal carcere«), ergeht sich das Orchester in dichten, hochromantischen harmonischen Floskeln. Gulnaras Melodielinie aber bricht auf dem Spitzenton ab und wird abrupt abwärts geführt, als ahnte sie bereits die unerfüllte Leidenschaft.

Natürlich hat Giuseppe Verdi gerade in dieser Oper von 1848 nicht auf den Chor mit politischer Geste verzichtet. Die Chorszenen fallen durch ihren typischen Verdi-Ausdruck auf und knüpfen willentlich an die Massenszenen seiner früheren Opern an. Dennoch oder vielleicht gerade deswegen »zünden« sie nicht beim Triester Publikum; sie bringen mit ihrem Gestus nichts Neues, das kennt man schon aus *I Lombardi* und man hatte sich in diesem erschreckenden Jahr 1848 etwas national Aufrütteldes aus Verdis Feder gewünscht, einen Chor, den man von den Barrikaden den verhassten Besatzern ins Gesicht hätte schleudern können – aber das leistet *Il Corsaro* nicht.

Seit Herbst 1847 befindet sich der Komponist in Paris bei seiner Geliebten Giuseppina Strepponi. Hier wird er in die sich überschlagenden Ereignisse hineingerissen. Seit dem Revolutionsjahr 1830 herrscht der Herzog von Orléans, Louis Philippe I., als König über Frankreich. Seine Reformversprechen werden allerdings von Seiten seiner Minister nicht eingelöst. Mit Hilfe des Regierungsmitglieds François Guizot schlägt er sogar eine höchst konservative Richtung ein. Dagegen lehnt sich eine starke Opposition auf. Einmal die Republikaner unter Rollin, zum anderen die Bonapartisten. Kleinbürgertum und Proletariat schließen sich allmählich zu einer politischen Gruppe zusammen und fordern vereint Reformen. Guizot reagiert mit strikten Verboten und radikalen Gesetzen. »Und da, mit einem Male, in einer einzigen Nacht, ohne große Anstrengungen … ja wunderbar! …. ohne Bewusstsein der Kämpfenden … bricht es los; Paris wallt auf«, beschreibt ein Historiker den Ausbruch der Februarrevolution. Emanuele Muzio berichtet an Barezzi, dass Verdi komponiere, vielleicht das revolutionäre Drama *Cola di Rienzi* vertonen wolle und Minister Guizot aus Paris geflohen sei. Drei Tage dauert der Kampf, der die Metropole in einen Hexenkessel verwandelt. Barrikaden werden eilends errichtet, sämtliche Straßen der Stadt sind versperrt, Häuser werden zu Festungen, in denen sich die Aufständischen verschanzen und auf die Garden des Königs schießen. Nur drei Tage und Louis Philippe dankt ab, flieht nach England. Die Republik wird ausgerufen. Dann ist scheinbar alles vorüber, wie ein flüchtiger Spuk. Verdi meldet der Gräfin Appiani am 9. März: »Über die Pariser Ereignisse werden Sie genauestens unterrichtet sein; nach dem 24. Februar ist nichts mehr geschehen. Der Trauerzug, der die Toten zur Gedenksäule der Bastille geleitete, war imponierend, prächtig … Die große Nationalversammlung, die die Regierung einsetzen wird, soll am 20. April zusammentreffen … Wenn mich nichts Wichtiges nach Italien zurückruft, bleibe ich den ganzen April über hier, um die Nationalversammlung zu erleben.« Verdi genießt diesen Kosmos Paris, diese elegante Welt der Reichen und der Lebenskünstler, diese berauschende Großstadt, die sprichwörtlich nur zweierlei kennt, l'amour et la vie, Liebe und Leben. Der Komponist erlebt die Metropole, das Paris der Bourgeois, zufrieden an der Seite der schönen Sängerin

Strepponi, als wäre von Revolution nie die Rede gewesen. Er amüsiere sich sehr, schreibt er Freunden, »tue nichts« und »gehe spazieren«. »Nicht einem Strome, einem Wasserfall gleicht hier das Leben«, beginnt Ludwig Börne seine *Schilderungen aus Paris*, »es fließt nicht, es stürzt mit bedeutendem Geräusch ... Wer lange leben will, der bleibe in Deutschland ... Wer aber Herz genug hat, die Breite des Lebens seiner Länge vorzuziehen, der komme nach Paris. Jeder Gedanke blüht hier schnell zur Empfindung hinauf, jede Empfindung reift schnell zum Genusse hinan; Geist, Herz und Sinn suchen und finden sich ... Paris ist der Telegraph der Vergangenheit, das Mikroskop der Gegenwart und das Fernrohr der Zukunft. Es ist ein Register der Weltgeschichte ...«

Wie kann der Maestro auch ahnen, dass die Februarrevolution das Fanal zum Aufruhr im gesamten Europa ist?

Schlacht des italienischen Befreiungskrieges

1847 nehmen die aufständischen Bewegungen in Italien zu. Reggio in der Provinz Emilia ist ein Krisenherd. Ein weiterer, Ferrara, wird von den Österreichern eingenommen. Im Dezember gründet Graf Cavour eine Zeitschrift mit dem sprechenden Titel *Il Risorgimento*, Anfang des Jahres 1848 kommt es zu Unruhen in Neapel, Sardinien-Piemont, Mailand und Venedig. »In den ersten Monaten des Jahres 1848 huschten die Schauder der nahen Revolution über die römische Erde … seit Sizilien und später Neapel sich siegreich erhoben und dem schlotternden König eine liberale Regierung aufgedrungen hatten, raste das Feuer vom Süden weiter, und Tag für Tag pflanzte sich erschütternder Nachhall aus Apulien, Kalabrien, den Abruzzen, aus Toskana, Modena und Venedig, vom Schrei der fackelschwingenden Freiheit und Krachen alter Throne fort durch die Länder Italiens und Europas« (Ricarda Huch). Ende Februar steht Lombardo-Venetien unter Kriegsrecht. Am 13. März bricht in Wien der Aufstand aus. Fürst Metternich ist gezwungen, die Residenz zu verlassen, sein Amt niederzulegen. Das »junge Kaiserlein« Franz Joseph, gerade erst inthronisiert, ist von den diplomatischen Zügeln Metternichs befreit und kann seiner Freude am Soldatenleben, am Krieg, am Spiel mit dem Tod auf dem Schlachtfeld freien Lauf lassen. Er schlägt in seinen Appartements in Schönbrunn und der Hofburg Feldbetten auf, um selbst in seiner Residenz militärisch einfach zu leben – noch als Greis wird er die harte Pritsche einem kissenüberfrachteten Baldachinbett vorziehen. Franz Josephs »Verstand ist scharf, seine Fleiß … bewunderungswürdig«, sagt man von ihm, aber fürchtet seine Voreiligkeit, wenn es darum geht, Schlachten zu schlagen. Er befiehlt seinen Feldherrn harte Linie in allen Krisengebieten, sofortiges, unbarmherziges Vorgehen. So muss es zwangsläufig zur Kurzschlusshandlung kommen. Am 18. März versammeln sich Demonstranten vor dem Regierungspalast in Mailand. Die Menge protestiert gegen das Tabakembargo; seit Monaten gibt es keinen kaiserlichen Tabak mehr in Mailand, eine der vielen Demütigungen der Habsburger. Die österreichische Garde rückt vor; auf Befehl schießen sie gnadenlos in die Menschenmenge. Empörung, Wut bricht los! Fünf Tage lang bietet die Stadt ein satanisches Szenario: Barrikaden, Leichen auf der Straße, Österreicher, die auf Frauen und Kinder schießen, Frauen, die siedendes Wasser oder Öl von ihren Fenstern auf die kaiserlichen Truppen schütten, Männer, die im fanatischen Zorn mit Messern, Säbeln, Bajonetten kämpfen, Erschlagene, brennende Häuser. Es sind die berühmten »Cinque Giornate«. Nach diesem Inferno ist Mailand frei. »Ich bin trunken vor Freude! Nur zu denken, dass keine Deutschen mehr hier sind«, ruft Verdi aus. Kurz nachdem die Kämpfe vorüberbranden, als es wieder ungefährlich ist, Mailand zu passieren, reist der Komponist aus Paris an. »Kannst Du Dir vorstellen, dass ich in Paris bleiben könnte, wenn ich höre, dass es in Mailand Revolution gibt«, schreibt der Komponist am 21. April an Piave: »Als ich die Nachricht vernahm, brach ich sofort auf, konnte jedoch nichts anderes sehen als diese wunderbaren Barrikaden. Ehre diesen Tapferen! Ehre ganz Italien, welches in diesem Augenblick wirklich groß ist! Seid davon überzeugt, dass die Stunde unserer Befreiung geschlagen hat. Das Volk will es, und wenn das Volk will, gibt es keine Despotie, die sich dagegen behaupten kann. Was sie auch tun mögen, es wird ihnen nicht gelingen, die Rechte des Volkes zu unterschlagen. Ja, ja, noch einige Jahre, vielleicht auch nur einige Monate, und Italien wird frei, vereint und republikanisch sein. Wie wäre es auch anders möglich? Du sprichst mir von Musik! … Du glaubst, dass ich mich jetzt mit Tönen und Noten befassen will? … Es gibt und kann auch keine andere Musik geben als die, die 1848 dem italienischen Ohr teuer ist: die Musik der Kanonen! … Nicht für alles Gold der Welt würde ich auch nur einen einzigen Ton niederschreiben.« Ende Mai kehrt Verdi jedoch schon wieder nach Paris zurück, und zwar in den ländlichen Vorort Passy, wo er und Peppina sich ein Landhaus mieten. Gerade rechtzeitig vor dem erneuten Aufwallen der kriegerischen Handlungen in Italien. Seltsamerweise ist der große italienische Patriot niemals an Ort und Stelle, wenn es gilt, sein Leben für das Vaterland in die Schanze zu schlagen. Oder vielleicht nicht seltsamerweise, vielleicht eher typisch für einen musikschaffenden Künstler in Zeiten der Revolution und des Krieges? Robert Schumann schreibt 1849 Märsche, flüchtet aber Hals über Kopf aus dem brennenden Dresden in Sicherheit und überlässt es seiner hochschwangeren Frau, die Kinder und einigen Hausrat zu retten; Johannes Brahms schreibt den Kriegshelden von 1870/71 ihre Triumphmusik, hat aber niemals einen Fuß an die Front gesetzt; Frédéric Chopin und Franz Liszt komponieren Revolutionsetüden und ungarische Rhapsodien, wären aber niemals auf die Idee gekommen, leibhaftig auf den Barrikaden Warschaus und Budapests zu stehen. Ganz und gar untypisch verhält sich dann ein Musiker wie Richard Wagner, der aktiv an dem Dresdner Umsturz von 1849 beteiligt ist. Angeblich will Verdi zurück nach Italien, leidet aber unter plötzlich auftretenden Schmerzen – sein altes Rheumaleiden. Es darf allerdings angenommen werden, dass die Schmerzen psychosomatischer Natur sind, dass Verdi sie wie so oft vorschützt, wenn er etwas nicht will. Wieder ein Vergleichsmoment mit Robert Schumann, der während der Dresdner Aufstände unter seinen »depressiven Zufällen« und grippalen Infekten leidet.

Österreich hat wie alle monarchischen Staaten gegen den inneren Feind der Revolution zu kämpfen. Mitte Mai versuchen Aufständische die Wiener Hofburg zu stürmen; es bleibt bei einem Versuch. Verdi hofft auf eine Schwächung der österreichischen Macht: »Wenn ich in etwas meine Hoffnung setze – wissen Sie in was? In Österreich: in die österreichischen Unruhen. Einmal wird sich dort schon eine ernste Sache begeben, und wenn wir den rechten Augenblick abpassen und den Krieg anfangen … kann Italien noch frei werden.« Aber Österreich ist gewarnt und verstärkt abermals die Präsenz in den Krisengebieten. In Böhmen gibt es verstärkt ab Juni 1848 eine emanzipatorische Bewegung, die für ein gleichberechtigtes Böhmen eintritt, in Ungarn mobilisiert Ludwig Kossuth alle revolutionären Kräfte. Carlo Alberto, König von Sardinien-Piemont, beschließt den Krieg gegen den Papst und Österreich, um den Kirchenstaat mit Restitalien zu vereinen; dieser Waffengang wird als »Guerra Santa«, »Heiliger Krieg«, in die Geschichte eingehen. König Carlo eilt der Abenteurer, Seefahrer und Krieger Giuseppe Garibaldi zu Hilfe, der »das Priesterwesen stets besonders bekämpfte, weil« er »in ihm stets die Stütze jeglichen Despotis-

mus, jeglichen Lasters, jeglicher Verkommenheit zu erblicken«
glaubt. Mit der Brigantine »Speranza« gelangt er von seinem
Zufluchtsort Brasilien nach Italien; von Montevideo aus erreicht
er am 23. Juni Nizza. Um »Italien zu dienen und seine Feinde zu
bekämpfen«, hat er eine Schar Freiwilliger gesammelt und aus
Südamerika mitgebracht, Abenteurer wie er, zwielichtige Gestalten, roh und kampferprobt. Die Söldnerbande durchzieht erst
einmal die oberitalienischen Dörfer und »requiriert« sich alles
Notwendige. Teilweise schickt man den Garibaldinern Waffen
und anderes Kriegsmaterial. Wenn schon Carlo Alberto mit seinen Truppen keine gute Figur auf den Schlachtfeldern macht,
dann vielleicht dieser grimmige Pirat, dem das Töten eine Lust
zu sein scheint, wenn er sich auch mit dem hehren Nimbus des
Patrioten umgibt. Die offiziellen Stellen tolerieren Garibaldis
Privatfeldzug, zumindest, so rechnen sie sich aus, gelingt es ihm,
die gegnerische Streitkraft zu untergraben. Das Gros der Bevölkerung begrüßt ihn euphorisch; »Heil, Garibaldi! Schwert Italiens!«, erklingt es da, wo der Nationalheld sich zeigt. In Livorno
(Toskana) werden ihm Waffen gestellt, und Freiwillige stoßen zu
seiner Kriegsschar. Garibaldi freilich raunzt über die geleckten
Bürgerssöhnchen, die sich da zum romantisch verklärten Freiheitskampf einfinden: »Es war ein kläglicher Anblick zu sehen,
wie jene braven jungen Leute in der rauen Jahreszeit inmitten
der Berge, zum größten Teil in leinenen Lumpen, einherzogen
und des notwendigsten Lebensunterhalts auf dem Boden ihres
Vaterlandes entbehrten, das gewohnt ist, alle Räuber und
Schufte der ganzen Welt in üppiger Weise zu unterhalten!« Zufrieden ist er mit der fanatischen Kampfmoral der Freischärler
aus der Emilia Romagna, die von Hauptmann Bazzani befehligt
werden und im November zu Garibaldis Truppen stoßen.

Eine ebenso charismatische Figur wie Garibaldi für die Italiener ist auf österreichischer Seite der Feldherr Josef Graf Radetzky von Radetz, der die österreichische Armee in Italien
führt. Jahrgang 1766 ist Radetzky, ein imponierender Greis, der
vor einer Schlacht des Jahres 1848 sagt: »Noch ruht der Degen

fest in meiner Hand, den ich seit 65 Jahren mit Ehre auf so manchem Schlachtfeld geführt.« Radetzky, der Gewinner der »Cinque giornate«, ist Franz Josephs Hoffnungsträger. Ganz Österreich jubelt ihm, dem unerbittlichen Alten, zu. Johann Strauß Vater komponiert ihm zu Ehren den Radetzky-Marsch und Franz Grillparzer dichtet: »Glück auf, mein Feldherr, führe den Streich!/ Nicht bloß um des Ruhmes Schimmer,/ In deinem Lager ist Österreich,/ Wir andern sind einzelne Trümmer.« Und der Greis vollbringt das von ihm Erwartete: Er besiegt Carlo Alberto, den »Re tentenna«, »König Zauderer«, wie ihn die Italiener seiner verhängnisvollen Unentschlossenheit wegen nennen, in den Schlachten von Custozza, Mortara und Novara und zwingt ihn zur Abdankung. Verdi, der im Frühjahr noch lieber Kanonendonner als Musik hören möchte, zeigt sich im Sommer 1848 entsetzt über das unaufhörliche Blutvergießen. »Hast Du von der letzten Revolution gehört«, fragt er Piave: »Wie viel Grauen, mein lieber Piave! Gebe der Himmel, dass alles zu Ende ist! Und Italien? Armes Land!!!«

Revolutionsführer Giuseppe Mazzini lässt anfragen, ob Verdi bereit wäre, eine Hymne, eine Huldigungsmusik des Risorgimento zu schreiben. Natürlich sagt der Komponist zu. Eine hohe Ehre, der ausgesuchte Hymnenkomponist zu sein. Goffredo Mameli, ein junger, revolutionärer Dichter, hat den Text *Suona la tromba, Erschallt die Trompete*, verfasst; trotz seiner Jugend ist Mameli ein versierter Hymnendichter, schließlich stammt auch der Text der späteren italienischen Nationalhymne aus seiner Feder. Verdi setzt den Text für dreistimmigen Männerchor mit Orchesterbegleitung. Am 18. Oktober 1848 schickt er das melodienreiche, aber wenig hymnenhafte Chorwerk an Mazzini: »Ich sende Euch die Hymne … Ich habe mich bemüht, so volkstümlich und schlicht zu sein, wie ich nur konnte … Wenn Ihr sie … veröffentlicht, dann sorgt dafür, dass der Dichter einige Formulierungen … ändert … Ich hätte sie auch so vertonen können, wie sie sind, doch dann wäre die Musik schwieriger geworden, mit anderen Worten weniger volkstümlich, und wir hätten den Zweck nicht erreicht. Möge diese Hymne, von der Musik der Kanonen begleitet, bald in den lombardischen Ebenen gesungen werden!« Ein deutliches Beispiel, wie bewusst Musik für politische Zwecke eingespannt wird. Nach Mazzinis Musikphilosophie definiert sich ein einziges Volk über seine einzigartige Musik, und er hofft von Verdis Stück, dass es als Nationalhymne alle Italiener zu einem italienischen Staat zusammenschweißen werde. Nur haben er und der Komponist die Rechnung ohne das Volk gemacht. *Suona la tromba* ist zwar liedhaft, volkstümlich, aber nicht zündend martialisch. Eine italienische *Marseillaise* ist Verdis Kriegslied mitnichten. Auf den Schlachtfeldern Italiens wollen Märsche, keine Cavatinen geschmettert werden.

Musikrezeption ist zumindest größtenteils etwas organisch Wachsendes, nur minimal im Voraus kalkulierbar; das betrifft gerade Werke, die eine breite Öffentlichkeit erreichen sollen. Sie müssen tausenderlei Erwartungen erfüllen, tausenderlei Geschmäckern gefallen. Sie müssen fast gesichtslos sein, um jedem Hörer Raum zur eigenen Assoziation zu lassen, sie müssen auf die Großkonzeption hin ausgerichtet sein, dürfen sich nicht im Detail verschwenden. Giuseppe Verdis motivische und orchestrale Arbeit in *Suona la tromba* ist zu perfekt, um wahrhaft volkstümlich sein zu können. Genauso scheitert Verdi mit dem Experiment einer Nationaloper. Der Komponist, dessen *Maskenball*, eine Musiktragödie über das Sterben König Gustavs, in Schweden zur Nationaloper avanciert und an dortigen Hauptbühnen noch heute ausschließlich in schwedischer Sprache zelebriert wird (in anderer Fassung aber als amerikanische Nationaloper gilt – der große Schwedenkönig ist hier durch einen Gouverneur von Boston aus der Zeit der berüchtigten Salemer Hexenprozesse ersetzt –), der dem stolzen Ägypten mit *Aida* eine prunkvolle Vaterlandshymne geschenkt hat, dem nahen Spanien einen *Don Carlos* als nationale Oper, er versagt damit für seine eigene geliebte Heimat. Eine gelungene Tagesoper ist etwa *La battaglia di Legnano*, aber eben keine Nationaloper von bleibendem Wert. *Suona la tromba* ist der halbherzige Versuch einer bewusst rein politischen Musik; Halbherzigkeit kann der Oper *La battaglia di Legnano* nicht beigemessen werden, wohl aber ein allzu augenfälliges Spekulieren mit der aktuellen Krisensituation. Von *Macbeth* an liegt den verdischen Opern eine politische Aussagekraft zugrunde, aber weder die Shakespeare-Oper noch weniger *I Masnadieri* oder *Il Corsaro* erfüllen sich darin, sondern bieten mehrere Möglichkeiten der Lesbarkeit, man kann in *I Masnadieri* die Fabel eines missratenen Kindes herauslesen, oder in *Macbeth* allein die Tragödie einer wahnsinnigen Mörderin; bei *La battaglia* kommt der Hörer nicht um das politische Drama herum. Ob es an der Stoffvorlage, Francois-Joseph Mérys *La bataille de Toulouse* liegt, die sich natürlich nicht mit den vielschichtigen Tragödien eines Friedrich Schiller oder gar William Shakespeare messen kann, oder hat es Salvatore Cammarano, der diesmal mit dem Libretto betraut wird, bei einem politischen Hauptthema bewenden lassen, um es stärker zu unterstreichen? Der Textdichter hat wirklich genug damit zu tun, aus einem französischen Gegenwartsdrama eine italienische Vaterlandstragödie des Mittelalters zu konstruieren: Der Veronese Arrigo führt 1176 seine Truppen mit den Armeen anderer italienischer Städte in den Krieg der Lega Lombarda gegen den deutschen Kaiser Barbarossa. Rolando, Feldherr der Mailänder, erkennt in ihm den totgeglaubten Freund wieder. Er hat inzwischen Arrigos frühere Braut Lida geheiratet und muss nun um ihre Liebe fürchten; Arrigo seinerseits wirft Lida, die ihn wie alle tot glaubte, ihre Untreue vor. – In eine Versammlung in Mailands Rathaus hat sich Barbarossa verkleidet eingeschlichen. Er wird erkannt und droht mit der Zerstörung der Stadt, vor deren Toren sein Heer steht. Rolando und Arrigo halten ihm den Mut der Italiener entgegen. In seiner Empörung tritt Arrigo den »Cavalieri della Morte« bei, einem Geheimbund, dessen Mitglieder lieber zu sterben bereit sind, als Italien ohne Gegenwehr verloren zu geben. Die Freunde verabschieden sich von Lida, um auf das Schlachtfeld zu ziehen. Dabei sät der Intrigant Marcovaldo Zwietracht unter die beiden Männer: Lida liebe Arrigo immer noch. Es kommt zu einer missverständlichen Szene zwischen den drei Protagonisten. Roland will Arrigo hindern, aufs Schlachtfeld zu gehen, damit der Veronese vor dem italienischen Bund wortbrüchig erscheint, aber Arrigo gelingt es rechtzeitig, an die Front zu kommen. – Lida betet während des Kampfes in einer Kirche, da stürzt Arrigo schwer verletzt herein, nach ihm Rolando mit der Siegesbotschaft. Sterbend schwört Arrigo, Lida sei unschuldig. Rolando verzeiht Freund und Frau. In der Kirche wird ein *Te Deum* angestimmt.

Ursprünglich war die Oper, unter die Verdi im Dezember 1848 den letzten Federstrich zieht, für Neapel und das Teatro San Carlo gedacht, aber während der Krisenzeit werden Theaterleitung und Zensoren ausgewechselt; die *Battaglia* hat von vornherein keine Chance, hier aufgeführt zu werden, ein sinnloses Unterfangen, der Direktion des San Carlo auch nur eine Partiturseite zu schicken. Verdi disponiert um, wird für Neapel die *Luisa Miller* komponieren und lässt seine *Battaglia* in Rom aufführen. Die Stadt am Tiber ist fest in den Händen der Freiheitskämpfer, der Mazzinisten. Papst Pius muss aus dem Lateran fliehen. Keine Zensurbehörde erhebt irgendwelche Ansprüche gegen Verdi. Im Gegenteil scheint die *Battaglia* schon fest in das politische Programm Giuseppe Mazzinis eingeplant. Und zwar gemeinsam mit dem Komponisten geplant, daher Verdis plötzliche Ausflucht, *La battaglia* nicht Neapel zu übergeben, wo er doch sonst keine Auseinandersetzungen mit Zensoren scheut, seien sie noch so lästig. Das Bühnenwerk soll in Rom, der potenziellen Hauptstadt eines geeinten Italien, gegeben werden; ein politisches Symbol, ein historischer Akt. Was ist denn das Kernthema dieser Oper? Der oberitalienische Städtebund im 12. Jahrhundert! Kaiser Friedrich I. fordert 1158 von den italienischen Städten seine Güter und Privilegien zurück, als sich diese nach Jahrzehnten erfolgreicher Loslösung vom Reich der Staufer für autonom erklärt haben. 1163 vereinen sich die Städte um Verona zum Veronesischen Bund, später treten die lombardischen Metropolen dem Bund bei. Der Städtebund verweigert alle vom Kaiser angebotenen Kompromisse, seine Truppen treten dem Heer Barbarossas 1176 bei Legnano geschlossen gegenüber. Bararossa wird besiegt. 1177 wird im Frieden von Venedig der Waffenstillstand beschlossen, der Kaiser tritt seine Rechte an die Städte ab. Es ist dies das erste Mal in der Geschichte Italiens, dass sich so viele verschiedene, sonst miteinander rivalisierende Kommunen gegen einen gemeinsamen Feind vereinen. Die Verbindung zum Risorgimento liegt offen zutage. Mazzini, Verdi, Cammarano rufen die italienischen Provinzen zum gemeinsamen Kampf gegen die unterdrückenden Regierungen auf. Schon in der Ouvertüre wird das Programm verkündet, aufregend martialisch, straff punktierte Akkorde, die sodann vom Chor der Lombarden aufgegriffen werden: »Viva Italia! Sacro un patto«, »Hoch, Italien, heilig das Bündnis«.

Anspielungen auf die Gegenwartssituation gibt es viele in Verdis Bühnenwerk. Das ist beispielsweise Arrigos Beitritt zu den »Cavalieri della morte«, ein Hinweis auf die zahlreichen Geheimbünde des 19. Jahrhunderts, die ja auch wesentlichen Anteil an der Durchführung der Revolutionen im gesamten Europa, vor allem aber in Italien haben.

Merkwürdig erscheint die Zweigeteiltheit der Oper, in keinem anderen seiner Werke hat der Maestro die Liebesfabel so sorgfältig von der politischen Aktion getrennt. Die Szenen der Männer in der Versammlung und Arrigos Begegnung mit den Todesrittern stehen den intimen Liebesszenen mit Lida krass gegenüber. Dabei wird lediglich eine Aussage in zwei verschiedenen Formen gemacht: Einmal werden die Bündnisprobleme der Städte, einschließlich ihres Zusammenschlusses, der zum Sieg führt, direkt ausgesprochen, zum anderen metaphorisiert in der Liebesgeschichte; denn hinter Arrigos und Rolandos Rangeleien um Lida steht nichts anderes als der Machtkampf zwischen Verona und Mailand, der den Städtebund tatsächlich ernsthaft bedroht; die

Versöhnung zwischen den drei Hauptfiguren ist ein Symbol für die Eintracht der italienischen Städte. Genauso sollte es 1849 auch in Italien aussehen, klingt Verdis Forderung zwischen den Notenlinien der *Battaglia di Legnano* heraus.

Am 27. Januar 1849 bringt das Teatro Argentina Mazzinis und Verdis Propagandaoper. Das Premierenpublikum ist aufgewühlt, begeistert. Während der Schwurszene im dritten Akt rufen die Zuhörer lautstark: »Viva Verdi! Viva l'Italia!« – ganz so, wie es sich der Komponist von der Bündnisszene erwartet. »Ich verstehe die Gefühle und Ideen der Masse des italienischen Volkes zu deuten«, behauptet er. Mit seiner Tagesoper *La battaglia* hat er damit ins Schwarze getroffen. Die Zeitschrift *La Pallade* bringt im Februar eine glänzende Kritik, ganz im Tenor Mazzinis: »Mit dieser seiner Arbeit hat sich Verdi zur Erhabenheit aufgeschwungen. Weit davon entfernt, den überholten konventionellen Gedanken zu gehorchen, hat er gespürt, dass sein Geist der Freiheit bedurfte wie Italien der Unabhängigkeit ... Seine Melodien sind ... eine Verschmelzung musikalischer Phrasen ... die dem dramatischen Interesse entsprechen ... Dieses Italien, das sich vor nicht allzu langer Zeit an den gefälligen Melodien des lombardischen Genius labte, hat heute Gelegenheit, der Strenge dieser letzten patriotischen Arbeit jenen sprühenden Funken zu entlocken, der dazu dienen möge, den kühnen Mut der Nation wieder zu erwecken.«
Die patriotischen Szenen der Oper sind sehr auffällig präsentiert, aber anders als in allen vorigen Opern stellt Giuseppe Verdi hier erstmals ein Gleichgewicht zwischen Massen- und Soloszenen her. Der »papa dei chori« legt diesmal politische und gesellschaftliche Forderungen nicht mehr nur in die mitreißenden Chorszenen, sondern lässt die Hauptfiguren, ihre Charaktere, ihr Beziehungsgeflecht zum Spiegel historischer Situationen werden. Ein völlig austaxiertes Gleichgewicht zwischen Chor- und Soloszenen erreicht er allerdings erst mit *Rigoletto*. Jedenfalls ist *La battaglia di Legnano* trotz des etwas plakativen Patrio-

tismus eine wichtige Station seines künstlerischen Schaffens; er entwickelt hier am Charakter Kaiser Friedrichs eine Figur außerordentlicher Strenge und bitterer Dunkelheit, die in allen weiteren Opern, namentlich in *Simone Boccanegra* und *Don Carlos,* wieder auftritt: der mächtige Herr, der König, der allein der Staatsraison folgt und menschlichen Gefühlen keinen Raum mehr lässt. In *Attila,* auch in *Alzira,* hat Verdi diesen Typus schon zu kreieren versucht (Attila, Guzmán), vollkommen gelingt es ihm erstmals in *La battaglia.*

Außerhalb Roms erklingt die Zeitoper auf den verschiedensten Bühnen, immer aber in stark veränderter Form. So tauschen die Zensurbehörden regelmäßig den Titel aus, machen aus einer *Schlacht bei Legnano* eine *Battaglia di Arkem,* verlegen den Ort der Handlung also aus Italien ins Flandern zur Zeit der spanischen Besetzung durch Philipp II. Die Änderungen tragen dazu bei, dass die Oper nach 1849 an Brisanz und Gewicht verliert und sich als Nationaloper nicht durchzusetzen vermag. Noch heute steht dieses musikalisch wertvolle Bühnenwerk selten auf den Spielplänen der Opernhäuser.

Verdis musikalischer Appell zur Einheit gegen den einen gemeinsamen Feind kommt zur rechten Zeit. Schon wendet sich das Kriegsglück wieder den Österreichern zu. Bereits kurz nach den cinque giornate, knapp vier Monate nach der Unabhängigkeitserklärung Italiens, siegt Radetzky bei Custozza; am 6. August 1848 zieht er in Mailand ein. Von da an überwiegen die österreichischen Erfolgsmeldungen. 1849 wird zu einem Katastrophenjahr für Italien. Der Bourbone Ferdinand II. schickt seine Flotte vor die sizilianische Küste und lässt die Uferstädte mit donnernden Schiffskanonen beschießen, was ihm in Italien den Beinamen »Re bomba« einträgt. Längst richten die Österreicher ihre Aggressionen nicht mehr nur gegen Aufständische, sondern ganz gezielt gegen die Zivilbevölkerung, um das wehrhafte Italien zu zermürben, seine Kampfmoral zu zerreiben. Clarina Maffei sieht die Schrecken des Krieges tagtäglich; sie arbeitet als Krankenschwester im Lazarett der Aufständischen in Mailand. Eines Tages muss sie aus der Stadt fliehen. Sie ist den Österreichern sehr wohl als liberale Salonnière bekannt, ihr Cercle ist politischer Treffpunkt und vereint republikanisch und demokratisch Gesinnte. Nun fürchtet die Gräfin zu Recht Repressalien und geht ins Schweizer Exil. Alessandro Manzoni hat sich in seine Villa am Lago Maggiore zurückgezogen und Emanuele Muzio schreibt dem Komponisten, »dass er nicht länger in Mailand bleiben kann« und nach Paris käme, um möglicherweise in Verdis Landhaus Obdach zu finden.

In ganz Europa kommt es zu Tumulten und Kämpfen. Am 14. April erklärt Ungarn seine Unabhängigkeit. Österreich ruft Russland um Beistand an. In Deutschland erhebt sich das Volk im Westen (Frankfurt, Köln), in Berlin und Dresden. Neben dem russischen Revolutionär Michail Bakunin kämpft Richard Wagner, seines Zeichens königlich sächsischer Hofkapellmeister, auf den Dresdner Barrikaden, um »Reden Taten« folgen zu lassen, »und zwar solche Taten, durch welche unsere Fürsten unwiderruflich mit ihren alten, dem deutschen Gemeinwesen so hinderlichen Tendenzen brechen sollten«. Die Schriftstellerin Malwida von Meysenbug beschreibt die rasche Niederschlagung der Revolution: »Die Masse der Gesellschaft wollte wieder Ordnung um jeden Preis, die preußischen Truppen kamen, um die sächsische Monarchie zu retten; Dresden wurde bombadiert, und grausame Dinge wurden verübt. Es wurde erschossen, eingekerkert, verbannt: Dann wurde wieder alles still; unten die Gräber und das erstickte Seufzen; oben die neu befestigten Throne und die erhöhte Glorie des Soldatentums.« Richard Wagner, von der Polizeibehörde steckbrieflich als Rädelsführer der Revolution gesucht, flieht in die Schweiz.

In Italien branden die Kämpfe weiter, obwohl sich selbst der Nationalheld Garibaldi kriegsmüde zeigt: »Der Krieg ist ein Fluch Gottes, über die Menschen gekommen als eine Folge ihrer Sünde und Unnatur; einst, wenn Italien frei ist, wollen wir unser Schwert in die Erde vergraben, ein Stück Land am Meere kaufen und es bebauen, und abends am Strande sitzen und die Schiffe kommen und gehen sehen.« Vorerst gilt es aber, die Feste Rom gegen französische Truppen zu verteidigen, die dem Papst zu Hilfe eilen: »Die hochgemuten Söhne Italiens ließen mit großer Kaltblütigkeit den Feind herankommen, dann aber donnerten sie ihm aus den Mündungen ihrer Gewehre und Kanonen einen mörderischen Willkommensgruß entgegen und töteten eine große Anzahl derer, die sich am weitesten vorgewagt hatten.« Lange vermag er die heilige Stadt am Tiber nicht mehr zu halten. Sommeranfang 1849 belagern die Franzosen Rom. Am 2. Juli wird die Stadt eingenommen, Mazzini gestürzt, Garibaldi flieht, der Papst wird wieder eingesetzt. Der Hymnendichter Goffredo Mameli bleibt tot auf dem Schlachtfeld zurück, wie hunderte seiner Kampfgenossen.

Giuseppe Verdi ist verbittert: »Sprechen wir nicht von Rom!! … Wem würde es nützen!! Noch immer regiert die Gewalt in der Welt! Die Gerechtigkeit? Was nützt sie gegen die Bajonette!! Wir können nur unser Unglück beweinen und die Urheber all des Unheils verfluchen!«

Im August wird Frieden geschlossen. In Italien ist wieder erzwungene Ruhe eingekehrt.

Verdi reagiert auf die Ereignisse in gewohnter Art mit einer heftigen Erkältung, die ihn zeitweise ans Bett fesselt. Es sind ja nicht nur die politischen Ereignisse, die ihn bedrücken. Da ist zum Beispiel die Sorge Peppinas um die Zukunft ihres unehelichen Sohnes Camillino, den sie im September zu dem Bildhauer Bartolini in Florenz in die Lehre gibt, da sind die Todesfälle großer Komponisten; der von Verdi bewunderte Gaetano Donizetti stirbt am 8. April 1848, Frédéric Chopin am 17. Oktober 1849. Da ist aber auch eine missglückte Liebesaffäre: Verdi bandelt mit der Baroness Eroteide Soldati an. Sie war bereits einmal seine Geliebte, als er noch ein unbedeutender Musikmeister in Busseto war, und zwar zu einem Zeitpunkt, da er bereits mit Margherita Barezzi verheiratet war. Eroteide hat ihm damals finanziell unter die Arme gegriffen. Jetzt tritt er ihr als »gemachter Mann« gegenüber, aber sie weist ihn ab. Sie hat einen jungen Geliebten und bedarf des Erfolgskomponisten nicht. Verdi zieht sich nach Busseto in »tiefe Einsamkeit« zurück. Wie heißt es in einem Sonett Ugo Foscolos: »So seufz ich ganze Tage in langem/ ungewissem Schlaf; doch wenn die braune/ Macht die Sterne aufruft und den stillen Mond/ Und wenn den kühlen Abend stumme Schatten decken, // Dann streif ich traumverloren durch Gebüsch,/ Wo es am stillsten ist, und eine nach der andern/ Berühre ich die Wunden, die das neidische Geschick,/ Die böse Welt und Liebe meinem Herzen schlugen ...«

Der Komponist bereitet eine neue Oper vor. Es ist die Neapel versprochene *Luisa Miller*. Sie wird am 8. Dezember uraufgeführt – mit geteilter Aufnahme. Nicht einmal die Kraft will Verdi aufbringen, die Taufe dieser Schiller-Vertonung zu begleiten. Nur mit Mühe locken ihn Freunde nach Neapel. Hier ist die politische Stimmung immer noch gespannt und kritisch. Verdi denkt daran, auf ein im Hafen liegendes französisches Kriegsschiff zu flüchten, um dem alltäglichen Terror auf neapolitanischen Straßen und den üblichen Theaterintrigen zu entfliehen: »Italien ist nur noch ein großes schönes Gefängnis«, seufzt er, »ein Paradies für das Auge, eine Hölle für das Herz!«

Oper als Sozialdrama: *Luisa Miller*

Ein Vorwurf trifft die Oper *Luisa Miller:* Salvatore Cammarano habe sich nicht eng genug an die schillersche Vorlage gehalten, so sei aus dem bürgerlichen Trauerspiel des Sturm- und Drang-Dichters ein ziemlich flaches Operndrama geworden, weil der Librettist dem Text den bürgeremanzipatorischen Hintergrund und damit eigentlich Friedrich Schillers Kernthema und Grundanliegen entzogen hätte.

Ein Hauptgrund für die angeblich so sorglose Transformation von *Kabale und Liebe* durch Cammarano und Verdi sei die kurze Entstehungszeit. In nur sechs Wochen schreibt der Komponist die Partitur nieder, und auch der Librettist scheint nicht recht lange an dem Text gearbeitet zu haben. In Wahrheit befasst sich das Künstlerteam wenigstens seit 1846 mit der Idee einer Oper nach Friedrich Schillers bürgerlichem Trauerspiel. In dem Jahr bespricht der Komponist mit Cammarano den Plan zu einer neuen Oper für das Teatro San Carlo in Neapel: »Was die Themen betrifft, so habe ich mehrere im Auge, gegen die Eure Zensur viel einzuwenden hätte, obwohl einiges davon durchaus passabel wäre: *Kabale und Liebe* von Schiller. Es ist ein großartiges Drama, effektvoll auf dem Theater und voller Leidenschaft.« Während der Komponist seinen Plan zunächst hinter den übrigen Projekten, *Macbeth* und *I Masnadieri*, zurückstellt, lässt den Dichter die Idee nicht los. Anfang Mai 1849, also nach fast drei Jahren zumindest sporadischer Beschäftigung mit dem Sujet, schickt er einen ersten Entwurf an Verdi. Und Verdi ist, entgegen seiner sonst so textkritischen Haltung, von Cammaranos Konzept überzeugt; ein Indiz dafür, dass sich Cammarano um eine inhaltlich nahe am Originaltext bewegende und sprachlich durchsichtige Umsetzung bemüht hat.

Passion und Effekt des Schiller-Dramas sprechen Verdi an, und sein Dichter hat genau diese Elemente der Vorlage hervorgehoben. Schiller eröffnet sein Trauerspiel um die Liebe zwischen dem Edelmann Ferdinand und der Kunstpfeiferstochter Luise mit einem ans Komische grenzenden, bewegten Auftritt zwischen dem Stadtmusikant Miller und seiner Frau, in dem erstmals das bürgerliche Selbstbewusstsein gegen die Obrigkeit und das gesamte Konfliktpotenzial einer Liebesbeziehung ausgesprochen wird.

»Miller: Ich werde sprechen zu Seiner Exzellenz: Dero Herr Sohn haben ein Aug auf meine Tochter; meine Tochter ist zu schlecht zu Dero Herrn Sohnes Frau, aber zu Dero Herrn Sohnes Hure ist meine Tochter zu kostbar, und damit basta! – Ich heiße Miller.«

Und nun werden die übrigen Protagonisten exponiert. Auf der einen Seite Sekretär Wurm in seinem ganzen bösartigen Egoismus; der Präsident, Ferdinands Vater, mit seinem über Leichen gehenden Machtstreben.

I,5

»Präsident: Eben jetzt liegt der Anschlag im Kabinett, dass, auf die Ankunft der neuen Herzogin, Lady Milford zum Schein den Abschied erhalten, und, den Betrug vollkommen zu machen, eine Verbindung eingehen soll. Er weiß, Wurm, wie sehr sich mein Ansehen auf den Einfluss der Lady stützt – wie überhaupt meine mächtigsten Springfedern in die Wallungen des Fürsten hineinspielen. Der Herzog sucht eine Partie für die Milford … Damit nun der Fürst im Netz meiner Familie bleibe, soll mein Ferdinand die Milford heuraten.«

Sofort wird die Intrige gesponnen, mit Hilfe eines gefälschten Liebesbriefes an einen vermeintlichen Liebhaber Luisens die Mesalliance zwischen ihr und Ferdinand zu beenden.

Auf der anderen Seite steht Luise, hin- und hergerissen zwischen ihrer Liebe und ihrer Kindespflicht, die sie immer wieder zwingt, sich nicht voll und ganz zur Liebe Ferdinands bekennen zu können; Ferdinand, der sich von der alten Weltordnung, seinem nur politischem Kalkül folgenden Vater, zu lösen versucht, aber dennoch momentweise seiner Herkunft verpflichtet bleibt, beispielsweise in der Duellszene mit dem angeblichen Liebhaber Luisens, Hofmarschall von Kalb, oder seinem Glauben an Luises Treuebruch, der seinem höfischen Umfeld geradezu vorprogrammiert wäre.

L4

»Ferdinand: Ich bin eine Edelmann – Lass doch sehen, ob mein Adelsbrief älter ist als der Riss zum unendlichen Weltall? Oder mein Wappen gültiger als die Handschrift des Himmels in Luises Augen: Dieses Weib ist für diesen Mann?«

L7

»Ferdinand: Mein Ideal von Glück zieht sich genügsam in mich selbst zurück. In meinem Herzen liegen alle meine Wünsche begraben.«

Dass Ferdinand seine Ideologie nicht vollständig zu realisieren vermag, macht ihn für die Intrige empfänglich. Er glaubt sich von Luise verraten, nur heiratet er nicht in höfischer Trotzreaktion die Lady, wie es sein Vater erwartet, erwägt auch nicht Verzicht und Verzeihung, was ein bürgerlich-pietistisch möglicher Ausweg wäre, sondern tötet die Geliebte und sich selbst.

Salvatore Cammarano ändert die Textvorlage in einigen Details und Figurenzügen ab. Eine geringfügige Änderung ist die Umbenennung Ferdinands in Rodolfo. Der Held eines italienischen Operndramas kann nun einmal nicht einen Namen tragen, mit dem das Publikum den König beider Sizilien, den verhassten Bourbonen Ferdinand, identifizieren würde; der literarisch viel benutzte Name Rodolfo passt da schon eher. Aus aufführungstechnischen Gründen entfallen einige Nebenfiguren wie Frau Miller und Hofmarschall von Kalb. Ein größerer Eingriff Cammaranos betrifft die Figurendisposition. Aus dem Präsidenten des Herzogs wird ein Graf von Walter, aus der Mätresse Seiner Exzellenz eine Gräfin und Nichte Walters, aus dem Kunstpfeifer Miller ein alter Soldat im Ruhestand.

An diesem Punkt setzt die Kritik an: Cammarano habe mit den Personenänderungen den gewaltigen Hierarchieunterschied zwischen Herrschaft und Bürgertum verringert, überhaupt den Vater Miller gänzlich aus dem bürgerlichen Umfeld herausgerissen. Dabei wird wenig auf den epochalen Unterschied zwischen der vorrevolutionären Lebenszeit Friedrich Schillers und des Jahrhunderts Cammaranos/Verdis geachtet. Schillers Trauerspiel entsteht 1783, uraufgeführt wird es am 15. April 1784, zu einer Zeit also, da ein bürgerliches Emanzipationsstreben noch nahezu an seinem Anfang steht. Die Autoren dieser Jahrzehnte sehen noch Bedarf darin, Rechte wie die standesübergreifende Ehe, oder die Selbstbehauptung gegen absolutistische Herrschaft, oder die Unmöglichkeit sozialen Aufstiegs durch allzu strenge Klassengrenzen einzuklagen. Nach der Französischen Revolution, nach der ersten Restaurationsphase, die dem Wiener Kongress von 1814 folgt, liegen die gesellschaftlichen Realitäten anders. Das Bürgertum wird allmählich die tragende wirtschaftliche Macht und erreicht auf diesem Wege auch ein großes Maß politischer Selbstbestimmung. Die Lage der Aristokratie, vor allem des niederen Adels, verschlechtert sich in gleichem Maße. Die Ehe zwischen Adeligen und Bürgern wird in dieser Zeit legitim; der Adel kann sich auf diese Weise finanziell absichern, den Bürgern gelingt der soziale Aufstieg in höhere Klassen. Im Kapitel über das Frauenschicksal ist ja bereits angedeutet worden, wie selbstverständlich die Heirat zwischen Künstlerinnen (bürgerlich/kleinbürgerlicher Herkunft) und Adel ist; Ehestatistiken dieser Zeit untermauern das. Cammarano hat also gar keine Veranlassung, die rein bürgerliche Problematik von Kabale und Liebe zum Thema seiner Opernfassung zu machen; das Interesse des Publikums hätte ohnedies gefehlt. Dass aber der Librettist die »bürgerlichen Züge des schillerschen Dramas ins historisch Ungewisse wegretuschiert« (Marggraf) habe, ist nicht stimmig. Der Ort der Handlung sei von der Stadt auf das Dorf verlegt worden, die Residenz in ein gutsherrliches Schloss umgewandelt, das Drama spiele irgendwo im 18. Jahrhundert in Tirol. Historisch ungewiss ist das nicht. In den Einzelstaaten Italiens ist ein agrarisches Wirtschaftssystem vorherrschend, vor allem in den beiden Sizilien und hoch im Norden, in der Poebene; das dominante soziale Gefüge ist das von Gutsbesitzer (adelig oder bürgerlich) und seinen Pächtern, Bauern, Tagelöhnern. Wenn Cammarano die Opernhandlung in eine ländliche Gegend verlegt, mit Schlossgut, Bauern und Jägern ausstaffiert, dann überträgt er auf sie die sozialen Realitäten seiner Gegenwart. Die Zurückverlegung ins 18. Jahrhundert dient der stärkeren Unterstreichung, dass die noch um 1850 bestehende Gesellschaftsordnung eigentlich eine streng feudalistische ist. Auch die Umwandlung des Stadtpfeifers Miller in einen pensionierten Soldaten ist Teil der Anpassung der Schillerschen Vorlage an die italienische Gegenwart; sie ist Tribut an die martialische Situation der Teilstaaten, in denen der Soldat, vor allem der erprobte, ausgediente, treue Kämpfer, zugleich italienischer Patriot, ein hohes Ansehen genießt. Salvatore Cammarano prangert in seinem Libretto nicht allein das Unverhältnis zwischen »oben« und »unten« an, sondern anhand der Figur Miller die Ignoranz, mit der zu seiner Zeit verdiente Soldaten, die ihr Leben für das Vaterland lassen, von Seiten der herrschenden Klasse behandelt werden.

Das Libretto zu *Luisa Miller* wird damit zum italienischen Sozialdrama, und zwar zu einem der ersten dieser Gattung überhaupt.

Scharfes Profil gewinnen soziale Themen in der italienischen Literatur erst im veristischen Roman gegen Ende des 19. Jahrhunderts. Einer der herausragendsten Veristen ist Luigi Capuana, der in seinem *Marchese von Roccaverdina* eben diesen Missstand von Gutsherr zu Bauern aufdeckt. Der Roman schildert die Allmacht des Patriarchen, Großgrundbesitzers, hier zudem noch verbunden mit und überhöht durch den Adelstitel. Die Romanfabel beschreibt die innere Entwicklung eines Marchese, der aus krankhafter Eifersucht den Ehemann seiner Geliebten tötet, zulässt, dass ein Unschuldiger dafür zur Rechenschaft gezogen wird, in Gewissenskonflikte gerät, die ihn geradewegs in Wahnsinn und Tod treiben. Das Buch erscheint 1901 in Mailand, zu einer Zeit, da das Großbürgertum und die Aristokratie zunehmenden Angriffen der sozialistischen und später der faschistischen Opposition ausgesetzt ist, die in den ersten beiden Jahrzehnten des 20. Jahrhunderts den politischen Niedergang des Groß- und Bildungsbürgertums herbeiführt. Der Roman selbst ist zeitlich in den siebziger, achtziger Jahren des 19. Jahrhunderts angesiedelt, vor dem historischen Hintergrund des eben vereinten Italiens und der Frage um das noch päpstliche Rom.

Die Kritiker von *Luisa Miller* beachteten wenig, dass sich auch Schillers Text nicht in dem bürgerlichen Thema erfüllt, sondern weit über die Grenzen des bürgerlichen Trauerspiels hinausweist; nicht umsonst steht *Kabale und Liebe* am Ende dieser Gattungsevolution; man hat das Drama sogar einmal – provokant – ein »politisches Tendenzdrama« genannt. Allgemein menschliche Aussagen erheben das Trauerspiel zu einer Diskussion um Größe, Menschlichkeit und Unmenschlichkeit, Themen, die jede von Verdis Opern zum Mittelpunkt hat. Es geht bei Schiller nicht mehr nur um die Durchlässigkeit der Stände, die Aufwertung des Bürgerlichen durch die Enttarnung des Höfischen als unmoralische Gesellschaft, es geht nicht um die Konfrontation der Systeme, sondern die der Menschen in diesen Systemen.

An einem Punkt kommt Verdis Oper der Schillerschen Idee sogar sehr nahe. Im Finale nämlich. Verdis Oper endet unversöhnlich. Nach einem Terzett der sterbenden Luisa Miller und Rodolfo, der Luisa um Vergebung bittet, treten Graf von Walter und Wurm auf. Rodolfo ersticht Wurm (»A te sia pena, empio, la morte« – »das sei deine Strafe, Ruchloser, der Tod!«) und wirft sterbend seinem Vater entgegen: »La pena tua mira«, »Sieh auf deine Strafe«. Mit dem Aufschrei Walters, »Figlio!«, endet die Oper. In Schillers Drama steht zum Schluss ein Bild der Versöhnung. Angesichts der toten Luisa bittet Walter um Verzeihung.

»Präsident (in der schrecklichsten Qual vor ihm niederfallend): Geschöpf und Schöpfer verlassen mich – soll kein Blick mehr zu meiner letzten Erquickung fallen?

> Ferdinand (reicht ihm seine sterbende Hand).
> Präsident (steht schnell auf): Er vergab mir!«

In Schillers Bühnenfassung jedoch endet *Kabale und Liebe* ohne ein utopisches Bild. Da gehört das letzte Wort dem Intriganten Wurm, der dem Präsidenten zuruft: »Rasend bin ich, das ist wahr – das ist dein Werk – so will ich auch jetzt handeln wie ein Rasender – Arm in Arm mit dir zum Blutgerüst! Arm in Arm mit dir zur Hölle! Es soll mich kitzeln, Bube, mit dir verdammt zu sein!« Verdis Konzession an die Operndramaturgie ist einzig, die Bestrafung des Intriganten durch Rodolfo auf der Bühne erfolgen zu lassen – coram publico.

Im Finale wird ein für Verdi typisches Figurenmuster aufgedeckt: die tragische Vaterfigur. Durch seinen entsetzten Ausruf »Sohn« gewinnt der Graf von Walter eine Mitleid erweckende Einfärbung; außerdem ist nicht er der Initiator der Intrige wie in *Kabale und Liebe*, sondern ganz allein Wurm. Während die Figur Graf von Walter entschärft wird, wird die des Soldaten Miller erhöht. In Schillers Drama ist die positive Vaterfigur nicht ganz konsequent durchgezeichnet, sondern zeigt Einbrüche, zum Beispiel Millers Gier angesichts des Goldes, das Ferdinand quasi als Entschädigung für Luisa zahlt, oder in seiner letztlich doch devoten Haltung gegenüber dem Präsidenten. Verdis Miller tritt selbstbewusster auf und findet eine Überhöhung im Schlussterzett: »O Figlia, o vita del cor paterno! Ci separiamo

dunque in eterno«, »O Tochter, o Leben des Vaterherzens, tren-
nen wir uns für immer?«. Wie hat Verdi Cammarano angewiesen? »Der dritte Akt ist wunderschön. Gestaltet das Duett zwischen Vater und Tochter gut; macht ein Duett daraus, das zu
Tränen rührt … und ich glaube auch, dass es notwendig ist, mit
einem Terzett mit dem Vater zu schließen.«

Als ein Problem wird die Figur Frederica von Ostheim angesehen. Salvatore Cammarano hat die Zerrissenheit und Wider-
sprüchlichkeit von Schillers Lady Milford – der psychologisch
interessantesten Figur in *Kabale und Liebe* – auf die eifersüchtig
liebende Gräfin Ostheim reduziert. Der Grund liegt einmal in
der Schwierigkeit, eine derart komplexe Gestalt wie die Milford
in ein Operndrama zu bannen. Verdi selbst zeigt sich zuerst
nicht erbaut von Cammaranos Frederica. Am 17. Mai 1849
schreibt er: »Ich erhalte soeben das Exposé und gestehe euch,
dass ich gern zwei Primadonnen gehabt hätte und dass mir die
Favoritin des Fürsten in ihrem ganzen Charakter so gefallen haben würde, wie es Schiller gemacht hat. So hätte es einen Kontrast gegeben zwischen ihr und Eloisa, und Rodolfos Liebe zu
Eloisa wäre umso schöner gewesen.« Doch schließlich folgt
Verdi seinem Textdichter in der Ansicht, die Lady wäre eine zu
differenzierte Figur für die Opernbühne. Er braucht die Szene
zwischen der Milford und Luise Miller nicht, um Luisas Größe
vor dieser Folie herauszustellen, sondern hat dafür sein Orchester.

Die Figur Luisa entwickelt sich in drei Schritten. Im ersten
Akt ist sie die naive Unschuld. Verdi gibt ihrem Klangcharakter
den eines leichten Soprans à la Rossinis *Cenerentola* oder Doni-
zettis *Regimentstochter*. So jedenfalls wird die Figur mit ihrer
Ariette *Lo vidi, e 'l Primo palpito* eingeführt, in der sie ihre hei-
tere Liebe zu Rodolfo besingt. Im zweiten Akt bekommt diese
Figur ihr »Gesicht«. Ihr Melos wird kraftvoller. Während ihre
Melodielinie im ersten Akt dem typischen Ablauf einer Sopran-
rolle folgt, nämlich eher passiv, sich anpassend, mit schönem
Klang, Koloraturen, Trillern brillierend, ist sie im zweiten Akt

selbstbewusster, beispielsweise in ihrer Arie *Tu puniscimi, o Signore (Bestrafe mich, o Herr)*; dieser Arie untergibt Verdi stellenweise eine sehr heroische Instrumentaluntermalung. Nur an einer Stelle wird dieser Ton durchbrochen und zugleich der fließende Ablauf einer Arie aufgesprengt, bei dem Einwurf »a dirlo io fremo«, »ich zittre bei dem Gedanken«. In der folgenden Auseinandersetung mit Wurm (»A brani, a brani«) setzt sie sich gegen den Intriganten mit einem eigenen Melodieduktus durch, ihre Singstimme ordnet sich nicht der Wurms unter. Und auch im Duett mit Frederica bewahrt Luisa ihre Dominanz; eine Frauenstimme nimmt den Finalton der anderen auf und spinnt den Dialog weiter. Im Schlussgesang findet Luisa zu pathetischer, melodischer Geste. Sie entwickelt sich zu einer märtyrerhaften Größe. Damit folgt Verdi den Entwicklungsschritten, die auch Schiller seiner Luisa vorgibt. In den ersten beiden Akten von *Kabale und Liebe* ist sie die schwache Liebende, häufig von Ohnmacht heimgesucht und ganz ergeben; im dritten und vierten Aufzug wird sie groß in ihr Schicksal gefügt, im fünften Akt ist sie die Aufgeopferte und Aufopfernde, erreicht somit den höchsten Ausdruck von Menschlichkeit. Nicht von ungefähr nennt Verdi seine Oper *Luisa Miller* und folgt damit Schiller, der sein Drama zunächst mit *Luise Millerin* betitelte; sowohl Verdi/Cammarano als auch Schiller geht es um die durch Luise vertretene Utopie von Liebe, Menschlichkeit, unverbrüchliche Treue, Stärke und Größe in aller Unschuld. Übrigens geht der Titel *Kabale und Liebe* auf den Schauspieler August Wilhelm Iffland zurück, der Schillers Trauerspiel vor der Uraufführung 1784 umbenennt.

Gegengewicht zum Charakterbild Luisas ist das Wurms. Im ersten Akt erscheint er als typischer Bösewicht, wie es ihn in hunderten italienischer Opern gibt; die Orchestersprache ist ganz konventionell. Im mittleren Teil gewinnt Wurm an dämonischen Zügen, analog zu Luisas Steigerung zu übermenschlicher Größe. Im Briefdiktat entlädt sich seine ganze Satanie: Das Orchester schweigt des Öfteren, um dem Ungeheuerlichen

Raum zu geben, dann wieder tönen nur vereinzelte Instrumentalstimmen, sekundiert von statischen, drohende Schlägen der Celli und Bässe. In seiner großen Szene mit dem Grafen von Walter tun sich seine listig-gewalttätigen Züge auf; Walters Erzählung von dem Tod seines Vorgängers gerät erst durch Wurms Einwürfe zur emotional aufgeladenen Schilderung eines Mordes und wird zu höchster Dramatik getrieben, die sich im gewaltigen Duett *Sol tu? Congiunto non t' ha Satanno a' miei destini!* zeigt.

Auch für die Figurencharakteristik des Grafen wirkt der zweite Akt axial: Die strenge Orchesterbegleitung des ersten Aktes wird gelockert. Der Graf, vorher so unerbittlich, wird von Gewissensbissen geplagt (»Non sequier/ Sento drizzarsi le chione in fronte!«). Ab hier beginnt eine zunehmende Auflösung seiner komplexen Instrumentalbegleitung, sein vormals bösartiger Charakter wird gemildert. Nur Rodolfo bleibt von seinem Melos her relativ gleich. Von kleinen Steigerungen abgesehen, zum Beispiel in dem berühmten *Quande le sere al placido*, ist seine Stimme immer konstant pathetisch, in Liebe und Hass.

Auffallend ist die stark auf Kontraste aufgebaute Konzeption der *Luisa*. Schon in der Opernsinfonia prallen Konventionelles und Neues aufeinander. Immer wieder lösen sich individuelle Stimmen aus dem lyrisch-herkömmlichen Ganzen; dies sind die Stellen, die Aufbruch verkünden. Im ersten Akt bleiben die Gegensätze. Eine Pastoralidylle mit dem üblichen Instrumentarium (Holz und Streicher), der ein romantischer Chor folgt, der wiederum wie ein Schäferballett ausklingt. Eines von Rossinis Landschaftsbildern scheint hier aufbereitet. Der ländlichen Szene wird die höfische gegenübergesetzt. Deutlich finden sich in der Orchesterbegleitung der zweiten Szene Anspielungen – Kadenzen, Verzierungen – auf die höfische Tanzmusik des 18. Jahrhunderts. Der Kontrast zwischen bäuerlichen Untertanen und adeligem Gutsbesitzer spiegelt sich auch in einzelnen Nummern, beispielsweise in der Gegenüberstellung Walters mit

Miller. Millers Auftritt wirkt gelöst, manchmal soldatisch auftrumpfend wie in *Sona la scelta* mit einer plötzlichen Wendung in den Walzerrhythmus bei der Textstelle »In terra un padre«. Walters Melodieduktus kann zwar lyrisch sein, ist aber immer streng, geschlossen. Dem blumigen Bäuerinnenchor zu Anfang des Aktes steht der Herzoginnenchor zum Ende der zweiten Szene gegenüber, leicht, gefällig, elegant, eben höfisch. Ab der dritten Szene trübt sich die Klangfarbe des Orchesters düster ein. Erstmals durchbricht Verdi hier die stereotype Opernform, die bisher bewusst als Symbol für herkömmliche Standesverhältnisse gestanden hat. Mit dem Einklagen der Liebe, »Tu, signor, fra querta soglie«, wird sie völlig aufgesprengt. Hier bekennen sich Luisa und Rodolfo zu ihrer klassenübergreifenden Beziehung. Der dritte Akt hat einen noch sinisteren Unterton. Oft fehlt das volle Orchester, das nur die dramatischen Höhepunkte untermalt. Während Miller den Abschiedsbrief der Tochter liest, fällt das volle Orchester immer wieder schnell in Pausen oder Einzelstimmen zurück. Reduziertes Orchester im Wechsel mit vollem Ton auch bei dem Duett *Piangi, piangi.* Das ist eine durchsichtige Orchestrierung, wie man sie in ihrer ausgereiftesten Form im *Rigoletto* bewundern kann. *Piangi, piangi* ist die für Verdi typischste Passage der ganzen Oper; man sieht allerdings auch, dass Verdis Stärke hier noch in den Duetten und Ensembles liegt, in denen er mit Gegenüberstellungen arbeiten kann, um Charaktere zu entwickeln; eine konsequente Charakterzeichnung in einer Arie gelingt ihm erst zur *Rigoletto*-Zeit. So ist denn auch das Schlussterzett der *Luisa* glorios komponiert und zeigt die ganze Kraft der reifen verdischen Oper.

Anhand der Figurenkonzeption der Hauptrolle lässt sich nachzeichnen, wie geschickt Cammarano das fünfaktige Trauerspiel in eine dreiteilige italienische Opera seria presst. Jeweils erster und zweiter, dritter und vierter Akt Schillers werden zu zwei Aufzügen zusammengezogen. Schillers ersten beiden Akte behandeln die Verteidigung der Liebe – Cammarano betitelt seinen ersten Teil *L'amore*; in den mittleren Aufzügen von *Kabale und Liebe* stehen der Intrigenplan und seine Ausführung im Zentrum – bei Verdi heißt der zweite Akt *L'intrigo*; Schillers fünfter Akt, die Katastrophe, entspricht dem verdischen dritten Akt *Il veleno*. Die Dreiteiligkeit ist so auffällig und klar, dass man sich des Eindrucks nicht erwehren kann, am Beispiel *Luisa Miller* soll die Dramenstruktur vorgeführt werden. Ist es ein Zufall, dass Salvatore Cammarano gerade zur Zeit der Niederschrift seines Librettos seine dichterische Ästhetik formuliert? Der Schriftsteller fordert eine Höherbewertung der Dichtung in der italienischen Opernästhetik. Er verlangt die Gleichberechtigung von Wort und Musik und greift damit Erkenntnissen voraus, die Richard Wagner nur wenig später zu der Idee des Gesamtkunstwerks führen sollen: »um bei einer Oper die größtmögliche Vollkommenheit zu erreichen, müsste ein einziger Geist Autor der Verse und der Musik sein … wenn die Dichtung auch nicht Dienerin der Musik sein muss, so darf die sie auch nicht tyrannisieren.« *Luisa Miller* ist die Verwirklichung seiner Theorie. Deutliche, klare Worte, die so knapp als möglich Stimmungen, Charaktere, Situationen schildern, und dadurch der Musik genügend Raum lassen, ihrerseits Figuren und Gegebenheiten auszuformen. Das entspricht genau der Opernästhetik Verdis, der schon zwei Jahre zuvor von Francesco Piave »deutliche, knappe« Worte für den *Macbeth*-Text verlangt. Bemerkenswert übrigens, dass sich auch Friedrich Schiller während der Entstehung seiner *Lusia Millerin* mit der Bühnenästhetik auseinander setzt und 1784 die Schrift *Die Schaubühne als moralische Anstalt betrachtet* veröffentlicht, in der ein, Verdi ansprechender, Passus lautet: »So groß und vielfach ist das Verdienst der besseren Bühne um die sittliche Bildung; kein Geringeres gebührt ihr um die ganze Aufklärung des Verstandes. Eben hier in dieser höheren Sphäre weiß der große Kopf, der feurige Patriot sie erst ganz zu gebrauchen. Er wirft einen Blick durch das Menschengeschlecht, vergleicht Völker mit Völkern, Jahrhunderte mit Jahrhunderten und findet, wie sklavisch die größere Masse des Volks an Ketten des Vorurteils und der Meinung gefangen liegt, die seiner Glückseligkeit ewig entgegenarbeiten.«

Bei der Uraufführung im Dezember 1849 hat die Oper wenig Erfolg. Um nicht zu sagen: Sie wird völlig abgelehnt. Aber wen wundert das? Verdi hat sich vermessen, eine Oper über tyrannische Gutsherren und ausgelieferte Untertanen aufzuführen, und zwar ausgerechnet in Neapel, wo es vor Grundbesitzern nur so wimmelt, die natürlich auch den Hauptanteil des Premierenpublikums im Teatro San Carlo stellen. Man fühlt sich von dem Komponisten schlichtweg vor den Kopf gestoßen. Die Lobby der Anti-Verdianer unternimmt einige Versuche, weitere Aufführungen von *Luisa Miller* zu unterbinden. Der Komponist verlässt die Stadt enttäuscht und verletzt; »Ich wünsche nichts, als mich in einen Winkel der Erde zurückzuziehen und zu fluchen und zu verwünschen...« Er wird nie wieder für Neapel schreiben. Er hat den Süden ohnedies nie gemocht, und das dortige Publikum hat ihn, den nordico, nie verstanden. Aber die üblen Nachrichten holen ihn auch im heimatlichen Busseto ein. Von hier aus schreibt er am 28. Dezember 1849 an den »Car.mo De Sanctis«: »Ihr wisst, dass die Herrschaften Eures Königlichen Theaters keine Rücksicht nehmen ... wenn es dem Zweck dient. Decken wir einen Schleier über die Niederträchtigkeiten ... Manch einer aus Neapel selbst schreibt mir, dass alle nur möglichen Ränke geschmiedet werden, um *Luisa Miller* später durchfallen zu lassen ... und dass einige Künstler der Oper aus Berechnung Teil an diesen Ränken haben ... Lauter Hornochsen!! Glauben sie etwa, mit diesen widerwärtigen Intrigen die Oper, wenn sie gut ist, daran zu hindern, die Runde in der Musikwelt zu machen?«

Giuseppe Verdi lässt sich von der neapolitanischen Intrige wenig beeindrucken; er reagiert mit seinem berühmten »jetzt erst recht«. Und er bleibt bei kritischen Sujets, *Stiffelio* und *Rigoletto* beweisen das.

Der verkannte *Stiffelio*

Im Schloss des österreichischen Reichsgrafen Stankar wird die Heimkehr Stiffelios erwartet, des Wortführers der protestantischen Ahasverianersekte und Stankars Schwiegersohn. Der Prediger Jorg gibt der Hoffnung Ausdruck, die Liebe zu seiner Frau Lina möge Stiffelio nicht auf seinem geistlichen Weg behindern. Stiffelio erscheint im Kreis der Familie und Freunde; er erzählt von einer merkwürdigen Begebenheit: Ein Schiffer hat beobachtet, wie am frühen Morgen aus einem Fenster des Hauses ein Mann flieht; der Mann habe dabei seine Brieftasche verloren, die der Schiffer an Stiffelio aushändigt. Lina und ihr Geliebter Raffaele di Leuthold sind bestürzt, was Stiffelio da erzählt, ist ihre Geschichte. Ihre Angst vor einer Entdeckung des Ehebruchs wird ihnen genommen, als Stiffelio die Tasche verbrennt, um nicht näher in ein verbrecherisches Geheimnis zu dringen. Als der Prediger mit seiner Frau allein ist, erweckt ihr abweisendes Verhalten erste Zweifel in ihm. Dann bemerkt er das Fehlen des Trauwings an ihrem Finger. Jetzt ist er von ihrer Untreue überzeugt. Stankar kommt hinzu, um Stiffelio zu seinen Anhängern zu rufen. Allein mit ihrer Verzweiflung, beschließt Lina, ihrem Gatten in einem Brief alles zu offenbaren, aber ihr Vater, der leise hinzugetreten ist und das Treuebruchsgeständnis liest, befiehlt ihr, Stiffelio zuliebe und um die Ehre seines, Stankars, Namen willen zu schweigen und weiterzuleben wie zuvor. Unterdessen versteckt Raffaele ein Zettelchen mit der Bitte um ein Rendezvous in einem riesigen, verschließbaren Band von Klopstocks *Messias*, zu dem nur Lina und er den Schlüssel besitzen. Linas Cousin Federico kommt zufällig hinzu und nimmt sich das Buch. Jorg beobachtet die Szene, glaubt in Federico den Verführer Linas vor sich zu haben und schürt Stiffelios Argwohn gegen ihn. Stiffelio nimmt dem Cousin das Buch ab und fordert Lina auf, es zu öffnen, in ihm stehe der Name des Verräters. Als seine Frau sich weigert, bricht er das Schloss auf, doch ehe er das herausfallende Briefchen lesen kann, zerreißt Stankar es. Stiffelio ist außer sich. Stankar fordert heimlich Raffaele zum Duell. – Ein alter Kirchhof, in dessen Mitte ein Kreuz steht, zu dem Stufen emporführen. Das Mondlicht scheint durch die Zypressen. Lina sucht beim Grab ihrer Mutter Zuflucht. Raffaele ist ihr gefolgt; er schwört ihr seine Liebe. Stankar unterbricht die beiden. Er fordert di Leuthold erneut zum Duell. Durch das Waffengeklirr wird Stiffelio herbeigelockt, der sie im Namen ihrer Religion zu Versöhnung und Brüderlichkeit aufruft. Er bietet Raffaele seine Hand. Da schreit Stankar Raffaele entgegen: »O unerhörter Frevel, die Hand dessen zu nehmen, den du betrogen hast!« Jetzt ergreift Stiffelio selbst das Schwert, um es gegen Raffaele zu führen, doch in diesem Augenblick ertönt aus der nahen Kirche ein Bußpsalm. Jorg erscheint und mahnt Stiffelio an sein Priesteramt: »Durch dieses Kreuz hat der Gerechte den Menschen verziehen.« Stiffelio fällt ohnmächtig auf den Stufen vor dem Kreuz nieder. – Im Schloss. Stankar, der seinen Namen entehrt sieht, will seinem Leben ein Ende setzen. Im letzten Moment kommt Jorg mit der Nachricht, Raffaele kehre zu einem Duell mit Stiffelio ins Schloss zurück. Stankar will die Rache selbst üben und begibt sich erwartungsfroh in ein Nebenzimmer. Stiffelio begegnet Raffaele in der Schlosshalle. Er ist bereit, ihm Linas Hand zu überlassen, und bittet ihn, einem klärenden Gespräch mit Lina unbemerkt beizuwohnen. Raffaele tritt ins Nebengelass. Seiner herbeigeeilten Ehefrau übergibt Stiffelio die Scheidungspapiere. Nach einigem Zögern unterzeichnet Lina, doch nun erklärt sie dem Gatten als ihrem Beichtvater und Glaubenslehrer, dass sie ihn stets geliebt habe und Opfer einer Verführung sei. Da tritt Stankar aus dem Nebenzimmer, ein blutiges Schwert in der Hand. Raffaele ist tot. Jorg führt den entsetzten Stiffelio zur Kirche. – Die Gemeinde ist versammelt, einschließlich Stankar, der um Vergebung bittet, und Lina, die sich, tief verschleiert, zum reuigen Gebet niederkniet. Stiffelio und Jorg betreten die Kanzel. Stiffelio öffnet die Bibel. Zufällig schlägt er die Begegnung Jesu mit Maria Magdalena auf … »dann wendete sich Jesus zu den versammelten Menschen, zeigte auf die Ehebrecherin zu seinen Füßen und sagte … ›der welcher unter euch ohne Sünde ist, werfe den ersten Stein‹«. Stiffelio sieht zu Lina und liest: »und die Frau … die Frau stand verziehen auf.« Lina wirft sich zu seinen Füßen nieder.

Stiffelios Uraufführung sei katastrophal verlaufen, die Kritik und ein Teil des Publikums entsetzt gewesen, dass die Oper mit einer Kirchenszene und einem Evangelienzitat endet; Sakrales auf der Bühne darzustellen ist immer noch ein Tabu. Kritiker und Zensoren fordern eine Revision der Oper, namentlich des Finales. In der Folge wird die Oper unter den verschiedensten Titeln mit den seltsamsten Abänderungen und Streichungen gegeben, oft so willkürlicher Art, dass das Drama völlig entstellt erscheint. Das trägt dazu bei, dass der Wert dieser Oper gänzlich verkannt wird; noch in den popularistischen Verdi-Biograhpien der 60er und 70er Jahre des 19. Jahrhunderts wird der *Stiffelio* unterschätzt; Joseph Wechsberg nennt das Libretto eine »alberne Fabel«, das Ganze »Unsinn«, Hans Kühner erklärt rundweg, dass die Figuren dieser Oper »aus einer Verdi ganz fremden Welt protestantischer Sektierer … österreichischer Herkunft« seien, das Drama eine »rührselige Ehebruchsgeschichte mit Friedhofsschauern, Klopstocks *Messias* und Duell« sei, und auch die umfangreicheren oder wissenschaftlicheren Beschäftigungen mit Leben und Werk Verdis umgehen das Thema *Stiffelio* nach Möglichkeit mit wenigen Worten, wenn sie auch einen differenzierteren Bick auf diese Oper werfen; erst in jüngerer Zeit gelangt *Stiffelio* ins Sichtfeld wissenschaftlichen Interesses.

Verdi erkannte die Gefahr schlechter Aufführungen. Am 5. Januar 1851 schreibt er über eine in Mailand geplante *Stiffelio*-

Inszenierung besorgt an Giovanni Ricordi: »Caro Ricordi, Ich höre zu meinem Leidwesen, dass man den *Stiffelio* an der Scala geben will, denn gewöhnlich werden die Opern, die nicht eigens für dieses Theater geschrieben worden sind, allzu sehr vernachlässigt; der jüngste Beweis dafür ist *Gerusalemme*.« Im Dezember desselben Jahres beschwert er sich bei Vincenzo Luccardi: »Caro matto (Anm.: Narr) … Ich weiß, dass man in Rom nicht nur *Stiffelio*, sondern auch *Rigoletto* verhunzt hat. Diese Impresarios haben noch nicht begriffen, dass, wenn man die Opern nicht in ihrer Integrität geben kann, so wie sie vom Autor ersonnen worden sind, es besser ist, sie nicht zu geben; sie wissen nicht, dass die Umstellung einer Nummer, einer Szene fast immer die Ursache für den Misserfolg einer Oper ist. Stell Dir vor, wenn es erst darum geht, Inhalte zu verändern!! Es will viel heißen, dass ich nicht öffentlich erklärt habe, dass *Stiffelio* und *Rigoletto*, so wie sie in Rom gegeben worden sind, keine Opern von mir waren! Was würdest Du sagen, wenn man einer schönen Statue von Dir eine schwarze Schleife um die Nase legte?«

Dabei hätte *Stiffelio* von Anfang an ein besseres Schicksal verdient. Denn ist auch ein Teil des Premierenpublikums wenig erbaut von der unmoralischen Geschichte um einen Sektenführer und seine ungetreue Ehefrau, so applaudiert der weitaus größere Teil des Auditoriums doch der genialen Musik. Die *Favilla* konstatiert am 17. November 1850, am Tage nach der Uraufführung: »Wenngleich der Erfolg des *Stiffelio* trotz allem überaus grandios und derart war, dass er dem Namen des illustren Verfassers neuen Glanz hinzufügte, dann muss man die Ursachen hierfür bei den inneren Geisteswerten suchen, die so reichhaltig waren, dass sie das Publikum, durch divergierende Eindrücke ohnehin beunruhigt, zwangen, mit ständiger Aufmerksamkeit, nur unterbrochen von wiederholtem Applaus, zuzuhören.« Die Oper war also erfolgreich, aber – wie auch aus der Kritik hervorgeht – sie sperrt sich dem oberflächlichen, genussbestimmten Zuhören, die Fabel wird nicht einfach verstanden, sondern fordert Arbeit von ihrem Auditor. Da gibt es keine mitreißenden Risorgimento-Chöre, kein beschwingtes Trinklied (lediglich den heiteren Chor der Freunde Stiffelios *Plaudiam! Di Stiffelio s'allefri il soggiere*), kein ergreifendes Liebesduett. Ständig werden die Erwartungshaltungen des zeitgenössischen Publikums zerstört: Es gibt kein Duell zwischen Stiffelio und Raffaele, es gibt kein unwiderrufliches Zerwürfnis der Ehegatten, der Tod des Verführers geschieht wie nebensächlich, keine tragische Sterbeszene also auf der Bühne, und dann dieses Finale in der Kirche mit dem aufrüttelnden Evangelienzitat! Sujet und Art der musikalischen Behandlung sind völlig neu; Verdi entfernt sich sogar von seinem bisherigen Stil.

Verdi soll schon zu sehr mit den Skizzen zu seinem anerkannten Meisterstück *Rigoletto* beschäftigt gewesen sein, habe sich außerdem mit anderen Plänen getragen (*Re Lear* oder *Kean*, ein Text Alexandre Dumas'), um sich wirklich tiefer mit *Stiffelio* auseinander gesetzt zu haben, heißt es immer wieder wie zur Entschuldigung des Komponisten; *Stiffelio* wird dadurch zu einer Gelegenheitsarbeit degradiert. Eine glatte Fehleinschätzung von Giuseppe Verdis künstlerischem Urteilsvermögen und seiner inspirierten, immer intensiv ins Werk eindringenden Arbeitsweise. *Stiffelio* lag ihm sehr wohl am Herzen. Vier Jahre nach der Uraufführung notiert der Komponist einmal: »Unter denjenigen meiner Opern, die man ihrer beanstandeten Themen wegen nicht aufführt, möchte ich eine nicht in Vergessenheit geraten lassen, nämlich *Stiffelio*.« Giuseppe Verdi ist vom Wert des *Stiffelio* überzeugt. Allein die unaufhörlichen negativen Kritiken veranlassen ihn im Jahr 1856, die Oper gemeinsam mit Textdichter Piave umzuarbeiten. Die Handlung wird ins Mittelalter verlegt, aus dem Führer einer evangelischen Sekte wird ein Kreuzritter namens Aroldo, das Finale wird grundlegend abgeändert, die Rivalität der Männer stärker in Szene gesetzt, kurz gesagt, das Drama wird auf die flache Fabel einer Ehebruchsgeschichte reduziert. *Aroldo* wird im August 1857 uraufgeführt. In *Aroldo* versucht Verdi, die Publikumserwartungen zu erfüllen

und der Kritik entgegenzuarbeiten: anstelle von Jorgs Eröff-
nungsmonolog prangt ein Trinklied, aus Lina ist Mina geworden, deren Rolle mehr in den Mittelpunkt gerückt wird, womit
das Hauptgewicht der Oper von der inneren Entwicklung des
Helden auf seine äußere Beziehung zu seiner Frau verschoben
wird. *Aroldo* wird prompt von der Presse bejubelt – Repertoire-
Oper wird aber auch die Neufassung des *Stiffelio* nicht, dafür ist
sie viel zu herkömmlich.

Es klang bereits an: *Stiffelio* ist ein Entwicklungsdrama.

Auffälligstes Merkmal der Opernmusik ist ihr zunehmend
verinnerlichender Charakter. Sie beginnt mit den blumigen
Klängen einer munteren Gesellschaft (Chöre und Ensembles zu
Stiffelios Heimkehr 1. Akt), in die sich Stiffelio durchaus einfügt,
obzwar er seinen Freunden entgegenhält »meine Brüder, Gott
allein solltet ihr euer Loblied singen« – Verdi lässt seine Melodielinie allerdings mit denen des Ensembles verschmelzen –; sie
führt zu den scharf konturierten Klängen des dramatischen
Höhepunkts (Duellszenen 2. Akt, Stankars Szene Anfang 3. Akt)
und von dort zu der schlichten Melodik der Kirchenszene. Die
drei Abstufungen der Musik geben die Entwicklungsmomente
Stiffelios wieder. Zu Beginn ist er mit sich und seiner Umgebung
in Einklang; er ist beliebt bei seinen Freunden, glaubt an die unverbrüchliche Liebe seiner Gattin, ist in seiner Berufung erfolgreich. Er passt sich seiner jeweiligen Umgebung an. Im Zusam-
mensein mit seinen Anhängern gewinnt seine Melodielinie den
munteren Ton der Freundeschöre, seine religiöse Mission erfüllt
ihn mit soldatisch-strengen Klängen, gegenüber Lina bricht Leidenschaftlichkeit hervor, ob im Guten oder Schlechten (»Allor
dunque sorridimi« – »Ah! V'appare in fronte scritto«). Im zweiten Akt fehlt in seiner Charakterdarstellung bereits die gesellschaftliche Komponente. Stiffelio ist nun zwischen Rachedurst
und seiner christlichen Gnadenideologie hin- und hergerissen.
Mit den anderen verbindet ihn nichts mehr. Deutlich driften
Chorstimmen und seine Melodieline auseinander (»La croce!

Ahimè! Qual gelo! Io muoio«, »Das Kreuz! Weh! Ich erstarre! Ich sterbe!«). Im Finale des zweiten Akts ist Stiffelio ganz seinen Leidenschaften hingegeben, sein pathetischster Ausbruch ist die Passage »Non odi in suon terribile/ gridarti queste tombe«, »Hörst du nicht, wie ein furchtbarer Schrei/ Von diesen Gräbern aufsteigt?«. Im dritten Akt scheint er aufs Äußerste beherrscht – eine eigentümlich sänftige, von Streichern dominierte Phrase führt seine erneute Begegnung mit Raffaele ein. Keck tritt ihm der Rivale entgegen (»Ricercare mi feste«), muss sich aber von der beherrschten Würde Stiffelios einschüchtern lassen. Genauso begegnet Stiffelio Lina. Als Lina ihm aber ihre Liebe gesteht und beschwört, mit dem Herzen nie gesündigt zu haben, gerät er wieder in inneren Zwiespalt. Stankars Auftritt, dessen Mitteilung, er habe Raffaele im Duell getötet, erschüttern ihn so tief, dass er sich endlich resigniert von der Welt abwendet (»Ah si, voliamo al tempio,/ fuggiam le irrique perte«, »O, ja, lasst uns in die Kirche fliehen, lasst uns diese schändlichen Räume fliehen,/ in denen der Mensch die Spur/ von Tod und Verbrechen zurückgelassen hat!«). Im Finale – übrigens eines der wundervollsten Finale in Verdis Opern mit seinem Orgelpräludium und dem A-Capella-Chor »Non punirmi, Sognor, nel tuo furore« – hat sich Stiffelio zur Vergebung durchgerungen, wie es sein Glaube fordert, freilich mit dem hohen Preis, von der Gesellschaft abgekehrt zu sein. Dreimal hat er im zweiten Akt Rache geschworen (»Trema, a punirti, o perfido«), dreimal nimmt er jetzt seine Drohung zurück: »Perdonata, perdonata, perdonata«.

Bereits die Ouvertüre thematisiert den Zwiespalt zwischen Glaube und Welt, nur in umgekehrter Reihenfolge. Zuerst sind da die kargen, gesetzten Klänge, das Trompetensolo mit seiner religiösen Motivik, im zweiten Teil gleitet die Musik in den konventionellen Ausdruck einer Donizetti-Stretta ab, wird gesellige Musik, in der durch rhythmisch akzentuierte Passagen Highlights gesetzt sind. Sowohl die lebensvollen Begleitfloskeln der Streicher als auch die würdigen Bläsermotive werden im Verlauf der Handlung zu Beschreibungen von Stiffelios Charakter.

Der Titelheld entwickelt sich zu einem Mann, der das Versprechen von Menschlichkeit tatsächlich einlöst, der Unmenschlichkeit nicht nur anklagt wie im ersten Akt (»Vidi dovunque genere/ opressa la virtude«), sondern sie lebt bis zur letzten Konsequenz. Daneben bleiben die anderen Figuren ihrer Grundprägung treu. Jorg ist immer der düstere »christliche Soldat«, der fanatische Philister, der Moral und Tugend höher schätzt als die Begriffe Mitleid und Verzeihung; Stankar steht nur unter dem Eindruck seines verletzten Ehrgefühls, als Adeliger weicht er nicht von den Grundsätzen seiner Kaste, selbst sein Selbstmordplan ist kontrollierte Handlung: Entweder stirbt der Verführer seiner Tochter oder er selbst muss die Ehre seines Namens durch Suizid behaupten; Lina erscheint von Beginn an als reuige, liebende Gattin, ihre wahre Zuneigung offenbart sich in der Romanze *Egli è il dolce nome.*

Der konzentrierteste Gegensatz besteht zwischen der Ouvertüre, die größtenteils bis zur Heiterkeit beschwingt klingt, und dem schwarzen Vorspiel zum zweiten Akt. Verdi nutzt die Clair-obscur-Technik oft, hier dient sie der Präsentation der faustischen Natur Stiffelios, seinem Schwanken zwischen Leidenschaft und Beherrschung, und sie markiert seine Position an einem Scheideweg: Das Vorspiel zur Kirchhofszene führt in eine atmosphärisch ganz andere Welt, Stiffelios private Welt ist ja zerbrochen, nichts ist mehr wie zum Zeitpunkt seiner Rückkehr; die neue Situation kann angenommen oder verworfen werden; Stiffelio nimmt sie an. Sein Glaube ist am Ende stärker als seine verletzte Liebe, Stiffelio ist der Einzige in diesem Drama, der über sich hinauswächst, der alle seine ständischen und sittlichen Vorstellungen überwindet, um aktiv dem christlichen Prinzip der Vergebung zu folgen, eine echte imitatio christi. Diese Haltung wäre sicher weniger überzeugend (und überzeugt im *Aroldo* in der Tat nicht), wenn Stiffelio nicht besonders als Führer der Ahasverianer gekennzeichnet wäre. Die protestantische Sekte benennt sich nach der Legende Ahasvers, der Jesus – von dem er aufgefordert wird, das Kreuz an seiner Statt zu nehmen – bei dem Passionsweg abgewiesen hat und, da er die Chance der Erlösung vom Tod vertan hat, dazu verdammt ist, ewig ruhelos umherzuwandern. Ziel der Glaubensgemeinschaft ist das getreue Leben nach Jesus' Vorbild: tätige Nächstenliebe im Bewusstsein eigener Unvollkommenheit; »Dio lo disse, Dio l'ha scritto:/ al fratel s'indulgerà«, singt Stiffelio, »Gott hat gesagt, Gott hat es geschrieben: / Der Bruder möge dem Bruder gnädig sein.«

Im Mai 1850 schreibt Verdi an Piave: »*Stiffelius* ist brauchbar und interessant. Es würde nicht schwer fallen, den Chor einzubauen … Verlege die Handlung, wohin Du willst, doch er muss immer ein Lutheraner und Sektenführer bleiben.« Gerade das muss im katholischen Italien Anstoß erregt haben. Unerhörterweise lassen Verdi und Piave einen Lutheraner Menschlichkeit, Vergebung, Christentum verkörpern. Ein schwerer Hieb gegen das Papsttum. Nicht nur mit politischen Schwierigkeiten hat die Kurie zu kämpfen – die Vertreibung Pius' IX. aus Rom und die kurzzeitige Errichtung einer Republik 1849 war wohl Höhepunkt der Krise –, sondern auch mit Machtverlust gegenüber dem Protestantismus. Seit etwa 1820 zieht die Erweckungsbewegung weite Kreise, eine pietistisch gefärbte, protestantische Bewegung. In Folge kommt es zu Sektengründungen und zur Neuorganisation des Protestantismus; 1831 beispielsweise separieren sich die Altlutheraner, die zehn Jahre später anerkannt werden. 1821 verfasst Friedrich Schleiermacher seine Schrift *Der christliche Glaube*, 1835 rekurriert David Friedrich Strauss mit seinem *Leben Jesu* auf die Literatur des Pietismus zur Mitte des 18. Jahrhunderts. In der Oper *Stiffelio* spielt das verschließbare Buch, Friedrich Klopstocks pietistisches Epos *Der Messias*, eine symbolträchtige Rolle, es gibt dem Auditorium Aufschluss über die geistige Richtung, der *Stiffelio* folgt. Die Kirchhofszenerie mit Mondlicht, Gräbern und Zypressen benutzt wiederkehrende Topoi der Lyrik Klopstocks. Nicht willkürlich haben Verdi und Piave die Handlung des *Stiffelio* gemäß dem kurz zuvor uraufgeführten Originaltext von Emile Souvestre und Eugène Bourgeois ins Salzburger Land zu Beginn des 19. Jahrhunderts verlegt. In Rom kann *Stiffelio* deshalb nur in stark veränderter, teils beschnittener Form aufgeführt werden, wie Verdi beklagt, nicht weil Sakrales auf der Bühne gezeigt wird, nicht weil ein Geistlicher von seiner Frau betrogen wird, sondern weil ein »Lutheraner und Sektenführer« christliches Verzeihen lebt.

1851 hält in Italien übrigens die evangelisch-methodistische Kirche Einzug. Der Papst muss mit allen Mitteln seine Herrschaft wiederherstellen und gegen die protestantische Expansion festigen; eine seiner Strategien ist die Verkündigung neuer Dogmen, 1854 beispielsweise das Dogma der »Unbefleckten Empfängnis« Marias, der »Immaculata conceptio«.

Im Jahr 1849 aber scheinen sich die dunklen Wolken über der heiligen Stadt Rom gerade erst zusammenzuziehen.

Unmoral und Abscheulichkeit

Die letzten Tage der Revolution zeigen in ganz Europa dieselben abscheulichen, aus den Kriegen und Bürgerkriegen unserer Gegenwart leider allzu vertrauten Bilder: Aufständische, die erschossen oder gehängt werden, Frauen, von den Regierungssoldaten misshandelt und vergewaltigt, Kinder, hingemetzelt, Hunderte, die in die Gefängnisse geschleift werden. In Deutschland schreibt die Augenzeugin Clara Schumann, Pianistin und Ehefrau des Komponisten Robert Schumann, in ihr Tagebuch: »Sonnabend, den 5. ... schrecklicher Vormittag! Es bildete sich auf unserer Straße eine Sicherheitswache ... Meine Angst den ganzen Tag über war fürchterlich, denn fortwährend hörte man den Kanonendonner ... schreckliche Greueltaten .... die das Militär verübte. Alles schossen sie nieder, was sie an Insurgenten fanden ... 26 Studenten einen nach dem anderen, erschossen ... Dann sollen sie Menschen zu Dutzenden von den dritten oder vierten Stockwerken hinab auf die Straße geworfen haben.« Als es den Österreichern gelingt, Brescia, die »Löwin Italiens«, zu bezwingen, befiehlt der österreichische Kommandant, alle Kämpfer zu erschießen, zivile Beteiligte, Barrikadenbauer, vor den Augen ihrer Familie lebendig zu verbrennen und die Frauen öffentlich auspeitschen zu lassen.

Giuseppe Garibaldi muss vor der Übermacht der fremdländischen Regierungstruppen die Waffen strecken. Er selbst kann untertauchen, seine nächsten Freunde und Befehlshaber werden gefoltert und exekutiert. Die meisten übrigen Revolutionäre und deren Söhne, Kinder von vielleicht zwölf, dreizehn Jahren, werden erschossen. »Alle werden niedergeknallt und eingescharrt – natürlich von italienischen Händen. – Der fremde Soldat war Herr im Lande, er befahl seinen Sklaven, und augenblicklich mussten diese gehorchen, sonst gab es Schläge«, heißt es in Garibaldis Aufzeichnungen. Heimlich reist der Feldherr Richtung Norditalien zurück. Auf dem Rückzug verstecken ihn Priester, ausgerechnet Priester, die er sein Leben lang als Schlangen, Diebe und Mörder beschimpft. Wohlbehalten kommt er in Genua an. Hier wird er allerdings erkannt und unter Hausarrest gestellt. Ihn wie andere Revolutionäre standrechtlich zu erschießen wagt keiner in der italienisch geführten Lombardei, und niemand würde ihn an Österreich ausliefern. Man entschließt sich, den unbequemen Revolutionär in die Verbannung zu schicken. Für Garibaldi beginnt eine Odyssee durchs Mittelmeer. Auf dem Kriegsschiff »San Michele« bringt man ihn zunächst zurück nach Nizza, wo er vor die Wahl gestellt wird, in welches Land er ins Exil gehen möchte. Er wählt Tunis. Auf der »Tripoli« setzt er in die nordafrikanische Stadt über. Hier wird ihm allerdings mit Rücksicht auf Frankreich die Einreise verweigert. Also verfrachtet ihn die lombardische Regierung auf die Insel Maddalena, dann nach Gibraltar. Doch niemand will ihn aufnehmen. Jeder Staat hat diplomatische Beziehungen zu wahren, deren Stabilität er durch die Aufnahme des gefährlichen, geächteten Aufrührers Garibaldi nicht riskieren kann. Sechs Monate wird er zwischen den Mittelmeerländern hin und her gereicht. Schließlich erwägt er, nach Amerika zurückzugehen, und die Erlaubnis hierzu wird ihm erleichtert erteilt. Im Juni 1850 gelangt er über Liverpool nach New York. Er ist unterwegs schwer erkrankt, dermaßen von Rheuma geplagt, dass man ihn »wie ein Stück Gepäck« in Staten Island von Bord tragen muss. Er findet bei Freunden Unterschlupf, Pflege und ein wenig Ruhe. Fischfang und Jagd sind die einzigen Dinge, die den Emigranten nun beschäftigen. Aber dieses eintönige Leben erfüllt den Umtriebigen nicht. Er geht erneut auf Abenteuersuche nach Südamerika. Erst 1854 wird er wieder in Genua auftauchen und sich dann auf der Insel Caprera vor Sizilien niederlassen.

Die Revolutionen, die Europa erschüttern, scheinen niedergeschlagen. Auf Italiens Straßen herrscht nach wie vor der Ausnahmezustand, aber das Volk verhält sich ruhig. Es wird still auf
dem Kontinent; die Monate der Rebellion eine wirkungslose
Drohgebärde der Liberalen. Doch unter der wiederhergestellten,
ruhigen, alten Ordnung brodelt, gärt der Liberalismus weiterhin. In den Salons, Kaffeehäusern, in den Gazetten und Poesien,
selbst in den Kanzleien der Regierungen lebt der Aufstand heimlich weiter. Eine Zeit vorgetäuschter Stille, das ist die Jahrhundertmitte, das ist das Jahr 1850.

Nach dem Schlachtengemälde von Legnano und dem Byronschen *Corsaren* fließt eine kleine Gelegenheitskomposition aus
Giuseppe Verdis Feder, *Fiorellin che sorgi appena*, ein Gedicht-
chen von Piave, aus dem Verdi eine höchst friedliche Barcarole
zaubert, ein Wiegenlied simpelster Konzeption anlässlich der
Geburt von Giovanni Severis Sohn – Severi ist einer von Verdis
bevorzugten Tenören, der sich nach seiner Sängerkarriere als
Geschäftsmann in Triest niedergelassen hat.

1850 wird Richard Wagners Oper *Lohengrin* im Weimarer
Hoftheater unter der Leitung Franz Liszts uraufgeführt. Das
merkwürdige Werk eines reuigen Revolutionärs. Richard Wagner, der ehemalige Barrikadenkämpfer, vertont wieder sein
eigenes Libretto, das – während der vorrevolutionären Krisen
1845 bis 1848 skizziert – von nichts anderem handelt als der Restauration einer alten Ordnung: Die Herzogin von Brabant wird
beschuldigt, den rechtmäßigen Erben, ihren verschollen ge-
glaubten Bruder Gottfried, ermordet zu haben. Friedrich von
Telramund und seine herrschsüchtige Gemahlin Ortrud hoffen,
durch die Anklage sich selbst an die Macht bringen zu können.
Doch aus dem Nichts taucht in einem von einem Schwan ge-
zogenen Nachen der Gralsritter Lohengrin auf, ein Deus ex
machina, dem eine große Partie zugewiesen worden ist. Lohengrin bewirkt durch ein Gebet, dass aus dem Schwan der ent-
schwundene Gottfried heraussteigt. Die damit freigesprochene
Elsa stirbt, Telramund und Ortrud sind in ihre Schranken ge-

wiesen und der rechtmäßige Herrscher nach altem Recht ist wieder in seinem Amt eingesetzt.

Im selben Jahr geht im Leipziger Stadttheater dagegen ein völlig abseitiges Stück über die Bühne – Robert Schumanns Vierakter *Genoveva*. Auch in diesem höchst lyrischen Werk, dem jegliche äußere Dramatik fehlt, geht es um den Erhalt und die Durchsetzung alter Werte. Die eigentlich Revolutionären, wie der »Bastard« Golo, der nie eine Chance erhalten hat, legitime Machtansprüche gegen seinen herrschenden Bruder, den Grafen Siegfried, durchzusetzen, sind zugleich die Bösen.

Verzeihen und Wiederherstellen der vorigen Verhältnisse, unter diesem Aspekt stehen noch zwei weitere historisch bedeutsame Opern des Jahres 1850, nämlich Daniel Aubers *L'Enfant prodigue*, die Geschichte vom verlorenen Sohn, und Giuseppe Verdis *Stiffelio*.

1850 ist das Todesjahr Honoré de Balzacs, eines der kritischsten Autoren Frankreichs, der ungeschminkt und ohne Scheu vor Unmoral und Abscheulichkeiten ausspricht, wie die aktuelle Situation seines Landes aussieht; er hat großen Einfluss auf die Dichter des Jungen Deutschland und des Giovane Italia, denen nach Balzacs Tod eine wesentliche Inspirationsquelle verloren geht. Es ist das Jahr, in dem man Abschied nimmt von der romantischen Malerei, die durch ihre grotesken, bizarren oder verträumten, idyllisch maskierten Symbole wesentlich kritischer war als die realistische Ausdrucksweise, die von nun an nüchtern die Bilderwelten bestimmt.

Während sich die Staaten weiterhin anfeinden und in imperialistischen Wettstreit um Kolonien und Weltmacht treten, bereiten sie sich zugleich ein Fest der Völkerverständigung; 1851 findet in London die erste Weltausstellung statt; England präsentiert sich mit dem gewaltigen Kristallpalast, einer Eisen-Glas-Konstruktion von 600 m Länge, unter anderem bestehend aus über dreitausend gusseisernen Säulen. Im selben Jahr ergreift Napoleon III. mit einem Staatsstreich die Macht in Frankreich. Nach seinem Putsch erweist er sich als ein labiler Kaiser mit zögerlicher Politik. Seine phlegmatische Natur beeinflusst von nun an die französische Politik und das Gesellschaftsleben. Leben! Alles was bequem ist, was unterhält, was ablenkt, sucht sich dieser Herrscher, der sich jeden Abend ins Theater fahren lässt, und seine Nation folgt diesem neuen Lebensstil. »Eine gewisse Unbeweglichkeit seiner Züge« fällt dem deutschen General Moltke an Napoleon auf: »Ein freundliches, ja gutmütiges Lächeln herrscht in seiner Physiognomie vor … Er sitzt meist … ruhig da.« Die Damen in Europa kleiden sich ab 1851 à la Eugénie de Montigo; Napoleons für ihre Schönheit berühmte Gattin führt eine neorokokoartige Kleidung ein, mit Bändchen, Schleifchen ausgestattete, weit geschnittene Röcke mit eng anliegenden, spitzenverzierten Leibchen und kunstvoll geflochtenen und geschmückten Hochsteckfrisuren. Der Rokoko-Stil, mit dem Friedlichkeit, Harmlosigkeit und pastorales Liebesgetändel assoziiert werden, hält auch in den Wohnhäusern Einzug mit dekorativ-verschnörkelten Polstermöbeln. Arglosigkeit soll zur Schau gestellt werden, Idylle, Ruhe, Stille. Nichts will der Europäer um 1850 mehr von revolutionärer Politik wissen, keine Gewalt mehr, auch nichts wissen vom sich steigernden Massenelend des Proletariats, der Hungertuberkulose, den Problemen enormen Bevölkerungszuwachses und der Syphilis, der immer erst der Wahnsinn vorausgeht.

Genau zu dieser Zeit befasst sich Giuseppe Verdi mit dem Drama *King Lear* von William Shakespeare. Es ist die Tragödie des mythischen Königs, der sein Reich in die Hände zweier seiner Töchter und deren machthungrigen Gatten gibt, während er die gute dritte Tochter verbannt; Goneril und Regan, unmoralisch und herrschsüchtig, machen Lear fortan mit Umsturzplänen das Leben zur Hölle, Lears Verstand verwirrt sich, und als seine gute Tochter Cordelia ihm zu Hilfe eilt, findet sie durch ihre Schwestern den Tod. Shakespeare schreibt das Stück zur Jahreswende 1604/1605, also nach Beendigung der Krise Englands mit Spanien, deren Höhepunkt die Vernichtung der spanischen Armada (1588) darstellt, unmittelbar nach dem Tod

Elisabeth I. von England; seine Quelle ist die englische Chronik von Holinshed.

Der *Re Lear*-Stoff hat Verdi sein ganzes Komponistenleben hindurch begleitet. Immer wieder beschäftigt er sich mit dem Drama, verfasst ein Exposé, ausführliche Skizzen – und wird seine *Lear*-Oper doch nie vollenden. Bereits 1842, als er nach dem *Nabucco*-Erfolg die nächsten Bühnenwerke plant, hält er Shakespeares Tragödie für ein geeignetes Sujet. Dann verhandelt er 1845 mit dem Londoner Impresario Lumley über diesen Stoff für das Her Majesty's Theatre. Nun, Anfang des Jahres 1850, entspinnt sich ein eifriger Disput mit Salvatore Cammarano über den Text. »Wissen Sie, dass es nicht nötig ist, aus dem *Re Lear* ein Drama ungefähr in der gebräuchlichen Form zu machen«, schreibt er im Januar, »aber in einer völlig neuen Art zu behandeln, breit, ohne die Konvention der Gattung zu beachten. Die Partien ... fünf Hauptfiguren: Lear, Cordelia, Buffone, Edmondo, Edgardo. Zwei zusätzliche: Regana und Gonerilla ... Zwei zusätzliche Bässe (wie in Lusia) Kent und Glocester, der Rest Nebenrollen.« Und dies wäre schon das erste aufführungstechnische Hindernis zu einer Realisation des *Re Lear*. Keine Primadonna wäre bereit, in einer zweiten oder dritten Partie zu singen, die nicht das Ausmaß einer ersten Hauptrolle besäßen, sondern nur eine ausgebaute Nebenrolle wäre – und dann auch noch eine negative Figur wie die der lasterhaften *Lear*-Töchter. Zwei qualitativ entsprechende Bässe zu finden wäre ein zweites Problem, zumal alle Stimmen auch noch im Zusammenklang harmonisieren müssten. Nebenbei bemerkt stellt eine Oper mit derart vielen Hauptrollen einen erheblichen finanziellen Aufwand dar, den wohl kein Theater Italiens zu dieser Zeit auf sich nehmen könnte, selbst wenn es wollte, denn wie nach jeder kriegerischen Auseinandersetzung hat vor allem die Kulturszene einer nachrevolutionären Phase unter den ökonomisch katastrophalen Folgen zu leiden. *Re Lear* wird 1850 also wieder zurückgestellt, aber Shakespeare lässt Verdi nicht mehr los. An Marie Escudier schreibt er über den *Tempest* und seine Absicht, nach und nach eine ganze Shakespeare-Reihe zu vertonen. Doch einen Vorschlag zu einer *Hamlet*-Oper schlägt er im Juni desselben Jahres aus: »Diese Riesenthemen beanspruchen unglücklicherweise besonders viel Zeit, auch den *Re Lear* musste ich vorläufig aufgeben … Wenn der *Re Lear* schwierig ist, ist es der *Hamlet* umso mehr, und da mich zwei Verpflichtungen bedrängen, musste ich leichtere und kürzere Themen wählen.« Die kürzeren Themen sind die Opern *Stiffelio* und *Rigoletto*. Cammarano hatte sich dem ungeachtet an das Librettoschreiben gemacht, muss im Sommer 1850 allerdings eingestehen, dass der Komponist Recht behalten sollte und *Re Lear* ein sehr zeitaufwendiges Projekt werden würde. Knapp drei Jahre später beschäftigt sich Verdi erneut mit dem englischen König. Diesmal ist Antonio Somma mit der textlichen Gestaltung betraut. *Re Lear* soll in Neapel aus der Taufe gehoben werden. Auch dieser Plan zerschlägt sich. Der *König Lear* erweist sich als zu komplexer Aufbau, der sich nicht ohne einschneidendste Inhaltsänderungen in einen Operntext ummodeln ließe. Shakespeares Tragödie besteht auf einer Folge schnell wechselnder Szenen, die an sich schon die Aufgabe haben, den wirren Gang der Politik zu symbolisieren, den Wahnsinn Lears zu unterstreichen. Überhaupt ist sein Wahnsinn ja ein durchgehendes Element der Tragödie, er ist kein pittoreskes Highlight wie etwa in *Macbeth* die Schlafwandelszene, bietet damit nicht den für die Oper notwendigen Höhepunkt. Im *König Lear* hat Shakespeare viele seiner Figuren so scharf charakterisiert und sie in ein derart enges Beziehungsgeflecht gesetzt, dass es schier unmöglich ist, auf nur eine dieser Figuren zu verzichten – eine Oper aber müsste sich beschränken. »Der *Re Lear* erweist sich auf den ersten Blick als so umfangreich, und so verschlungen, dass es unmöglich scheint, ein Melodrama daraus zu machen«, behauptet Verdi. Überhaupt würde das auf Ungestörtheit bedachte Publikum jener Jahre den *Re Lear* ablehnen, in dem gegen sämtliche der Zehn Gebote verstoßen wird und in dem es heißt: »Liebe erkaltet, Freundschaft fällt ab, Brüder entzweien sich; in Städten

Meuterei; auf dem Lande Zwietracht, in Palästen Verrat; das Band zwischen Sohn und Vater zerrissen ... Wir haben das Beste unserer Zeit gesehn! Ränke, Herzlosigkeit, Verrat und alle zerstörenden Umwälzungen folgen uns rastlos bis an unser Grab.« Verdi legt das Libretto zur Seite, und erst nach dem *Falstaff*, nach bald dreißig Jahren, die der *Re Lear* »in seinem Umschlag ... tief und ungestört« geschlafen hat, bemerkt der greise Komponist gegenüber dem Dichter Boito: »Nun sollten wir uns an den *Re Lear* machen.«

Giuseppe Verdi entschließt sich, wie oben berichtet, zu einem *Stiffelius* für Triest. Das Exposé Francesco Piaves befriedigt ihn, außerdem werden ihm von der Direktion des Theaters fähige Interpreten zur Verfügung gestellt, darunter Maria Gazzaniga Malaspina und Gaetano Fraschini. In dem atemberaubenden Tempo, das ihm eigen ist, schreibt Verdi den *Stiffelio* nieder, der ihm offenbar sehr am Herzen liegt. Es gelingt ihm in dieser Oper ein neuartiger Ausdruck, eine Steigerung der realistischen Akzente seiner *Luisa Miller*, seines *Macbeth*. Am 16.11.1850 geht der *Stiffelio* über die Bühne, ein höchst verwirrtes Publikum zurücklassend. Die einen empören sich über »gewisse lästerliche« Szenen in der Oper, die anderen erstaunen über die Modernität des Stücks. Entgegen ihrer Legende, die die Oper *Stiffelio* gerne als totalen Misserfolg, als schlechteste Verdi-Oper nach *Un giorno di regno* darstellt, findet das Werk durchaus Beifall. Die Zeitschrift *La Favilla* schreibt nach dem Tag der Premiere: »Wenngleich der Erfolg des *Stiffelio* trotz allem überaus grandios und derart war, dass er dem Namen des illustren Verfassers neuen Glanz hinzufügte, dann muss man die Ursachen hierfür bei den inneren Geisteswerten suchen, die so reichhaltig waren, dass sie das Publikum, durch divergierende Eindrücke ohnehin beunruhigt, zwangen, mit ständiger Aufmerksamkeit, nur unterbrochen von wiederholtem Applaus, zuzuhören.« Mit sicherem Gespür für schockierende Themen greift er in den nächsten drei Opern gesellschaftliche Tabus auf. Er beginnt diese Reihe mit einem Drama nach Victor Hugos *Le roi s' amuse*, der Geschichte des missgestalteten Hofnarren Triboulet, dessen heißgeliebte Tochter von König Franz I. verführt wird und der sich dafür an seinem König rächen will, dabei fällt ihm unglücklicherweise sein Kind zum Opfer. Gemeinsam mit Piave wählt Verdi im Frühling Hugos Werk für Venedig aus, »der großartigste Stoff und vielleicht das bedeutendste Drama der Moderne«. Seiner Meinung nach wirken Hugos Werke, weil »die großen Charaktere die großen Situationen hervorbringen und die dramatischen Effekte sich von selber ergeben«. Wenn er auch an anderer Stelle einmal meint, Hugos Charaktere wären zu grob umrissen, zum vorliegenden Drama muss er bekennen: »Triboulet ist eine Schöpfung, die Shakespeares würdig ist.« Und bekanntlich empfindet Verdi den Renaissance-Dichter als perfekten Analytiker der menschlichen Seele. Am *Le roi s'amuse* bewundert er die klare Sprache, die seinem Credo von Klarheit, Durchsichtigkeit und Kürze entspricht. Natürlich ist Piave auch diesmal angewiesen, einen deutlichen, prägnanten Text zu verfassen. Der Dichter geht mit Feuereifer an die Umsetzung, und schon bald hält Verdi »eines der schönsten Libretti« in Händen »mit Ausnahme der Verse, aus denen es besteht«, setzt er stichelnd hinzu. Tatsächlich ist die Gesamtkonzeption des Textbuches genial, mit dem Prolog, dem Wechselspiel der Handlungsorte, den dramatisch nicht besser einzusetzenden Auf- und Abtritten; die Figurenexpositionen geben meisterhaft Aufschluss über die Charaktere, die Handlung ist ein fließendes Ganzes, ohne Sprünge und Brüche, stetig auf die Katastrophe zulaufend; in Detail betrachtet verfällt Piave manches Mal in Sentimentalitäten, zeigen sich einige Versreihen unbehauen, nicht pikant genug. Aber Giuseppe Verdi geht es diesmal auch nicht um Details, sondern um eine neue dramatische Lösung, für die Piaves Textbuch die geeignete Grundlage ist. *La Maledizione* nennt Giuseppe Verdi sein Projekt, *der Fluch*, denn der Spott, den Triboulet zu Beginn der Geschichte über einen ins Unglück geratenen Höfling ausschüttet, trifft ihn selber, nachdem der Unglückliche den Narren verflucht hat.

»Wenn die Polizei ihn nur zuließe«, seufzt Verdi, dem seitens der Zensur Übles schwant, und wie es die Ahnung will, erhält er, kurz nachdem Piave das Libretto in Venedig vorgelegt hat, einen Brief der Direktion des La Fenice: »Der österreichische Militärgouverneur hat das Libretto abgelehnt. Er weist mich an, sein tiefes Bedauern darüber zu übermitteln, dass der Dichter … und der berühmte Maestro … kein anderes Gebiet gewählt hätten, um ihre Talente vorzuführen, als die umstürzlerische Verderbtheit und die unzüchtige Trivialität des Librettos …«

Es ist allerdings ein Problem, Hugos Stück, in welcher Form und Bearbeitung auch immer, auf die Bühne zu bringen, sorgt doch schon das Original für einen ungeheuren Skandal. Hugo greift vor allem die höfische Lebensweise der Aristokraten an, wenn nicht gar den Lebemann Napoleon III. höchstselbst. Mit Recht fühlt sich das zeitgenössische adlige Publikum angeprangert und pfeift das Werk aus. *Le roi s'amuse, Der König amüsiert sich*, ist eine bitterböse Entlarvung des Absolutismus und der auf puren Lebensgenuss ausgerichteten Haltung des Adels. So kurz nach Revolutionen einen lasterhaften König auf die Bühne zu bringen ist den Zensurbehörden allzu gewagt. Also arbeitet Piave seinen Text um, degradiert den historischen König zu einem frei erfundenen Grafen, lässt Triboulets Mordverschwörung entfallen, die ergreifende Schlussszene bis zur Unkenntlichkeit sich verändern. Zu allem Überfluss verlangt die Zensur nun noch eine Milderung des gar zu unsittlichen Charakters des Grafen. Der Polizeichef von Venedig bringt die Anklagepunkte in einem Brief vom November 1850 auf den Punkt: Das Thema von *Maledizione* sei abstoßend, unmoralisch, von obszöner Trivialität. Die Zensoren legen Verdi eine total verunstaltete Fassung vor mit Namens- und Handlungsänderungen. In Verdi regt sich der Widerstand. Er schreibt einen empörten Brief nach Venedig: »Ich habe noch recht wenig Zeit gehabt, das neue Opernbuch zu prüfen, aber ich habe immerhin genug gesehen und weiß, dass es in dieser Formung keinen Charakter hat, dass es einem nicht nahe geht … Wenn es nötig war, die

Namen zu ändern, hätte man auch den Schauplatz ändern und einen Herzog ... irgendeines andern Gebiets hinstellen müssen ... oder die Handlung weiter zurückverlegen ... als Frankreich noch kein geeintes Königreich war ... der Fluch des Alten, so furchtbar und großartig im Original, wird hier lächerlich, weil das Motiv, das ihn dazu bringt ... nicht mehr die große Bedeutung hat und weil es nicht mehr der Untertan ist, der so kühn zu seinem König spricht ... Der Herzog ... muss durchaus ein Wüstling sein, sonst gibt es keine Begründung für die Angst des Triboletto, dass seine Tochter ihr Versteck verlassen könnte ... Ich weiß auch nicht, warum der Sack weggekommen ist ... Gibt es ... keinen Sack, dann ist es nicht wahrscheinlich, dass Triboletto eine halbe Stunde lang zu der Leiche spricht, ehe ein Blick ihm zeigt, dass es seine Tochter ist ... Sagt man mir, dass meine Musik auch zu dem neuen Stück passen könnte, so gebe ich zur Antwort, dass ich solches Gerede nicht verstehen kann; ich will klipp und klar aussprechen, dass ich meine Musik, ob sie nun schön oder hässlich ist, nicht einfach hinschreibe, sondern dass ich immer bemüht bin, ihr einen Charakter zu geben.« Nach zähem Hin und Her kommen Verdi und die Polizeibehörde überein, den König in einen Herzog umzuwandeln und aus Triboulet einen Rigoletto zu machen, damit man nicht sogleich den Bezug zu Hugos Skandalwerk finden könne. Mitte Januar 1851 erhält Piave die Erlaubnis zu dem leicht veränderten *Rigoletto*. »Heute endlich um drei Uhr nachmittags gelangt unser *Rigoletto* wohlbehalten zum Vorstand und ohne Brüche oder Amputationen«, jubelt Piave am 26. Januar. Rechtzeitig, denn am 5. Februar hat Verdi die Partitur beendet. Seine Reaktion an Carlo Mazari, 29. Januar 1851: »Ich bin überglücklich, dass die Polizei endlich die Zustimmung zu diesem verflixten *Rigoletto* gegeben hat ... Zwei Tage nachdem die Oper von Malipiero auf die Bühne gegangen sein wird, werde ich in Venedig sein ... um der Probe beizuwohnen.«

Natürlich hat er die Oper nicht in den wenigen Wochen zwischen Erlaubnis und dem 5. Februar erdacht, sondern lange zuvor Skizzen und Particelle (Anm.: »kleine« Partituren mit teilweiser Besetzung) angefertigt. Dennoch ist die Schnelligkeit seines Kompositionsvorgangs bekannt. Léon Escudier berichtet in seinen Memoiren: »Möchten Sie jetzt wissen, wie Verdi seine Partituren schreibt? Er beginnt damit, dass er sich des Stoffs bemächtigt, Besitz von ihm ergreift. Er liest den Text wieder und wieder ... sodass er sich gewissermaßen mit dem Drama und mit den Personen der Handlung identifiziert. Er studiert deren Charaktere, ihre Leidenschaften ... Daher die Einheit des Ganzen ... das besondere Kolorit jeder Partitur ... was er mit größter Sorgfalt anstrebt ... ist der Effekt der Kontraste ... Und wenn man die Schnelligkeit sieht, mit der Verdi ... seine Partituren schreibt ... dass es keine Streichungen in seinen Manuskripten gibt, sollte man kaum annehmen, dass er seine Partituren improvisiert. Wie in der Natur! Die Trächtigkeit dauert lange, die Geburt vollzieht sich rasch.«

Es scheint, als hätte Verdis Hauptaugenmerk beim *Rigoletto* mehr den Charakteren und ihrer inneren Entwicklung als der äußeren Handlung gegolten. Das erste Glanzstück der Oper, der Ohrwurm *Questa o quella* mit seinem mitreißenden Galopprhythmus, dokumentiert anschaulich den Charakter des leichtlebigen Herzogs von Mantua. Seine elegant-oberflächliche Ballade ist in die Festszene mit Musik und Tanz eingebettet und beides präsentiert den höfischen Spielraum des Fürsten. Des Herzogs Gegenpart ist in diesem Vorspiel – und das ist das Interessante – nicht der Titelheld Rigoletto, sondern der Höfling Monterone. Der Herzog hat dessen Tochter verführt, und der düstere Alte ist nun auf dem Fest erschienen, um ihn zur Rede zu stellen. Dem espritreichen und leicht instrumentierten *Questo o quella* setzt Monterone eine gewaltige, vom vollen Orchester begleitete Melodielinie entgegen. Während die Musik der heiteren Festszene durch Wiederholungen um sich selbst kreist, kommt mit Monterones Auftritt der musikalische Bewegungsablauf in Gang, ab da beginnt die motivische und harmonische Arbeit, von da an lebt die Instrumentation durch

Kontrastwirkungen auf. Die zweite Szene bringt dann die Exposition Rigolettos. Mit *Pari siamo* wird der Narr durchaus nicht positiv eingeführt. Gewaltsam, brutal, aufbrausend erklingen seine Themen, die sich mit einem Mal jedoch zu lieblichen Phrasen wandeln, wenn er an seine Tochter denkt. Damit wird das Dilemma Rigolettos deutlich: Er ist einerseits ein Höfling wie die anderen, infiziert von der Unmenschlichkeit und Lasterhaftigkeit des Hofes (allerdings als buckliger Buffone selbst Zielscheibe des Spotts), andererseits Privatmann, Individuum, liebender Vater. So steht seine Szene mit Monterone, in der er den Unglücklichen verhöhnt, im direkten Kontrast zu seinem zärtlichen Duett mit Gilda; das alles zeigt einen Menschen zwischen seiner Rolle im öffentlichen Leben und seiner intimen Individualität. Sein persönlicher Konflikt verschärft sich im zweiten Akt, als er gezwungen ist, den lustigen Narren zu spielen und gleichzeitig in Sorge um seine Tochter ist, denn der schreckliche Verdacht, Gilda befinde sich im Palast des Herzogs, bestätigt sich. Dieses *Povero Rigoletto*, von der Dimension eines *Lache, Bajazzo* (Leoncavallo hat in seiner berühmten Oper Rückgriff auf Verdi genommen), ist die Schlüsselszene der Oper. Die Sorge und Liebe überwiegt schließlich das höfische Benehmen. Im nachfolgenden *Cortigiani, vil razza dannata* lässt Rigoletto alle höfischen Tugenden wie Ehre, Stolz, Selbstdisziplin bis zur Verstellung fallen und handelt nur noch als bedrängter Vater: Erst stößt er wilde Drohungen gegen die unbeeindruckten Kavaliere aus, dann fleht er sie um Mitleid und Vergebung an. Aber gegen die Herrschenden richten weder Drohungen noch Bitten etwas aus. Diese Lehre hat Rigoletto durch die Begegnung mit Monterone bereits gezogen. Welcher Weg des Widerstands bleibt ihm noch? Der von Verschwörung und Tyrannenmord. In der Schlüsselszene erreicht Verdis Instrumentation einen Bewegungshöhepunkt. Rasende Läufe kennzeichnen Rigolettos innere Erregung; ebenso die rasch folgenden Modulationen, zum Schluss seiner Arie erreicht Rigoletto das positiv mit Mut, Stärke und Zuneigung konnotierte Des-Dur. Verdi ändert an dieser Stelle ein wenig die Klangfarbe; im Ganzen sind Rigolettos Passagen dunkel getönt, Blech überwiegt, aber hier lichtet sich die Orchestrierung um Nuancen, um im dritten Akt wieder ins Finstere zurückzufallen. Rigoletto gibt sich nicht mit der Befreiung seiner Tochter zufrieden, sondern plant sich zu rächen, Rache ist allerdings wieder etwas völlig Höfisches; Rigoletto greift eben auf die Mittel zurück, die ihm bekannt sind, in diesem Fall die Mordintrige. Das ist nach der Verspottung Monterones seine zweite große Schuld. Zwangsläufig muss der Narr scheitern, wenn er die soeben gewonnene Individualität derart aufs Spiel setzt. Der Herzog bleibt dagegen immer er selbst; eine Zeit lang wollte man in seiner Arie *Parmi veder le lagrime* seine Sorge um die plötzlich verschwundene Gilda heraushören, als liebe er das Mädchen wirklich; doch die Instrumentation mit ihrem an die Festszene gemahnenden Walzerrhythmus korrespondiert kaum mit der vom Herzog zur Schau getragenen Bestürzung. Was ihn quält, ist eher die Trauer um eine sicher geglaubte, plötzlich verschwundene Beute seiner Lust. In der Wirtshausszene im dritten Akt, in der er mit Maddalena schäkert – was er wohl kaum täte, liebte er Gilda aufrichtig –, wird die Konstanz seines Charakters offenbar: Motivisch greift Verdi in der Canzone *La donna è mobile* auf den leichtlebig-frivolen Unterton von *Questa o quella* zurück, mit dem Walzerrhythmus auf *Parmi veder*. Der Komponist erreicht auf diese Weise übrigens die Anbindung des Finales an die vorigen Akte und eine zyklische Geschlossenheit, die ein Merkmal seiner Meisterwerke ist. Die Figur Rigolettos und des Herzogs durchlaufen zwar eine charakterliche Entwicklung, aber keine, die zu einer veränderten Haltung führen würde. Sie bleiben beide letztlich in ihrem angestammten Lebensraum stehen. Anders Gilda. Sie ist zunächst das unschuldige Mädchen vom Typ der behüteten Naiven. Pastoralinstrumente, Flöten und Oboen, begleiten ihre Auftritte. Ihre Melodiegestik ähnelt der Desdemonas in *Otello*, die ja die Verkörperung der Unschuld schlechthin ist. Ihre Singstimme erklingt im ersten Akt im ungebundenen Portato, ganz prägnant im Duett mit ihrem Vater und in ihrer Liebesarie *Caro nome*. Zum Schluss der Arie gerät sie ins Gebundene und Verzierte, schon vom Flüstern der Höflinge, die sie entführen wollen, unterbrochen. Ein wichtiger Moment, bei dem das Unschuldige mit dem Unmoralischen in Kontrast gebracht wird. Im zweiten Akt bleibt ihr die gebundene Linie, ihre Stimme wirkt immer schwerer; in dem Maße, in dem Verdi Rigolettos Klänge erhellt, verdunkelt er die Gildas. Im dritten Akt erscheint Gilda dann als leiderfahrene Frau und besorgte Tochter, die Naivität hat sich verloren. Giuseppe Verdi greift bei der Figurengestaltung Gildas eindeutig auf die *Luisa Millers* zurück, eine Lösung, die ihn sehr befriedigt.

Die erfolgreiche Uraufführung des *Rigoletto* geschieht am 11. März 1851. Die *Gazetta di Venezia* bemerkt am folgenden Tag: »Eine Oper wie diese kann man nicht nach einem Abend beurteilen. Gestern waren wir gleichsam überwältigt von der Neuheit oder vielmehr Absonderlichkeit des Stoffs, Neuheit der Musik, des Stils, selbst der Form der Nummern ... die Oper hat vollen Erfolg ... Und großartig, wahrlich wunderbar ist die Instrumentation gearbeitet. Das Orchester spricht zu einem, weint, entfacht Leidenschaften.«

Trotzdem werden kritische Stimmen laut. Weniger stört diese Kritiker die inszenierte Unmoral eines Herrschers, wenig der Plan zu einem Tyrannenmord, sogar die Verführungsszenen könnte die Kritik hinnehmen, aber nicht einen körperlich Behinderten in einer Titelrolle. »Alle zeterten, als ich vorschlug, einen Buckligen auf die Bühne zu bringen«, erinnert sich Verdi geraume Zeit nach der Uraufführung. In den Änderungen seitens der Polizeibehörde wurde die Umgestaltung der Narrenfigur ein zentraler Streitpunkt. Verdi wehrt sich, als er im Dezember 1850 lesen muss, dass Triboulet/Rigoletto ein »normales« Aussehen haben soll, dass man Abscheulichkeiten nicht auf der venezianischen Bühne zeigen wolle: »Ich stelle schließlich fest, dass man vermieden hat, Triboulet hässlich und bucklig sein zu lassen. Ein Buckliger, der singt? Warum nicht! Wird es wirken? Ich weiß es nicht. Aber wenn ich es schon nicht weiß,

Francisco d'Andrade in der Rolle des Rigoletto (um 1905)

dann, ich wiederhole, weiß es auch der nicht, der die Änderung vorgeschlagen hat. Ich finde es gerade sehr schön, diese so gänzlich missgebildete, lächerliche, doch ganz leidenschaftliche, liebevolle Gestalt darzustellen. Nur dieser Charakteristiken wegen habe ich den Stoff ja gerade gewählt, und wenn diese ursprünglichen Wesenszüge gestrichen werden, kann ich keine Musik mehr dazu schreiben.« Wichtig ist, dass Verdi mit dem hässlichen Aussehen Rigolettos die Seite seines äußeren Charakters, den der öffentlichen Persönlichkeit, zu unterstreichen beabsichtigt, mit dem liebefähigen Inneren, den homo intimus. Bei Victor Hugo werden positive, menschliche Eigenschaften meist an Personen geknüpft, die in irgendeiner Weise vom allgemeinen Bild von Normalität abweichen, sei es physisch oder sozial; berühmtes Beispiel ist sein *Glöckner von Notre Dame*, »eine bewundernswerte Grimasse ... diese abgeplattete Nase, dieser Hufeisenmund, das kleine linke Auge mit roten Borsten bedeckt, das rechte Auge unter einer ungeheuren Warze gänzlich verschwindend, diese monströsen Zähne, die den Hauern eines Keilers glichen, dieses gabelförmige Kinn, dieses ganze Gesicht, ein Gemisch von Bosheit, Blödsinn und Trübsinn ... hinten und vorn ein Höcker, sichelförmige Beine, Klumpfüße, lange Arme mit gewaltigen Fäusten ...«; oder der zum Guten bekehrte Verbrecher Jean Valjean in *Die Elenden*. Das Motiv des guten Missgestalteten oder gesellschaftlich Verachteten findet sich als ein Hauptmotiv romantischer Literatur. Ein Höhepunkt dieses Genres ist sicher Mary Shelleys *Frankenstein*. Entnommen sind die Motive den Märchen und Volksdichtungen, die zu Anfang des 19. Jahrhunderts gesammelt und geschrieben werden; der bucklige *Zwerg Nase* Wilhelm Hauffs, die in Frösche, Bären und Schlimmeres verwandelten Prinzen, wohl auch die skurril verwachsenen Gestalten E. T. A. Hoffmanns, stehen als Urbilder der Motivgeschichte da. In die romantischen Romane werden sie als märchenhafte Elemente hineingewoben, meist – wie bei Hugo – mit der Aussage, dass das Märchenhafte zugleich etwas Außerordentliches und in der Realität nicht Vorkommendes ist, dass es darum die an diese »Märchenfiguren« gebundene Menschlichkeit und Tugendhaftigkeit in der Realität eigentlich nicht gibt. Das ist ja sowohl ein Anklagepunkt der sozialkritischen Werke Victor Hugos als auch der »wahren« Opern Giuseppe Verdis. Es ist, nebenbei bemerkt, höchst bedauerlich, dass es noch keine Kulturgeschichte der Behinderten gibt, man könnte dann schlüssig darstellen, was für einen Skandal Verdi mit seinem buckligen Hofnarren hervorruft. Körperliche Behinderungen werden im 19. Jahrhundert als physischer Ausdruck seelischer Verkrüppelungen verstanden; der körperlich Behinderte gilt generell als geistig zurückgeblieben, auch wenn er es nicht ist. Körperliche und geistige Defekte werden als Bestrafungen, Begriff: Erbsünde, gesehen, deren man sich schämen muss. Also sperrt man diese wandelnden Anklagen von Sünde weg. Betuchte Familien halten ihre kranken Mitglieder unter persönlicher Betreuung in abgeschiedenen Teilen ihrer Häuser oder in ordentlichen, gepflegten Sanatorien; vom gesellschaftlichen Leben der Familie sind die Behinderten ausgeschlossen. Weniger finanzkräftige Leute geben ihre Kranken in staatliche Irrenanstalten, wo die Bedauernswerten je nach ökonomischer Situation ein grausames Los durchleiden. Existenzberechtigung haben körperlich Behinderte in vorigen Jahrhunderten oft nur in Rollen wie denen der Hofnarren, der Zirkusleute, der Monsterschauen auf Jahrmärkten, als Kuriosa, als Kreaturen; ernst genommen werden sie nicht. Umso erschreckender für das Publikum Verdis, dass Rigoletto sogar Ernst macht und den Tyrannenmord plant und ausführt.

Rigoletto wird dennoch ein Welterfolg, ein Exportschlager für die USA; *Rigoletto* macht seinen Schöpfer reich. Verdi hat bereits seit drei Jahren ein ausgedehntes Fleckchen Land gekauft. Für das Gut Sant' Agata gibt er seinen Besitz in Roncole auf. Er wird am St.-Martins-Tag 1848 Herr über 350 biochle (1 biochle = 3000 m²). Seine Eltern setzt er als eine Art Verwalter in das kleine Gutshaus, er selbst lebt mit Peppina im Palazzo Cavalli in Busseto. Nun aber verfügt Verdi über das Geld, Sant' Agata von Grund auf neu zu gestalten und auch das Landhäuschen seinen Ansprüchen gemäß aus- und umzubauen. Außerdem werden Giuseppina und er von den Bussetanern nach wie vor angefeindet, sodass es ihnen mehr als willkommen ist, die Stadt verlassen zu können. Mit dem Vater kommt es zu Spannungen wegen Peppina; Carlo Verdi findet die Wahl seines Sohnes nicht standesgemäß. Er, der sehr gläubig ist und täglich die Messe besucht, hat seine eigenen Ansichten über die Moral Giuseppinas. Leider gibt er sie auch in Busseto jedem, der sie hören will, preis. Das ist natürlich ein gefundenes Fressen für so manche klatschsüchtige oder schadenfrohe Seele in der Kleinstadt. Giuseppe steht zwischen Peppina, die er vor Verleumdungen schützen will, und seinem Vater, dem er nach wie vor mit kindlicher Liebe anhängt. »Trenne dich von dieser Frau«, fordert Carlo. Peppina setzt dagegen: »Ich bitte dich flehentlich, dich nicht zu eng mit deinen Eltern zu verbinden.« Die Spannungen werden zum erbitterten Streit, als Verdi mit Peppina nach Sant' Agata übersiedeln möchte und seine Eltern deshalb auffordert, das Haus zu verlassen. Die ganze Angelegenheit muss vom Maestro mit wenig Zartgefühl angegangen worden sein, denn er setzt seine Eltern mehr oder weniger vor die Tür. Da hilft auch nicht, dass Carlo Verdi seinem Sohn das Wohlergehen der Mutter ans Herz legt, die kränkelt und für die ein Auszug Anstrengung bedeuten würde, und die zum anderen ihre heißgeliebte Hühnerzucht aufgeben müsste, mit der sie auf Sant' Agata ein schönes Sümmchen verdienen kann. Luigia muss sich auf dem Landgut sehr wohl gefühlt haben; ein Brief Carlos vom Mai 1849 besagt: »Deine Mutter ist sehr, sehr glücklich, auf dem Lande zu sein, und sie will niemals wieder wünschen, zurück nach Busseto zu gehen. Sie brachte auch dein Bett nach Sant' Agata, damit, wenn du kommst, du … mit uns leben kannst.« Jetzt muss Luigia ihre idyllischen Wünsche begraben und nach Vidalenzo gehen, einen Ort, den Verdi für seine Eltern auswählt. Vorher kommt es noch zu unerträglichen Szenen mit Carlo. Der Sohn beschuldigt ihn, schlecht gewirtschaftet zu haben und Geld schuldig geblieben zu sein, seine Entlassung als Verwalter sei also mehr als legitim; er habe nichts weiter mit den Angelegenheiten seines Vaters zu schaffen. In Wahrheit gehört ein eigener Anteil Land in Roncole, das Verdi für Sant' Agata veräußert, seinem Vater Carlo, sodass Carlo im Prinzip ein Mitrecht an dem Landgut hätte, zumal er seine Arbeitskraft für den Erhalt von Haus und Hof eingesetzt hat. Darüber kommt es zum Streit, der über den Juristen Balestra Ercolano beigelegt werden soll. An den Notar schreibt Verdi am 21. Januar 1851: »Ich beabsichtige, von meinem Vater getrennt zu sein ... die Welt Carlo Verdis ist die eine Sache, und die Giuseppe Verdis eine andere.« Die Eltern müssen ausziehen. Bald darauf verschlechtert sich Luigias Gesundheitszustand. Verdi schreibt im März 1851 an Piave: »Meine Mutter ... ist immer noch krank! Ich sehe neue Streitereien mit meinem Vater voraus! ... Ich fühle mich müde ... ich habe weiterhin ein bisschen Magenschmerzen ... Hurra! Und außerdem, außerdem, außerdem ... eine Unmenge moralischer Probleme!! Arme Künstler!!« Die moralischen Probleme dürften sich kaum auf die Oper beziehen, deren Uraufführung zu diesem Zeitpunkt schon gewesen ist, sie beziehen sich nicht auf die Eltern und Busseto – sondern auf sein Verhältnis zu Giuseppina. Es fällt auf, dass die ehemalige Sängerin in diesem Jahr höchst depressiv ist; ihre Briefe und Notizen klingen danach. Sie leidet unter Verdis Launen – der Komponist ist in gereizter Stimmung –, und sie sieht es nicht gerne, dass er so viel mit dem »großen Teufel«, wie sie Francesco Piave nennt, zusammen ist. Der Librettist ist bekannt für seinen »leidenschaftlichen« Lebenswandel. Er besucht regelmäßig die Bordelle der Großstädte und überredet seine Freunde und Geschäftspartner gerne zu gemeinsamen Besuchen. Verdi ist dem offenbar nicht abgeneigt. Peppina warnt ihn: »Dem ›großen Teufel‹ ... sag ... er soll seine Freundschaft nicht dadurch beweisen, dass er dich auf Abwege bringt. Ich weiß, er hat für dieses Geschäft großes Talent. Bitte ermahne ihn, seinen erotischen Eifer Freunden vorzuführen, die ihm ähnlich sind.«

Offenbar hat der Komponist die Warnung in den Wind geschlagen. Das zeigt allerdings, dass er seine Geliebte weniger achtete, als die Fama um den hochmoralischen Komponisten wissen will, vielleicht sogar nur um Geringes mehr als die Bussetaner, die Peppina als Theaterhure verschreien. Seinem eigenen Ruf halber ist es ihm darum zu tun, Giuseppina vor der Welt zu verteidigen. Als auch sein Schwiegervater andeutet, Verdi vernachlässige wegen seiner Geliebten seine alten Freunde und ob er die Frau nicht heiraten wolle, damit die Klatschmäuler der Stadt Ruhe gäben, antwortet der Maestro: »Liebster Schwiegervater … Nach all diesen Jahren habe ich nicht damit gerechnet, einen solchen Brief von Ihnen zu erhalten … Sie leben in einer Stadt, die die üble Angewohnheit hat, sich in die Angelegenheiten anderer einzumischen und alles zu missbilligen, was nicht mit ihren Vorstellungen übereinstimmt … Ich habe nichts zu verbergen. In meinem Haus lebt, frei und unabhängig, eine Dame, die wie ich die Einsamkeit liebt … Welche Rechte habe ich über sie, welche hat sie über mich … in meinem Haus gebührt ihr ebenso viel, wenn nicht mehr Achtung als mir, und niemandem ist es gestattet, es aus welchen Gründen auch immer daran mangeln zu lassen. Und schließlich hat sie alles Recht darauf dank ihres Verhaltens, ihres Geistes … Nichts in diesem Brief will Sie verletzen … Addio, addio, mit all meiner gewohnten Freundschaft.«

Die Wellen der Empörung schlagen in Busseto noch einmal hoch, als Verdis Mutter im Sommer stirbt; einige geben dem Komponisten die Schuld an ihrem Tod. Sie habe sich fern von Sant' Agata gegrämt, heißt es. Giuseppe leidet allerdings unter dem Verlust. Am 9. September 1851 schreibt er an Cammarano, einen schwere Wolke des Unglücks sei dieser Tod. An Clarina berichtet er traurig-gefasst über Krankheit und Sterben seiner Mutter. »Peppina leidet, ihn weinen zu sehen«, seufzt Muzio in einem Brief an Barezzi.

Etwa zu dieser Zeit beschäftigt sich Verdi mit zwei Opern, die in interessanter, aber zufälliger Beziehung zu seiner Biographie stehen. Die eine ist *La Traviata*, die Geschichte der edlen Prostituierten Margherite, die sich unglücklich in Alfredo verliebt, die andere, die einer seltsamen Art von Mutterliebe und Rache, *Il trovatore*. An Lanari schreibt er im März 1851: »Im vergangenen Herbst gab ich in Bologna mein Wort, Dir für den Herbst 1851 eine Oper zu schreiben. Ich bin bereit, mein Wort zu halten. Hier die Bedingungen; … 2. Um das Libretto kümmere ich mich – ich hoffe, Cammarano dafür zu gewinnen. 3. Die Sängertruppe muss gut und mir bekannt sein. Bevor ich den Vertrag unterzeichne, werde ich sie jedoch noch einmal unter die Lupe nehmen. 4. Ich besitze voll und ganz das Eigentumsrecht für das Werk. 5. Als Gage für eine Spielzeit … hast Du mir 250 Goldnapoleonen in zwei gleichen Raten zu zahlen …« Im April 1851 schreibt Verdi an Cammarano über den *Trovatore*, der Chor der einführenden Erzählung sei gut, die Cavatine der Leonora grandios, der Zigeuner-Chor fantastisch und ein Dialog im dritten Teil des Dramas brächte den Charakter der Zigeunerin Acuzena, der Mutter, hervorragend zur Geltung. Der Textdichter beginnt mit seiner Arbeit, aber im Sommer 1852 erkrankt er schwer. Die letzten Schönheitskorrekturen am Libretto werden dem jungen Leone Emanuele Bardare übertragen. Im Juli stirbt Cammarano. »Ich war wie vom Blitz getroffen über die traurige Nachricht vom Tode unseres Cammarano«, klagt Verdi in einem Brief vom 5. August: »Es ist unmöglich, euch meinen tiefen Schmerz zu beschreiben … Was für ein Verlust!«

Fünf Tage nach diesem Brief wird Verdi zum Ritter der Ehrenlegion ernannt, eine Ehrung, die ihn nicht sonderlich ergreift. Seine Gedanken sind ganz beim *Trovatore*, der in Rom gegeben werden soll. Dabei ist ihm nicht wohl zumute, denn die letzten römischen Inszenierungen seiner Werke sind mäßig; am 1. Dezember 1851 schimpft er: »Ich weiß, dass man in Rom nicht nur *Stiffelio*, sondern auch *Rigoletto* ruiniert hat, diese Herren Impresari haben immer noch nicht begriffen, dass es besser ist, die Hände von solchen Sachen zu lassen, wenn man sie nicht unverändert zu bringen vermag, wie sie vom Autor gedacht sind … was es heißt, wenn sie auch noch den Inhalt ändern!!« Von der Mailänder Scala hört man im Jahr 1852 dagegen Erstaunliches: Das Theater wird von Kerzen- auf Gasbeleuchtung umgestellt. Vor 1820 werden Londons Straßen mit Gas illuminiert, Paris und Wien ziehen gleich. In Italiens öffentlichen Gebäuden hält die moderne Beleuchtung erst zur Jahrhundertmitte Einzug. Kurz vor Weihnachten 1852 ruft Verdi aus: »Das Theater der Scala ist mit Gas beleuchtet; und alle Malereien und Vergoldungen sind erneuert: Es wird ein Paradies.«

Der Komponist bereitet sich indes auf die Reise nach Rom vor. An seinen Freund, den römischen Bildhauer Vincenzo Luccardi, richtet er eine Besorgungsliste, auf der an oberster Stelle Wohnung und Klavier stehen; Verdi komponiert immer am Klavier, es ist also nötig, dass ihm ständig und überall eines zur Verfügung steht:»Ich werde am 25. in Rom sein … Ich bitte Dich … mich zu erwarten, und lass mir von diesem Tage an meine Wohnung bereithalten … Geh auch zu Jacovacci, dass er Dir ein Klavier gibt … damit ich gleich nach meiner Ankunft … schreiben kann … Sieh darauf, dass das Klavier gut ist!« Die Oper, an der er in Rom schreiben will, ist die *Traviata*. Den *Trovatore* hat er am 14. Dezember beendet; er wird am 19. Januar 1853 aus der Taufe gehoben. Zu dieser Zeit ist *La Traviata* nahezu vollendet. Im Frühling 1851 hat Verdi Alexandre Dumas' (d. J.) Roman *Die Kameliendame* gelesen, während eines Paris-Aufenthalts im Winter 1851/52 hat er Gelegenheit, die Bühnenfassung des Werkes zu sehen. Daraufhin nimmt sein Plan, die *Kameliendame* in eine Oper umzumodeln, Gestalt an. »Für Venedig mache ich *La Dame aux Camélias*, die vielleicht *Traviata* als Titel haben wird. Ein zeitgenössischer Stoff. Ein anderer würde ihn vielleicht nicht gemacht haben, wegen der Sitten, wegen der Zeiten«, schreibt er am 1. Januar 1853 an De Sanctis. *Traviata* ist ein Stoff, an dem ihm sehr viel liegt.

Wie immer während künstlerisch anstrengender Phasen macht sich sein Rheuma bemerkbar; diesmal ist es sein rechter

Arm, der unerträglich schmerzt. Seine Stimmung ist natürlich entsprechend gereizt. Seine Partnerin bekommt wieder einmal den »wahren« Verdi zu Gesicht. »… Seit langer Zeit beanspruche ich für mich keinen Willen mehr, sondern Launen«, wirft sie ihrem Mago vor. Sie fühlt sich wohl, wenn sie mit ihm fern von Busseto in den Großstädten Europas lebt, aber der Komponist möchte wegen seines kranken Arms unbedingt zurück aufs Land. »Es sei also, wie Du es wünschst: Kehren wir nach Sant' Agata zurück. Dein Wille geschehe … Ach, wenn doch Sant' Agata in Frankreich, in England oder in Amerika läge!«

Unterdessen verhandelt der Maestro mit der Direktion über die Sängerin der Titelpartie. Verdi wünscht sich Rosina Penco, die bereits dem *Trovatore* in der Rolle der Leonora zu glänzendem Erfolg verholfen hat. Wie für die meisten seiner Hauptpartien hält der Komponist eine Interpretin für nötig, deren schauspielerische Qualitäten ihren gesangstechnischen entsprechen. Bei Rosina Penco ist das der Fall, nicht aber bei Fanny Salvini-Donatelli, die ihm vom Venezianer Theater vorgeschlagen wird. Am 30. Januar schreibt Verdi der Direktion des La Fenice, dass er »die Rolle der *Traviata* ganz bestimmt nicht der Signora Salvini anvertrauen werde … Die Penco … würde, so glaube ich, die Beste sein. Sie hat eine gute Figur, Seele und Bühnenerfahrung, ausgezeichnet für *La Traviata*.« Offenbar ist die Penco dem Fenice aber zu teuer, also muss Verdi sich mit der Salvini arrangieren. Sängerisch füllt sie die Rolle der Margherita vollkommen aus. Während der Uraufführung am 6. März 1853 streicht sie in den ersten Akten viel Applaus ein. Nur das Finale gerät zur Groteske. Offenbar spielt sie die dahinsiechende, hüstelnde Schwindsüchtige zu gekünstelt, was dann natürlich äußerst komisch wirkt. Das Publikum quittiert die mäßige schauspielerische Leistung mit Lachern, den Rest der Oper von Verdi und Piave mit Rufen der Missbilligung. Bitte schön, im frivolen Paris mag man dergleichen an den Theatern sehen wollen, nicht aber in Italien; das Hurendrama ist denn doch zu abgeschmackt für das venezianische Moralempfinden. Am Tag nach der Uraufführung notiert Verdi kurz an Muzio: »Die *Traviata* gestern Abend, ein Fiasko. Meine Schuld oder die der Sänger? ... Die Zeit wird es offenbaren.«

La Traviata wird vor einem historischen Szenario gegeben, das kein Interesse an einer Individualtragödie – noch dazu der einer Frau – hat, sondern dessen Augenmerk auf die aufwühlenden politischen Ereignisse gerichtet ist, zu denen die *Kameliendame* gar nicht recht passen will. Im Februar 1853 schart Giuseppe Mazzini einige Hundert des »Jungen Italiens« um sich, um Mailand zu erstürmen und den Händen der Österreicher zu entreißen. Eine wahnwitzige Verzweiflungstat. Offensichtlich versucht Mazzini mit diesem »Sturm« das Signal zu einer neuen Revolution zu setzen. Nach einem mehrtägigen Straßenkampf werden die Mazzinisten von den wesentlich zahlreicheren österreichischen Truppen besiegt. Feldmarschall Radetzky statuiert ein Exempel, lässt unzählige Revolutionäre einkerkern und ihre Rädelsführer öffentlich erhängen. Auf Mailands Straßen gilt der Ausnahmezustand. Emanuele Muzio berichtet am 10. Februar 1853 an Antonio Barezzi: »Die Revolution ist zu Ende, es wird mit den Exekutionen mit Strick und Blei begonnen; die Strenge ist gewaltig und niemand wagt zu sprechen – noch sich auf der Straße aufzuhalten. Die Stadttore sind wieder verschlossen und niemand kann heraus oder herein, außer Reisende und die, welche die Stadt verproviantieren.«

Ein Jahr später findet *La Traviata* in Venedig großen Anklang. Inzwischen hat sich der diplomatische Weg Graf Camillo Benso di Cavours zur Befreiung Italiens durchgesetzt; Cavour ist seit 1853 Ministerpräsident Sardinien-Piemonts, ein etwas großbürgerlich sich gebender Mann bismarckscher Prägung. Er ist gegen die gewaltsamen Versuche der Selbstbefreiung à la Mazzini und Garibaldi. Während seiner nächsten Amtsjahre beruhigt sich die Lage in Italien erst einmal. Eine trügerische Stille, in der gleichwohl das zarte Drama der edlen Kurtisane endlich Beachtung finden kann.

Camillo, Graf Benso di Cavour

Aus Ohnmacht zur Macht: *La Traviata*

Kann eine Oper Verdis nach *Rigoletto* noch mehr Skandal verursachen? *La Traviata*, die Verirrte, kann, schildert sie doch das wahrhaft unmoralische Lebensende einer Kurtisane. Gerade wegen seiner Anrüchigkeit interessiert sich der Komponist für das Sujet: »Es ist ein Stoff aus unserer Zeit. Ein anderer hätte das vielleicht nicht komponiert wegen des Kostüms, wegen der Zeit, wegen tausend anderer Hemmungen. Ich tat es mit besonderem Wohlgefallen.« Es macht ihm schon sehr viel Spaß, die so genannte »gute Gesellschaft« vor den Kopf zu stoßen, Anstoß zu erregen, zu provozieren, alles zu schreiben, Hauptsache, Opposition zu sein. Der Sektenführer Stiffelio, der bucklige Narr Rigoletto, die schwindsüchtige Prostituierte, die rachedurstige Zigeunerin, das sind alles Hauptfiguren, die nicht erst durch ein Schicksal, durch äußere Einwirkung in eine Ausnahmesituation gebracht werden, es sind Figuren, die von Anfang an außergewöhnlich sind, deren Schicksal bereits in ihnen selbst oder vielmehr in ihrer Ränderposition vorgefügt ist.

Der Skandal hängt an zweierlei. Einmal an der Opernvorlage. Der Roman *Die Kameliendame* Alexandre Dumas' d. J. erregt in Paris 1848 enormes Aufsehen, hat der junge Autor es doch gewagt, eine Geschichte aus dem Leben einer real existierenden Kurtisane zu schreiben, und zwar einer stadtbekannten: Alphonsine Duplessis, der zahlreiche Künstler, unter ihnen der Pianovirtuose Franz Liszt, der »Paganini des Klaviers«, zu Füßen liegen. Das Theaterstück, zu dem Dumas seinen Erfolgsroman 1852 umarbeitet, erhitzt die Gemüter nur noch mehr, denn jetzt wird deutlicher, dass der Autor einige angesehene Pariser Familien angreift, deren teilweise noch lebende Mitglieder als Freier der schönen Kokotte figurieren. Dem italienischen Publikum der Verdischen Oper ist das natürlich gleichgültiger, nicht aber die Idee, Giuseppe Verdis *Traviata* sei die Schilderung und Rechtfertigung seiner Geliebten Giuseppina Strepponi. Dieser Gedanke saugt sich fest, und tatsächlich ist die Oper immer biographisch interpretiert worden. Sollte Verdi seinem »Livello«, wie er Giuseppina nennt, in der Kameliendame gehuldigt haben, so war das allerdings kein galanter Zug von ihm, keine Respektsbezeugung. Peppina, die die drei Fehltritte ihres Lebens zutiefst bereut und hohe moralische Wertvorstellungen besitzt, würde das wie ein spitzer Vorwurf erschienen sein, wohl kaum wie eine Ehrbezeugung.

Sicher aber öffnet gerade Livellos Schicksal dem Komponisten die Ahnung, dass eine Kurtisane lediglich ein »verirrtes«, fehlgeleitetes Geschöpf der Männergesellschaft ist, mehr ein schwacher denn ein abgrundtief lasterhafter Charakter (wie beispielweise der Herzog im *Rigoletto*), und dass eine »gestrauchelte Frau« ein durchaus wertvoller Mensch sein kann.

Selbstverständlich macht die Zensurbehörde Schwierigkeiten, die Uraufführung steht auf dem Spiel. Verdi muss sich schließlich zu der Konzession bequemen, die Handlung aus der Gegenwart in die Barockzeit zu transportieren, in der Mätressenwesen und Koketterie unlösbar zum Zeitgeist gehören. Es sind ja schon einige Kurtisanendramen der Barockzeit auf der Opernbühne geduldet worden. Da ist die Geschichte der Manon Lescaut nach Prévosts Barockroman aus dem 18. Jahrhundert: Das lebenslustige wie unschuldige Mädchen flieht vor der ihr schrecklichen Zukunft in ein Kloster mit ihrem Geliebten Chevalier Des Grieux. Sie gibt dem Luxusleben, das andere dem schönen Mädchen bieten, nach und verlässt den sie aufrichtig liebenden Grafen. Als sie sich schließlich wieder finden, versucht Des Grieux mit Glücksspielen den aufwendigen Lebensunterhalt Manons zu bestreiten. Sein Vater lässt das Mädchen verhaften und nach Amerika deportieren. Des Grieux folgt ihr in die Verbannung. Gemeinsam versuchen sie aus dem Straflager zu entfliehen: Entkräftet und krank stirbt die Frau auf der Flucht in Des Grieux' Armen. Eine weitere Erzählung ist die von Marion Delorme, einer Kurtisane, die sich von ihrer Karriere zurückgezogen hat, um mit ihrem wahrhaft geliebten Didier auf dem Lande zu leben. Ihre Vergangenheit holt sie in Gestalt des Marquis de Saverny ein, der sich mit Didier duelliert. Des verbotenen Duells wegen, nach einigen dramatischen Geschehnissen, werden beide zum Tode verurteilt. Marion will Didier retten, doch der ist von Saverny über ihr früheres Leben aufgeklärt worden und will von Rettung nichts mehr wissen. Kurz vor seiner Hinrichtung wirft Marion sich ihm nochmals zu Füßen, ihre aufrichtige Liebe beschwörend. Im Angesicht des Todes verzeiht Didier alles und bekennt auch seine tiefe Zuneigung.

Mehrere Kleinmeister haben diese Stoffe bereits auf die Bühne gebracht. Ein großer Name ist der Jacques Fromental Halévys, der *Manon* 1830 als Ballett realisiert. Nach Verdis *Traviata* nehmen sich andere bedeutende Komponisten dieser Stoffe an. Auber vertont *Manon Lescaut* 1856, Jules Massenet 1884; Massenet bleibt auch mit einer weiteren Oper, *Maria Magdalena*, bei der Prostituiertenproblematik. Giacomo Puccini führt 1893 die berühmteste *Manon Lescaut*-Vertonung auf. Amilcare Ponchielli vollendet 1885 die bedeutendste Umsetzung des *Marion Delorme*-Stoffes.

Manon Lescaut und *Marion Delorme* sind beides Dramen, die mit moralisierendem Zeigefinger das Leben der jeweiligen Titelfigur schildern. Ihr Schicksal ist vollkommen ihre eigene Schuld, beide können auf ein Leben in Luxus nicht verzichten, vor allem Manon liefert sich ihrer Leichtlebigkeit aus. Das Schicksal der Kameliendame formt sich auch aus einem Element, auf das sie selbst keinen Einfluss hat: ihre Krankheit. Anders als ihre tragischen Schwestern stirbt sie nicht in direkter Folge ihres Tuns, denn ihr gelingt ja im Gegensatz zu diesen die Abkehr von ihrem lasterhaften Leben zu einem von wahrhafter Liebe erfüllten; sie steht sich selbst nicht im Wege, wie Manon Lescaut.

Deshalb geht ihre letzte Bitte in Erfüllung, die sie in ihrer Arie *Addio del passato* äußert: dass ihr Geliebter ihr wieder nahe sein möge (»L'amore d'Alfredo, perfino mi manca«). Nun trifft ein größeres Schicksal die Liebenden, nämlich Violettas Schwindsucht. Zwar wertet Verdi die Moral einer Halbweltdame anders als Halévy vor oder Auber nach ihm, aber auch seine Violetta darf nicht überleben, das erträumte bürgerliche Glück darf für sie nicht Wirklichkeit werden; die edle Hure muss sterben, nicht weil sie edel, sondern weil sie Hure ist. Für die vollständige Rehabilitierung einer »Verirrten« ist auch in Giuseppe Verdis tolerantem Moralkodex kein Raum.

La Traviata ist eigentlich eine Kompromisslösung zwischen tugendhaftem Frauenideal und gefürchteter Verführerin. Es wurde ja bereits gesagt, dass es im 19. Jahrhundert eigentlich nur diese beiden Extremvorstellungen davon gibt, wie Frau zu sein hat. Gesellschaftlich akzeptiert wird allerdings nur die tugendhafte Frau, die sinnlich verlockende ist lediglich eine Wunschprojektion der männlichen Gesellschaftsmitglieder, zugleich Angst einflössend, denn sie widerspricht so vollständig dem offiziell sanktionierten Frauenbild. In Verdis und Francesco Maria Piaves Oper werden genau diese beiden Bilder von Frauen gegenübergestellt. Das Bild der Verführten und Verführenden steht am Beginn des ersten Aktes, das der demütig, gottesfürchtig, passiv Leidenden im Finale, dritter Akt. Piave fixiert die unterschiedlichen Situationen schon im Bühnenbild. Die erste Szene spielt in einem »eleganten Salon, reich möbliert … im Vordergrund … ein Kamin … in der Mitte des Saales eine sehr reich besetzte Tafel«; der Schlussakt handelt in Violettas Schlafgemach: »Im Hintergrund eine Nische … ein Bett; neben demselben ein Tischchen mit einer Wasserflasche, Glas, Arzneien und brennender Nachtlampe … Zur Linken ein Fenster mit Vorhängen, die geschlossen sind.« Verdi malt die unterschiedlichen Stimmungen einmal mit dem aufgeregten Schwirren der Bläsergruppen, vor allem der hell aufspringenden Piccolo-Flöten (1. Akt), zum anderen mit dem kammermusikalisch gelichteten

Orchester, den in den Vordergund tretenden Streichern zu Beginn des dritten Aktes. Im ersten Akt ist es immer Alfredo, der Violettas Ton aufnimmt und ihrer Melodie folgt. Violetta ist hier der aktive Part. Die einzige große Arie des Akts gehört ihr, *Ah quell'amor*. Im Schlussakt sind beide Stimmen vollständig miteinander verschmolzen; eine Stimme spinnt die Melodielinie der anderen weiter, ohne Zäsur, ohne Halt; jetzt ist es Alfredo, der die Melodie vorgibt, an die Violetta sich anlehnt. Violetta ist schließlich zur größten Selbstaufopferung bereit: Sie gibt Alfredo nach ihrem Tod frei, er soll dereinst eine »reine Jungfrau« heiraten und mit dieser glücklich werden (»Se una pudica vergine degli ami suoi sul fiore, a te donasi il core, sposa ti sia«). Im zweiten Akt geschieht die Verwandlung. Zu Beginn ihre Duetts mit Germont, Alfredos Vater, ist Violetta immer noch die Tonangebende. Germont passt sich ihrem melodischen Gestus an. Im Laufe der Szene verschiebt sich das Schwergewicht zugunsten Germonts. Im Andantino *Dite alla gioveni (Saget dem Mädchen)* und erst recht im Allegro molto *Morò! Morò* finden die Stimmen zum Einklang. Violetta ist von ihrem anfangs pathetischen Ausdruck in denselben schlichten Klang Germonts gefallen. »In edler Entsagung« soll ihr Gesang interpretiert werden.

Giuseppe Verdis *La Traviata* trägt in vielem einen wesentlich romantischeren Zug als die Vorlage, Alexandre Dumas' *Kameliendame*. Dumas betont die realistischen Momente seines Romans. So wird in den ersten Sätzen deutlich gemacht, dass hier ein überprüfbares Geschehen berichtet, keine fiktive Geschichte erzählt werden soll: »Ich selber habe freilich das Alter noch nicht erreicht, in dem man dichtet, und darum will ich mich auch begnügen, hier lediglich zu berichten. Das heißt, der Leser darf von der Wahrheit dieser Geschichte überzeugt sein, deren Personen mit Ausnahme der Heldin alle noch leben. Überdies gibt es in Paris für viele der Geschehnisse, die ich hier vorbringe, genügend Zeugen, die sie bestätigen können, wenn man mir etwa nicht glaubt.« In der Opernfassung gehen solche Hinweise auf die Kodifizierung der Geschichte natürlich verloren, zu erzählen bleibt die reine Fabel einer reuigen, bereuenden Sünderin. Ausgenommen müssen auch die vielen Nebengeschichten und -figuren werden, die Dumas kunstvoll zur Unterstützung des realistischen Ausdrucks heranzieht, beispielsweise die tragische Geschichte einer naiven Unbekannten, die von ihrer Mutter zur Prositution gezwungen wird und an den Folgen eines Schwangerschaftsabbruchs stirbt, oder die Freier Margherites, der Herzog und zwei Grafen, die die rein finanziell/sexuelle, lieblose und menschenunwürdige Seite des Gewerbes beleuchten, oder die Affäre Armand Duvals, mit der herzlosen Kurtisane Olympia, mit der er die Eifersucht Margherites wecken will. In Verdis Oper begeht Alfredo keinen Treuebruch, damit ist die reine romantische Liebesgeschichte unangetastet.

Der Begriff Romantik gerät hier ins Unklare: Was ist die Romantik in Verdis *Traviata*, wo ist der romantische Dumas? Victor Hugo definiert den Begriff für die französische Literatur – Romantik ist die Wirklickeit, gebildet, wenn sich Erhabenes und Groteskes mischt. Wenn sich Alexandre Dumas von seiner Stoffwahl auch im Bereich dessen befindet, was Hugo mit Vorliebe zum Thema erhebt, entspricht die *Kameliendame* doch nicht völlig dem Profil der französischen romantischen Literatur. Die Kernhandlung, die Ich-Erzählung Armand Duvals (Margherites Geliebter), ist romantisch, denn die Figur empfindet so, es ist Teil ihrer Charakterzeichnung, sowohl was die pathetischen als auch die bizarren Züge des wahrhaft und zugleich absolut egoistisch, eifersüchtig Liebenden betrifft; die Rahmenhandlung bleibt realistisch ausgeführt, bis auf eine Szene, die auf dem Friedhof bei der Exhumierung von Margherites Leiche spielt und die der eigentliche Auslöser für die nachfolgende Ich-Erzählung und zugleich Exposition der Figur Armands ist. »Manchmal schmetterte einer der Hacken auf einen Stein ... Ich ließ Armand nicht aus den Augen, denn ich dachte jeden Augenblick, die Erregung, die sich in ihm sichtlich staute, werde ihn umwerfen: Aber er sah mit starren, offenen, wahnbesessenen

Augen weiter zu, und lediglich ein leises Beben der Lippen und
Wangen verriet, welche gefährliche Nervenprobe er zu bestehen
hatte ... Als der Sarg freigelegt war, sagte der Kommissar zu den
Totengräbern: ›Macht auf!‹ ... der Sarg war aus Eiche ... in der
Erdfeuchte waren die Schrauben gerostet, und der Sarg ging nur
mit Gewalt auf. Ein übler Geruch drang heraus, trotz der wohl-
riechenden Kräuter, die eingestreut waren ... Mir wäre beinahe
übel geworden, und heute noch, da ich diese Zeilen schreibe,
steht mir die Szene in ihrer ganzen grausen Wirklichkeit vor Augen ... Der Anblick war schrecklich ... Anstelle der Augen nur
zwei Löcher, die Lippen fehlten, die weißen Zähne waren zu-
sammengebissen. Das welke schwarze Haar klebte an den Schlä-
fen und verdeckte zum Teil die grünen, eingesunkenen Wangen,
und trotzdem erkannte ich das weiße, rosige, heitere Gesicht
wieder, das ich so oft gesehen ... Armand rührte sich nicht.
Seine Augen hafteten an dem leeren Grab.« Romantische und
realistische Erzählweise vermischen sich hier. Die Rahmenhandlung spielt in der Gegenwart, während die Kernhandlung die
Vergangenheit, die Liebesgeschichte aufarbeitet. Auch in diesem
zeitlichen Spannungsverhältnis stehen Romantik und Realismus
einander entgegen. Die wechselnde Zeitstruktur geht bei Verdi
verloren; auch das Orchester löst das nicht ganz ein, allenfalls in
der Vorwegnahme der Sterbeszenenmusik im Vorpiel zum ersten Akt, dem Adagio mit seinen sphärisch im hohen Tonraum
angesiedelten chromatischen Klängen, pianissimo, die keine
Auflösung zu finden scheinen.

Romantisierung erfährt die Gestalt des Vater Germont bei
Giuseppe Verdi. In der Oper ist er zweifelsohne der gütige, gerechte Vater, der Sympathie für die »Gestrauchelte« empfindet,
aber dennoch zum Wohle seines Sohnes und seiner im Begriff
zu heiraten stehenden Tochter handeln und die Liebe Violettas
und Alfredos unterbinden muss. Im Roman Alexandre Dumas'
ist er eine zwielichtige Figur, sein Charakter wird zwar durch
Margherites Schilderung gemildert, ist aber eine bis zur Tyrannei unerbittliche Vaterfigur. Im Roman erscheinen weder er

noch der Geliebte am Sterbebett Margherites. In Verdis Oper treffen (zum Teil gattungsbedingt) die drei Hauptprotagonisten noch einmal zusammen; Alfredo und Vater Germont wohnen der Agonie Violettas bei. Ein Bild der Milde.

Das Hauptanliegen des Romans bleibt aber in der Oper gewahrt, das Gefälle von lasterhafter Kokotte zur märtyrerhaften Liebenden. Die Szenenbilder ähneln sich. Das elegante Zimmer der Kurtisane wird folgendermaßen beschrieben: »Die Einrichtung war großartig. Möbel aus Rosenholz mit Metalleinlagen, Sèvres- und China-Vasen, Meißner Figuren, Atlasstoffe, Samt und Spitzen, es fehlte nichts.« Am Schluss heißt es: »So können Sie sich vorstellen, in welchem glanzvollen Elend das arme Kind stirbt. Gestern hatten wir keinen Pfennig Geld mehr.«

Im Roman werden Margherite zu Anfang die typischen Merkmale einer Kurtisane zugesprochen: außergewöhnliche Schönheit, ein Hang zu Luxus und Genuss, eine exzentrische Lebensweise. Trocken referiert der Erzähler: »Mir war ferner wie allen, die in gewissen Pariser Kreisen lebten, bekannt, dass Margherite die Mätresse junger Lebemänner gewesen ist, was sie offen zugab und worauf jene stolz waren.« Als Armand ihr vorgestellt wird, erscheint sie ausgelassen und launenhaft, vollkommene Leichtfertigkeit. Zum Schluss, nach ihrer Entsagung des Luxusdaseins, für ein Leben an Armands Seite, nach der demütigenden Trennung und dem Ausbruch der Todeskrankheit, kurz vor ihrem Sterben, nimmt ihr ein Priester die Beichte ab und bemerkt: »Sie hat als Sünderin gelebt, aber sie stirbt als eine Christin.« »Ein Märtyrer kann kaum mehr Qualen erduldet haben als sie«, heißt es weiter. Diesen Schritt vollzieht Verdi in seiner Oper nach. Während der Einleitung und dem Trinklied des ersten Akts wird die gesellschaftlich gewandte Dame, die Kurtisane des Barons Dorphal gezeichnet in dem sie umgebenden Genuss von Liebe, Musik und Wein. »Tra voi, tra voi sapro dividere il tempo mio giocondo«, »Die heitre Zeit zu teilen«, fordert *La Traviata* ihre Gäste auf. In der Sterbeszene mutiert sie zur entsagungsvollen Dulderin, der Vater Germont ergriffen zuruft:

»Cara, sublime, sublime vittima«, »Liebe, erhabenes, erhabenes Todesopfer«. Vom oberflächlichen Gesang des Trinklieds mit den mutwilligen Sextsprüngen und koketten Vorschlägen über das expressive *A quell' amor, quell' amor* des Finales des ersten Akts bis zum in sich gebrochenen, zwischen aufbebendem Hoffnungswunsch und resignierter Wehmut pendelndem *Addio del passato* im Schlussaufzug ist es ein weiter Schritt. Die Kameliendame gewinnt heilige Größe, märtyrerhafte Größe. Aus einem ohnmächtigen Geschöpf wird ein mächtiger, übermächtiger Charakter. Der mittlere Akt führt die Verwandlung vor. Im Duett mit Vater Germont trifft Violetta eine lebenswichtige Entscheidung selbst, sie ist nicht mehr die Frau, die ihre wahren Gefühle hinter den von ihr als Kokotte erwarteten Gefühlen zurückstellt. Forte, in Tonrepetition mit einer Eintrübung zu g-Moll verkündet sie standfest ihren Entschluss: »Morò!«, »Ich sterbe«, damit gibt sie Alfredo frei und bestimmt sich zum Opfertod, denn sie allein weiß, dass sie mit ihrer geschwächten Konstitution diesen herben Schicksalsschlag nicht verwinden wird. Diese Fähigkeit zur Entscheidung hebt Violetta von den Hauptfiguren anderer Dirnenstücke ab, wie etwa Manon, die, von wankelmütiger Entschlusskraft, lediglich naives Kind im Spiel der Männer ist.

Im Verlauf von Guiseppe Verdis *La Traviata* nehmen Orchester und Chöre oftmals eine besondere Rolle ein, die der Gesellschaft. Die erste Szene des ersten Akts präsentiert den gesellschaftlichen Rahmen, in dessen Grenzen sich Violettas Leben abspielt; das Orchester, im Allegro brillantissimo e molto vivace, zeichnet keck tänzerische Melodien, der Chor bringt das Credo der Pariser mondänen Welt dieser Epoche: *Si, La vita s'addoppia al gioia, Ja, das Leben es lächelt zur Freude.* Mit dem betont ausgelassenen Trinklied, an dem sich alle Protagonisten der Oper (außer Vater Germont und Anina) beteiligen, wird dieses Credo auf die Spitze getrieben, wenn es nicht sogar in Verdis Absicht liegt, mit der an sich banalen Melodie, die durch die protzenden Sextsprünge und einige Verzierungen und Akzentuierungen ausgeweitet wird, eine ironisierende Übertreibung übersprudelnden Lebensgefühls zu geben. Die dritte Szene, in der sich Violetta wegen eines Anfalls zurückgezogen hat und von Alfredo aufgesucht wird, während die Übrigen in den Tanzsaal eilen, ist mit dem Walzerrhythmus der Ballmusik unterlegt; sie hustet, sie leidet, aber im Hintergrund spielt unbarmherzig das Orchester weiter den Walzer; vor der Gesellschaft gibt es kein Entfliehen und Violetta handelt in der Szene ganz so, wie es die Öffentlichkeit erwartet, sie wehrt sich gegen die wahre Liebe, weil sie in ihrer Situation kaum an wahre Liebe glauben kann. Violettas Charakter wird völlig über die Gesellschaft definiert. Im ersten und zweiten Teil des zweiten Akts stehen die Chöre, das heißt das Bild der Gesellschaft, sehr dominant im Raum; bis dahin ist Violetta immer in ihre Grenzen eingebunden. Im dritten Akt tritt der Chor im wahrsten Sinne des Wortes in den Hintergrund. Das Bacchanal *Largo al quadrupede sir della festa* erklingt »hinter der Szene«, bleibt also optisch ausgeblendet – die leichtfertige Pariser Welt ist nicht mehr die Violettas. Vorher war sie ihr ohnmächtig ausgeliefert, nun ist es ein anderes: Macht ist hier der Einspruch des Einzelnen gegenüber der Gesellschaft.

Warum gerät die Uraufführung der *Traviata* nur zu einem eklatanten Fiasko? Kaum vermag der Hinweis auf die politische Situation der Uraufführungszeit genügen; weder die Interpreten noch das Orchester tragen Schuld am Misserfolg, auch nicht die Skandalgeschichte, denn die knüpft sich an Dumas' Roman und Theaterstück und betrifft die Pariser mehr als die Venezianer. Die Musik ist unübertrefflich schön, das Libretto ist einmalig, ein Meisterstück Piaves. Allerdings besteht die Direktion des La Fenice darauf, die *Traviata* in den Kostümen des 18. Jahrhunderts zu spielen; damit wird dem Stoff natürlich die aktuelle Brisanz genommen.

Traviata sei seine »arme … unglückliche Sünderin von Venedig«, sagt Verdi und pflanzt ihr zu Ehren in seinem Park eine Trauerweide. In den folgenden Jahren, als die Oper sich wider

Erwarten doch auf den meisten italienischen Bühnen etabliert, ist Verdi stolz über seine »Verirrte«; das Andante *Del Provenza l mar* hält er für »das beste cantabile«, das er je für einen Bariton geschrieben habe; am 26. Mai 1854 berichtet er an De Sanctis: »Zu dieser Stunde wissen Sie schon, dass *Traviata* in Venedig erfolgreich über die Bühne gegangen ist. Wer hat ihnen bloß gesagt, dass diese Oper einer Überarbeitung bedürfe.« Nur mit dem Teatro San Carlo in Neapel hat Verdi auch mit *La Traviata* wieder einige Querelen auszustehen; mit dem Neapolitaner De Sanctis wütet Verdi: »Die *Traviata* hat Fiasko gemacht! Ich wusste es … Wieso hat die Direktion so wenig Schamgefühl, eine neue Oper mit einer so mittelmäßigen Truppe zu geben? Und Ihr ladet mich ein, für Neapel zu schreiben? … Bei der Direktion? Bei einem Publikum, das immer zimperlich reagiert, wenn man ihm etwas Andersartiges präsentiert? … Warum kann man in Eurem S-Carlo nicht ebenso gut eine Königin wie eine Bäuerin aufführen, eine anständige Frau wie eine H…? Warum nicht einen Arzt, der den Puls befühlt, warum keine Maskenbälle … Was würde Euer Publikum sagen, wenn ich ihm taufrisch den *Re Lear* vorführte! Diesen alten König, der aus einer Laune sein Reich zweien seiner Töchter (zwei Monstern) übergibt, er wird irr … die Töchter verlieben sich in einen Bastard und vergiften sich gegenseitig: und mittendrin ein Hofnarr, der lacht, scherzt und über alle und über all diese grausamen Vorkommnisse seine Witze reißt?« Dabei bietet *La Traviata* außer dem Gegenwartssujet keine großartigen revolutionären musikalischen Neuerungen, sondern ist eher als Fortsetzung des mit *Luisa Miller* eingeschlagenen Weges zu sehen.

Auch in der Folgezeit hat es *La Traviata* schwerer, gerechte Beurteilung zu erfahren als manche andere Oper des Maestro. Zur Jahrhundertwende wird die Oper als schön, aber oberflächlich empfunden, manchmal als zu morbide, oft als altmodisch. Claude Debussy, der französische Impressionist und spitzzüngige Kritiker aller italienischen Musik, spricht vom »welken Charme der *Traviata*«. Zu Anfang des 20. Jahrhunderts berichtet er in einem Zeitungsartikel über die Wiederaufnahme des Werks an der Pariser Opéra Comique: »In *La Traviata* kommen Gestaltungsmittel vor, die der jungen italienischen Musik ans Herz gewachsen sind: das unermüdliche dacapo verlangende Zwischenspiel, die Arie, bei der man zum Taschentuch greift usw. ... Verdi geht zumindest freimütig und offen vor; man bewegt sich als Hörer von Arie zu Cavatine und empfindet einige Befriedigung auf dieser Reise, weil sich da und dort echte Leidenschaft zeigt. Das erhebt nie Anspruch auf Tiefgang. Alles ist vordergründig, und trotz der traurigen Begebenheiten scheint ständig die Sonne. Die ästhetische Grundlage dieser Kunst ist sicher falsch, denn man fasst das Leben nicht in Liedern, aber es gibt bei Verdi eine heldenmütige Art der Lebenslüge, die vielleicht schöner ist als der Versuch zur Wirklichkeit, den die junge italienische Schule unternimmt. Puccini, Leoncavallo streben nach der Charakterstudie, ja sogar nach einer Sorte von Brutal-Psychologie.« Dass Verdi vielmehr bezweckt, vor dem Hintergrund des galopp- und walzerseligen Orchester- und Chorklangs die Tragödie der Kurtisane umso schärfer herauszustellen, erkennt Debussy in seiner Kritik nicht. Selten auch ist die Doppelbödigkeit von *La Traviata* in späteren Jahren gelesen worden – die Oper wird zumeist auf die anrührende Geschichte einer schwindsüchtigen Liebenden reduziert; in dieser Form wird sie allerdings beliebtes Repertoirestück der Opernbühnen aller Welt. Richard Strauss, der *La Traviata* für ein »selten flaches Stück Musik hält«, verkündet bei seinem Amtsantritt als Wiener Hofoperndirektor in einem Brief an seinen Kollegen Franz Schalk vom 18. Dezember 1918: »Es muss nicht jede Woche Violetta, *Maskenball* ... sein! Dafür komme ich eben nach Wien, um wieder mal den schüchternen Versuch eines edlen deutschen Spielplans zu machen.« Dass in »edlen deutschen Spielplänen« nicht viel von der unmoralischen Kurtisanenoper eines italienischen Komponisten gehalten wird, wird nach Hitlers Machtergreifung 1933 deutlich. Erst Ende der fünfziger Jahre begeistert sich das bürgerliche Publikum wieder für die romantische Liebesgeschichte. Während der radikalen Umbruchphase Ende der 60er Jahre und Anfang der 70er Jahre des 20. Jahrhunderts wird *La Traviata* erneut in die Asservatenkammer ungeliebter Bühnenwerke gesteckt: Zu gründerzeitlich und wirklichkeitsfern erscheint der libertinen 68er-Generation die Märtyrergeschichte einer Verirrten Von Hollywood als Schlüsselszene aller Sünderinnen-Bekehrungsfilme benutzt (wohlbekannt: »Pretty Woman« mit Julia Roberts und Richard Gere) oder besser: missbraucht, erlebt die Oper ab etwa 1980 ein glänzendes Comeback im Bewusstsein der Öffentlichkeit wie auf den Brettern der Welt. Im letzten Jahrzehnt des Jahrtausends differenziert sich das Bild über *La Traviata* allmählich.

Dem faschistischen Italien passt die Schilderung der eleganten Pariser Lebewelt von Aristokratie, Geldadel und Titeln nicht zum sorgfältig gepflegten Image von Verdi als dem nationalen, erdverbundenen Revolutionskomponisten. Der *Trovatore*, die *Lombarden, Nabucco* und dann wieder die Alterswerke präsentieren wesentlich besser den volkstümlich komponierenden Maestro.

Verdi selbst empfand seine Darstellung einer Kurtisane weder als zu unmoralisch noch als zu bourgeois. Über die Vertonung des *Marion-Delorme*-Stoffes resümiert er: »Die Protagonistin ist ein Charakter, den ich verabscheue. Ich mag keine Frauen, die auf der Bühne Schlechtes tun. Davon abgesehen würde es ein sehr, sehr schönes Sujet sein, gäbe es nicht dieses Hindernis.« In erster Linie nutzt Verdi den *Traviata*-Stoff, um anhand einer am Rande der Gesellschaft lebenden Figur Utopien von Ich-Emanzipation und Menschlichkeit zu entwerfen, ähnlich wie in *Rigoletto* und dem *Trovatore*. Der liberale Gedanke steht vor der Fürsprache für die »gefallenen Frauen«. Gleichwohl ist sich der Komponist der sozialen Unrechtstellung der Mätressen und Kurtisanen bewusst und klagt an: eine verkümmerte Mädchenausbildung, die arme Frauen ohne jede Ausbildungschance geradezu in die Prostitution treibt, eine heuchlerische Moralvorstellung der gebildeten Klasse. Nicht ohne Grund setzt sich der

Komponist für die Schaffung von Volks- und Mädchenschulen in einem Italien ein, das immer noch über zu hohe Prozentzahlen an Analphabeten verfügt: dass Mädchen der mittleren und unteren Klassen lesen und schreiben lernen, ist und bleibt seltene Ausnahme. Damit stehen ihre Chancen im Berufsleben denkbar schlecht. Die Frauenrechtlerin Louise Otto-Peters stellt 1849 die These auf: »Unter den arbeitenden Klassen ist jetzt das Weib viel schlimmer daran als der Mann. Es kann sich tagelang abmühen und wird doch kaum halb so viel verdienen als er. Dieser Mangel an Verdienst, ja überhaupt an Arbeit, an einer sicheren Stellung im Leben wirft die Frauen in die Arme der Prostitution. Die einen gibt sie der öffentlichen Schande und Verachtung preis, die anderen dulden ihre geheime Schmach in einer aus Berechnung ohne Liebe geschlossenen Ehe.«

Mithin ist *La Traviata* ein Seitenhieb Verdis auf die Situation der ländlichen Bevölkerung Italiens, um die es schlecht bestellt ist; nicht allein gerechtere Ausbildungchancen fehlen, überhaupt missachten die Regierungen die Belange ihrer Bauern und kleinen Landarbeiter, obwohl das Schwergewicht der Wirtschaft immer noch im agrarischen Bereich liegt. Violetta ist ein Mädchen vom Lande, das in der Stadt von Luxus und Bequemlichkeit berauscht wird, genau wie die Margherite in Alexandre Dumas' Roman. Und Dumas formuliert das Programm der *Kameliendame:* »Für mich steht jedenfalls die einfältige Wahrheit fest: dass Gott einer Frau, deren Erziehung nicht zur Erkenntnis des Guten geführt hat, fast immer zwei Wege zu ihm hin offen hält: den Schmerz und die Liebe. Sie sind voller Mühsal, und welche sie beschreiten, bekommen wunde Füße und rissige Hände. Aber bald zerren ihnen die Dornen am Wege auch das Kleid des Lasters vom Leibe, und nun brauchen sie sich nicht mehr zu schämen, wenn sie am Ende in ihrer Nacktheit vor Gott hintreten. Wer solchen tapferen Pilgerinnen begegnet, soll ihnen beistehen und überall bekennen, dass er ihnen begegnet ist; denn wer bekennt, weist den Weg.«

Tadel an der Revolution: *Il trovatore*

Die dritte »Randgruppenoper« Verdis ist *Il trovatore*.

Mehr als zwei Jahre befasst sich der Komponist mit dem Werk, das auf einem Drama des spanischen Dichters García Gutierrez basiert. Irgendwoher hat er das Buch Gutierrez' bekommen, das ihn unendlich fasziniert, es drängt ihn geradezu, *El Trovador* in Opernform zu bannen. Salvatore Cammarano soll den Text schreiben, denn er braucht eine wilde, inspirierte Feder, um aus diesem zutiefst leidenschaftlichen Drama eine Bühnenmusik zu machen. »Je mehr Neuartiges, je mehr formale Freiheit Cammarano bringt, umso besser wird meine Komposition sein. Er soll alles so machen, wie er möchte: je kühner er ist, desto zufriedener werde ich sein«, schreibt der Komponist an De Sanctis. Der Librettist geht allerdings nicht mit demselben Verve an das Stück wie Verdi. Private Sorgen seines umtriebigen, abenteuerlichen Lebens halten ihn vom intensiven Arbeiten ab. Verdi ist maßlos enttäuscht, als er Cammaranos Libretto endlich in Händen hält und eine völlig herkömmliche Textbehandlung erkennen muss. Er ist nahe daran, »auf dieses Sujet zu verzichten, wenn man es für unsere Bühnen nicht mit der Neuheit und Absonderlichkeit des spanischen Dramas behandeln kann«. Er schreibt nun selbst eine Szenenfolge, die er Cammarano präsentiert. Der Dichter überarbeitet seinen Text und liefert ihn im Frühjahr 1852 ab. Die gemeinsame Arbeit beginnt. Doch scheint *Il trovatore* unter einem Unstern zu stehen: Cammarano stirbt, unerwartet, am 17. Juli. Giuseppe Verdi muss sich nach einem Dichter umsehen, der dem an sich vollendeten Werk die letzten Feinheiten gibt; De Sanctis schlägt den jungen Autor Leone

Emanuele Bardare vor, mit dem gemeinsam der Komponist das Textbuch vervollkommnet. Es ist also keineswegs so, dass Verdi einfach Cammaranos Text akzeptiert, obwohl er die erste Fassung ablehnt, sondern dass die Umarbeitungen viel, beziehungsweise die Einflussnahme des Maestro wie meistens groß ist. Zufrieden zeigt sich aber kaum ein späterer Kritiker oder Biograph mit dem Endprodukt seiner Arbeit. Die Vorwürfe gegen *Il trovatore* lauten, der Komponist sei in die Form seiner früheren Opern zurückgefallen, habe die Rivalitäten des Grafen von Luna und des Troubadours Manrico um Leonora in den Mittelpunkt des Werks gestellt und über die Liebes- und Eifersuchtsgeschichte und der schaurigen Fabel von den vertauschten Säuglingen, den Mutter- und Tochternöten der Zigeunerin Azucena die historischen Hintergründe vergessen, nämlich den Kampf um das Königreich Aragón zu Beginn des 15. Jahrhunderts auf der Iberischen Halbinsel, wobei der Graf von Luna als Anhänger des einen, kastilischen, Manrico als Kämpfer des anderen Anwärters auf den aragónischen Thron gilt. Denselben Vorwurf wird man später dem *Don Carlos* machen, ohne zu bemerken, dass die tiefere historische Warheit in der Liebesfabel chiffriert ist: Leonora ist er Besitz (Aragóns Krone), um den sich die Männer streiten; und tatsächlich »siegt« zum Schluss der Oper der Graf Luna, zwar nicht ohne Blessuren, aber er bleibt von den drei Liebenden übrig, in der historischen Realität gewinnt der Kastilier Ferdinand (dem die Granden 1412 die Erbfolge in Aragón zuerkennen); Ferdinands Erben (man beachte die Namensgleichheit mit dem König von Neapel zu Verdis Zeiten!) erhalten übrigens Neapel als Lehen – einige aus der Reihe fremder Herrscher auf italienischem Boden. Natürlich hat Verdi diesen Moment auch italienischer Geschichte bewusst zum Sujet einer Oper gemacht, selbstverständlich für das römische Teatro Apollo. Gewiss, Cammarano und Verdi halten in dem Libretto an dem üblichen Schema italienischer Opere seriae fest, herkömmliche Cavatinen, Arien, eine brillante Sopranpartie, eine gleißnerische Tenorrolle, ein höchst kompliziertes Stück für

Mezzo, eine im wahrsten Sinne umfangreiche Aufgabe für einen flexiblen Bariton. Belcanto pur, könnte es scheinen. Dagegen verwahren sich aber die Anhänger der traditionellen Belcanto-Opern, die den *Trovatore* für ein Verfallsprodukt halten. Und diese Unstimmigkeit muss auffallen. Ja, bis auf Azucena klingen alle Hauptpartien formal konventionell, gleichzeitig aber führt Verdi den Belcanto zu einer Üppigkeit und Emphase, die an die Grenze der Karikatur geht. Den Partien der drei Liebenden haftet Unechtes, Unwahres an. Echt und wahr sind lediglich die Gefühle der Zigeunerin Azucena. Ihre kurze Canzone *Stride la vampa, Knistert die Flamme*, kontrastiert aussagereich zum Liebesgeträume Leonoras *(Tacea la notte)*. Hin- und hergerissen ist die Zigeunerin zwischen Rache für ihre von Lunas Vater ermordete Mutter und fürsorglicher Liebe zu Manrico, dem einstigen vertauschten Säugling und – am Ende der Oper wird es grausam offenbar – leiblichen Bruder Graf Lunas.

So manche andere Unstimmigkeit des *Trovatore* erfährt Kritik: Da ist die endlose Erzählung zu Beginn des ersten Akts *(Abebietta zingara)*, indem die gesamte Vorgeschichte geklärt wird und die in ihrer Ausführlichkeit nicht recht zum folgenden Handlungsschema passen will; da ist der historische Fehler, dass sich ein Troubadour in die Zeit um 1400 verirrt, wo doch allgemein bekannt ist, dass die südfranzösische Lyrikbewegung nach den Albigenserkriegen 1209–1229 ein jähes Ende findet und ihre Blütezeit unter Wilhelm von Aquitanien und seiner Enkelin Eleonora hat. Der Biograph Julian Budden hat bemerkt, dass die Figuren seltsam unreflektiert erscheinen, dass sie situationsgemäß handeln, ohne zu hinterfragen; dadurch erhalten sie natürlich keine konsequente Charkterzeichnung, sondern erscheinen wie Marionettenfiguren in einem grausamen Spiel.

Unechtes und Unwahres. Damit spielt Verdi in vielen seiner Opern. Ein Paradebeispiel ist *La forza del destino*, die Geschichte von dem Inkaabkömmling Álvaro, der fahrlässig den Vater seiner Geliebten Leonora erschießt und dafür von Leonoras Bruder Carlos rachedurstig verfolgt und ins Unglück getrieben wird. In der 1862 uraufgeführten *Macht des Schicksals* ist eigentlich nur die Gefühlswelt Don Carlos' echt, sein Durst nach Genugtuung; Leonoras Liebesschwüre, Álvaros Treuegelübde, die Kriegsbegeisterung der Volksmassen – aufgestachelt durch die Zigeunerin Preziosa, eine Übertreibung der »klugen-Dienerin«-Figur der opera buffa –, die Falschheit der Kirche, persifliert in dem so gar nicht frommen Fra Melitone, das alles wirkt wie aufgesetzt, störend, was ganz in Verdis Absicht liegt. Im *Troubadour* begegnet dem Auditorium dieselbe Tonwelt voller Übertreibungen, Verstellungen auch hier sind wahre Gefühle an die rächende Figur, Azucena, gebunden.

Das Spiel mit Fiktionen, mit Maskeraden und Verstellungen, Motive wie Rache, irregeleitete Prinzen, dämonische Frauen (Azucena entbehrt durchaus nicht dämonischer Züge, vor allem in *Stride la vampa*, das einer Beschwörungsszene nahe kommt), und übertriebene Handlungsweisen sind bekannte Elemente. Bekannt aus dem Märchen. Zu der Gattung Märchen passt auch das manchmal unmotiviert scheinende Agieren der Figuren, vor allem aber der Prolog, die Erzählung Ferrandos, die mit einer dem Märchenanfang ähnlichen »Es war einmal«-Geste beginnt. In der Erzählung nimmt Verdi Motive vorweg, die die Zigeunerin Azucena charakterisieren; Azucena tritt aber erst im zweiten Akt auf; Vergangenes und Gegenwärtiges vermischen sich im Prolog, und diese seltsame Vermischung der Zeiten erhöht die fiktive Wirkung. *Il trovatore* ist tatsächlich ein Schaustück, es wird vorgespielt, als gewinne die Erzählung Ferrandos plötzlich bildliche Gestalt ... deshalb der zur Schau gestellte Gesang.

Nun sind eingedenk der politischen Situation zur Entstehungszeit der Oper zwei Deutungen möglich. Entweder wird die Revolution im positiven Sinn als Märchen beschrieben, nämlich mit der Hoffnung auf wiederhergestellte Gerechtigkeit, wie ja am Schluss der Oper Azucenas Mutter endlich gerächt wird, oder schon durch die Möglichkeit, die Oper könne als Märchen hörbar sein, gerade die Chance auf ausgleichende Gerechtigkeit völlig in den Bereich von Fiktion und Lüge verwiesen.

Azucena und ihre Leute wären das unterdrückte Volk, Graf Luna und seinesgleichen die bedrohenden Herrscher, aber genau wie in *Rigoletto* und anderswo kennt Verdi in *Il trovatore* keine Schwarz-Weiß-Zeichnung der Charaktere: Die Arie des Conte, *I balen del suo sorriso*, trägt ihm wegen ihres ausgesprochen lyrischen Gepräges Sympathie ein, während die Figur Azucena nicht frei von Hässlichkeiten ist. Azucenas Aufbegehren gilt auch keinem idealen Gedanken von Freiheit und Gleichheit, sondern allein der Rache. Auf ihrer Seite stehen Gewaltsamkeiten (Säuglingsmord, Kindesentziehung) genauso wie auf Seiten Graf Lunas (Mord, Freiheitsentzug). Diese ungerechten Grausamkeiten stehen in *Il trovatore* am Pranger. »Die Leute sagen, die Oper sei zu traurig und es werde zu viel in ihr gestorben«, schreibt Verdi an Clara Maffei nach der Premiere im Januar 1853: »Aber schließlich steckt der Tod allenthalben im Leben. Was gibt es sonst?« Gerade wegen ihrer schonungslosen Sprache und Darstellung der Welt liebt der Komponist die spanische Dramenliteratur, die in Italien, das weitgehend noch aus dem Romantisch-Poetischen schöpft, vollkommen neu ist. Bestürzend, schockierend neu; während der Uraufführung kommt es im Zuschauerraum zu verschiedenen kleinen Turbulenzen, da mehrere Damen ob der brutalen Szenerien in Ohnmacht fallen.

Verdis Anklagen gelten sogar mehr der Seite des Volkes, vertreten durch Azucena, als der gehobenen Schicht. Schließlich zählt das »gute« Liebespaar Leonora und Manrico zur Gruppe der Höflinge. Manrico ist ja von Beginn an als Troubadour, das heißt als Sängerdichter im höfischen Umfeld charakterisiert; er residiert in der Festung Castello, er nimmt an einem Turnier teil, was Unadligen verwehrt und nur Rittern erlaubt ist; sein *Di quella spira*, sein Kriegsruf, ist kein wilder Racheruf, sondern der Ansporn eines edlen Kriegers (sofern Krieger edel sein können); im Finale wird er endgültig als der Herrenkaste entstammend demaskiert.

Immer öfter zeigt sich der Komponist von den aufrührerischen Bewegungen der aktiven Freiheitskämpfer angewidert;

Blutvergießen, der Kampf Italiener gegen Italiener wird ihm zum Gräuel. Er wendet sich von Mazzini und Garibaldi ab, wie so viele liberale Bürger, die von der misslungenen Revolution des Jahres 1849 enttäuscht sind. Das Heil Italiens sieht Verdi jetzt in der zurückhaltenden Politik Camillo Cavours, die ihre Wege weit ab von der Revolution sucht. Die Oper *Il trovatore* dokumentiert Verdis Richtungswechsel. Sie ist sein Tadel an der gescheiterten Revolution.

Verändern kann sie nichts in der aufgewühlten Zeit; die Mazzinisten, neben ihnen die Geheimbünde, agitieren im Uraufführungsjahr erneut gegen die Fremdherrschaft in Italien. Das Blutvergießen will kein Ende nehmen, 1854 wird Herzog Karl III. von Parma ermordet. Quasi im Gegenzug wird Vittorio Emanuele vom Papst exkommuniziert.

Dem Publikum ist der *Trovatore* als harmlose, melodienschöne Mittelalteroper lieb und wird es bleiben. Das Mittelalter gilt eigentlich während des gesamten 19. Jahrhunderts als beliebte Kulturepoche. »Gute, alte Zeit«, verklärt man es; in den Wohnhäusern hält der mittelalterliche oder gotische Stil Einzug in Form von balkenschweren Deckenverkleidungen, zinnernen Geschirren, monströsen, geschnitzten Lehnstühlen und eichenen Truhen. Opernstoffe wie Albert Lortzings *Undine* (1845, nach Friedrich de la Motte Fouqué), Richard Wagners *Tannhäuser*, sein *Lohengrin*, Alexander Dargomischskis *Esmeralda*, eine Umsetzung von Victor Hugos *Glöckner von Notre Dame*, Robert Schumanns *Genoveva* von 1850, sind allesamt Höhepunkte der Mittelalterbegeisterung aus dem zeitlichen Umfeld des *Trovatore*. Dann aber bleibt wieder zu beachten, dass die Handlung des *Troubadour* ja in die Umbruchzeit von Spätmittelalter zu Renaissance verpflanzt ist, »Renaissance« das mit »Risorgimento« in begrifflicher Affinität steht, Verdis *Trovatore* schon deshalb keine arglose Oper in populärem Mittelaltergewand sein kann.

Es gibt in diesem Bühnenwerk noch so viel zu entdecken! Zum Beispiel der gelungene Aufbau, der – typisch Verdi – auf starken Kontrast setzt. So prallen im zweiten Akt als Kernszenen Azucenas *Stride la vampa* und die Arie des Conte di Luna, *Il Balen*, aufeinander; von Teil zwei und Akt drei kontrastieren die Männerarien, *Il balen* mit Manricos *Ah! Sì, be mio*. Andererseits bindet Verdi die mittleren Akte eng zusammen, eine Konklusion, die durch die rahmenden Chöre erzielt wird. Apropos Chöre: Berühmt – und zu seinen Ungunsten viel zu oft als spritzige Beigabe von Musiksendungen und Konzerten missbraucht – ist der von rhythmischen Ambossschlägen begleitete Zigeunerchor *Vedi! Le fosche notturne spoglie*.

Am *Trovatore* ist sehr klar nachzuvollziehen, wie Giuseppe Verdi Bewegungen, Tempi zur dramatischen Steigerung heranzieht, wobei seine Eigenart (und wohl auch Meisterschaft) in einem höchst organischen Bewegungsablauf liegt. Am Beginn der Oper steht die statische Erzählung Ferrandos, ab Leonoras Arie *Tacea la notte* wird die Statik aufgehoben, die Aktivität bleibt zunächst ruhig. Mit der spannenden Duellszene des ersten Akts hebt Giuseppe Verdi die Handlung jäh auf ein sehr bewegtes Niveau, das vom Zigeunerchor des zweiten Akts gehalten wird. Mit *Stride la vampa* und Lunas Arie wird die Bewegung allmählich wieder abgesenkt, um dann vom *Ah, sì ben mio* des dritten Akts stufenweise – von wenigen retardierenden Momenten aufgehalten – bis zum spektakulären Opernfinale emporgetrieben zu werden.

Offenes Zeichen für Giuseppe Verdis Abwendung von der Revolution ist der *Trovatore* in seiner Aufrechnung mit der alten italienischen Belcanto-Oper. Im *Trovatore* bereitet sich ein neuer Weg vor, der heißt: weg von der Opera seria hin zur französischen Grand Opéra. Mit seinem nächsten Werk *Les Vêpres Siciliennes* geht Verdi diesen Schritt konsequent weiter. Die Operntrias *Rigoletto*, *Traviata* und *Trovatore* steht am Ende seiner Bemühungen um Reformierung der italienischen Oper unter Ausnutzung der spezifisch ihr zur Verfügung stehenden Mittel – und das ist Verdi vollkommen gelungen. Nun sucht er nach neuen Ansätzen, erst, indem er die Stilmittel der französischen Historienoper einfach absorbiert (*Vêpres*, *Un ballo in maschera*), dann, indem er französische und italienische Entwicklungen geschickt miteinander verquickt (*Don Carlos*, *Aida*).

Es sind nicht nur rein künstlerische Beweggründe, die Verdi dazu drängen, sich der französischen Opernform zu bemächtigen, sondern vor allem auch ökonomische. In Paris haben es italienische Musiker seit jeher schwer, vielleicht gerade deshalb, weil viele von ihnen das französische Musikleben bestimmten und bestimmen. Die Opernhäuser Frankreichs sperren sich Anfang der fünfziger Jahre ein wenig gegen Verdi. Das bedeutet für den Komponisten einen recht großen Einnahmeverlust. Er kommt auf die Idee, mit einer speziellen französischen Oper das dortige Publikum zurückzuerobern und die finanzielle Scharte auszuwetzen. An Roqueplan schreibt er am 28. Oktober 1854: »Die Umstände haben meine Stellung in Frankreich recht kompliziert gemacht. Es wäre sehr viel besser für mich, unbekannt zu sein, als einen schlechten Namen zu haben. Jetzt bleibt mir also nur noch eins: Ich muss den Vogel abschießen und mit einer wirklich großen Oper auf eurer Bühne erscheinen«, »eine Oper wirft heute bei uns das Fünf- bis Sechsfache von dem ab, was man vor zehn Jahren dabei verdient hat.«

Im Februar 1852 hat der Komponist den Vertrag mit der Pariser Oper abgeschlossen und sich seither auf Textsuche begeben. Eugène Scribe soll den Aufstand der Sizilianer gegen die französischen Besatzer im Jahr 1282 in ein Textbuch fassen. Scribe, der berühmteste französische Librettist, vervollkommnet sein Textbuch im Dezember 1853 und übergibt es dann zur Vertonung. Zu diesem Zeitpunkt ist Giuseppe Verdi bereits in Paris, über den trüben Herbst an der Seine schimpfend: »Statt der schönen Sonne Neapels und seines milden Klimas muss ich hier diesen Nebel und die recht strenge Kälte genießen … der Himmel ist mein Zeuge, wie groß mein Wunsch war, einen angenehmen Winter zu verbringen.« Stattdessen muss er die Arbeit an der *Sizilianischen Vesper* aufnehmen, über die er bald erfährt: »Eine

Oper für die Opéra ist eine Anstrengung, die selbst einen Ochsen töten könnte. Fünf Stunden Musik. Puh!« Dabei kommt wenig Anregung von Scribe, der augenscheinlich meint, seiner Pflicht mit dem Abliefern des Manuskripts Genüge getan zu haben. Verdi aber braucht für seine Arbeit das Miteinander mit dem Autor; bislang sind alle seine Werke in regem Wechselspiel mit dem jeweiligen Librettisten entstanden. Scribes Desinteresse entwickelt sich zu einem ernsten Problem; gegenüber Louis Crosnier beschwert sich der Maestro am 3. Januar 1855 bitterlich: »Es ist mehr als traurig und dabei für mich demütigend genug, dass sich Herr Scribe nicht die Mühe nimmt, diesen fünften Akt zu verbessern, den alle Welt einhellig uninteressant findet … Hätte ich … bei ihm diese souveräne Gleichgültigkeit voraussetzen können, wäre ich zu Hause geblieben.« Trotz Crosniers Vermittlungversuchen verweigert der Dichter die direkte Zusammenarbeit, erscheint nicht einmal zu den Proben. Verdi schäumt und tobt: »Ich hoffte, Herr Scribe würde so gefällig sein, von Zeit zu Zeit bei Proben zu erscheinen, um einzelne … Worte, schwierige oder nicht gut sangbare Verse zu ändern.« In seinem Jähzorn droht er sogar, die Oper ganz zurückzuziehen, was aber im letzten Moment verhindert werden kann; so schnell Verdi aufbraust, so schnell verraucht sein Zorn auch wieder.

Es soll noch zu einem weiteren Skandal im Vorfeld der Premiere kommen. Die Sängerin Sofia Cruvelli ist bei Beginn der Proben plötzlich verschwunden. Schlimmer noch, sie singt nicht in der angesetzten Aufführung der *Hugenotten*. Der Skandal ist perfekt, denn jedermann weiß oder ahnt, dass der Kaiser nur wegen Mme. Cruvelli im Theater erscheint; welcher Affront für das Staatsoberhaupt, als ihm gemeldet wird, Sofia Cruvelli habe heimlich geheiratet und sei mit ihrem Baron verreist! Ihre Liebesromanze kostet den Intendanten Nestor Roqueplan den Kopf – er muss seinen Posten als Chef der Opéra räumen. Crosnier übernimmt das Ruder. Als wäre nichts gewesen, taucht Sofia Cruvelli im November 1854 wieder auf, und die Aufführung von *Les Vêpres Siciliennes* ist gerettet. Hector Berlioz schreibt nach der Uraufführung am 13. Juni 1855 eine bewundernde Kritik: »Ohne auch nur das Geringste gegen den Wert des *Troubadour* … sagen zu wollen, muss man zugeben, dass *Die Sizilianische Vesper* durch die intensive Stärke des melodischen Ausdrucks, die prangende Vielfalt der Instrumentation und den Wohlklang des Ensembles verglichen mit den früheren Werken des Autors in auffallender Weise die Zeichen der Größe und einer gewissen fürstlichen Würde trägt.«

Les Vêpres Siciliennes: Der französische Herzog von Montfort ist neuer Gouverneur in Sizilien. Unter seiner tyrannischen Herrschaft hat vor allem Herzogin Elena zu leiden, die von seinen Soldaten gequält wird. Der Sizilianer Arrigo steht ihr bei und bezichtigt Montfort des Mords an Elenas Bruder. Gemeinsam mit der Herzogin und dem aus dem Exil heimkehrenden Arzt Giovanni da Procida plant er Rache. Als Arrigo sich weigert, einer Einladung Montforts nachzukommen, wird er gefangen gesetzt. Procida nutzt das als Anlass, das Volk aufzuwiegeln. Montfort hat inzwischen erfahren, dass Arrigo sein Sohn ist. Auch Arrigo erfährt davon und verhindert im letzten Augenblick, dass Procida und Elena seinen Vater während eines Maskenballs töten. Die beiden Verschwörer werden gefangen genommen. Arrigo befindet sich nun in einem Zwiespalt, den er Elena erklärt, die ihn versteht. Montfort fordert Arrigo auf, sich als seinen Sohn zu bekennen, im Gegenzug lasse er alle Inhaftierten frei. So geschieht es und Montfort will Arrigo mit Elena vermählen, um Frieden zwischen Franzosen und Italienern zu stiften. Während die Braut ihr Glück besingt, offenbart Procida ihr den Plan, beim Läuten der Vesperglocken Montfort zu töten. Der Herzog, ahnungslos, sieht in Elenas plötzlichem Zögern, Arrigo zu heiraten, seinen Plan gefährdet und befiehlt rasch die Hochzeitszeremonie. Die Glocken läuten. Die rebellischen Sizilianer stürzen sich auf Montfort und die Franzosen.

Gleich zu Beginn ist die Oper mit ihren großen Tableaus als Grand Opéra identifizierbar. Mitreißend und typisch französisch ist die heroische Cabaletta der Elena *Courage, Courage* vor den versammelten Volksmassen von Franzosen und Italienern. Sorgfältig unterscheidet Verdi musikalisch Franzosen und Italiener, gibt ihnen eine jeweils sehr einprägsame Melodie. Für das Lied der Elena und zur Darstellung der Sizilianer sucht er nach volkstümlichen Melodien. Im April 1855 bittet er seinen Freund De Sanctis: »Ich möchte, dass Ihr mir eine sizilianische Kanzone, eine Arie oder was weiß ich schickt. Aber ich möchte eine echte Siciliana, das heißt ein Volkslied.« Mit dem ihnen eigenen Kolorit bemüht sich Verdi, die beiden Volksgruppen zu beschreiben, nur zu beschreiben, eine Charakterisierung wäre zugleich eine Wertung, und der Komponist versucht gerade jede Parteinahme zu verhindern; als es mit Scribe zu Problemen über eventuelle Umarbeitungen kommt, hat Verdi an Crosnier, den Direktor der Opéra, geschrieben: »Ich rechnete damit, dass der Scribe ... alles, was die Ehre der Italiener angreift, abändert. Je mehr ich darüber nachdenke, umso mehr komme ich zu der Überzeugung, dass dergleichen gefährlich ist. Die Franzosen fühlen sich verletzt, weil sie niedergemetzelt werden, die Italiener, weil Herr Scribe, indem er den historischen Charakter des Procida abänderte, einen gewöhnlichen Verschwörer mit dem unvermeidlichen Dolch in der Hand aus ihm machte. Mein Gott! In der Geschichte jeden Volkes gibt es Tugenden und Verbrechen, und wir sind auch nicht schlechter als die anderen.« Natürlich bedenkt Verdi, dass er schließlich für ein französisches Premierenpublikum schreibt, dass es daher recht unzweckmäßig ist, die Pariser vor den Kopf zu stoßen. Andererseits kann *Les Vêpres Siciliennes* durchaus als diplomatische Haltung Verdis verstanden werden, als ein Weg, fort von seiner Parteilichkeit mit der Risorgimento-Bewegung, ähnlich wie der *Trovatore* eine Anklage gegen den aktiven, bewaffneten Freiheitskampf ist. In diesem Zusammenhang fällt die Konzeption der Figur Elena auf. Anders als seine sonstigen Frauenfiguren, etwa der Luisa Miller, die sich vom naiven Bürgermädchen zur Heroine entwickelt, ist der Charakter der Herzogin rückläufig konzipiert. Aus einer patriotisch ambitionierten Heldin mit pathetischem

Habitus wird zum Schluss der Oper eine ängstlich um den Geliebten bangende Braut, die sich unschuldigst auf ihre Hochzeit freut. So als wäre die Katastrophe nicht zu erwarten, als tilge das private Glück alles vaterländische Elend.

Offenbar geht es dem französischen Librettisten mehr um den Kontrast zwischen den beiden Nationalitäten als um die Entwicklung einzelner Figuren. Dafür spräche auch, dass er so wenig Wert auf Ausformung des Charakters Procida legt, sondern ihn wie alle übrigen Protagonisten dem gängigen Figurenschema unterwirft. Eine größere Differenz mit den ästhetischen Maßstäben Giuseppe Verdis könnte es gar nicht geben. Tatsächlich ist die *Sizilianische Vesper* seine einzige Oper, in der er sich über das gesprochene Wort hinwegsetzt und seiner Musik eine gewisse Autonomie zugesteht; so baut er die Rolle des Procida gewissermaßen »hinterrücks« aus, indem er ihm die dominante Stimme in den Ensembles zuerkennt; mit schärferen Zügen, als es einer üblichen Verschwörerfigur zukäme, staffiert er Procidas Bassarie *Et toi, Palerme* aus. Scribes Dichtung lässt auch seiner lyrischen Komponiergabe wenig Raum. Es gibt zwar ergreifende Arien (z.B. des Montfort *Au sein de la puissance*) und Duette, wie das aufgewühlte *Malheureux et non coupable* zwischen Elena und Arrigo, aber es fehlt beispielsweise eine der großartigen Versöhnungsszenen; »ich wünschte, Herr Scribe hätte die Handlung durch eine wenigstens entfernt rührende Szene gelöst«, schreibt der Komponist am 3. Januar 1855, »dadurch hätte das ganze Werk gewonnen.«

Trotz seiner eigenen Bedenken gegen *Les Vêpres Siciliennes* findet das Werk bei seiner Premiere am 13. Juni 1855 beachtenswerte Aufnahme. »*I vespri siciliani* scheinen nicht allzu schlecht anzukommen«, berichtet er wenige Tage später Clarina Maffei. Noch in Paris arbeitet er an einer italienischen Fassung der Oper.

Aber was hält ihn eigentlich noch in der Stadt, die er unerträglich findet, wo er von den Anhängern Meyerbeers perfide angegriffen wird und unter den Größen der französischen

Avantgarde nur wenige Freunde findet? Und das Sängerpersonal der Académie royale ist ebenso wenig erbaut von dem jähzornigen, stets ungehaltenen Italiener. Verdi muss bei den Proben fürchterlich getobt haben, und wenn sich empfindliche Musiker das schon kaum von einem Komponisten aus ihren Reihen bieten lassen wollen, dann noch weniger von einem ausländischen Maestro. Berlioz bezeugt: »Verdi liegt sich auch mit allen Leuten der Opéra in den Haaren. Gestern, bei der Generalprobe, hat er ihnen eine schreckliche Szene gemacht.«

Paris sperrt sich gegen italienische Musiker. In der großen Oper dürfen ihre Werke nur in französischer Sprache gegeben werden – daher Verdis Bearbeitung der *Lombarden* zu *Jérusalem* und die französischen Urfassungen von *Les Vêpres* und *Don Carlos*. In der Originalsprache dürfen sie am Théâtre Italien gespielt werden, aber Berlioz beschreibt anhand eigener Erfahrungen zu Mozart-Opern, dass das französische Publikum das italienische Theater nur mit Vorbehalt besucht: »In Paris wurden von Mozart hauptsächlich *Don Juan* und *Figaro* aufgeführt; aber sie wurden im italienischen Theater von Italienern in italienischer Sprache gesungen, und das genügte, dass ich mich eines gewissen Widerwillens gegen diese Meisterwerke nicht erwehren konnte. In meinen Augen hatten sie den Fehler, dass sie zur italienischen Schule zu gehören schienen.« Selbst anerkannte Erfolgsopern wie etwa *Lucia di Lammermoor* von Gaetano Donizetti werden nur im Théâtre Italien auf Italienisch gespielt, auf Französisch geht das Werk im Théâtre de la Renaissance über die Bühne. Gerade Gaetano Donizetti, der doch über viele Jahre hinweg in Paris lebt und arbeitet und die dortige Musikszene aufs Genaueste kennt, beklagt oft die Probleme, die von Seiten der Operndirektionen und Interpreten bereitet werden, die ihn zermürbenden Theaterintrigen. Zur Aufführung seines *Les Martyrs* 1840 berichtet er einem Freund: »Ich habe endlich *Les Martyrs* aufgeführt. Es würde endlos dauern, wenn ich Dir erzählen würde, was ich gelitten habe, bis es so weit war, Dir sagen würde, wie viele unangenehme Zwischenfälle sich ereigneten; es reicht aus, wenn Du weißt, dass die Generalprobe fünfmal angesetzt wurde – und fünfmal jemand krank wurde; dass die Premiere mit einem heiseren Duprez und dem Bass mit einem Arm in der Schlinge stattfand.« Außerdem beschwert er sich über die vorurteilsbehafteten Kritiker der renommierten Zeitungen. Über Hector Berlioz, der für das *Journal des Débats* rezensiert, heißt es bei Donizetti: »Heute erwarte ich das *Débats*, eine ernsthafte Zeitschrift, in der der Rezensent ein strenger Feind von allem ist, was nicht von Beethoven oder ihm selbst ist.« Solche Widerwärtigkeiten, Verärgerungen, Ungerechtigkeiten und Verzögerungen muss auch Giuseppe Verdi immer wieder hinnehmen, nur zerbricht er nicht daran wie der labile Donizetti, sondern wehrt sich vehement. »Der arme Donizetti ist schlimmer misshandelt worden als ich; und grinsend ist er, eingehüllt in den Mantel seines Ruhms, aus Paris entflohen.«

Doch selbst mit dem Théâtre Italien ergeben sich Schwierigkeiten. Verdi erfährt, dass ihm für hier stattgefundene Aufführungen keine Tantiemen gezahlt worden sind. Die klagt er jetzt ein, wehrt sich gleichzeitig dagegen, dass seine Urheberrechte so ganz und gar nicht zählen. Das Urheberrecht ist zu seiner Zeit allerdings noch wenig ausgereift, meist gilt es nur für das eigene Land, so existieren in England Eigentumsrechte an Opern nur für britische Staatsangehörige. In Frankreich sind Urheberrechte überhaupt nicht geschützt. Im speziellen Fall führt das Théâtre Italien ohne Verdis Erlaubnis – die er nur erteilt haben würde, wenn er bei der Einstudierung hätte zugegen sein dürfen – *La Traviata* und *Rigoletto* auf. Das Gericht, das den Fall behandelt, verweist die Theaterdirektion zwar, entscheidet aber im Endeffekt gegen Giuseppe Verdi. Seinen späteren politischen Einfluss, seine Position als Abgeordneter im italienischen Parlament wird er dafür nutzen, für eine Verbesserung derartiger sozialer Fragen für Komponisten einzutreten.

Ein Trost ist ihm in der beschwerlichen Pariser Zeit eine Ehrung, die er aus den Händen Vittorio Emanueles II. von Sardinien-Piemont empfängt: Er wird zum Ritter des Mauritius- und

Lazarusordens erhoben, ist fortan ein »Cavaliere dell'Ordine di S. S. Maurizio e Lazzaro«.

Eine andere Art Wohltat bereitet ihm eine hübsche Tänzerin vom Teatro alla Scala, die in Paris gastiert. Claudina Cucchi, ranke schlanke, biegsame einundzwanzig Jahre alt, ist der wahre Grund, weshalb es Verdi länger als nötig in der Seine-Metropole aushält. Der Maestro kennt sie seit ihrer Kindheit, als sie während ihrer Ausbildung schon als kleine »Ballettmaus« in Verdi-Inszenierungen mitwirkt. Nun soll sie an der Opéra debütieren, im Ballett zu *Les Vêpres Siciliennes*. Wie alle Komponisten, die für die Opéra schreiben, ist Verdi ja verpflichtet, ein obligatorisches Ballett in den zweiten Akt seiner Oper einzubauen. Der Komponist wählt das Sujet der *Vier Jahreszeiten*.

Das Divertissement *Les Quatre saisons* gehört zu den schönsten Ballettmusiken Giuseppe Verdis. Der Bruder des weltberühmten Choreographen Marius Petipa, Lucien, ebenfalls Tänzer und Tanzmeister, übernimmt die Einstudierung zu den *Vier Jahrszeiten*.

Verdi existiert in der Vorstellung seines Publikums nur als Opernkomponist, allenfalls noch als Schöpfer des *Requiems*. Wortgebundener Musik also. Die Ouvertüren, Märsche, die Kammermusiken seiner Jugendjahre sind nicht bekannt, und zu wenig bekannt ist auch sein e-Moll-Streichquartett, eines der bedeutendsten und wohl auch schönsten Werke dieses Genres. Ganz im Abseitigen blieb bislang der Komponist reiner Orchestermusik, Ballettmusik nämlich; Ballettmusik führt im musikwissenschaftlichen Bereich immer noch ein Schattendasein, vermutlich weil ihm ungerechterweise der Ruch des Trivialen, des Skandalösen, des Unwürdigen anhängt (aus welchen Gründen auch immer), weshalb es kaum verwundert, dass das Kapitel »Verdi und seine Ballettmusik« Marginalie bleibt.

Für die *Sizilianische Vesper* greift Verdi auf ein herkömmliches Ballettsujet zurück, die *Vier Jahreszeiten*. Nach einem pompösen Auftritt des Gottes Janus, der aus der Erde die Jahreszeiten aufsteigen lässt, beginnt der Zyklus mit dem Winter.

Staccati-Läufe, Tremoli, ein von fahlen Holzbläsern dominierter Orchesterapparat malen das Bild klirrender, starrender Kälte; ein Mädchen beginnt zu tanzen, um sich zu wärmen; Verdi reiht nun mitreißende Tanzrhythmen aneinander, die ganz und gar nicht mehr zum üblichen Winterklang passen wollen. Fließend geht die Musik zum Frühling über, der in der Premiere von Claudina Cucchi verkörpert wird und der Verdi die kraftvollen Walzerstücke eigens geschrieben hat; das lässt einigen Rückschluss auf die ausgreifende Lebendigkeit ihres Tanzstils zu, dessen Stärke nicht im eleganten Spitzentanz, eher in der Sprunggewalt liegt. Auch im Frühlingsbild wendet sich Verdi von einer typischen Ausdrucksform (das langsame Arpeggien-Aufblühen der Blümchen) zu ungewohnteren Klängen. Die Siziliana des Sommers springt aus dem walzerbetonten Rahmen der *Quattro stagioni* heraus. Es heißt ja immer, Verdis Divertissements seien austauschbar, nähmen so gut wie keinen Bezug auf die Opernhandlung, aber angesichts der Anspielung auf das sizilianische Kolorit der Oper müssen solche Äußerungen revidiert werden. Die bedrohlich martialischen Einführungsrhythmen des Herbstes, die die melancholischen Klänge es Sommers brüsk abbrechen, gewinnen in diesem Zusammenhang ebenfalls eine höhere Bedeutung; der Herbst ist in seiner Tanzfolge als Rondo aufgebaut, und das Rondo oder Rondel ist eine sehr alte, beliebte französische Liedform, der sich, nebenbei bemerkt, die Troubadoure und Trouvères, die Sängermusiker der Zeit, bedienen, in die die Handlung der *Sizilianischen Vesper* fällt. An den vier Ballettnummern fällt die zunehmende Verdunklung der Klangatmosphäre auf: hohe Instumente, Flöten, und ein im Ganzen höher angelegter Orchesterapparat beim Winter, eine Eintrübung durch die beherrschende Klarinette beim Frühling, dunkler nuanciert durch die durchgängige Mittellage beim Sommer, schließlich ein dominanter Celli-Grundklang beim Herbst. Das korrespondiert durchaus mit der unweigerlich auf die blutige Katastrophe hinführenden Opernhandlung.

Auch in anderen Balletten Giuseppe Verdis gibt es diese interessanten Bruchstellen, die die Divertissements aus ihrem unbedarften Intermezzoleben herausheben, etwa gleich zu Beginn der *Don Carlos*-Einlage *Il ballo della regina – La Peregrina*, in der eine melancholische Cello-Kantilene steht, die an König Philipps traurigen Monolog *Ella giammai m'amo, Sie hat mich nie geliebt* gemahnt. Für die Balletteinlage zur französischen Premiere des *Trovatore, Le Trouvère*, vom 12. Januar 1857 ändert der Komponist sogar teilweise seine Oper ab, um die Tänze der Zigeuner zu Beginn des dritten Akts platzieren zu können. Motivisch greift er etwa die Ambosschorpassage wieder auf. Im Fall des *Trovatore* ist ein derartiger deutlicher motivischer Bezug allerdings nötig, um die Handlungslogik zu konstruieren; eigentlich spielt der dritte Akt unter Graf Lunas Soldatentruppen, trotzdem tanzen die Zigeuner, der Zuhörer muss also mittels motivischer Anspielungen ins Bild gesetzt werden. Für die französische Inszenierung seines *Macbeth*, die im Théâtre Lyrique über die Bühne geht, komponiert Giuseppe Verdi ein wunderbares Ballett, das man wohl mit Fug und Recht als das rundeste, autonomste Divertissement Verdis bezeichnen kann, mithin wieder ein Beleg dafür, dass *Macbeth* zu den Lieblingsopern des Maestro gehörte. Unter die Hexen und Teufel tritt Hecate, die Göttin des Todes, um ihnen Macbeths Erscheinen anzukündigen, dem sie zwar die Zukunft, aber nicht die letzte Konsequenz seines Verhaltens offenbaren dürfen; als Hecate wieder verschwunden ist, tanzen die Unmenschen um ihren brodelnden Hexenkessel. Das Hecate-Ballett atmet völlig die düstere Atmosphäre der Macbeth-Oper, setzt sogar noch schwärzere Akzente in der Instrumentation.

Wie für das Ballett *Le quattro stagione* zur *Sizilianischen Vesper* bemüht sich der Komponist eifrig um Aufführungs- und Konzeptionsfragen. Für das Divertissement zu *Les Vêpres Siciliennes* bittet er seinen Freund De Sanctis sogar um Textvorlagen: »Ich weiß, dass in Neapel ein Ballett mit dem Titel *I Vespri Siciliani* ... gemacht worden ist, schickt mir auch davon ein Libretto« (18. Januar 1854).

Von der Arbeit an der *Sizilianischen Vesper* und dem alltäglichen Kleinkrieg der Pariser Musikwelt zeigt sich Verdi etwas mitgenommen: »Die Vesper hat mich so erschöpft, dass ich nicht weiß, wann ich wieder Lust am Komponieren bekomme.« Auf seinem Landgut lebt er wieder in Eintracht mit Giuseppina Strepponi, die offenbar von seiner kleinen Ballett-Affäre nichts bemerkt hat, oder so großmütig oder klug ist, darüber hinwegzusehen – sie kennt ihren Verdi, der von jähen Leidenschaften gepackt wird, sich eine Zeit lang treiben lässt, um sich dann doch wieder der Vernunft zuzuwenden. Noch haben diese andauernden, im Grunde unbedeutenden Liebschaften sie nicht zermürbt, wie es rund ein Jahrzehnt später der Fall sein wird; noch fühlt sie sich unangefochten als die eine, erste Frau an Verdis Seite. Unterstützung in ihrer Position erfährt sie von Giuseppes Schwiegervater Antonio Barezzi. Barezzi selbst ist seit fast drei Jahren wieder im Hafen der Ehe; er hat in großartiger liberaler Geste sein Hausmädchen Maddalena Fagnoni geheiratet, sehr zum Groll seiner Söhne, die sich allerdings hüten, ihrem Vater die Mesalliance vorzuhalten.

Die neuesten Nachrichten aus aller Welt übermittelt meist Barezzi während seiner Besuche in Sant' Agata, wo er seinen Schwiegersohn bei der Arbeit an einer zweiten *Stiffelio*-Fassung antrifft. Aus dem protestantischen Sektenführer macht er einen englischen Kreuzfahrer namens Aroldo und nimmt der Figur damit ihre psychologische Grundkontur; das ganze Ehebruchs- und Versöhnungsdrama wird dadurch trivialisiert, denn ein Ritter des Mittelalters kann völlig anders handeln als ein hochmoralischer Geistlicher des 19. Jahrhunderts. Zugleich wird der Stoff romantisiert, aber nicht im positiven Sinn des Begriffs; Verdi nutzt landschaftliche Stimmungsmalerei, Rittersujet und Treuebruchsgeschichte für ein Bühnenstück, das die populären, verharmlosenden, neoromantischen Vorlieben des Publikums bedient. *Aroldo* wird im Teatro Nuovo in Rimini gegeben und ist ein schöner Erfolg. Etwa ein Vierteljahr zuvor hat sein *Simone Boccanegra* am Teatro la Fenice Premiere, der die Unliebe seines

Auditoriums zu spüren bekommt. »Haben sich die Venezianer nun beruhigt«, schreibt Verdi einen Monat nach der tumultartigen Aufnahme der Oper an Cesare Vigna (11. April 1857): »Wer hätte je vorausgesagt, dass dieser arme *Boccanegra*, mag die Oper gut oder schlecht sein, einen solchen Höllenlärm hervorrufen würde.«

Die Jahre 1857 und 1858 sind eine Zeit voller unguter Vorzeichen. Im fernen China kämpfen die westlichen Mächte England und Frankreich den »Zweiten Opiumkrieg«. Auf den König von Neapel wird ein Anschlag verübt, dem Ferdinand I. mit knapper Not entkommt. Im Jahr darauf überleben Napoleon III. und seine bezaubernde Gattin Eugénie glücklicherweise ein Bombenattentat, dem aber über hundert Unbeteiligte zum Opfer fallen. Der König von Preußen, lange schon von labiler Konstitution, erliegt einer Geisteskrankheit; Prinz Wilhelm übernimmt die Regentschaft für seinen psychisch gestörten Bruder. Anfang des Jahres 1857 bereist Kaiser Franz Joseph Italien; an seiner Seite seine junge, schmaltaillierte Ehefrau Elisabeth, »Sisi«, die insgeheim mit dem italienischen Freiheitkampf sympathisieren soll, ebenso heimlich die verbotene Lyrik des Freigeists Heinrich Heine liest und überschwängliche, romantisch erschauernde, aufseufzende Verse schmiedet. Zu werben in eigener Sache, sich dem italienischen Volk zu zeigen, es möglicherweise für sich zu gewinnen, allgegenwärtige Präsenz zu dokumentieren, dafür ist Franz Joseph von Österreich im Krisengebiet. Mag sein, dass seine Berater bereits eine Ahnung haben, wie die freiheitlichen Kräfte bald bewegt werden und den Kaiser von der Notwendigkeit einer Staatsreise überzeugen. Vielleicht ein zu unbedachter Machtbeweis. Es ist eine direkte Reaktion auf den Staatsbesuch, wenn in Italien im selben Jahr eine Geheimorganisation namens »Società Nazionale Italiana« gegründet wird.

1858 ist nicht zufällig ein Operettenjahr. Seit Mitte der fünfziger Jahre gibt es die kleinen »primitiven und fröhlichen« Stückchen von Jacques Offenbach, die allgemein als Opérettes bezeichnet werden. Immer wird die Gesellschaft des Zweiten

Kaiserreichs in ihren tausenderlei verschiedenen Facetten auf die Pike genommen; die Geldgier der Spekulanten, die Frivolität der Grisetten, die Borniertheit des Bildungsbürgers, die Arroganz der echten und falschen Aristokratie, das Geniegehabe der Bohemiens, Fehler und Wirrungen der Tagespolitik, garniert mit frechen Versen, pikanten Modetänzen wie Walzer und Cancan. 1858 schreibt Jacques Offenbach – ein gebürtiger Kölner, dessen Vater den rassistischen Ressentiments seiner Heimat den Rücken wendet, um seinem begabten, Cello spielenden Sohn eine glänzende Musikerziehung in einem toleranteren Staat zu ermöglichen – seine gesellschaftskritische Operette *Orphée aux enfers, Orpheus in der Unterwelt*, ein für die weitere Entwicklung der Gattung wegweisendes Werk.

Naturkatastrophen, Überschwemmungen, Stürme, Feuersbrünste werden ja gerne als üble Vorzeichen einer krisenhaften Zeit gedeutet; man könnte dieses symbolistische Überladen unglücklicher Vorfälle auch für die Region Sant' Agata heranziehen: Im Frühjahr 1858 brennt es plötzlich in dem kleinen Dorf Piantadoro, das zu den Ländereien Verdis gehört oder doch an sein Gebiet grenzt; die Meierei des Dörfchens brennt völlig nieder; über seinen Anwalt lässt der Komponist 25 Napoleondors an die Einwohner auszahlen. Erst kurz zuvor hat sich der Maestro neues Land erstanden. Es ist ihm fast zur Manie geworden, immer mehr Boden, Felder, Dörfer, Landwirtschaften zu seinem schon sehr bedeutenden Besitz hinzuzukaufen. Alles rings um Sant' Agata bis hin zu den Stadtgrenzen Bussetos gehört ihm. Und trotzdem befriedigt es ihn nicht. Einerseits liebt er das Land, die Stille dort, manchmal auch die schlichte Landarbeit, dann krempelt er wie seine Bauern die Hemdsärmel auf und marschiert in wuchtigen Stiefeln, in denen seine ohnehin sehr großen Füße riesenhaft wirken, über die Felder. Dann wieder fährt ihn die Eintönigkeit der Provinz an, springt ihm das täglich gleich ablaufende Gutsleben ins Auge, wird er depressiv, grimmig abweisend. Gerade dann, wenn etwa eine Uraufführung ins Haus steht oder das politische Barometer – so wie jetzt im Jahr 1858 – auf Sturm steht. Dann haben vor allem Peppina und die Hausdienerschaft unter ihrem eigenbrötlerischen Maestro zu leiden. Am 28. Mai 1858 gesteht Verdi dem Freund Vincenzo Torelli: »Ihr habt Euch aufs Land zurückgezogen, und ich sitze in einer wahren Einöde. Seit einem Monat sehe ich keinen Menschen; den ganzen Tag eile ich vom Haus auf die Felder, von den Feldern ins Haus, bis ich, wenn der Abend angebrochen, todmüde ins Bett falle, um am nächsten Tag von vorn anzufangen … ich tue nichts, nichts. Regelrecht tierisch!« Im Jahr zuvor hatte er Clarina Maffei gegenüber noch etwas anderes bekannt: »Man kann sich keine hässlichere Örtlichkeit vorstellen als Busseto, aber wenigstens kann ich hier frei leben. Außerdem lässt mir die Stille Zeit zum Nachdenken … Und der Umstand, dass ich keine Uniformen, gleich welcher Farbe, mehr sehen muss, scheint mir eine wahre Wohltat!«

Auf dem Land bereitet Verdi fast immer neue Opernprojekte vor, liest anregende Texte, um über die Lektüre spontan zu Sujets seiner Musikdramen zu finden. Die Lyrik Nicola Soles, eines dichtenden Juristen aus Neapel, zieht ihn in den Sommer- und Herbstmonaten 1858 stark an; der Komponist trägt sich sogar mit dem Gedanken, ein Libretto Soles zu vertonen. Aber es soll bei einem einzigen Liedchen für Bass mit Klavierbegleitung bleiben, der *Preghiera del poeta.*

1858 ist die Entstehungsgeschichte seiner dritten großen Oper, des *Maskenballs,* nahezu abgeschlossen. Niemals zuvor, ausgenommen vielleicht beim *Rigoletto,* hat Giuseppe Verdi mit größeren Schwierigkeiten seitens der Zensurbehörde zu kämpfen. »Ich befinde mich in einem wahren Inferno! Die Zensur will, wie ziemlich feststeht, das Libretto verbieten. Und doch ist in diesem Libretto nichts, was Religion, Politik und Moral angreift … Ich verfluche die Stunde, als ich den Kontrakt unterschrieb!«

Verdi 2000. Festspielinszenierung von Un ballo in maschera auf der Bregenzer Seebühne (Richard Hörmann, Bregenzer Festspiele GmbH)

»Der Einzige,
der eine große Oper schreiben kann«

Europa zur Zeit der Mitte des 19. Jahrhunderts erscheint wie
ein großartig angelegtes Szenenbild einer Grand Opéra. Die
französische ernste Oper mit ihren Massenszenen, Tableaus
genannt, ihren rührenden intimen Dialogen, ihren fast schon
übertriebenen dramatischen Schockeffekten, Pistolen- und Ka-
nonenschüssen, Explosionen und Chaos und dem immer leidenden Liebespaar ist Wirklichkeit geworden – oder hat sie die
Wirklichkeit ununterscheidbar absorbiert, in ihre Fiktionen
aufgesogen, was tagtäglich auf den Straßen der alten Welt geschieht?

Die Grand Opéra entstammt einer alten französischen
Opernform, der Tragédie lyrique, an deren Anfang die Zusammenarbeit des Komponisten Jean-Baptiste Lully mit dem klassischen Tragödienschreiber Jean-Baptiste Quinault steht; ihr Fünfakter *Cadmus et Hermione* von 1673 markiert den Grundstein
der Gattung, deren reine Form mit den Opern Jean-Philippe
Rameaus bis nach 1750 erhalten bleibt. Während der Französischen Revolution wird eine neuartige Opernform entwickelt,
die so genannte Revolutions- und Schreckensoper, deren mar-
kanteste Elemente ein aufwühlender Rhythmus (élan terrible),
martialische Musikelemente (Trommelwirbel) und erregende
Chöre sind, deren Sujets (es geht in der Regel um die gewalt-
same Befreiung von aristokratischen Tyrannen, die grausam das
Volk unterdrücken und der Tugend der Frauen lüstern nachstel-
len) in ihrem Pathos und ihrer Grausigkeit an die Brutalität und
Gewalt der Revolutionszeit mahnen. Die Revolutionsoper verliert nach Napoleons Machtübernahme ihre Daseinsberechti-

gung, aber so ganz will man sich nicht von ihren Effekten und Errungenschaften lösen, und so finden einige ihrer Elemente Eingang in die Grand Opéra, von Gasparo Spontinis *La Vestale* (1807) bis hin zu Jacques Fromental Halévys *La Juive* (1835) und den Opern Giacomo Meyerbeers. Elemente der Schreckens- und Rettungsoper gehen in die Operntradition ein, unmittelbar in Werke des frühen 19. Jahrhunderts (Ludwig van Beethovens *Fidelio*), mittelbar in Bühnenwerke des Verismo (Puccinis *Tosca*, Giordanos *Andrea Chenier*, Kienzls *Kuhreigen*). Die Revolutionen und liberalen Bewegungen des 19. Jahrhunderts bieten denn auch genug Stoff und Aktualität für die große Oper.

Zum Jahresanfang hält König Vittorio eine ahnungsvolle Parlamentsrede:»Der Horizont, an dem das neue Jahr heraufsteigt, ist nicht ganz heiter. Wir sind nicht unempfindlich für den Schmerzensschrei, der von so vielen Teilen Italiens uns entgegenschallt.« Und tatsächlich: 1859 wird Italien wieder Kriegsschauplatz. Spielplatz eines provozierten Krieges, denn allein darin sieht der sardinische Ministerpräsident Conte Camillo Cavour einen Chance, Italien von österreichischer Herrschaft zu befreien und König Vittorio Emanuele von Savoyen zum alleinigen Regenten eines vereinten Staates zu erheben. Es ist ein gewaltiger Plan, eine perfide Kriegslist, die Cavour schon seit Jahren vorbereitet. In mühevoller Diplomatenarbeit gelingt es ihm, das winzige Sardinien-Piemont zu einem bedeutenden Bündnispartner des mächtigen Frankreich zu machen. 1855 stellt sich Piemont auf Cavours Betreiben hin während des Krimkrieges auf die französische Seite und bindet die romanische Nation damit moralisch an sich. Der Krimkrieg erweist sich noch auf andere Art als Glücksfall für Italien; er beginnt aus mehr oder minder nichtigem Anlass im Jahr 1853 mit dem Einmarsch russischer Truppen in die Donaugebiete und wird mit dem Eingriff der Türkei und westlicher Kriegsmächte zur gefährlichen Kostprobe eines Weltkrieges; Österreich konzentriert sich verstärkt auf seine östlichen Grenzen, auch nach dem Friedensschluss

1856. Damit erhält Italien freiere Hand. 1858 wird ein Treffen zwischen Napoleon III. und dem gerissenen Cavour arrangiert, bei dem der italienische Graf dem Kaiser das Versprechen abnimmt, Italien solle bis zur Adria frei sein. Das ist die Rückendeckung, auf die Cavour jahrelang gehofft hat. Er vollendet den Aufbau seiner Armeen, den er insgeheim begonnen hat, in aller Öffentlichkeit, was den Österreichern wie ein Schlag ins Gesicht erschienen sein muss. Das sonst so bedächtige Haus Habsburg reagiert diesmal übereilt, womit Cavour rechnet. In allen italienischen Fragen recht kopfscheu, marschieren österreichische Truppen in Piemont ein, entsandt von einem kriegslüsternen jungen Kaiser und einer vor Italiens Unberechenbarkeit zitternden Regierung. Vor den Augen Europas steht Österreich nun als der Angreifer da, und alles Recht liegt auf der Seite Piemonts, dem Frankreich vertragsgemäß zu Hilfe eilt – nicht ganz uneigennützig, muss man hinzusetzen, denn für die Befreiung der Lombardei und Venetiens soll Frankreich im Gegenzug Savoyen und Nizza erhalten, das ist Cavours Preis für Napoleons III. Unterstützung. Die Italiener, die von diesem Geheimabkommen noch nichts ahnen, jubeln indes dem »Bruder Frankreich« zu, und Giuseppe Verdi notiert begeistert: »Ich kann es kaum glauben … Wer hätte bei unseren Verbündeten so viel Großherzigkeit erwartet? Ich jedenfalls muss mich an die Brust schlagen, denn ich hätte … nicht geglaubt, dass die Franzosen nach Italien kommen würden … Ich will die große, französische Nation segnen!« Mit Stolz nimmt der Komponist die Nachricht vom italienisch-französischen Sieg bei Magenta entgegen, vor allem als er hört, dass Österreich durch unfähige Führer und überrumpelt von den verbündeten Streitkräften erst gar nicht dazu kommt, die volle Schlagkraft seines Heeres in Einsatz zu bringen, sondern nur mit etwa zwei Dritteln seiner Armee kämpft. Österreich muss seine Stellungen aufgeben. Vittorio Emanuele und Napoleon III. nehmen brüderlich triumphierend Besitz vom preisgegebenen Mailand. Bei diesen Nachrichten fällt der greise Fürst von Metternich in Ohnmacht. Der Verlust der lombardi-

schen Hauptstadt ist für Österreich ein bitterer Affront. Wutent-
brannt schlägt das K.k.-Heer in Solferino, an der Grenze zu Venetien, zurück. Der junge Kaiser Franz Joseph nimmt an der
Schlacht teil – natürlich in sicherem Abstand zur Kampflinie –
und muss die schreckliche Niederlage seiner Truppen mit ansehen. Nicht nur schreckliche Niederlage, sondern eine der blu-
tigsten Schlächtereien des 19. Jahrhunderts ... auf beiden Seiten.
Der Kriegsschock wirkt so tief, dass Österreich, das längst erkannt hat, auf der schwächeren Seite zu stehen, mit Frankreich
Verhandlungen aufnimmt. Auch Frankreich lenkt ein, hauptsächlich, weil Preußen plötzlich seine westlichen Truppen verstärkt und in Deutschland der Ruf laut wird, der Rhein solle am
Po verteidigt werden. Napoleon III. muss einen Angriff befürchten und seine Armee wieder am Rhein konzentrieren, ist also
gezwungen, mit Österreich in Friedensverhandlungen zu treten.
Er trifft sich in Villafranca mit Kaiser Franz Joseph, man beschließt einen Waffenstillstand. Frankreich erhält im Frie-
densfall die Lombardei, Österreich behält Venetien. Vittorio
Emanuele, ohne Frankreichs Beistand ein ohnmächtiger Regent,
muss dem Vertrag wohl oder übel zustimmen. In Italien schlagen die Wellen der Empörung hoch. Nun hat man also weder
die Lombardei noch Venetien gewonnen, für nichts und wieder
nichts sein Blut gegeben. Verdi bemerkt lapidar gegenüber Clarina: »Anstatt eine Ruhmeshymne singen zu können ... der
Frieden ist gemacht ... Venetien fällt an Österreich zurück ...«
Die Enttäuschung über die unveränderte Lage seines »noblen,
aber unglücklichen Italiens« schlägt sich bei Giuseppe Verdi
wieder einmal in Krankheitsanfällen nieder; der Komponist
klagt über Halsschmerzen und fühlt sich matt. Er zieht sich nach
Busseto zurück, wo er seine Tage zwischen Kompositionsarbeit
und Spaziergängen aufteilt. Kopfschmerzen, die sich schließlich
einstellen, zwingen ihn dazu, wochenlang das Bett zu hüten. Aus
seiner »Matratzengruft« heraus schreibt er Freunden: »Österreich behält Venetien! Wo ist jene Unabhängigkeit Italiens, die
man uns verhieß? ... Was besagte die Mailänder Proklamation?

Etwa, dass Venetien nicht zu Italien gehört? ... so viel Blut für nichts ...«

Im November 1859 wird der Friede von Zürich geschlossen. Cavour tritt protestierend von seinem Amt zurück. Offiziell befindet er sich im Ruhestand, in Wahrheit aber spinnt er geschickt seine diplomatischen Fäden weiter.

Die Mailänder, eben noch von den Österreichern unterdrückt, ächzen nun unter dem nicht minder schweren französischen Joch. Neue Gesetze werden eilends erlassen, höhere Steuern abgepresst. Es gibt zeitweise eine Willkürherrschaft französischer Militärs. Auf italienischen Straßen herrschen Anarchie und Verbrechen. Als der bourbonentreue General Luigi Anviti in seine Heimatstadt Parma zurückkehrt, wird er auf der Straße erkannt und in das Café Ravazzoni geschleppt, wo man ihn malträtiert und schließlich köpft. Sein Kopf und sein Rumpf werden aufgespießt und durch die Straßen getragen. Niemand greift in diesen überschäumenden Volkszorn ein.

Verdi lässt seinem Zorn ein anderes Ventil. Er hat die Vogeljagd für sich entdeckt. Am 11. Februar schreibt er an Léon Escudier: »Ich habe das Jagen angefangen!!!!!!! Dass heißt, wenn ich einen Vogel sehe, puff!, schieße ich; wenn ich treffe, gut; wenn nicht, gute Nacht!« Seine humoristischen Briefe täuschen allerdings nicht über seinen Ernst in politischen Belangen hinweg. Anfang Februar prophezeit er: »Napoleon behandelt uns wie Kinder ... aber wir haben ... ihm dankbar zu sein ... Ich würde sagen, dass er – der Meister – Savoyen, Nizza und das Herzogtum Toscana für sich haben will.« So kommt es im Vertrag von Turin beinahe. Napoleon tauscht die Lombardei gegen Nizza und Savoyen.

Der Norden fügt sich schneller in die Vertragsbedingungen als der Süden. Hier inszenieren alte Mazzinisten lokal begrenzte Aufstände. Die unterschiedlichen wirtschaftlichen Bedingungen in Ober- und Unteritalien spielen dabei eine große Rolle. Der ärmere Süden leidet unter den diversen Folgen einer Politik, die sich nicht rechtzeitig um innerstaatliche Probleme kümmert, während der umsichtige Cavour in seinem Einflussbereich in Norditalien die Innenpolitik gleichzeitig mit seinen Auslandsbeziehungen stärkt und auf eine finanzielle Stabilität hingearbeitet hat. Die Unruhen im Süden sind also nicht allein eine Folge der fortwährend unterdrückten Freiheit, sondern entspringen vielmehr dem Mangel an ökonomischer Sicherheit.

Während Cavour weiterhin in den Kanzleien der Staaten die Fäden für eine italienische Vereinigung knüpft, erhebt sich in Caprera bei Sardinien ein großer alter Kriegsveteran, um noch einmal für Italiens Freiheit zu kämpfen. Für Giuseppe Garibaldi ist Cavours Diplomatie ein »Netz aus Hinterhalten und jämmerlichen Widerwärtigkeiten«. Er ist der Mann der Tat, der von der Empörung des Volkes getragen wird. Er sammelt einige hundert Freiwillige um sich. Aus Mailand, dem Zentrum des Widerstands, werden Geld und Gewehre geschickt. Am 5. Mai 1860 sammeln sich Garibaldis »Tausend«, um nach Sizilien überzusetzen. Tausend schlecht Bewaffnete gegen ganz Österreich. »Österreich ist mächtig, seine Heere sind zahlreich … Der Bourbone hat 100.000 Soldaten. Aber was tut's? Die Herzen von 25 Millionen schlagen stürmisch aus Liebe zum Vaterland und Sizilien … es hat die Sklaverei nicht mehr ertragen wollen und der Tyrannei den Handschuh ins Gesicht geschleudert«, schreibt er wagemutig in sein Tagebuch. »Hurra auf Garibaldi! Bei Gott, er ist wahrlich ein Mann, vor dem man niederknien sollte«, jubelt Verdi. Am 11. Mai landen Garibaldis tausend »Argonauten der Freiheit« in Marsala und marschieren auf Salerni. Drei Tage später schlagen sie bei Calatafimi die erste große Schlacht. Täglich wächst die Zahl der Freischärler. Alte Mazzinisten, Rebellen jeder Couleur, Anhänger des Revolutionärs Crispi schließen sich dem Zug an, der Ende Mai Palermo erreicht. Garibaldi erinnert sich in seinen Memoiren an die Straßenkämpfe: »Die Begeisterung jener wackeren Bürger ließ sich durch nichts abschrecken … vielmehr stellten sich viele bei uns ein, die … sich mit Dolchen, Messern, Spießen … jeder Art bewaffnet hatten, selbst die Frauen waren hinreißend in ihrer patriotischen Begeisterung;

inmitten des dichtesten Hagels der Bomben und Flintenkugeln ermutigten sie die Unsrigen durch Kundgebungen des Beifalls … Sie warfen Stühle, Matratzen, Geräte aller Art für den Barrikadenbau aus den Fenstern und viele wagten, selbst auf die Straße hinabzusteigen, um bei der Errichtung mit Hand anzulegen … die Barrikaden stiegen wie durch Zauber empor, und ganz Palermo erschien wie von Barrikaden bewehrt.« Vor Messina verfügt Garibaldi bereits über eine Armee von 6.000 Mann und triumphiert in der Schlacht bei Milazzio. Der Bourbone Franz II. muss sich aus Sizilien zurückziehen. Die Insel gehört nun zum Königreich Italien. Aber das reicht dem gewaltigen Garibaldi nicht. »Sicherlich war es ein herrliches Ergebnis, Sizilien der großen italienischen Familie wieder angegliedert zu haben. Aber wie? Sollten wir der Diplomatie zu Gefallen unser Vaterland unfertig, verstümmelt belassen? Und Calabrien und Neapel. Die uns mit offenen Armen erwarteten? Und der Rest Italiens, der noch in der Sklaverei des Fremden oder des Priesters verharrte?« Nein, der Zug der Tausend geht weiter. Bei Aspromonte auf der Stiefelspitze Italiens werden die Bourbonen erneut vernichtend geschlagen. Garibaldi führt seine Freischärler durch Kalabrien bis vor Neapel. Am 1. Oktober 1860, am frühen Abend, kann der Feldherr nach Neapel telegrafieren: »Sieg auf der ganzen Linie!«

Österreich zittert vor Garibaldi, aber auch Vittorio Emanuele II. wird der Feldherr, der bereits in den eroberten Gebieten wie ein Diktator agiert, zu gefährlich. Gefährlich auch durch seine unglaubliche Popularität bei den Volksmassen. Wie leicht könnte man ihn, er sich, zum König Italiens emporschwingen? Schon ruft man auch im Norden, in Parma, »wir wollen Garibaldi« und übertönt damit die schwächer werdenden Schreie der österreichischen Sympathisanten: »Lang lebe Radetzky!« Verdi befragt seinen Freund, den Dirigenten Marini: »Erzähl mir über einige andere Musik. Wie sind die Töne und Halbtöne von … Garibaldi, etc? Das sind Meister! Was für Opern! Und was für Finale! Zum Klang von Kanonenfeuern!« Am 29. Oktober kommt es zum Treffen zwischen Vittorio Emanuele und Garibaldi. Der Krieger beteuert seine reinen Absichten sofort, indem er vor Vittorio den Hut zieht: »Ich grüße den ersten König Italiens.« Auf Betreiben Cavours wird sein inzwischen 20.000 Mann starkes Heer jedoch nicht als Teil des nationalen Heeres anerkannt, seine Schlachten werden im Nachhinein nicht legitimiert.

Die königlichen Truppen bereiten den Österreichern die endgültige Niederlage. Im Februar 1861 kapituliert die Donaumonarchie. Vittorio Emanuele II. wird König von Italien, Rom die Hauptstadt. »Der neue Staat ist das Italien der Italiener«, verkündet der König auf seiner ersten Parlamentsrede.

Ein wirkliches Opernspektakel, Verdi betont das mit Recht. Eine solche politisch aufgeregte Zeit muss ihn ja zur Komposition historischer Grand Opéras verführen. »Verdi ist der Einzige, der eine große Oper schreiben kann«, ahnt Gioacchino Rossini und soll Recht behalten. Seine Auseinandersetzung mit Elementen der Grand Opéra reicht allerdings bis in die vierziger Jahre zurück. Der Legendenstoff *Giovanna d'Arco* und die Umarbeitung der *Lombarden* für Paris zwangen geradezu zu einer ansatzweisen Vertonung im französischen Stil. Allerdings geht Verdis Beschäftigung mit der Gattung den Umweg über Rossinis große Opern. Der Meister aus Pesaro hat mit seinem *Guillaume Tell* ein Paradestück auf diesem Gebiet abgeliefert und einen Weg gewiesen, wie Elemente der Grand Opéra mit denen der italienischen Seria verwoben werden können.

Irgendwann Mitte der fünfziger Jahre drängt sich Verdi die Idee zu einer Vertonung von Eugène Scribes *Gustave III* auf. »Es ist grandios und weit gespannt; es ist schön«, beschreibt er das Theaterstück über den Schwedenkönig, der 1792 auf einem Ball ermordet wird. Doch noch schwankt er, ob er nicht vielleicht erst seinen alten Plan zum *König Lear* nach Shakespeare realisieren soll. Am 17. Oktober 1857 weiß er: »Es wird *Gustavo III*. Der *Re Lear* ist unmöglich: Es gäbe sicher ein Fiasko.« Antonio

Somma soll das Libretto für Neapel verfassen. Der Dichter ist einverstanden, falls er anonym schreiben dürfe, denn er habe bereits Probleme mit der neapolitanischen Zensur. Unter dem Namen Tommaso Annoni legt er der Zensur einen ersten Entwurf vor, der prompt abgelehnt wird. Der Impresario Vincenzo Torelli schickt Verdi Änderungsvorschläge, auf die der Komponist antwortet: »Ich habe dem Dichter Euren Brief geschickt und glaube, es wird nicht schwierig sein, den Schauplatz zu verlegen und die Namen zu ändern; aber jetzt, da der Dichter neuen Mut schöpft, ist es besser, das Drama zu Ende zu bringen; dann werden wir daran denken, den Vorwurf zu ändern: Schade! Auf den Pomp eines Hofes wie den von Gustavo III. verzichten zu müssen; im Übrigen wird es recht schwierig sein, einen Herzog vom Schlage dieses Gustavo zu finden!! Arme Dichter und arme Maestri!« Änderungen werden vorgeschlagen, aber keine beruhigt die Zensur. Ein Königsmord auf der Bühne, ein Mord zur Zeit der Französischen Revolution? Unmöglich! Hat der Komponist denn noch nicht gehört, dass der Mazzinist Felice Orsini gerade ein Attentat auf Napoleon III. verübt hat, als dieser in seiner Prunkkarosse auf dem Weg in die Oper war? Und da will er einen Königsmord in Szene setzen?

Verdi fährt Ende Januar, wenige Tage nach Orsinis Mordversuch, nach Neapel. Dort erfährt er, dass die Zensur das Stück rundweg ablehnt; am 7. Februar 1858 schreibt er verzweifelt an seinen Dichter: »Ich schwimme in einem Meer von Unannehmlichkeiten! Die Zensur wird, das ist fast gewiss, unser Libretto verbieten. Der Grund? Ich weiß es nicht! Ich hatte demnach Recht, Euch zu sagen, dass wir jeden Satz, jedes Wort vermeiden müssten, das suspekt sein könnte. Zuerst haben sie Anstoß an einigen Ausdrücken, einigen Worten genommen; von den Worten sind sie zu den Szenen übergegangen und von den Szenen zum Inhalt. Sie haben mir folgende Änderungen vorgeschlagen (und das als Zugeständnis): 1. Die Hauptfigur in einen Signore umändern und auf den Begriff des Souveräns voll und ganz verzichten; 2. Aus der Ehefrau eine Schwester machen; 3. Die Szene mit der Zauberin ändern und sie in eine Zeit verlegen, da man noch daran glaubte; 4. Keinen Ball; 5. Keine Ermordung auf offener Szene; 6. Die Szene mit den durch das Los bestimmten Namen weglassen. Und dann, und dann, und dann!! … Wie Ihr vermuten werdet, können diese Änderungen nicht akzeptiert werden; ergo keine Oper mehr; ergo zahlen die Abonnenten keine zwei Karten; ergo hält die Regierung die Subvention zurück; ergo erhebt das Theater Klage gegen alle und droht mir mit einem Schadenersatz von 50.000 Dukaten!! … Welch Inferno! … Schreibt mir unverzüglich und sagt mir Eure Meinung. Addio.« Wenn das Libretto so entstellt würde, schreibt Somma zurück, dann wolle er nicht einmal sein Pseudonym für die Schreiberei hergeben; soll doch das Textbuch namenlos erscheinen! Der Komponist verkündet daraufhin dem Impresario: »In Sachen Kunst habe ich meine ganz klaren, fest umrissenen Ideen und Überzeugungen, auf die ich nicht verzichten kann … Wenn das Theater mir den Prozess machen will … so fürchte ich ihn nicht, denn ich glaube mich in meinem Recht.« Aber auch die neapolitanische Zensur bleibt hart. Die *Vendetta in domino*, wie man das Opernprojekt mittlerweile nennt, wird Ende Februar endgültig abgelehnt. Neapel verzichtet schadenersatzfrei auf dieses und jedes weitere Verdi-Drama. Seltsamerweise bemüht sich Rom um die neue Oper; natürlich fordert auch der dortige Impresario, Jacovacci, einige Änderungen, aber bei weitem nicht so gravierende wie Neapel. Am 8. Juli 1858 informiert der Maestro seinen Dichter über den Stand der Verhandlungen: »Die Zensur würde Stoff und Situationen etc. etc. genehmigen, möchte die Handlung jedoch außerhalb Europas verlegt wissen. Was würdet ihr zu Nordamerika zur Zeit der englischen Herrschaft sagen? Wenn nicht Amerika, dann einen anderen Ort. Vielleicht den Kaukasus?« Nordamerika ist eine glänzende Idee Verdis. So wird auf einem Umweg zusätzlicher Konfliktstoff in die Oper eingebracht, in der es ursprünglich nur um den Unterschied zwischen Gesellschaftsklassen und den Treuebruch zwischen Freunden geht. Jetzt wird die Oper *Un ballo in maschera* um die Anspielung auf beginnende imperialistische Bewegungen der europäischen Staaten bereichert. Englands brutale Kolonialpolitik gegen Ende des siebzehnten Jahrhunderts wird mit den aktuellen Kolonialisierungsplänen verglichen. Übrigens kommt im Italien der fünfziger Jahre das Sprichwort auf, österreichische und französische Kolonie zu sein. Sprengstoff bietet auch das latent beschworene Rassenproblem im *Maskenball*. Tatsächlich muss man noch in modernen Biographien die Empörung lesen, warum denn der Getreue des Bostoner Gouverneurs Riccardo von Warwich ausgerechnet ein Kreole sei. Somma und Verdi haben den hierarchischen Unterschied hier durch den rassischen verstärkt, eine Vorausahnung auf Otello, der unter seiner afrikanischen Herkunft leidet, und auch auf Don Alvaro in *La forza del destino*, dessen Ahnen zur Herrscherelite der Inkas gehören. Die Verlegung der Opernhandlung ins Amerika des 17. Jahrhunderts macht sie dadurch nicht zum gegenwartsfernen ergo – in den Augen der Zensur – ungefährlichen Stoff, sondern ist äußerst aktuell. Amerika zur Mitte des 19. Jahrhunderts ist kein unbekanntes, exotisches Land mehr; die Nachrichten von der gespaltenen Union erreichen tagtäglich die Alte Welt und sind hier von politischem Interesse. Ein amerikanisch umgemodeltes Sujet ist auch insofern ein kluger Schachzug Verdis, als sein Name in den 50er Jahren in den Staaten populär wird; als sein getreuer Freund und ehemaliger Sekretär Emanuele Muzio Anfang der sechziger Jahre in den Vereinigten Staaten dirigiert, ist Verdi bereits bekannt und erreicht durch Muzios Bemühungen ungeahnte Popularität; Muzio dirigiert unter anderem in Cleveland, Chicago, Louisville und Kentucky; »die Amerikaner geben sich doch sehr verschroben«, lautet sein Urteil über das dortige Publikum, in dessen Gunst der amerikanisierte *Ballo in maschera* steht, zumal im Norden.

Seit etwa 1820 bestehen die Spannungen zwischen den südlichen Sklavenhalterstaaten und dem liberalen Norden. 1852 rüttelt Harriet Beecher Stowes Roman *Onkel Toms Hütte* die demokratischen Kräfte in Amerika auf und unterstützt die Abolitionisten, die vehement für die Sklavenbefreiung eintreten. Zwei Jahre später spitzt sich die Lage zu. Mehrere Südstaaten grenzen sich vom Norden ab. Unter dem Vorsitz South Carolinas schließen sie sich 1861 zu den Konförderierten gegen den Norden zusammen. Der Sezessionskrieg beginnt, der vier Jahre währen soll, bis General Lee kapituliert. Und es geschieht noch eine Art Königsmord: 1865 wird Präsident Abraham Lincoln von einem fanatisierten Südstaatler hinterrücks ermordet.

Giuseppe Verdis *Un ballo in maschera* wird am 17. Februar 1859 im römischen Teatro Apollo uraufgeführt. Zuvor gab es zwischen ihm und dem Impresario Jacovacci noch Diskussionen über Sänger, Sängerinnen und Inszenierung. Pamela Scotti ist dem Maestro zu »eiskalt« und verfügt über keine »exakte Stimme«, der Tenor Fraschini soll in dieser Zeit nach Madrid gehen, fällt also für Verdi aus; dass zumindest er schließlich doch im Maskenball singt, ist Verdis zähen Verhandlungen zu danken. Probleme gibt es mit der ihm aufgezwungenen Sopranistin Eugénie Julienne-Déjean. Sie verlangt, dass der Komponist die Rolle mit ihr durchgehen solle, worauf Verdi sie abkanzelt, sie habe gefälligst wie alle anderen vorbereitet zur Probe zu kommen, ihre Rolle im Kopf! Bei der Premiere genügt lediglich Gaetano Fraschini den Anforderungen des Maestro. Obwohl das Publikum begeistert applaudiert und es mehr als dreißig Vorhänge gibt, bleibt den Kritikern die mäßige Ausführung nicht verborgen. Die Pressestimmen zum *Ballo in maschera* sind durchwachsen. Verdi hält dem römischen Impresario vor: »Ist die Oper schlecht oder gut? Wenn schlecht, und die Journalisten haben schlecht darüber gesprochen, dann hatten sie Recht … gebt im Übrigen ruhig zu: Wenn es nötig war … jemand in Schutz zu nehmen, dann war es die unwürdige compagnia, die ihr mir beschert habt … gesteht, dass ich ein Beispiel seltener Entsagung war, dass ich nicht die Partitur nahm und mich auf die Suche nach Hunden machte, die weniger kläfften als die von Euch mir angebotenen!« Es gibt noch konkretere Kritiken zum *Maskenball.* So sagt der Architekt Camillo Boito, Bruder des

Komponisten Arrigo, über die Oper: »Es ist eine fragmentarische Arbeit, gestohlen von hier und da ...«

Deutlichster Bezug im Maskenball zur Grand Opéra ist der dritte Akt mit seiner Verwandlung vom Quintett im Hause Renatos zur Soloszene in Riccardos Kabinett und dem Sprung von diesem intimen Bild in die große Ballszene mit Tanz, Chor und Ensemble. Gerade dieser Wechsel vom sechsten zum siebten Auftritt ist äußerst effektvoll gestaltet. Die Bühnenanweisung lautet: »Die Vorhänge teilen sich. Ein reicher Ballsaal, festlich beleuchtet ist geschmückt. Schon beim Öffnen des Vorhangs füllt eine Menge von Gästen die Szene. Der größte Teil ist maskiert.« Die Musik schwenkt ebenso vom passionierten Liebesmotiv, das einen gewissen Ernst besitzt, zum munteren, aufgelösten und eleganten Chor der Ballgäste. Ein ähnlicher Effekt findet sich im ersten Akt, neunter Auftritt, wenn das Terzett zwischen Ulrica, Amelia und Riccardo im Haus der Wahrsagerin unterbrochen wird und Ulrica den Haupteingang öffnet, der nun den Blick auf die Massenszene der verkleideten Kavaliere und Offiziere im Gefolge Riccardos freigibt.

Verkleidung und Maskierung sind die Hauptsymbole dieser Oper. Riccardo prüft in der Verkleidung eines Fischers Ulricas Wahrsagerei, Amelia verschleiert sich, um von ihrem Mann nicht in Begleitung des Grafen entdeckt zu werden, Riccardo belauscht Ulrica und Amelia im Verborgenen, Amelia verstellt ihre Stimme, um Riccardo zu warnen, aber nicht entdeckt zu werden. Verstecken, verbergen, verkleiden. Das geht selbst über die Opernhandlung hinaus: Der Page Oskar ist eine so genannte Hosenrolle, und zwar nicht gesungen von einem Mezzosopran wie in der italienischen Oper üblich, sondern von einem Sopran, wie es in Frankreich gang und gäbe ist. Fast jede Opernfigur erscheint seltsam zwielichtig, als offenbarte sie nicht ihr wahres Bild. Amelia sieht sich selbst als unschuldiges Opfer ihrer Liebe zu Riccardo, die sie auf jede erdenkliche Art zu meistern versucht; das Orchester entlarvt im zweiten Akt ihren Selbstbetrug, wenn es lange schon ihr Liebesmotiv zitiert, wenn Amelia noch beteuert: »Warum ist mir, o Himmel, dies herbe Los beschieden/ Nur in des Grabes Frieden/ kann ich der Qual entgehn.« Außerdem hat Verdi mit seiner Amelia eine sehr dunkel gefärbte Sopranrolle geschaffen, keinen lichten, reinen Sopran, mit dem er sonst seine unschuldig Liebenden à la Desdemona oder Luisa Miller charakterisiert. Riccardo ist ein ebenso undurchsichtiger Charakter. Einerseits erscheint er sympathisch, vergibt der Wahrsagerin, zeigt sich in den Volksszenen leutselig und volkstümlich, verzichtet auf seine Liebe und verzeiht am Schluss seinen Gegnern und seinem Mörder. Andererseits imitiert schon die großspurige, bombastische Geste, mit der Verdi den ersten Auftritt des Gouverneurs untermalt. Widerwillen erregt auch die Szene mit dem Oberrichter und die gesamte Ulrica-Passage, Riccardo verbannt die Zauberin nur deshalb nicht, weil er sich ein wenig Unterhaltung von einem Besuch bei ihr verspricht: »Ihr Herren, bei Ulrica sehn wir uns heute wieder, doch woll'n wir uns verkleiden … Der Spaß wird mir behagen« (I,5). Dazu passt Oskars Ballade, eine kokette Einlage nach französischem Geschmack. Die gesamte Szene führt vor, wie ein individuelles Schicksal nur ein Spiel der Herrscher ist, bei anderer Laune Riccardos sähe auch Ulricas Los anders aus. Gewissenlos und nur der eigenen Lust folgt Riccardo auch im zweiten Akt, wenn er Amelia das Liebesgeständnis abringt und seinem Freund Renato dessen Ehefrau zum Schutz anbefiehlt. Dieser dritte Auftritt des mittleren Aktes steht nicht nur rein konzeptionell im Mittelpunkt der Oper, er ist das Zentrum, in dem der Verrat des Freundes am Freund, das übelste Versteckspiel, seine Klimax erreicht.

Riccardos Versuch, auf Amelia zu verzichten, wird ebenfalls vom Orchester als unwahr entdeckt, denn ungehemmt strahlt hier das Liebesmotiv auf; und im nächsten Duett mit Amelia beteuert der unbelehrte und unkontrollierte Gouverneur erneut seine Liebe. Einzig Renato beweist Konsequenz. Gegen Riccardos Pathos wirkt seine Gesangmelodie starr und korrekt. Sein

Kantabile unterlegt Verdi mit dem soldatisch strengen Synkopenrhythmus, der in seiner Tonsprache so typisch für die aufrechten, edlen Charaktere steht. Seinen Rhythmus verlässt Renato auch dann nicht, wenn er sich aus Rache auf die Seite der Verschwörer stellt; seine Klangfarbe wird nur in eine dunklere Nuance geführt; er bleibt sich selber treu. Er ist zum Schluss der Oper der Einzige, der wahrhaft bereut und für sich Erkenntnisse aus der gesamten Katastrophe zieht.

An seine Figur bindet Verdi Motive von Utopie und ihrer Zerstörung. Bei Renatos Erinnerung im Mittelteil der Arie *Eri tu* an Amelias einstige Liebe, erklingen Flöten- und Harfentöne, bei Verdi das utopische Motiv. Im nachfolgenden Quartett mit den Verschworenen durchbrechen Harfenakkorde den Instrumentalablauf, ein verzerrtes Utopiemotiv; die Akkorde sind Renatos Aufruf zur Rache unterlegt: »Nun wohlan, unsre Rache zu stillen,/ haben wir nur ein Herz, einen Willen;/ unser Schwur soll noch heut sich erfüllen!/ Ja, es trifft ihn der rächende Stahl!« In diesem Verschwörerquartett ist die düsterste Klangstimmung der gesamten Oper erreicht.

Geradezu gewaltsam wendet Verdi das Finale der Oper zurück zu einem utopischen Bild (ein Moment, das Camillo Boito den *Maskenball* als fragmentarisch empfinden lässt). Während des gesamten letzten Auftritts erklingt im Orchester die Menuettmusik des Maskenballs. Davor entspinnt sich der Dialog Riccardo/Amelia, an dem sich das Orchester völlig unbeteiligt gibt, gegen Ende des Duetts wird der Menuettrhythmus sogar immer starrer und hohler. Erst nach dem Attentat endet es abrupt in einer Generalpause. Es folgt die Vergebung des Sterbenden; in diese Versöhnung sind alle einbegriffen, auch die Verschwörer.

Sehsucht nach Utopien? Jedenfalls passt auch die Hoffnung auf eine Lösung von Klassenkonflikten und Bruderzwisten in die Zeit um 1860, da sich ein endgültiges Ergebnis im italienischen Einigungsprozess absehen lässt.

Giuseppe Verdi ist vom diplomatischen Vorgehen Camillo Cavours angetan. Zwar jubelt er wie viele Italiener dem Helden Garibaldi zu, doch im Grunde weiß er wie jeder politisch Interessierte, dass Konflikte nie auf dem Schlachtfeld, sondern in Wahrheit in den Kanzleien, Ämtern und Regierungspalästen gewonnen oder verloren werden. Graf Camillo Benso di Cavour entspricht allein von seiner Mentalität her mehr dem Komponisten. Er befasst sich leidenschaftlich mit Viehzucht und Ackerbau. Aus dem Nichts stampft er den ersten Vorzeigehof Italiens aus dem Boden, ausgestattet mit den neuesten technischen Errungenschaften der Agrarwirtschaft. Wenn er nicht in politischen Angelegenheiten unterwegs ist, lebt er auf seinem Grundbesitz, beschäftigt sich mit der Anlage seines Parks; er hegt und pflegt einen kleinen Hausgarten und überwacht persönlich seine zahlreichen Pächter. Kurz, Cavour sowie Verdi sind keine Menschen volksnaher Natur wie Garibaldi, der tatsächlich der Unterschicht entstammt; sein Vater war Seemann, und Garibaldi betont seine Herkunft: »Ich bin ein Arbeiter und stamme aus einer Arbeiterfamilie und bin stolz darauf.« Cavour und Verdi erscheinen eher wie das bismarcksche Ideal des Landjunkers.

Cavours Beispiel will der Komponist folgen, als er sich entschließt, in die Politik zu gehen. Tatsächlich wird er nicht plötzlich von seinen Mitbürgern überrumpelt, die ihn zu ihrem Abgeordneten wählen, wird nicht zur Übernahme dieses Amts gezwungen, wie eine weitere Legende um den Maestro lautet. Mit klaren Zielen und Absichten bemüht sich Verdi um den Abgeordnetenposten. Er bereitet seinen Schritt in die Politik penibel vor. Dazu gehören Unterhandlungen mit Bussetos Bürgermeister Domino Corbellini genauso wie ein caritativer Einsatz, als er 1859 für die Verwundeten des italienischen Krieges eine Spendenaktion ins Leben ruft, bei der er selbst mit 550 Francs zeichnet. Zu seinem politischen Einsatz gehört, dass er sein Privatleben in Ordnung bringen muss. Es ist viel spekuliert worden, warum Verdi Giuseppina erst 1859 nach zwölf Jahren »wilder Ehe« heiratet – er hätte sie nie geheiratet, wäre nicht die Politik ins Spiel gekommen. Ein Abgeordneter, der mit einer Frau ohne Segen des Staates und der Kirche zusammenlebt (noch dazu mit einer Dame vom Theater!), ist im 19. Jahrhundert schlicht ein Ding der Unmöglichkeit. Im August wird Verdi für die Deputiertenkammer nominiert, noch im selben Monat heiratet er Giuseppina Strepponi. Um mit dieser späten Heirat kein Aufsehen zu erregen und doch noch einen Skandal zu provozieren, heiraten die beiden im damaligen Ausland Savoyen, in einem kleinen Dorf namens Colognes-sous-Salève. Ein befreundeter, verschwiegener Pfarrer hält die Zeremonie ab. Eine Woche später schreibt der Komponist an Bürgermeister Corbellini: »Illustrissimo Sig. Podestà. Die Ehre, die mir meine Mitbürger durch meine Nominierung zu ihrem Vertreter in der Provinzialversammlung von Parma erweisen wollen, schmeichelt mir und macht mich überaus dankbar. Wenngleich mich meine geringen Fähigkeiten, meine Ausbildung, die Kunst, die ich ausübe, wenig geeignet für diese Art Aufgabe machen, so möge wenigstens die große Liebe gelten, die ich unserem edlen und unglücklichen Italien entgegengebracht habe und noch entgegenbringe. Unnötig zu sagen, dass ich mich im Namen meiner Mitbürger und in meinem feierlich erklären werde für den Sturz der bourbonischen Dynastie; die Angliederung an Piemont.« Wieder einige Tage später wird Verdi selbstverständlich als berühmtester Sohn seiner Stadt gewählt. Am 14. September 1859 verlässt er mit Mitgewählten Parma, wo eine erste Sitzung abgehalten wird, und reist nach Turin in den Palast Vittorio Emanueles. Hier überreicht er gemeinsam mit anderen Deputierten dem König das Ergebnis der Volksabstimmung der Emilia Romagna, in der man sich ausdrücklich für einen Anschluss an Piemont-Sardinien ausspricht. Drei Tage darauf trifft sich Verdi mit Cavour auf dessen Landgut in Leri. Die Männer stimmen in vielen Ideen überein, vor allem was die Bildungsmöglichkeiten des zukünftigen italienischen Staates betrifft. Verdi plädiert für eine gründlichere Ausbildung und eine gehobene Qualität der Studienange-

bote der Konservatorien, zu denen hoch begabte, aber arme
Schüler verstärkt freien Zutritt haben sollen. Verdi, der die
Söhne Barezzis in ihren Bemühungen unterstützt, Kindergärten
und Volksschulen in den dörflichen Regionen der Emilia Romagna zu errichten, bespricht mit Cavour die allgemeine Schul-
pflicht und bessere Mädchenförderung. Sein Hauptanliegen ist
jedoch die Kulturpolitik. Die spärlich fließenden Subventionen
für die Theater sollen aufgestockt werden, um qualitätsvollere
Musik aufführen zu können – ein nicht ganz uneigennützig ein-
gebrachter Vorschlag. Außerdem plädiert Verdi für eine stärkere
Bemühung um die nationale Musik. Camillo Cavour, dem immer daran gelegen ist, seine Innenpolitik in Ordnung zu halten,
um Anarchie und Rebellion vorzubeugen, steht Verdis überzeugenden Vorschlägen positiv gegenüber. Er hat seinerseits ein politisches Interesse daran, den Komponisten an sich zu binden.
Verdi wird bereits als der italienische Maestro gefeiert; dieser
Mann besitzt die Möglichkeiten, ein nationaler Mythos der italienischen Einheit zu werden; Cavour weiß, dass eine von oben
zusammengebundene neue Nation dringend Identifikations-
figuren braucht, die eine innere Einheit Italiens symbolisieren.
Allein aus diesem Grund bemüht er sich um Verdi und den populären Dichter Alessandro Manzoni. Es ist Cavour, der Verdi
überredet, für das Nationalparlament zu kandidieren. Der Komponist stellt sich zur Wahl, betont aber: »Ich habe nicht gewor-
ben, ich werde nicht werben, und ich werde auch keinen Schritt
unternehmen, um meine Wahl zu sichern, ich werde, wenngleich es ein schweres Opfer ist, mich zu Verfügung stellen …«
Er wird gewählt. »Ich hatte zu akzeptieren und glaube, dass ich
das Richtige tat«, schreibt er am 5. Februar 1861 an Piroli. Am 18.
des Monats fährt Verdi dann als Abgeordneter nach Turin zur
Eröffnung des Parlaments. Während der Feierlichkeiten gibt
eine Militärkapelle neun Musikstücke zum Besten, Musiken
Verdis, Rossinis und sogar – man höre und staune – eines von
dem Österreicher Johann Strauß, der sich mit seinen Walzern
auch die italienischen Herzen erobert hat. Peppina begleitet

Verdi und darf von der für die Damenwelt reservierten Galerie aus den ersten Reden beiwohnen; Politik ist im 19. Jahrhundert schließlich reine Männersache. Gleichwohl scheint Peppina ernsthafter an den Vorgängen im neuen Parlament interessiert als ihr Ehemann, der bald beginnt, sich während der Debatten mit Krakeleien, spöttischen Glossen und der Skizzierung seiner nächsten Opernprojekte die Zeit zu vertreiben. »Schlafkammer« nennen Journalisten das Parlament, das ihnen nicht schnell genug eine neue Ordnung konstituieren kann. In einem Brief vom 25. Februar 1861 schreibt Giuseppina: »Verdi ist in der Deputiertenkammer sehr beschäftigt ... Ich war bei der Eröffnung des Parlaments anwesend ... Bewaffnet mit meinem Opernglas war es mir möglich ... die Physiognomien des Königs, der Minister, der Botschafter, der Generäle ... zu studieren ...«

In den Jahren 1859 bis 1861 wird Verdis Name so populär wie nie. Als er nach der Parlamentseröffnung zu seinem Privatvergnügen das Teatro Reggio besuchen will, beginnen die Anwesenden »Viva Verdi« zu rufen. Zu Beginn des italienischen Krieges – und tatsächlich erst dann und nicht schon früher – wird sein Nachname zum Akrostichon für den Namen Vittorio Emanuele Re d'Italia, dem natürlich öffentlich nicht zugejubelt werden darf; »Viva Verdi« wird ein Schlachtruf, den man an jede Hauswand schmiert zum Zeichen des Protestes gegen Österreich. Verdis Ruhm als Nationalheld gründet sich also nicht auf die erste Hoch-Zeit des Risorgimento vor 1849, sondern bildet sich während der Endphase der Bewegung.

Seine Popularität sucht der Komponist natürlich für seine Werke auszunutzen. Er bietet 1861 verschiedenen Impresarios nochmal seine *Battaglia di Legnano* an, aber der Versuch, die *Battaglia* in Mailand wieder aufzuführen, schlägt fehl. Die revolutionären Stücke seiner Jugend zünden nicht mehr, ein weiteres Zeichen dafür, dass sich sein Ruhm keineswegs auf das Frühwerk wie *Nabucco* und *Ernani* stützt, sondern auf die Kompositionen nach *Un ballo in maschera*.

Leider lassen sich die gemeinsamen Pläne Cavours und Verdis

nicht mehr verwirklichen. Camillo Benso Conte di Cavour, Ministerpräsident des vereinten Italien, stirbt im Sommer 1861. Am 3. Juli schreibt Giuseppina an einen seiner alten Freunde, Léon Escudier: »Sie kennen die Kalamität, die Italien befallen hat – der Tod von Cavour! Ihnen zu sagen, dass Verdi weinte wie beim Tod seiner Mutter hieße zu wenig zu sagen … ein Monat ist seit seinem Tod vergangen, und ich kann nicht sprechen, ohne dass sich meine Augen mit Tränen füllen.« Und Verdi an Arrivabene: »Ich konnte meine Tränen nicht zurückhalten und ich weinte wie ein Junge. Armer Cavour! Wir Armen!«

Cavours Lebensziel ist erreicht – Italien ist geeint. Im Taumel der allgemeinen Erleichterung über das Ende des Krieges, über Frankreichs Einlenken, Italiens Befreiung entwickelt sich die Londoner Weltaustellung von 1862 zu einem wirklichen Miteinander der Nationen. Zum ersten Mal nimmt Italien als ein stolzer, großer Staat daran teil. Giuseppe Verdi erhält den Auftrag, eine Hymne als musikalischen Beitrag des Vaterlandes zu komponieren. Sonst gibt sich der Maestro für derartige Auftragsarbeiten nicht her, jetzt aber, da seine Popularität so hoch wie nie ist, nutzt Verdi die Gunst der Stunde, sich noch stärker ins Bewusstsein der Öffentlichkeit zu bringen. Der Komponist beginnt, an seinem Mythos zu arbeiten, er schreibt eine Kantate auf den Text eines jungen, ihm nicht näher bekannten Dichters, Arrigo Boito, in der er die englische Nationalhymne *God save the Queen* mit zwei patriotischen Liedern aus Frankreich und Italien verwebt, der *Marseillaise* und Goffredo Mamelis *Fratelli d'Italia*, die beide später die Hymnen ihres Landes werden. *Fratelli d'Italia* sang man auf den Barrikaden von 1848 und auf den Schlachtfeldern von 1859: »L'Italia s' è desta;/ dell' elmo di Scipio/ s' è cinta la testa;/ dov' è la vittoria?/ le porga la chioma,/ che' schiava di Roma/ Iddio la orèo,/ Stringiamci a coorte,/ siam pronti alla morte/ Italia chiamo.« »O Brüder Italiens,/ Das Land ist erwecket,/ Das Haupt mit dem Helme/ sich Scipios bedecket,/ Wo ist er, der Sieg, nun?/ Erzwingt ihn, ihr Braven/ Da Gott ihn zum Sklaven/ Der Römer erschuf!/ Folgt, Kampfesgenossen,/ Zum Sterben entschlossen,/ Italiens Ruf.« Verdi baut die Risorgimento-Hymne als Symbol in seine Partitur ein, als Fanal, dass Italien eben noch nicht vollkommen geeint ist, dass Venetien, Tirol und Istrien immer noch nicht dem neuen Staat einverleibt sind, genauso wenig wie der Kirchenstaat, dass das Risorgimento kein Ende gefunden hat, der Kampf weitergehen muss.

Bei aller Völkerverbrüderung, die in Verdis *Inno delle Nazioni* plakativ vorgeführt werden soll, unterläuft ihm unbewusst ein bezeichnender Fehler; bezeichnend für die reale, alles andere als brüderliche Situation in Europa. Nach einem Orchesterpräludium, dem Eröffnungschor, einem erhabenen Tenorsolo und der Exposition der drei Nationalhymnen versucht Verdi, die Hymnen miteinander zu verquicken, eine Rechnung, die nicht aufgeht, denn die jeweiligen Sprachrhythmen sind zu verschieden, französischer, englischer und italienischer Melodieduktus sind zu unterschiedlich; Verdis glanzvolles Kantatenfinale wirkt eher unbeholfen oder besser: unfügsam. Die Zeitläufe werden zeigen, dass die drei beschworenen Nationen nicht zusammenfinden.

Unbewusst scheint sich Verdi ausgerechnet dann mit der französischen Oper zu befassen, als Frankreich von Italien politisch gebraucht wird. Frankreich setzt Ende des Jahres 1859 ein Zeichen der Aussöhnung, indem es Verdi zum Mitglied des Institut de France ernennt, eine seiner höchsten Auszeichnungen auf kulturellem Gebiet. Verdi, dem Auszeichnungen immer eine Peinlichkeit sind, mokiert sich in einem Brief an Piave: »Freue Dich nicht, es ist wahr, ich bin Mitglied des Institut de France geworden, gehöre zu den vierzig Unsterblichen! Aber das heißt doch nur, dass ich – eine Perücke geworden bin!«

Die »Perücke« befasst sich allerdings wenig später wieder mit einem Bühnenwerk, das neue Wege zu gehen versucht, indem es die Einheit von Grand Opéra und Opera seria zu erreichen sucht.

Der Tenor Enrico Tamberlick, einer der wenigen Tenöre, die

Verdi schätzt, überredet den Maestro zu einer Oper für St. Petersburg. Tamberlick ist am dortigen Theater engagiert, dessen Direktion ihn mit der Vermittlung zwischen ihm und dem Komponisten betraut. Peppina unterstützt Tamberlicks Anfrage. St. Petersburg gehört zu den bedeutendsten Orten italienischer Opernpflege. Die Russen, allen voran das Zarenpaar, schwärmen für westliche Musik, wie jedermann weiß – und sie sind bereit, viel dafür zu zahlen. Petersburg und Moskau sind Musikzentren, für die ein Komponist des 19. Jahrhunderts geschrieben haben muss, um Welterfolg erreichen zu können. Giuseppe Verdi sagt lose zu und beginnt mit der stets verzweifelten Suche nach einem geeigneten Libretto. »Ich habe viele, viele Dramen durchgeblättert, ohne eines zu finden, das mich völlig überzeugen könnte«, meldet er Tamberlick: »Ich kann und will keinen Kontrakt unterschreiben, bevor ich nicht einen für die Künstler, die ich in Petersburg haben werde, geeigneten und von den Behörden genehmigten Stoff gefunden habe … Gebt mir inzwischen die Liste der Künstler. Sagt mir, ob die Chöre und das Orchester gut sind …« Erst trägt er sich wieder mit dem Gedanken *Ruy Blas* von Viktor Hugo zu vertonen, entscheidet sich aber schließlich für das Drama *Don Alvaro o la fuerza del sino* des spanischen Dichters Angel de Saavedra.

Während der Komposition der Oper hält sich Verdi oft in Sant' Agata auf. Seit einiger Zeit verbringt er seine Freistunden mit dem Ausbau seines Landhauses. »Seit mehreren Jahren bewohne ich auf dem Land eine so heruntergekommene, so bescheidene, so … unanständige Kate, dass ich mich sogar schäme, sie den engsten Freunden zu zeigen«, berichtet er am 4. Mai 1860 seinem Verleger Tito Ricordi: »Seit drei Jahren will ich sie in Ordnung bringen lassen … ein anständiges, bewohnbares Heim … seit einigen Tagen ist mit der Arbeit begonnen worden … für die ich nur ein paar tausend Francs mehr als die zehntausend ausgeben werde, die Du mir schuldest…« Er zaubert aus der gar nicht so bescheidenen Kate eine ansehnliche Villa mit den damals sehr beliebten, riesigen französischen

Fenstern. Wenn er nicht komponiert oder den Ausbau überwacht, »pflanzt er Kohlköpfe und Bohnen«, »gibt ein paar Flin-
tenschüsse auf Wachteln ab« und mischt sich weiter in die
Lokalpolitik ein. Jeden Mittag – oft gibt es Maccheroni, sein
Lieblingsessen – schläft er zwei Stunden, abends geht er mit
seinem Bologneserhund Loulou spazieren. Peppina und er haben sich eine ganze Menagerie zugelegt, die das Landhaus bevöl-
kert, Hunde, Katzen, Papageien, von der Sängerin wie kleine
Kinder gehätschelt und gepflegt. Der Star des kleinen Zoos ist
aber Loulou; Bologneser sind eine beliebte Haushunderasse
Mitte des 19. Jahrhunderts, vor allen Dingen bei den Damen der
höheren Gesellschaftsschicht; Loulou ist also etwas wie ein Sta-
tussymbol. »Mein weißer Loulou«, sagt Peppina, »er ist der
schönste Hund der Welt; Verdi hat die Aufgabe, mit dem Hund
unter seinem Umhang umherzugehen, auf die Art, dass nur
seine Nase hervorsieht, sodass er atmen kann.« Seit Herbst 1860
plagt ihn wieder sein Rheuma, manchmal im rechten Arm, oft
im Rücken, aber das hält ihn nicht von seinen Arbeitspflichten
ab, hin und wieder gibt es Störungen seines Alltagslebens von
außen. Einmal bittet ihn Clarina Maffei um eine Spende für den
unglücklichen Temistocle Solera, den Librettisten von *Giovanna
d'Arco*. Der Dichter ist einmal mehr in seinem Leben gescheitert
und auf die Hilfe der großmütigen Salonnière angewiesen.
»Wenn Ihr die Absicht habt, etwas für Solera zu tun, dann preise
ich zwar Eure Hochherzigkeit, aber Ihr tut etwas Nutzloses;
nach 8 Tagen wird es wieder wie am Anfang sein«, prophezeit
Verdi: »Es ist seine Schuld, wenn er keine blendende Karriere
durchlaufen hat und er nicht der beste melodramatische Dichter unserer Zeit geworden ist.« Natürlich zeichnet Verdi trotzdem mit einer kleinen Summe für Solera.

Sehr ärgerlich ist ein Vorfall in Busseto, den der Komponist
seinem Freund und Anwalt Giuseppe Piroli am 12. Oktober 1861
mitteilt: »Mein Verwalter wird Euch von einem Überfall berichten, ich weiß nicht, ob illegal oder gemein, den man sich mir
gegenüber erlaubt hat. Während meine Bauern im Hof meines

Hauses in Busseto Trauben kelterten, sangen sie, um sich die Zeit zu vertreiben. Die Nationalgarde rief die Carabinieri, und gemeinsam geboten sie den armen Teufeln Schweigen. Gibt es ein Gesetz, das verbietet, im eigenen Haus zu singen? Und sollte es dieses Gesetz dennoch geben, muss man dann nicht mit ein wenig mehr Höflichkeit darauf verweisen, bevor man es mit Waffengewalt anwendet? ... Mir ist die Sache auf den Magen geschlagen, und ungern verdaue ich diesen Affront (es ist nicht der erste) meiner überaus liebenswerten Mitbürger.« Die katholische Liga in Busseto ist Verdis Haushalt immer noch ein Dorn im Auge. Obwohl der Komponist mittlerweile legal mit Giuseppina verbunden ist, wird die ehemalige Sängerin nach wie vor von der städtischen Gesellschaft geschnitten. Der sonntägliche Kirchgang, auf den Verdis Frau aus religiösen Gründen besteht, ist für sie jedes Mal ein Spießrutenlaufen. Ständig kursieren neue Gerüchte um das Musikerpaar. Mehrmals wird ihr Personal bestochen, Einzelheiten des Ehelebens der Verdis auszuplaudern. Die Dienstboten des Komponistenhaushalts wechseln häufig. Wieder andere sind einfach nur neidisch auf den Schankwirtssohn, der sich zum größten Gutsbesitzer der Umgebung mausert. Die Carabinieri sind in diesen unruhigen Zeiten schnell gerufen und schnell bei der Hand; an Spitzeln und Denunzianten fehlt es nicht – und Verdi ist ohnehin »politisch auffällig«.

Der Maestro schreibt nun Tag und Nacht an seiner Oper; es ist bereits Herbst, und im Dezember soll das Werk in St. Petersburg uraufgeführt werden. Mit Achille Tamberlick, Enricos Sohn und Verdis Geschäftspartner in Russland, verhandelt er noch eiligst über das Sängerpersonal; er verlangt einen zusätzlichen Sopran für die Rolle der jungen Zigeunerin und einen »glänzenden Bariton«, der die Partie des Fra Melitone ausfüllen soll. Als er jedoch in St. Petersburg ankommt, erwartet ihn die böse Überraschung, dass die Sängerin der Leonora indisponiert ist. Mit einer Zweitbesetzung, die weniger ideal wäre, ist Verdi allerdings nicht einverstanden. Die Direktion des Theaters fügt sich; die Oper ist viel zu aufwendig ausgestattet und inszeniert, um ihren Erfolg mit einer mäßigen Sängerin aufs Spiel zu setzen. Die Uraufführung wird auf die nächste Wintersaison verschoben. Die Zeit bis dahin verläuft eintönig und sorgenvoll: Giuseppina erkrankt im Sommer an einem »gastrischen Fieber«, sodass Verdis gezwungen sind, in Genua zu bleiben, anstatt aufs Land oder in die Sommerfrische in einen der beliebten Kurorte der Romagna zu fahren. Sie bangt zur selben Zeit um ihre jüngere Schwester, die an einem Lungenleiden laboriert; die Ärzte befürchten zunächst eine beginnende Tuberkulose, und lange hängt diese Diagnose wie ein Damoklesschwert über der Familie. Zu allem Unglück stirbt auch noch Loulou, Peppinas Kindersatz; die Sängerin ist untröstlich, in Verdis Haus »herrscht Verzweiflung«.

Der Herbst bricht in dem Jahr 1862 sehr früh mit grauen Regentagen herein, Verdi beginnt sich zu langweilen. Giuseppina hat dagegen alle Hände voll zu tun: Verdis Reise muss vorbereitet werden, Lebensmittel sind in Russland sehr teuer, deswegen müssen einige Kisten mit Grundnahrungsmitteln mitgenommen werden, darunter Verdis geliebte Pasta, ohne die er niemals in den Osten reisen würde. Fürsorglich wie stets beauftragt sie einen Freund, diverse Spirituosen für den Russlandfahrer zu besorgen: 100 Flaschen leichten Bordeaux, 20 Flaschen guten Bordeaux und 20 Flaschen Champagner – es lebt sich gut als weltberühmter Komponist. Entzückt zeigt sich Verdi von seinem neuen Winterstaat: Pelzmantel und -mütze für die kalten Petersburger Nächte.

Der November 1862 findet den Komponisten in Petersburg, der »Eishölle«, bei den letzten Proben vor der Premiere. Dank Enrico Tamberlick und de Bassini als urkomischer Fra Melitone wird *La forza del destino, Die Macht des Schicksals,* ein voller Erfolg. Verdi erhält für seine Leistung aus der Hand des Zaren das Komturkreuz. Nach getaner Arbeit genießen er und seine Frau das mondäne Leben; gewiss sind Petersburg und Moskau teure Pflaster; allein ein Tässchen Schokolade in einem der schmucken Cafés auf den ausladenden Boulevards kostet ein paar Taler, ein Theaterbesuch sage und schreibe acht Rubel, dafür bekommt man jeden Abend den Kaiser zu Gesicht, der ein fanatischer Theatergänger ist. Aber wie erlebnisreich! Die Schlittenfahrten in der Troika, Eislaufen auf den zugefrorenen, illuminierten Flüssen, das kaiserliche Theater in Moskau mit seinen imposanten Inszenierungen (der *Trovatore* steht in diesem Winter auf dem Spielplan)! Am 17. November meldet Verdi an Clarina Maffei: »Ich verweile seit Tagen in Petersburg und habe noch nicht die Zeit gefunden, Ihnen die Hand zu drücken und zu sagen, dass ich Sie immer lieb haben werde … in diesen zwei Monaten werde ich die Salons besuchen, die Diners, Feste, und so weiter, und so weiter…« Petersburg verfügt über eine reiche Salonkultur; gerade ausländische Künstler sind in diesen Cerclen herzlich willkommen; Verdi dürfte genügend Einladungen erhalten haben, um mehrere Salons pro Abend besuchen zu können. Übrigens eine lukrative Angelegenheit, denn viele Salons bezahlen ihre illustren Gäste allein für ihr Erscheinen; es ist eine Art Wettbewerb zwischen verschiedenen Kreisen, wer den berühmtesten Künstler präsentieren kann. Nur in wenigen Gesellschaften bemüht man sich um Musiker der eigenen Nation. Immer noch hält sich in der russischen Oberschicht das Vorurteil, Nationalmusik sei eine Sache des Volkes, der leibeigenen, bäuerlichen Musiker. So sähen es die Eltern eines Modest Mussorgsky oder eines Pjotr Tschaikowsky lieber, ihre Söhne besuchten die Offiziersschule und gingen zum Militär oder säßen zumindest in irgendeinem Ministerium, als dass sie Musik »wie die Bauern« betrieben. Die russische Kunstmusik ist sehr jung; Michail Glinka, Jahrgang 1804, gilt als ihr Pionier, das »Mächtige Häuflein der Fünf«, eine Schar aufsteigender Musiker um Mussorgsky, als ihre Hauptvertreter. Ähnliches gilt für die Literatur; lange Zeit begünstigt man nur französische Autoren und französische Sprache. Nun beherrschen Puschkin, Gogol, Lermontov, Tolstoj, Turgenjew und Dostojewski die russische Literaturszene, die im 19. Jahrhundert plötzlich so reich und imposant aufblüht wie kaum in einem anderen Land Europas. Überhaupt scheint das Zarenreich aus einem hundert- und aberhundertjährigen Schlaf zu erwachen, was es nicht zuletzt einem der weitsichtigsten Herrscher seines Landes verdankt. 1855 löst Alexander II. den streng-konservativen Despoten Nikolaus I. auf dem Zarenthron ab. Er drängt zunächst auf eine rasche Beendigung des Krimkriegs, bevor er sich an die Reform der Innenpolitik macht. Er baut sein Militär ab, stellt Schulen und Universitäten unter staatliche Fürsorge und überträgt dem Volk durch Schaffung der Duma und des Semstwo (Parlament und Kreisversammlung) ein gewisses politisches Mitspracherecht. Sein wirtschaftliches Hauptanliegen ist der Aufbau der Infrastruktur und das Verbot des Frondienstes. Bis 1861 besteht in Russland die Leibeigenschaft; die Besitzenden verfügen über eine Vielzahl Hörige; Reichtum wird nicht in Rubeln gemessen, sondern an der Zahl Leibeigener oder »Seelen«, die jemand besitzt; ganze Dörfer sind unfrei – bis Alexander II. dieser »Sklavenhaltung« Einhalt gebietet; klar erkennt er zweierlei: Bauern, die frei für eigenes Land arbeiten, leisten mehr als Frondienstler und in jeder Unterdrückung liegt revolutionäres Potenzial. »Es ist doch besser, wenn wir es von oben tun, statt dass es von unten geschieht«, sagt er einmal. Der Rebellion gegen den Zarismus hat er den Boden jedoch nicht entziehen können. Michail Bakunin, Schriftsteller und Anarchist, ruft zum Sturz der Herrschenden auf, Alexander Herzen gründet 1857 die liberal-extremistische Zeitung *Kolokol*, Tschernyschewski fordert 1863 den Sturz des Zaren durch Terror, eine Idee, die Lenin später in die Tat umsetzen wird.

In diese latent von Aufruhr getrübte russische Welt wirft Giuseppe Verdi eine Oper, die zu seinen dunkelsten und tragischsten Dramen gehört. Anfangsmotiv ist die Tötung eines Vaters, eines Herrschers, kein gewollter Mord, sondern ein verhängnisvoller Unfall, der das Schicksal aller Beteiligten bestimmen wird … aber eben ein Tod. Unversöhnlich ist alles an dieser Oper, ganz im Gegensatz zum *Ballo in maschera*: Der Marchese von

Calatrava kann auch im Tode seiner Tochter nicht vergeben, genauso wenig Don Carlos di Vargas, schließlich kann Alvaro sich selbst nicht verzeihen und stürzt sich fluchend und verzweifelnd zu Tode, nachdem Leonora, von ihrem Bruder verwundet, ihr Leben in seinen Armen ausgehaucht hat. An Piave schreibt Verdi Jahre später: »Wir müssen unbedingt vermeiden, dass sich am Schluss die Leichen nur so türmen.« 1868/69 arbeitet der Komponist *La forza del destino* um und schafft gemeinsam mit dem Librettisten Antonio Ghislanzoni (Piave ist schwer krank) eine zweite, mildere Fassung: Pater Guardian und Leonora überzeugen Alvaro von Gottes Gnade; Alvaro (wirft sich Leonora zu Füßen): »Leonora, der Himmel hat vergeben./ Ja, nun bin ich erlöst.« In diesem Finale setzt sich ein musikalisches Motiv durch, das von Utopie und Hoffnung spricht; es ist das Harfenthema, das immer ins Spiel kommt, wenn von Gnade und Frieden die Rede ist, zum ersten Mal im Duett Leonora/Guardian im zweiten Akt: »O Dank dir, mein Heiland,/ dass ich zu dir darf kommen!/ O Seligkeit, dass du mich hast/ in Gnaden aufgenommen!« Bis zum finalen Terzett wird das Friedensmotiv, wann immer es erscheint, vom Schicksalsmotiv sekundiert, unterbrochen, eingeleitet oder abgelöst, eine unruhige hetzende Phrase aus aufzuckenden Sechzehntelgruppen und einem Sekundvorhalt. Ein vorantreibendes Motiv; wann immer es dominant auftritt, erfährt die Dramenhandlung eine tragische Wendung. Es erklingt natürlich als Eröffnung der ersten Szene, vor der Begegnung des Marcheses mit Alvaro (1. Akt), in der Leonorenszene vor dem Kloster, als Überleitung zum dritten Akt, der mit der Begegnung Alvaros und Carlos beginnt, die einander nicht kennen, bevor Carlos Alvaros Brieftasche öffnet und Leonoras Bild entdeckt, und vehement in Leonoras Arie im vierten Akt, wo es scharf mit dem Pacemotiv kontrastiert. Schon in der Ouvertüre wird das Schicksalsmotiv an Leonoras Melodie gebunden; hart werden die verschiedenen Themen gegeneinander gesetzt. Ihre große Arie *Pace, Pace mio dio* ist eine Replik der Kontrastführung in der Ouvertüre. Die Arie wird allein von der

Singstimme dominiert, bis plötzlich das Schicksalsthema auftaucht und dem Orchester Raum gibt. Einerseits liebt Leonora Alvaro, andererseits will sie von dieser Liebe erlöst werden: »Alvar, ich lieb dich.../ Mein Heiland.../ Schenk deine Gnade meiner Seele,/ gib ewige Ruh mir und ende diese Not.« Leonora schwankt von Anfang an zwischen ihrer Liebe und ihren Pflichten. In der Fassung von 1862 bleibt das ungelöst; in der von 1869 darf Leonora immerhin an ein Ende allen Hasses im Jenseits glauben. Mit ihrer Zwiespältigkeit provoziert Leonora geradezu das Schicksal, denn nur durch ihr Zögern können sie und Alvaro nicht rechtzeitig fliehen und werden vom Marchese gestellt. Don Alvaro beschwört sein Schicksal ebenfalls selbst herauf; er ist ein aufbrausender Charakter, immer wieder hingerissen von seinen Gefühlen, die ihn zu den tragischen Auseinandersetzungen mit dem Marchese und Don Carlos treiben; seine Melodiestimme schwankt ständig zwischen bemühter Ruhe und blühendem Pathos. Ein kontrollierter Melodieduktus charakterisiert dagegen Don Carlos, er wirkt sogar noch in seiner Rachearie im 3. Akt beherrscht. Eines seiner Motive ist eine brutal klingende Akkordfolge, das Motiv der di Vargas, das zu den Liebesmotiven kontrapunktiert. Das Vargas-Motiv besitzt eine auffallende Affinität zu den Kriegsmotiven, die die Partitur wie ein roter Faden durchziehen und die ihrerseits den pastoralen und religiösen Orchesterpassagen gegenübergestellt sind; im Vergleich zu ihnen klingt das Schicksalsmotiv seltsam neutral. Krieg und Frieden, Hass und Liebe. Die Individualtragödien der Hauptfiguren sind untrennbar eingebunden in ein Kriegsdrama – und Krieg ist nun gewiss kein Schicksal, sondern kalkulierte Machtausübung, so wie es Don Carlos und Don Alvaro um Machtverlust und Machtbeweise geht, wobei Leonora nur das Symbol der Macht ist, wie ein Land, um das sich zwei befeindete Staaten bekriegen.

Vielfach werden die Kriegslagerdarstellungen in *La forza del destino* als bunt und harmlos abgewertet, doch sind es realistische Szenen, die Verdi eng an Schillers Drama *Wallensteins Lager*

anlehnt. Piave und Verdi siedeln die Handlung zeitlich Mitte des
18. Jahrhunderts in Spanien und Italien an. Das ist die historische Folie des Spanischen Erbfolgekriegs, in dem es u.a. um
Habsburgs Hegemonie in Italien geht (im Erbfolgekrieg fallen
Mailand und Mantua an Österreich), sowie des Polnischen
Thronfolgekriegs von 1733–35, der größtenteils in Italien ausge-
tragen wird. Die Kriegslagerszenen haben also ihren Sinn.

Raum und Zeit erhalten in diesem Drama wichtige Bedeutung. Der erste Teil der Oper spielt auf spanischem Gebiet. Die
Zuspitzung der Katastrophe im dritten und vierten Akt geschieht ausdrücklich in Italien. In dem Maße, in dem sich die
Katastrophe vollzieht, wandelt sich die Szenerie. Der erste Akt
spielt in einem Saal im Hause des Marchese, der zweite beginnt
in einer Schenke, die einen Ausblick zulässt, ein Klosterhof öffnet den Raum weiter, der dritte Akt spielt dann in einem Wald in
freier Natur; nur die Racheszene Don Carlos' ist in die Enge
eines Offizierszimmers gebunden, der vierte Akt zeigt den Klosterhof, dann eine einsame Gegend bei einer Felsengrotte. Nur
die letzten Szenen des 3. Aktes spielen im Morgen, bei Sonnen-
aufgang (Arie Don Carlos bis Preziosila-Chöre), die restlichen
Teile spielen in der Nacht. So wie die Spielräume weiter und wilder werden, fällt dagegen die Bewegung der Musik ab. Zum
Ende hin wird sie immer statischer. Mit dem veränderten
Schluss der Zweitfassung geht Verdi den Schritt in Richtung Statik konsequent zu Ende – das Pacemotiv schwebt im Finale ruhig und unberührbar über dem Schlussbild.

La forza del destino, einer der besten Texte aus der Feder Piaves, ist der äußeren Form nach eine italienische Seria, verfügt
aber über Versatzstücke der französischen Oper, etwa die Figur
Preziosilla mit dem koketten Rataplan-Chor, die Massenszenen
von Soldaten und Mönchen, die intime Szene in der Offiziers-
stube, die religiöse Motivik, die vielleicht auch ein Zugeständnis
Verdis an die sprichwörtliche russische Religionsliebe ist, dann
die vielen kleinen Tanzszenen, die man leicht zu Balletteinlagen
ausdehnen könnte. Außerdem macht sich Verdi Victor Hugos

Dramentheorie zunutze, in der gefordert wird, das ideale Drama solle aus komischen und tragischen Elementen gleichermaßen bestehen; Verdi hat das mit dem Einbau der buffo-Partie des Fra Melitone versucht.

Es gibt nur ein Urteil zur *Macht des Schicksals*, das bereits im Oktober 1862 im *Journal de St. Péterbourg* ausgesprochen wird: »Wir meinen, dass *La forza del destino* von allen Werken Verdis das volkstümlichste ist, sowohl in Bezug auf die Inspiration und den Melodiereichtum wie auch unter dem Gesichtspunkt der Dramaturgie und der Instrumentation.«

Im Winter kehren die Verdis zunächst nach Paris zurück, wo sie vom überschwemmten Pogebiet hören. Der unberechenbare Strom ist, wie oft im Winter, über seine Ufer getreten, nur ist es diesmal besonders schlimm. Verdi beauftragt seinen Freund Piroli, sich um seine Ländereien zu kümmern.

Der Maestro fühlt sich nicht ganz wohl, wahrscheinlich hat das eisige Klima Russlands seinem rheumageplagten Körper zu sehr zugesetzt. Nachdem er sich im milderen Pariser Wetter ein wenig erholt hat, tritt das Ehepaar eine Reise nach Spanien an, dem Handlungsort von *La forza del destino* und auch von Verdis nächster Oper *Don Carlos*, die allerdings noch nicht in der Planung ist. Mitte Januar sind Peppina und er in Madrid, wo Verdi die *Macht des Schicksals* einstudiert, die das spanische Publikum mit begeistertem Beifall honoriert. Im Frühjahr 1863 ist Verdi wieder in Paris und berichtet seinem Freund Opprandino Arrivabene am 22. März: »Carrissimo Arrivabene ... Ich habe Dir nicht sofort geschrieben, weil ich derart müde von der Reise war, dass ich mich ins Bett legen musste ... auch um einen starken Husten auszukurieren, den ich mir auf meiner Reise nach Andalusien zugezogen habe – eine äußerst unbequemen, langen und anstrengenden Reise. Die Alhambra in primis et ante omnia, die Kathedralen von Toledo, Córdoba, Sevilla ... Der Escorial ... gefällt mir nicht. Er ist eine Anhäufung von Marmor.« Spanien ist nicht erst seit diesem Jahrhundert beliebtes Reiseziel, sondern erlebt ab der Mitte des 19. Jahrhunderts einen ersten touristischen Zustrom, als im Zuge einer Arabienmode die maurische Kultur wieder entdeckt wird und daran anknüpfend auch das christliche Spanien späterer, glorreicher Epochen, als eine Theresa von Avila ihre Klöster gründet.

Zurück in Busseto beschäftigt sich Verdi wieder mit der Textsuche zu einer neuen Oper. Er kann einfach nicht ohne das Opernkomponieren sein, obwohl er es finanziell längst nicht mehr nötig hätte und die »elende Theaterarbeit« verflucht. Mit Antonio Somma diskutiert er verschiedene Sujets, so brieflich am 17. Dezember: »Den Stoff des Iwan (Anm.: nach Schillers *Demetrius*), den kenne ich. Er ist grandios, er ist schön, er ist theatralisch, dennoch ist er kein Stoff, den ich empfinde...« Ein wichtiger Aspekt seiner Kompositionsweise: Ein Sujet muss ihn gefühlsmäßig ansprechen, muss ihn zu einer Musik inspirieren, ein Text dient ihm gewissermaßen als Mittler zur Musik.

Neben der Suche nach einem neuen Opernstoff beschäftigen den Komponisten alltägliche kleine Dinge, darunter etwas derart Banales wie die Beschaffung eines neuen Nachtgeschirrs. Verdi an einen Freund im Frühjahr 1864: »Es ist Markttag in Parma ... ich bitte Sie ... zu dem Geschirrwarenhändler zu gehen, weil mir von drei Nachtservices etwas fehlt ... ein Krug, eine Schüssel und ein Nachttopf ... teilen Sie mir den Preis von Hirse und Weizen mit ...«

In dieser Zeit erfährt Verdi vom Tod Giacomo Meyerbeers in Paris. Seit den vierziger Jahren haben italienische und französische Parteien versucht, die beiden Komponisten gegeneinander auszuspielen; es ist keiner Seite gelungen. Auf dem Gebiet der Grand Opéra bleiben Meyerbeers Werke Monumente, an die auch ein Giuseppe Verdi nicht heranreicht. Im Gegenteil erkennt Verdi Meyerbeers Vormacht an und huldigt ihm auf seine Weise musikalisch: Der zweite Akt seines *Don Carlos* ist in der Figurenkonstellation exakt dem zweiten Akt der *Hugenotten* nachgebildet. Im Dezember 1865 wohnt Verdi der postumen Uraufführung von Meyerbeers *L'Africaine* bei, über die es heißt:

»In tiefster Ergriffenheit und Trauer verließ das festlich geklei-
dete Publikum das hohe Haus, das sich plötzlich in eine Kathedrale für Meyerbeer verwandelt hatte.«

Von Verdi liegt in dem Jahr nur die Umarbeitung des *Macbeth*
vor. Die Kritik nimmt die Shakespeare-Vertonung nicht gut auf.
Verdi ist enttäuscht, denn *Macbeth* gehört nach wie vor zu seinen Lieblingsprojekten: »Mir schien, ich hätte etwas ganz An-
nehmbares geschaffen, aber offenbar habe ich mich geirrt.« Die
Zeit verlangt nicht mehr nach Revolutionsstücken; sie werden
allmählich unnötig. Italien ist auf dem Weg zur Einigung ein
großes Stück vorangekommen. Nach der Proklamation Vitto-
riao Emanueles wird der Papststaat auf Rom reduziert, die vormaligen Kirchenstaatsgebiete der jungen Nation einverleibt.
1864 unterzeichnen Pius XI. und der Re d'Italia eine Konvention, die die Autonomie Roms unangetastet lässt, Hauptstadt
Italiens ist seit September 1864 Florenz. Das ist nicht im Sinne
aller Patrioten, am wenigsten der Aktivisten um Mazzini und
Garibaldi. 1867 sammelt der Nationalheld erneut Freiwillige um
sich, denn er »gelangt zu der Ansicht, die Zeit sei gekommen,
um die Ruine der weltlichen Herrschaft des Papstes umzustür-
zen und Italien seine erlauchte Hauptstadt zu gewinnen.« Einen
Kreuzzug nennt er seinen dritten Marsch auf Rom. Seine Garibaldisten ziehen mit dem Lied *Con Garibaldi in Camicia Rossa*
auf den Lippen in den Kampf: »Guardate Garibaldi/ che bella
faccia gli ha«, »Sehet Garibaldi,/ Wie ist sein Anlitz schön,/ Wie
ist er mit dem Rothemd/ So stattlich anzusehn!/ Wir mit den
blauen Hosen,/ Dem roten Hemd fürwahr,/ Die Flinte auf der
Schulter,/ sind Garibaldis Schar … Denn unter Garibaldi/ Ein
Held ist jeder Mann,/ Weil keiner ja das Rothemd/ jemals verraten kann.« Im Oktober greift er Monteritindi an. Das Kriegsglück scheint erneut auf seiner Seite. Aber es herrscht Unfrie-
den in seinen Reihen, zwischen Garibaldisten und Mazzinisten;
Anfang November kommt es zum Desaster. Französische Truppen kommen den päpstlichen Söldnern zu Hilfe, während

3000 junge Mazzinisten aus Garibaldis Armee desertieren. Die Kampfmoral lässt nach. Am Morgen des 4. November streckt Garibaldi die Waffen. Er wird auf seiner Insel Caprera unter Hausarrest gestellt. Das traurige Ende einer großen Oper.

Tragische Väter oder vermenschlichte Regenten

Zu den Grand Opéras Giuseppe Verdis zählt auch der Fünfakter *Don Carlos*, den der Maestro für die Pariser Oper schreibt. »Inmitten von Feuer und Flammen und Aufregung aller Art komponiert«, wird diese Oper »entweder besser als die anderen oder eine schreckliche Sache werden«, prophezeit er in einem Brief des Jahres 1866.

1866 – ein trauriges Jahr für die Sache Italiens, ein Kriegsjahr, das große Verluste bringen soll. Vorm Jahreswechsel hat Verdi gerade den Kontrakt mit der Opéra in Paris geschlossen und sich noch während der letzten Wintertage an die Vertonung des Librettos des Autorenteams Camille Du Locle und Joseph Méry gemacht; um sich ungestört, intensiv dieser neuen, ihn faszinierenden Aufgabe zu widmen, sind er und Giuseppina früher als eigentlich geplant aus der französischen Metropole ins eintönige Busseto zurückgekehrt. Doch die politischen Ereignisse überschlagen sich. Italien fordert nach wie vor, dass auch das habsburgisch regierte Venetien dem vereinigten Königreich zufallen soll. Die Regierung erhofft sich damit nicht nur die vollständige Einheit Italiens, sondern auch eine Ablenkung von und eine Gesundung ihrer maroden Innenpolitik. Zu lange ist man mit Kriegen und Revolutionen beschäftigt gewesen, hat der schleichenden Verarmung des Volkes, der zunehmenden Arbeitslosigkeit und Landflucht keine Beachtung geschenkt. Italien, nach außen hin weitgehend einig, leidet zudem an einer starken Spaltung in Nord und Süd. Der durch seine Industrie, seine besseren agrarischen Bedingungen bevorteilte Norden sucht sich vom rückständig bleibenden Süden abzugrenzen.

Hier, in den beiden Königreichen Sizilien, auf der Insel und der »Stiefelspitze« Italiens, steigen Verarmung und Kriminalität in gleichem Maße; es ist die Geburtsstunde der »Cosa nostra«, der Mafia. Zudem schreckt die Regierung nicht vor einem Militärbündnis gegen Österreich mit dem gefährlichen Partner Preußen zurück, der längst begonnen hat, eine europäische Hegemonie aufzubauen. Krieg bedeutet immer zugleich wirtschaftlichen Aufschwung; das ist seine einzige Motivation. Hofft man, kriminelle Kräfte in der Gesellschaft in martialische umzuwandeln? Im April 1866 werden die Bündnisabkommen unterzeichnet. Verdi ist beunruhigt. Italienische Truppen rüsten sich an Parmas Grenze zu Venetien. In Busseto tauchen vermehrt Uniformierte auf. »Ich warte jeden Moment darauf, Kanonendonner zu hören ... es wunderte mich nicht, wenn eines schönen Morgens eine Kugel durch mein Zimmer rollte.« Aber natürlich wartet Verdi diesen Augenblick nicht ab. Er verlangt Ruhe für seine neue Arbeit, die ihm mehr gilt als die patriotische Geste, den Ausgang des Krieges in Sant' Agata abzuwarten: »Ich mache hin und wieder einen Spaziergang im Garten, das ist alles«, klagt er im Frühjahr 1866: »Trotzdem geht der *Don Carlos* nicht so rasch voran, wie ich möchte.« Nachdem am 24. Juni die Schlacht bei Custozza verloren geht, packen Verdi und Strepponi ihre Koffer. Immerhin sind jetzt die Grenzen Parmas gefährdet. Im Juli quartieren sich die Reisenden im Genueser Hotel »Croce di Malta« ein. Hier erreicht den Komponisten die Mitteilung, dass es zwischen Franz Joseph von Habsburg und Napoleon III. ein Abkommen gäbe, in dem Österreich im Falle französischer Hilfe Venetien an Frankreich abträte. Der Künstler wittert darin einen Verrat Frankreichs, was ihn sehr niederdrückt. »Verdi ist in düsterer Stimmung und ich auch«, schreibt Giuseppina am 13. des Monats. Erschüttert und aufgebracht zugleich unternimmt der Maestro alles, um den Kontrakt mit Paris annullieren zu lassen. Umsonst. Am 22. Juli, zwei Tage nach der Niederlage der italienischen Flotte bei Lissa und kurz vor der Abreise in die Seine-Metropole, berichtet er dem Grafen Arrivabene: »Ich habe mein Möglichstes getan, um den Kontrakt zu lösen, aber vergeblich! Du kannst Dir nicht vorstellen, was es für einen Italiener, der seine Heimat liebt, für ein Vergnügen bedeutet, jetzt in Paris zu sein.« Doch seltsam widersprüchlicher Verdi – während die italienische Armee ihre Schlachten schlägt, sitzt der »große Patriot« in einem französischen Badeort, um die letzten Züge des *Don Carlos* zu vollenden. Im September ist er wieder in Paris, um die Proben zu leiten; einen Monat vor dem Friedensschluss in Wien, bei dem Italien Venetien erhält, im Gegenzug aber auf Südtirol verzichten muss. Das Künstlerpaar residiert in einer luxuriösen Wohnung auf den Champs-Élysées. Giuseppina genießt das Pariser Gesellschaftsleben. Hier kann sie freier atmen als im biederen Busseto. Auch Verdis düstere Stimmung verliert sich. Er ist mit den üblichen Sängerintrigen und der Komposition des Balletts zu seiner Oper zu sehr beschäftigt, um vaterländische Wunden zu betrauern.

Dennoch: Die politischen Geschehnisse während seiner Entstehungsphase haben Spuren im *Don Carlos* hinterlassen. Unbewusst ist die Oper als Fürsprache des Königtums Vittorio Emanueles gedacht; sie erscheint wie eine Rücknahme aller revolutionären Gedanken Giuseppe Verdis.

Anders als in seinen früheren Schiller-Vertonungen, in denen sich der Komponist eng an die Vorlage hielt (vor allem sei an *I Masnadieri* erinnert), weicht er mit seinem neuen Bühnenwerk stark von der Quelle ab. Und das liegt nicht allein an der vereinfachten Schiller-Auffassung seiner beiden französischen Librettisten. Wie immer bittet sich Verdi ein Mitspracherecht bei der Erstellung des Textes aus, das ihm auch diesmal gewährt wird und das er in seiner üblichen kritischen Art nutzt. Er erklärt sich damit mit einem Textbuch einverstanden, das – eben anders als einige Verdi-Kenner fehlschließen – die privaten Konflikte der Figuren in den Vordergrund, die historisch bedeutungsvollen aber in den Hintergrund stellt. In seinen frühen Schiller-Opern verfährt Verdi genau entgegengesetzt.

Der erste Opernakt schildert die Liebe zwischen Don Carlos,

Infant von Spanien, zu Elisabeth von Valois. Beide müssen ihren Gefühlen entsagen, als sie erfahren, dass Elisabeth aus Staatsräson Don Carlos' Vater, König Philipp von Spanien, versprochen worden ist. Zwar ist es aus musikdramatischen Gründen klug gelöst und gerechtfertigt, die Liebe des Infanten anschaulich zu präsentieren, was im zugrunde liegenden Drama im Dialog Don Carlos' mit dem intriganten Beichtvater Domingo erzählt wird. Die Gefühlsebene, die in Schillers Drama doch nur den äußeren Konflikt zwischen Sohn und Vater schildert, die vordergründige Fabel der Tragödie, erhält dadurch jedoch zu viel Raum. Im zweiten Akt der Oper richtet sich das Hauptaugenmerk weiterhin auf die unstillbare Liebe zwischen Carlos und Elisabeth sowie die ahnungsvolle Eifersucht Philipps auf seinen Sohn: Don Carlos betrauert die Trennung von der Geliebten. Er bittet seinen Jugendfreund, den Marquis von Posa, um Hilfe, ein letztes Treffen zu verwirklichen, bevor er Spanien verlässt. Elisabeth stimmt einer Begegnung zu, weist den Infanten im weiteren Verlauf jedoch tugendhaft zurück. König Philipp überrascht das Paar in der verdächtigen, intimen Situation. Im dritten Akt führt Verdi die vierte in die Gefühlsebene verstrickte Person ein, Prinzessin Eboli, Hofdame der Königin, die Don Carlos liebt. Als sie wegen Elisabeth zurückgewiesen wird, sinnt sie auf Rache. Eine weitere Szene schildert das Bittgesuch flandrischer Abgesandter, die vom König die Befreiung ihres Landes von spanischer Herrschaft fordern. Don Carlos stellt sich auf ihre Seite. Der Marquis von Posa verhindert in letzter Minute eine Eskalation des Vater-Sohn-Konflikts. Bei Schiller deckt der zweite Akt auf, dass es in diesem Konflikt um mehr als Eifersucht auf Frauenliebe geht. Philipp fürchtet die »Herrschbegierde« des Thronanwärters, seinen Sturz. Das ist der Punkt, an dem die Intriganten Herzog Alba, Domingo (Figuren, die Verdi aus seiner Oper ausscheidet) und die Prinzessin Eboli ansetzen können, um ihrerseits ihre Macht und ihren Einfluss zu verstärken; im dritten Akt werden die höfischen Mechanismen von Macht und Ohnmacht, Gnade und Ungnade vorgeführt, außerdem ist es –

wie immer bei Schiller – der zentrale Aufzug, in dem die politischen Hauptkontrahenten, nämlich Philipp und der Marquis von Posa, aufeinander treffen und die Kernaussage des Dramas formuliert wird.

> 3. Akt, 10. Auftritt.
> *Marquis*: Geben Sie
> Gedankenfreiheit …
> Sehen Sie sich um
> In seiner herrlichen Natur! Auf Freiheit
> Ist sie gegründet – und wie reich ist sie
> Durch Freiheit! …
> Weihen Sie
> Dem Glück der Völker die Regentenkraft …
>   Stellen Sie der Menschheit
> Verlornen Adel wieder her. Der Bürger
> Sei wiederum, was er zuvor gewesen,
> Der Krone Zweck – ihn binde keine Pflicht
> Als seiner Brüder gleich ehrwürd'ge Rechte.
> Wenn nun der Mensch, sich selbst zurückgegeben,
> Zu seines Werts Gefühl erwacht – der Freiheit
> Erhabene, stolze Tugenden gedeihen…

Verdi mildert die Konfrontation Posa/Philipp II. – das Duett zwischen Philipp und Rodrigo von Posa im zweiten Opernakt, in dem Freiheit beschworen wird, täuscht nicht darüber hinweg, dass die eigentlichen Gegenüber in Verdis Oper Vater und Sohn sind. Überhaupt ist die Gestalt Posa bei ihm ganz auf die Freundschaftsbeziehung zu Don Carlos reduziert. Von verschiedenen Seiten wird darauf hingewiesen, dass seine Romanze des zweiten Akts und auch die Schlussarie Qualität vermissen lassen und lediglich dem Belcanto des Bariton huldigen. Die Todesszene des Marquis *Per me guinto è il di supremo* enthält allerdings die erhelltesten Melodiepassagen in dem ansonsten düster gestimmten Bühnenwerk. Hier offenbart der Marquis seine tiefe

Freundesliebe. Die Todesszene gehört zum vierten Akt, in dem die Prinzessin Eboli die Eifersucht Philipps aufstachelt. Elisabeth versucht ihre Unschuld zu beteuern. Umsonst. Don Carlos und der Marquis werden verhaftet. Posa nimmt die Schuld auf sich und wird daraufhin ermordet. Der fünfte Opernakt huldigt ganz den wirkungsvollen Finali der französischen Grand Opéras. In ihrer prägnantesten und höchst pathetischen Arie *Tu se le vanità* betet Elisabeth am Grab Karls V. (Don Carlos' Großvater) für die Befreiung ihres Geliebten. Don Carlos kommt hinzu, um vor seiner Flucht nach Flandern Abschied zu nehmen. Philipp II. und der Großinquisitor überraschen die beiden. Als Philipp ihn der Inquisition überstellt, erscheint der Geist Kaiser Karls und rettet den Infanten. Besonders dieser Schluss steht im Widerspruch zum Schillerschen Drama. Schillers Tragödie endet kalt und ohne jede Utopie: Philipp und der Großinquisitor überraschen das Paar; die Königin sinkt in Ohnmacht, während der König »kalt und stille zum Großinquisitor« spricht: »Kardinal! Ich habe das Meinige getan. Tun Sie das Ihre.«

Schillers König ist der machtbewußte, tyrannische Herrscher, der nicht davor zurückschreckt, zum Zweck der Machterhaltung seinen eigenen Sohn zu opfern, wie er auch seinen Vater, Karl V., zum Thronverzicht zwingt, um selbst die Herrschaft zu erlangen. Schillers *Don Carlos* gipfelt in der totalen Ablehnung des absolutistischen Herrschertums. Verdis König erhält eine andere Beleuchtung. Ihm bleibt durch Erscheinen des »Deus ex machina« (der Geist Karls V.) im Finale die Schuld erspart, den Sohn einem schmachvollen Tod überantwortet zu haben. Dass es außerdem der Geist Karls V. ist, der den Infanten rettet, enthält etwas wie Begnadigung für König Philipp. Im Drama des großen Klassikers erscheint Philipp niemals wirklich als Liebhaber seiner Ehefrau; sie ist ihm nur Besitz, garantiert ihm Ländereien in Frankreich und politische Verbindungen; seine männliche Leidenschaft gilt der Prinzessin Eboli, die er sich als Mätresse nimmt. Verdi komponiert für die Figur Philipp II. eine der anrührendsten Bassarien der Operngeschichte: *Ella giammai m'amo, Sie hat mich nie geliebt.* Philipp bezweifelt, Elisabeths Liebe je besessen zu haben, zweifelt an seinem Herrscheramt und wünscht sich Ruhe in der Gruft des Escorial. In dieser Arie entdeckt sich der Mensch Philipp, der damit die Anteilnahme des Publikums gewinnt (bei Schiller wünscht sich der König einen Menschen an seiner Seite, er selbst aber ist und bleibt nur Herrscher). Auch in den Duetten erhält sich das Bild eines zweifelnden, resignierenden Königs, vor allem im Dialog mit dem Großinquisitor im vierten Akt.

Nicht der Titelheld, sondern Philipp II. ist der ausgeprägteste Charakter der Oper. Verdis Anliegen gilt der tragischen Vaterfigur, dem Konflikt zwischen Vaterliebe und Königspflicht. Der Herrscher ist nicht mehr nur der tyrannische Bösewicht. Wie anders hat Verdi doch genau zwanzig Jahre zuvor eine Königsfigur charakterisiert: Macbeth, als den entarteten, machtgierigen Unterdrücker. Als er die Oper *Macbeth* 1865 für Paris umarbeitet, lässt er den König nicht wie in der früheren Fassung auf der Bühne sterben, sondern den Tod nur berichten – auch hier eine Entschärfung der negativen Königsfigur.

Politisch hat sich Verdi vom »Maestro della rivoluzione italiana«, vom Mazzini-Sympathisanten zum Anhänger der gemäßigten Cavour-Partei entwickelt. Er unterstützt auf diese Art König Vittorio Emanuele II., der im Volksmund »padre patria«, »Vater des Vaterlands«, genannt wird.

Ihrer gemäßigten Aussagekraft halber kann die Oper *Don Carlos* überhaupt auf der Pariser Weltausstellung von 1867 gezeigt werden. Immerhin ist bei der Planung bereits klar, dass die gekrönten Häupter Europas an dem großen Musikspektakel teilnehmen würden. Verdis liberale, aber keineswegs radikale politische Auffassung ist bekannt und so kann man ihm den Auftrag für den musikalischen Höhepunkt der Weltausstellung getrost übergeben. Unter den Monarchen, die sich im Publikum der Premiere befinden, sind schließlich Napoleon III. mit seiner Gattin Eugenie und Kaiser Franz Joseph von Österreich, das

Feindbild der italienischen Patrioten. Weder von Napoleon noch dem Habsburger ist eine negative Äußerung zu *Don Carlos* bekannt. Nur die katholische Spanierin Eugenie soll sich an der

Napoleon III. gratuliert Verdi zum Erfolg des »Don Carlos« und bietet ihm die Krone Mexikos dar (Karikatur, kolorierte Kreidelithographie, 1867)

Stelle, die Kritik an der Inquisition übt, demonstrativ abgewandt haben.

Den tragischen Herrscher-Vater hat Verdi bereits in früheren Bühnenwerken vorgestellt, jedes Mal mit anderem Ausgang. In der lyrischen Tragödie *I due Foscari* von 1844 stellt der Doge Francesco seine Regentenpflicht über die Vaterliebe und wird dadurch schuldig am Tod seines Sohnes; er dankt ab und stirbt, gebrochen; hier wird noch das Scheitern des Mächtigen vorgeführt. Im *Simone Boccanegra* (1857) kommt es zur Rebellion gegen den Dogen von Genua (1339–63), der als gerechter Regent dargestellt wird; die Rebellion wird im Keim erstickt, Boccanegra stirbt dennoch durch Meuchelmord; die Oper endet mit der Bestrafung des Mörders und der Wahl eines neuen Dogen, das heißt der Restauration vorheriger Verhältnisse. Hier sind bereits Verdis gemäßigte Tendenzen spürbar.

Simone Boccanegra ist eine große Versöhnungsoper – zwischen den Hauptfiguren, zwischen den Klassen, die sie vertreten. Im Zentrum steht der Korsar Boccanegra, der den Edelmann Jacopo Fiesco um die Hand seiner Tochter Maria bittet, deren Liebhaber er längst ist, die deshalb in Fiescos Haus gefangen gehalten wird. Fiesco will die Versöhnung nur unter der Bedingung, dass Simone ihm seine und Marias Tochter zur Erziehung übergibt; das aber ist unmöglich, denn das Mädchen wird als Kind entführt. Als nun Simone Maria gewaltsam befreien will, findet er sie tot auf. Vor Fiescos Haus ruft ihn die Menge als neuen Dogen aus. Jahre später will der Doge die junge Gräfin Amelia mit seinem politischen Freund Paolo verheiraten. Amelia aber liebt den Patrizier Gabriele. Bei einem Zusammentreffen Amelias und Boccanegras entdeckt sich, dass das Mädchen seine Tochter ist. Diese will der Doge allerdings nicht der Staatspflicht opfern und verweigert Paolo die Heirat. Aus Rache lässt der Kanzler Amelia entführen und in Boccanegras Haus bringen. Gabriele glaubt, Simone sei der Geliebte Amelias. Von Paolo aufgestachelt versucht er, den Dogen zu töten. Amelia kann die Untat im letzten Moment verhindern und die Situation klären.

Gabriele stellt sich auf Simones Seite und tritt für ihn aufständischen Adeligen entgegen. Paolo wird zum Tod verurteilt, Fiesco und Simone versöhnen sich, Amelia und Gabriele heiraten – aber Simone stirbt an einem langsam wirkenden Gift, das Paolo ihm zuvor beigebracht hat. Dem Dogen bleibt noch, Gabriele zu seinem Nachfolger zu bestimmen.

Zeichnen wir die Versöhnungsstrukturen nach. Simone Boccanegra ist ein Mann des Volkes und als solcher wird er zunächst vom adligen Fiesco verachtet, aber er steigt zum Herrscher über Venedig auf. Seine Tochter Amelia wird von Adligen erzogen, Fiesco ist ihr Vormund (ohne ihre Herkunft zu ahnen), ein erstes Zeichen der Annäherung unterschiedlicher Gesellschaftsschichten. Das Zweite ist Amelias Liebe zum Patrizier Gabriele. Gabriele und Simone sind Kontrahenten, bis durch Amelia die Aussöhnung beider erreicht wird. Die vollkommene Versöhnung, ja Gleichstellung beider Gesellschaftsschichten, Adel und Volk, wird durch die Heirat des Liebespaares symbolisiert. Die Utopie einer Gleichberechtigung ist auf die Bühne gebracht. Dennoch triumphiert letztendlich die adelige Seite, denn Boccanegra stirbt, Paolo, der Volksmensch, ist zugleich der Intrigant, Amelia wird durch die Heirat mit Gabriele nobilitiert, Gabriele, der Patrizier, wird der neue Regent. Die wichtigste Versöhnungsszene der Oper geschieht konsequenterweise nicht auf politischer, sondern rein menschlicher Basis: die Aussöhnung zwischen Fiesco und dem vom Tode gezeichneten, das heißt politischem Machtstreben bereits enthobenen Dogen. Ihr Versöhnungsmotiv bildet den Rahmen der gesamten Oper. Im Prolog *Luona ogni labbro il mio nome* konfrontiert Verdi die Figuren miteinander; den gewaltsam ausbrechenden Orchesterläufen, die den auftretenden Fiesco begleiten, dem Synkopen-Motiv, das eine herrische, geradezu brutale Gestik schildert, setzt er weiche Melodiebögen der Streicher entgegen, die den geschlossenen Gesangsphrasen Simones unterlegt sind. Simone bittet um Versöhnung. Seine demütig, schrittweise abwärts geführte Melodielinie »il perdono a me concedi« lehnt Fiesco brüsk mit Tonrepetitionen ab (»Tardi e omai«). Die Konfrontation spitzt sich zu: »Friede«, fleht Simone, dem Fiesco nur ein kaltes »Non« erwidert. Und nun reagiert Simone aufgebracht; Verdi hat das exzellent umgesetzt; er lässt Simone den Sprachgestus Fiescos übernehmen *(Vuoi col sangue mio placarti)*, unterlegt von denselben markanten Akkorden der Orchesterbegleitung. Aber Simone beherrscht sich schnell; Verdi führt seine Melodielinie bereits nach wenigen Takten wieder abwärts in eine schön klingende Schlussformel. Darin liegt ohne Zweifel die Meisterschaft von Verdis Instrumentationskunst, in wenigen Phrasen, knappen Motiven einen Charakter zu zeichnen, hier den immer überlegt handelnden, beherrschten Simone, einen aufrechten Menschen. – Am Rande bemerkt: Ebenso beeindruckend ist Simones Erzählung der Entführung seiner Tochter *Del mar sul lido*. Aus dem schlichten, eher typischen Berichtstil bricht eine veränderte Orchesterbegleitung heraus; sie entwirft eine stimmungsvolle Landschaftsbeschreibung *(Di la una notte)*, führt den Zuhörer mitten in Simones Geschichte, vollzieht die Schrecken nach, als er sein Haus leer findet, die Kinderfrau ermordet (an dieser Stelle schweigt das Orchester), die Tochter geraubt. – Im Duett Fiesco/Simone des letzten Akts, *Delle faci festanti*, wandelt sich Fiescos herrischer, abweisender Ausdruck in gedehnte Melodien. Als er vom Dogen erfährt, dass Amelia seine Enkelin ist, übernimmt er den Gesangsstil Boccanegras *(Piango, perchè mi parla in te del ciela voce)*; nur an dieser Stelle der Oper lässt Verdi beider Stimmen in Eintracht verschmelzen. Die Versöhnung zwischen Vater und Schwiegersohn.

Seltsam, dass Verdis Vatertragödie *Don Carlos* inmitten vieler persönlicher Vatertragödien uraufgeführt wird. Einen Monat vor der Premiere stirbt Carlo Verdi in Busseto. Der Sohn hatte immer ein distanziertes Verhältnis zu seinem Erzeuger, das sich noch verschärft, als Carlo das Landgut Sant' Agata nicht ganz im Sinne Giuseppes verwaltet und wirtschaftliche Rückschläge zu verantworten hat. Verdi ist aber seit dem Vorjahr selbst Vater;

Giuseppina und er haben sich dazu entschlossen, seine siebenjährige Nichte Maria Filomena zu adoptieren. Giuseppina hat lange darunter gelitten, dass ihre eheliche Verbindung mit Verdi kinderlos bleibt. Oft beklagt sie sich, dass aus ihren Jugendaffären Kinder hervorgegangen sind, nicht aber aus ihrer legalen Gemeinschaft mit dem Komponisten. »Gott straft mich vielleicht dadurch für meine Sünden …, dass ich keine legitime Freude haben soll«, glaubt sie. Maria Filomena, die alle Freunde nur »Fifao« rufen, hilft ihr, den Schmerz darüber zu bewältigen. Durch die adoptierte Enkelin kommen sich Carlo und Giuseppe wieder näher. Wenn Verdi mit Giuseppina auf Reisen geht, lassen sie die Kleine unter Carlos Aufsicht zurück. Es wird oft behauptet, der Tod seines Vaters habe Verdi kaum berührt. Die eben geschilderten Umstände widerlegen das, und Giuseppina bezeugt in einem Brief, wie betrübt Verdi über den Verlust seines Vaters sei. Immerhin ist Carlo mehr als achtzig Jahre alt, ein Alter, in dem man mit dem plötzlichen Sterben rechnen muss; die Angehörigen, einschließlich Verdi, reagieren deshalb eher gefasst als erschüttert.

Im Juli desselben Jahres stirbt Antonio Barezzi. Giuseppina und Verdi sind in seinen letzten Stunden bei dem geliebten Schwiegervater. Der Komponist hält den Sterbenden im Arm. »Ich habe viele Menschen kennen gelernt, doch nie einen besseren! Er hat mich geliebt wie seine Söhne, und ich habe ihn geliebt wie meinen Vater«, ruft Verdi ihm in einem Trauerbrief an Clarina Maffei nach. Und Giuseppina schreibt am 22. Juli 1867: »Er ist tot – gestorben in unseren Armen! Lebewohl, geliebter alter Mann!«

Ein weiterer Tod bedrückt Verdi. Am 13. November 1868 stirbt Gioacchino Rossini, Verdis künstlerische Vaterfigur. »Ein großer Name ist der Welt entschwunden! Er war … der Volkstümlichste unseres Jahrhunderts; und er war Italiens Ruhm«, ruft der Maestro in einem Brief an Clarina aus. Seiner Bestürzung über Rossinis Tod gibt er auch in einem Schreiben an Léon Escudier im Dezember 1868 Ausdruck.

Verdis *Don Carlos* findet bei seinem Premierenpublikum keinen Anklang. Der französische Komponist Georges Bizet, Schöpfer der *Carmen*, erklärt: »Verdi ist kein Italiener mehr. Er macht Wagner … Der Kampf ist für ihn verloren, und seine Oper liegt nunmehr im Todeskampf.« Ihm schließen sich die meisten Kritikerstimmen an; Verdi imitiere Wagner. »Ich bin also ein perfekter Wagnerianer«, meint der derart Angegriffene sarkastisch in einem Brief vom 1. April 1867. Es verwundert den heutigen Opernkenner, die beiden Komponisten in dermaßen engem Zusammenhang zu sehen; zwischen ihren Musiken liegen Welten. Auf welche Argumente stützt sich die zeitgenössische Behauptung, Verdi ahme die Musik des Deutschen nach, die seither ohne Klärung von Biographie zu Biographie kolportiert wird? Richard Wagner hatte gerade zwei Jahre zuvor das Musikdrama *Tristan und Isolde* auf die Bühne gebracht, dessen Plot vom jungen Helden, der in die Gattin seines Onkels, König Marke, verliebt ist und durch diese Liebe untergeht, in groben Zügen der Fabel des *Don Carlos* entspricht. Doch das allein begründet nicht die angeblich musikalische Affinität der beiden Tonkünstler. Verdi und Wagner bemühen sich, zugunsten der dramatischen Entwicklung ihrer Opern, konventionelle Formen wie Arie, Romanze, Cavatine aufzuweichen, den Fluss zwischen den einzelnen Musiknummern zu erhalten, ein kompaktes, geschlossenes, dramatisches Ganzes zu schaffen. Wagner greift dabei zu einem Ausbau der Orchesterfunktion: Mit symphonischen Zwischenspielen, ausgefeilter Leitmotivtechnik versucht er, die dramatische Komplexität zu erzielen. Verdi legt das Schwergewicht seiner Musik weiterhin auf den Gesang und sucht die Geschlossenheit in einer logischen Entwicklung seiner Figurencharaktere; durch geschickte Instrumentierung versteht er es, einer Oper eine Grundstimmung zu unterlegen, welche die gesamte Aktion zu einem Ganzen zusammenbindet. Richard Wagner unternimmt in seiner romantischen Oper *Lohengrin* von 1850 (die einzige seiner Opern, die Verdi bis zum Jahr 1867 überhaupt bekannt ist) einen ersten Schritt in Richtung des neuen Dramenverständnisses und legt mit *Tristan und Isolde* den endgültigen Grundstein zum Musikdrama. Verdis *Don Carlos* erfüllt die Ansprüche dramatischer Kompaktheit bereits; der düstere, schwere Unterton der Oper bleibt durch die Orchestration gewahrt, auch wenn sich hier und da hellere Passagen finden. Ihm ist die entscheidende Musteroper bereits mit *Rigoletto* (1851) vollkommen gelungen. Er selbst weist auf seine Frühwerke *Ernani* und *Macbeth* als entscheidende Vorstufen hin. Der Vorwurf eines Wagnerismo offenbart sich als unhaltbare Kritikerpolemik.

Verdi fühlt sich dennoch sehr gekränkt; mehr als er nach außen zeigt. Wie immer in solchen Krisenmomenten flieht er nach Sant' Agata. Auf dem beschaulichen Landgut beschäftigt er sich mit Gartenarchitektur, werkelt in seinem Park, beaufsichtigt Vieh- und Pferdezucht. Mit Peppina und einem der kleinen Spanielhündchen, die ihn lebenslang begleiten, spaziert er täglich lange Zeit über das Anwesen. Am liebsten aber ist ihm sein Pumpbrunnen-Projekt, seine neueste technische Errungenschaft für das Gut. »Der gepriesene Meister«, witzelt er in einem Brief an Graf Arrivabene, »befindet sich den ganzen Tag unten im Brunnen, zum Teil um die Arbeiter zu ermutigen, zum Teil um sie auszuschimpfen und vor allem, um sie zu dirigieren. Dirigieren?!!! Das ist die Schwäche des Maestro. Wenn Du ihm sagst, *Don Carlos* tauge nicht, so berührt ihn das nicht im Geringsten, bestreitest Du hingegen seine Fähigkeit zum Maurer, so nimmt er das übel.« Der launige Brief täuscht über Verdis wahre Gefühle hinweg. Giuseppina erlebt einmal mehr einen gereizten, nervösen Komponisten. Unter einem Vorwand fährt sie für einige Tage nach Mailand, um Verdi und auch das eintönige Landleben hinter sich zu lassen. Sie besucht die Gräfin Maffei, die sie bislang nur aus Briefen kennt. Clarina beschreibt die herzliche Begegnung im Mai 1867 dem gemeinsamen Freund Franco Faccio: »Ich lief sie zu treffen, mit einer dieser Bewegungen des Herzens, die Du kennst. Ich drückte sie an meine Brust, küsste sie liebevoll ... Ich kann Dir nicht sagen, wie lieb, wie teuer sie war ... wie beseeligend ... Ich sprach über Dich mit ihr.« Verdis Frau und Verdis Vertraute verstehen einander auf Anhieb, eine Freundschaft, die lebenslang bestehen soll.

Clarina Maffei, die bedeutende Salonnière, die alle Mailänder Künstlergrößen um sich schart, kennt natürlich den greisen Dichter Alessandro Manzoni, den Giuseppe Verdi hoch verehrt; Manzonis romantischer Roman *Die Verlobten* ist für den Komponisten »nicht nur ein Buch, sondern ein Trost für die Menschheit«. Clarina führt ihre neue Freundin sofort zu Manzoni. Der Dichter begeistert sich für die Opern Verdis und gibt Giuseppina ein kleines Porträt mit Widmung für den Komponisten mit. »Wie beneide ich meine Frau, dass sie diesem höchsten aller Geister hat begegnen dürfen ... Wenn Sie ihn sehen, sagen Sie ihm bitte meinen Dank für sein Bildchen mit Widmung ... Sagen Sie ihm, dass ich ihn schätze und verehre, wie man auf Erden nur einen Menschen schätzen und verehren kann«, schreibt Verdi am 24. Mai 1867 an Clarina.

Den Sommer über bleiben Giuseppina und Giuseppe in Sant' Agata. Erst im Herbst reisen sie erneut nach Paris, um sich dann für die Wintermonate in Genua in ihrer Mietwohnung im Palazzo Sauli einzuquartieren. Hier erreicht sie die Mitteilung, dass Francesco Piave, Verdis hervorragender Librettist, nach einem Schlaganfall völlig gelähmt ist. Sofort reagiert der Komponist und regt die Anfertigung eines Liederalbums nach Texten Piaves an, an dem sich die namhaftesten Komponisten der Zeit beteiligen sollen und dessen Erlös dem arbeitsunfähigen Dichter und seiner Familie bestimmt sein soll. Man realisiert den Vorschlag und gewinnt unter anderen Auber, Thomas und Mercadante für die Idee eines Liederalbums nach selbst gewählten Gedichten. Verdi vertont die anonymen Verse *Stornello*. Das Album erscheint 1869. Eine andere musikalische Aufgabe in diesen Jahren ist die Umarbeitung der Oper *La forza del destino*, die im Februar 1869 sehr erfolgreich in Mailand aufgeführt wird.

Inzwischen hat sich auch *Don Carlos* auf den Opernbühnen der Welt durchgesetzt. Jetzt erkennt man die Raffinesse der Orchesterbehandlung.

Auffällig ist die statische Ausdrucksweise sowohl der einzelnen Nummern als auch des Gesamtkonzepts; im Vergleich dazu ist die rasche Bewegungsfolge in *Rigoletto* zu sehen. Besonders statische Orchesterpassagen begleiten das Duett Carlos/Elisabetta im 2. Akt *(Io vengo a domandar)* sowie den Auftritt des Inquisitors im 4. Akt *(Il grand Inquisitore)*. Der Inquisitor, nach Verdis Vorstellungen ein hundertjähriger Greis, erscheint als Vertreter der althergebrachten, grausamen Ordnung, der sich die Väter noch unterwerfen – wenn auch nicht schmerzlos –, die Söhne aber nicht mehr; die Orchesterbegleitung findet hier durch den Einsatz des Kontrafagotts zu ihrer schwärzesten Klangfarbe; starr und hart klingt eine immer wiederholte Motivformel der Bässe. Unruhige Tonrepetitionen und eine melancholische, düstere Melodie prägen das Duett des Liebespaares; das kaum bewegte Orchester vermittelt Bilder von mühsam bezwungener Leidenschaft und Einsamkeit; an einigen Stellen wirkt das Duett zwar innig, doch immer beherrscht, nur an einer Passage finden sich die Stimmen zu einem kurze Takte währenden Ausbruch des Liebesgefühls zusammen. Elisabetta ist ihrem Gatten Philipp und der Staatsräson verpflichtet, Carlos steht zwischen Liebe und Prinzenpflicht; Gefühle dürfen in diesem strengen höfischen Umfeld nicht sein. Elisabetta wahrt die Selbstkontrolle sogar dann, wenn sie keine Zeugen zu befürchten hat, beispielsweise in ihrer Erinnerungsarie *Tu se le vanità*, die sich selten in ungehemmte Passionen verliert.

Interessant ist zu bemerken, dass Verdi viele Szenen mit Soloinstrumenten einleitet; bedeutende Nummern sind die Szenen Don Carlos' im ersten Akt *(Fontainbleau!)* und die seines Vaters, *Ella giammai m'amo* – eine ebenso schlichte wie wirkungsvolle Darstellung von Einsamkeit.

Ella giammai m'amo ist sicher der Dreh- und Angelpunkt der Oper: Philipp steht wie Don Carlos zwischen Pflicht und Gefühl, doch ist sein Schicksal weitaus tragischer als das seines Sohnes, denn Carlos bleibt noch die Hoffnung auf Veränderung, die der König längst verloren hat. Wie heißt es noch bei Schiller: »König! König nur,/ Und wieder König!«

Leidenschaftsbetont handelt allein die Prinzessin Eboli. Schon ihre Canzone *Nei giardin del bello*, ein Volkslied, das sie der Königin vorsingt, fällt aus der ansonsten so sinistren Stimmung der Oper. Verdi zaubert hier spanisches Lokalkolorit, was zu seiner Zeit groß in Mode ist, das in einem abschließenden Ensemble in ein höfisch-glänzendes Stück gehoben wird. Völlig aus dem gefühlskalten Stimmungszusammenhang fällt Ebolis Wut- und Rachearie *O don fatale* heraus, ein Lieblingsstück jeder ambitionierten Mezzosopranistin.

So steht in *Don Carlos* die leidenschaftliche Frau der tugendhaften gegenüber; Verdi berührt hier ein großes Thema seiner Epoche. Es ist das sittenstrenge viktorianische Zeitalter, die Ära einer tugendhaften, religiösen Kaiserin Eugenie von Frankreich. Einerseits gehören Sittsamkeit, Untadeligkeit, Naivität verbunden mit weiblicher Schönheit zum Frauenideal des 19. Jahrhunderts, andererseits ist man von der hemmungslos liebenden und leidenden Frau fasziniert. Zur Jahrhundertwende hin entwickelt sich diese Faszination zum Kult der Femme fatale. Verdis *Eboli*, Wagners *Isolde*, Bizets *Carmen*, George Sands *Lélia*, Hebbels *Judith*, Strindbergs *Fräulein Julie* präsentieren den neu beschworenen Frauentypus. Andererseits wird das Bild der nur unschuldig Demütigen betont gepflegt, etwa in Robert Schumanns Oper *Genoveva* oder in Ambroise Thomas' *Mignon*.

Don Carlos erlebt in London eine hervorragende Aufnahme, ebenso in Mailand und Bologna. Darüber meldet der Dirigent Mariani im Spätsommer '67: »Es scheint, dass *Don Carlos* großen Erfolg in Bologna hatte. Jeder sagt, dass die Aufführung wundervoll ist!« Eine junge Sopranistin singt die Rolle der Elisabetta. Sie ist auch indem umgearbeiteten *Forza del destino* zu hören. Am 1. März 1869 bemerkt Verdi in einem Brief an den befreundeten Juristen Giuseppe Piroli: »Gestern Abend gegen Mitternacht bin ich nach Mailand zurückgekommen. Um diese Zeit werden Sie schon wissen, dass die Macht des Schicksals erfolgreich über die Bühne gegangen ist. Die Aufführung war wunderbar. Tiberini und die Stolz haben ihre Sache gut gemacht.« »La Stolz« wird Verdis Lieblingssängerin, seine auserkorene Aida.

Teresa entstammt einer der zahlreichen böhmischen Musikerfamilien dieser Zeit. Wie ihre beiden älteren Schwestern Lidia und Fanny wird sie zur Sängerin ausgebildet. 1856 debütiert sie, zweiundzwanzigjährig, in Triest. Sie studiert weiter und wird zunächst an osteuropäischen Theatern engagiert. 1863 erlangt Teresa ein Engagement in Nizza und brilliert in Bellinis *Norma*. Diese Partie wird ihr Sprungbrett an die großen italienischen Häuser; bereits 1864 übernimmt sie Rollen an der Mailänder Scala. Giuseppina Strepponi fällt die junge, hübsche Kollegin in einer Scala-Inszenierung des *Don Carlos* auf: »Die Ovationen für Signora Stolz bereiten mir Freude, da sie eine Huldigung für eine wirkliche und ganz ausgezeichnete Leistung waren.« Verdi bemerkt im Frühjahr 1868 zu einer anderen *Don Carlos*-Aufführung: »Und welchen Effekt schafft die Stolz in der Rolle der Elisabetta.« Vermutlich während der Einstudierung einer Verdi-Oper lernt Teresa, oder Teresina wie ihre Freunde sie nennen, den Dirigenten Angelo Mariani kennen und lieben. Mariani, ein attraktiver und lebensfroher Mensch, ist seit 1859 ein Freund des Komponisten und sein bevorzugter Orchesterleiter. Verdi weiß allerdings auch von Marianis wildem Lebenswandel; sosehr er den Kapellmeister respektiert, lehnt er die Affären des verheirateten Mannes ab.

Mariani setzt sich energisch für den *Don Carlos* ein, den er für die beste Oper seines Freundes hält. Nach dem Dirigat der Oper im Herbst 1867 schreibt er an Verdi: »Was es auch kostet, ich werde *Don Carlos* jetzt nicht lassen. Ich liebe es so sehr, ich fühle eine Befriedigung, wie ich sie noch nie fühlte ...« Und zwei Tage darauf, es ist der 6. November, ruft er aus: »Was für eine göttliche Schöpfung ist dieser Ihr *Don Carlos*!« Tatsächlich hängt der Erfolg der Oper auf italienischem Boden vor allem mit dem hohen Niveau der Aufführung zusammen, mit den begeisternden Leistungen Marianis und »La Stolz'«.

Selbstverständlich vertraut der Komponist nach diesem überzeugenden Einsatz Angelo Mariani sein neues Projekt an. Es handelt sich um ein Requiem zu Ehren des jüngst verstorbenen Gioacchino Rossini. Und zwar denkt Verdi daran, alle namhaften italienischen Komponisten mit einem Beitrag zur Totenmesse zu verpflichten, ähnlich wie beim Liederalbum für Piave. Seine Idee formuliert er in einem Brief vom 19. August 1869: »Ein Mann, ein großer Künstler, der seine Epoche prägte, starb: Ein Einzelner … lädt seine Zeitgenossen dazu ein, diesen Mann zu ehren, und in ihm unsere Kunst; Musik wird eigens komponiert und in der größten Kirche der Stadt, die seine musikalische Heimat war, aufgeführt, und zwar so, dass diese Kompositionen nicht den Ruf … hassenswerten Selbst-Interesses bekommen.« Mariani soll die Aufgabe übernehmen, die Messe zu verwirklichen, das heißt, Bologna, Rossinis Heimatstadt, als Huldigungsort durchzusetzen und den dortigen Chor zu mobilisieren; Verdis Verleger Giulio Ricordi soll dem Komitee vorstehen, das die Komponisten des Requiems auswählt und die äußere Organisation übernimmt. Das Komitee beauftragt Verdi mit der Komposition des *Libera me* und der enthusiasmierte Komponist macht sich sogleich an die Arbeit.

Ein Requiem für Rossini passt übrigens genau zu den politischen Bestrebungen der Zeit. Die Einheit Italiens ist fast vollständig vollzogen. Aber es ist eine Einheit, die von oben aufoktroyiert wird, an die, weiß Gott, nicht alle Italiener glauben. Zu tief verwurzelt ist das Denken in Einzelstaaten, in Provinzen und Landstrichen, die Aufwertung der eigenen Region, die Abwertung der anderen. Die Lombarden betrachten die Bewohner der benachbarten Emilia mit Argwohn, im Kirchenstaat hält man die Menschen der Königreiche Sizilien für beschränkt und rückständig, in Sizilien verspottet man die Piemontesen. Italiens Einheit ist zu diesem Zeitpunkt eine rein politische Sache, es gibt kaum ein gemeinsames Kulturverständnis, keine einheitliche Literatur (die italienische Hochsprache ist noch jung, die dialektisch geprägte Heimatdichtung hält sich hartnäckig); Manzoni versucht noch 1871, die Einheit mittels gemeinsamer Hochsprache in seinem Traktat *Dell' unità della lingua italiana e dei mezzi di defonderla* herzustellen. Wie oft ist es einer Oper Verdis geschehen, dass man sie in Mailand ablehnt, weil sie in Bologna Erfolg hat, nur weil Mailand Lombardei und Bologna Emilia Romagna ist. Was fehlt, ist ein allen Italienern gemeinsamer Kulturmythos. Die Intellektuellen versuchen eifrig, einen solchen Mythos auszugraben: Dante wird als Vater der Dichtkunst wieder entdeckt, Palestrina als musikalischer Patriarch beschworen, Michelangelo und Raffael als *die* Maler Italiens gefeiert; man beruft sich auf die antike römische Kultur als Wiege der italienischen und pilgert andächtig zu den Ausgrabungsstätten des Forum Romanum oder Neapels. Doch wird ein aktueller Mythos vermisst. Rossini könnte es werden, denn ihm huldigen tatsächlich alle Italiener. Wie alle liberalen Gebildeten ist sich Giuseppe Verdi darüber im Klaren, dass weder die neu entdeckten Renaissancekünstler noch die in keinem direkten Traditionsbezug zum modernen Italien stehende Antike die gewünschte »italianità« legitimieren. Das Requiem wäre eine Chance, Rossini das geeignete Kulturdenkmal – hat nicht Mazzini in seiner *Filosofia della musica* geschrieben, Musik habe die Aufgabe, Menschen zu verbinden und könne es vor allen anderen Künsten? An mehreren Stellen bemerkt Verdi, es handele sich bei seinem Plan um »unsere Kunst« (19.8.68), »Glanz und Ruhm des eigenen Landes«, »ein Monument der Kunst« (10.11.69, 18.11.69), eine »geschichtliche Tat«. Zu dieser Denkmalsinszenierung gehört vor allem (und das betont Verdi des Öfteren), dass sie in Rossinis Heimatstadt und am ersten Todestag stattzufinden habe. Natürlich, denn sonst verlöre sie ihre mythische Wirkung. Umso größer seine Enttäuschung, als gerade Mariani ihm angeblich in den Rücken fällt, der behauptet, Bolognas Chor könne diese Aufgabe alleine nicht bewältigen, er würde seinen eigenen Chor aus Pesaro hinzuzuziehen. Verdi sieht darin egoistische Gründe und kanzelt den Freund ab: »Ich habe nie erfahren können, ob der Plan einer Messe für Rossini das Glück hatte, von Dir gebilligt zu werden ... Dies wird eine geschichtliche Tat und nicht eine musikalische Scharlatanerie ... Was macht es denn, wenn die Eitelkeit eines gewissen Komponisten oder die Aufgeblasenheit eines gewissen Ausführenden nicht befriedigt wird?« Verdi hat Mariani außerdem im Verdacht, sich überhaupt nicht für Bologna als Aufführungsort einzusetzen. Im Komitee werden nämlich Stimmen laut, die für Mailand plädieren. Zudem entwickelt sich die ganze Angelegenheit zu einer Geldfrage, denn weder der Bologneser Impresario noch die Stadtväter wollen Geld zuschießen, ohne auf Einnahmen rechnen zu können. Verdis Plan verläuft im Sande. Am 11.1.1870 schreibt der Komponist an einen Freund: »Ich werfe Mariani nicht vor, falsch gehandelt zu haben, ich werfe ihm vor, gar nicht gehandelt zu haben.« Die Freundschaft der beiden Musiker zerbricht zwar nicht wegen dieser Sache, erleidet aber einen tiefen Riss. Mariani versichert dem Komponisten seine Hochachtung und Verdi unterschreibt seine Briefe an den Dirigenten mit »Ihr treuer Freund«, gegenüber Dritten nennt er ihn sogar »hochverehrten Freund«. Er vermittelt Mariani schließlich das Dirigat der *Aida* in Kairo, das mit 50.000 Francs honoriert werden soll.

Mariani will seine Geliebte, Teresa Stolz, in Kairo dabeihaben. Er diktiert ihr Briefe an Ricordi, in denen er unmögliche Forderungen erhebt: 40.000 Francs steuerfrei, vier freie Wochentage und das Recht auf eine Hauptrolle. Ricordi schreibt im Januar 1871 wütend an Verdi: »Signora Stolz' Brief ist wirklich eine schmutzige List. Ich sehe Marianis Hand dahinter, und wenn ich ihn in diesem Moment hier hätte, würde ich ihm in seine Kehrseite treten ... Er ist dabei, auch Signora Stolz' Karriere zu ruinieren.« Verdi stellt Mariani zur Rede. Der Dirigent antwortet damit, dass er den Komponisten im Unklaren lässt, ob er in Kairo dirigiert oder nicht. Teresa Stolz stellt sich auf Verdis Seite.

Ihre Beziehung zu Mariani, der seine Frau nicht verlassen will und noch weitere Geliebte unterhält, wird ohnedies immer komplizierter. Verdi und Giuseppina laden Teresa nach Sant' Agata ein, damit sie ein wenig Ruhe findet. Mariani reagiert eifersüchtig und neidisch; »bei unserer Trennung in dem Bahnhof sagte sie mir, sie würde nur eine Woche in Verdis Haus bleiben … dass sie dann zur Produktion des *Lohengrin* zurückkommen würde. Stattdessen blieb sie zwanzig Tage in Sant' Agata; sie schrieb mir dreimal um zu sagen, dass Verdi und seine Frau sie mit Freundlichkeit überschütteten … dass sie glücklich wäre.«

Zu allem Unglück hat die Presse von der tiefen Freundschaft Verdis zu Teresa Wind bekommen und bauscht die rein platonische Zuneigung zur Liebesaffäre auf. Teresa wird zur Femme fatale in Verdis Leben. Anreiz dafür bietet eher das erotische Leben von Teresas Schwestern als Teresa selbst. Es ist nämlich allgemein bekannt, dass die Zwillinge Fanny und Lidia Stolz vom Komponisten Luigi Ricci verführt wurden; Ricci heiratet Lidia, behält aber auch Fanny als Geliebte in seinem Haus, und beide Frauen bringen seine Kinder zur Welt. Wenn die Schwestern entsprechend veranlagt seien, so zeige auch Teresa keine Scheu, seit 1869 neben Giuseppina Verdis Geliebte zu sein, meint die Presse. Und das glaubt schließlich auch Angelo Mariani, der sich bitter über die vermeintliche Untreue der Geliebten und Freundin beklagt.

Da sich keiner der drei übrigen Beteiligten über die Angelegenheit äußert, wird bis heute über die Affäre Stolz debattiert. Man knüpft diverse Vermutungen an einen recht verbittert klingenden Brief Giuseppinas an Verdi: »Ich habe über Dein ergründliches Schweigen vor Deiner Abreise aus Genua nachgedacht … das Angebot abzulehnen, mir ein paar Proben zu *La forza del destino* anzuhören. Ich spüre, dass diese Einladung erzwungen ist, und ich halte es für eine kluge Entscheidung, Dich in Frieden zu lassen … Als ich … mich der Maffei und Manzoni präsentierte … dachte ich nicht daran, dass ich mich der ungewohnten und schmerzlichen Konsequenz gegenübersehe, verleugnet zu werden. Möge Dir Gott die schlimmste und demütigendste Wunde verzeihen, die Du mir zugefügt hast.«

War Teresa nun Verdis Geliebte? Nein, denn sonst hätte Giuseppina sie niemals in ihr Haus aufgenommen und ihr ihre Zuneigung und Freundschaft angeboten. »Was ich über alles wünsche ist, Sie wieder zu umarmen und so lange als möglich in Ihrer Gesellschaft zu sein, denn ich liebe und schätze Sie und bin von Ihrem ... freundlichen und erhebenden Charakter berührt« (Oktober 1871). Andere Biographen vermuten, dass Clarina Maffei der Grund für Giuseppinas Eifersucht sei, aber auch das ist unhaltbar, denn beide Frauen schreiben sich weiterhin in ihrem ungezwungenen Stil. Giuseppina an Clarina Maffei, Juni 1872: »... liebste Chiarina ... Ich liebe wenige Menschen auf der Welt, und Sie liebe ich am meisten nach meinem Verdi und meiner unglücklichen Schwester.« Ich vermute daher, dass sich Giuseppinas bitterer Brief von 1869 auf die Mailänder Gesellschaft bezieht. Die Presseaffäre Stolz wühlt auch das Privatleben der Sopranistin Strepponi mit seinen dunklen Stellen dreier illegitimer Kinder und der langjährigen freien Lebensgemeinschaft mit Verdi wieder auf. Bestimmte Gesellschaftskreise, die sich auf Bestreben Clarina Maffeis der Gattin Verdis öffnen, scheinen nun wieder Front gegen die ehemalige Primadonna gemacht zu haben. Verdi hat es versäumt, sich auf die Seite seiner Frau zu stellen; im Gegenteil ist er darum besorgt, seinen Ruf in den wichtigen Mailänder Salons rein zu halten. Als »demütigendste Wunde« empfindet Giuseppina den Verrat ihres Mannes, der sie verleugnet. Übrigens lässt Verdi seine Gattin des Öfteren und wohl aus ähnlichen Gründen in Genua oder Sant' Agata allein zurück. In dem bewussten Brief heißt es ausdrücklich »verleugnet zu werden«, nicht etwa »betrogen«. Es fällt auf, dass Giuseppina bei ihrem nächsten Aufenthalt in Mailand keinen der Verdi-Salons besucht, auch den der Clarina Maffei nicht, die sie jedoch in ihrem Palazzo Sauli freundlich empfängt.

Die Trübung zwischen den Ehepartnern dauert nicht lange an.

Die Presseaffäre »Stolz« verebbt allmählich. Verdis »schicksalshafte Frauen« stehen nicht mehr im Rampenlicht. Der Komponist ist mit der Tagespolitik beschäftigt: Am Horizont der Geschichte zieht drohend der Deutsch-Französische Krieg herauf.

Die tugendhafte Elisabetta und die leidenschaftliche Eboli sind nicht länger sein Thema. Der *Don Carlos* macht seinen Weg, und Verdi wendet sich machtgierigen Prinzessinnen zu – die *Aida* muss für Kairo komponiert werden.

Verdi-Erlebnisse eines Schriftstellers

»Franz Werfel war seit frühester Jugend mit der Figur Verdis verwachsen. Nun wollte er ihn und seine Probleme schildern«, schreibt Alma Mahler, Muse und Geliebte des Dichters, in ihren Tagebuchnotizen des Jahres 1922.

Der 1890 in Prag geborene Schriftsteller kennt den Komponisten nicht mehr als Zeitgenossen, sondern zunächst nur aus historisch rückblickenden Biographien und Opernbesuchen in seiner Heimatstadt und Leipzig, wo er nach sporadischem Universitätsbesuch und einer von seinem Vater befohlenen Speditionskaufmannslehre als Lektor im Verlag Kurt Wolff arbeitet. Die zeitliche Distanz lässt ihn sich mit einem wenig differenzierten Verdi-Bild identifizieren. Verdi ist für den noch jugendlichen Werfel eine Heldenfigur, ein angeschwärmtes Idol, und kritiklos nimmt der Schriftsteller das Vorbild an. Der übersteigerte Historismus in musikalischen Fragen hat bereits Einzug in die Rezeption von Musik gehalten: Die Moderne wird von der breiten Zuhörermasse abgelehnt, die Kluft zwischen Gegenwartsmusik und -publikum wird stetig größer; mit Unverständnis reagiert man auf die Bitonalität Richard Strauss' oder gar die Dodekaphonie eines Arnold Schönberg; gehört wird Musik, die als »klassisch« im Sinne von bewährter Qualität gilt; dazu zählt um 1910 die Trias der Wiener Klassik (Haydn, Mozart, Beethoven), ebenso die Tonkunst der Romantik, die man weit spannt, Schubert, Mendelssohn, Schumann, Wagner, Verdi. Das Bildungs- und Großbürgertum – und zu ihm gehört die Familie Werfel, die aus einer Genealogie jüdischer Kaufleute besteht; Franz' Vater ist Handschuhfabrikant – paradiert in seinen Sa-

342

lons inmitten neogotischer Eichentruhen, barocker Greifen-
klauentische, Zinngedecke aus der Zeit des Dreißigjährigen
Krieges, langer Reihen Goethe-, Schiller- und – man gibt sich
freigeistig – Heine-Bände und dem mit Beethoven- und Wagner-
büsten beschwerten Klavier, auf dem abends, ist man melancho-
lischer Stimmung, Schubertlieder gespielt werden, oder, bei
übersprudelnder Laune, Verdis *La donna è mobile*. Das Bürgertum lebt mit dem Blick in die Vergangenheit, und in dieser engen Atmosphäre wächst Franz Werfel auf. Manchmal bricht der
junge Dichter aus dem begrenzten Gefüge dieser konservativ-
moralischen Welt aus; nur seinen Verdi nimmt er mit. Wenn er
mit seinen Freunden aus der Tertia in Bordellen Schulstunden
schwänzt, unterhält er die Damen und ihre Freier mit pathetisch
hingeschmetterten Arien aus Verdis Opern. Das trägt ihm unter
den Freunden und in der Szene den Spitznamen »Caruso« ein.

Verdis Musik scheint ihm Reaktionshilfe gewesen zu sein; so
wie andere stets ein passendes Zitat großer Dichter zur Hand
haben, wenn die eigene Sprache versagt, führt Werfel irgendeine
Passage aus *Traviata*, *Rigoletto* oder *Aida* an.

»Ich hatte als Gymnasiast in meiner Vaterstadt das Glück,
hinreißende Aufführungen einer italienischen Opernstagione
zu erleben. Damals traf mich der verzehrende Blitz Verdis zum
ersten Mal«, erinnert sich der Autor in einem Vortrag aus dem
Jahr 1933. Als ein »Himmelsfeuer« beschreibt er das erste Verdi-
Erlebnis, die Musik des Bussetaner Meisters erscheine ihm als
»feuer-flüssige Welt«. Man erkennt: Hier ergreifen Klänge bren-
nend einen Menschen; die entflammten Gefühle Werfels gehen
weit über das Maß üblicher Initialzündungen hinaus, wie man
sie aus vielen anderen Künstlerbiographien kennt; hier lebt ein
Mensch im Bewusstsein absoluter Affinität zu einem berühmten
Komponisten. Werfels Verleger schildert den Dichter: »blind für
die Wirklichkeit, linkisch, unbeholfen, ungeschickt, erfüllt von
Versen und Musik … Er segelte die Straßen entlang, Verdi-Arien
singend oder summend, und merkte nicht, dass die Leute sich
nach ihm umdrehten, sich an die Stirn fassten.« Dass er der

Wirklichkeit gegenüber blind sei, ist dabei zu viel gesagt; Werfel sieht die Wirklichkeit, aber er erfährt sie geschützt durch die Gazeumkleidung von Musik und Literatur.

Das Erlebnis Verdi markiert Franz Werfels endgültige Entscheidung für den Künstlerberuf. Schon früh weiß er, dass er einmal »großer deutscher Dichter« werden will. Er verfasst kleine Dichtungen, von denen manche in Zeitungen publiziert werden. Die gelungensten seiner Jugendwerke fasst er in der Reihe *Der Weltfreund* zusammen. Der Gedichtband erscheint 1911. Es ist Franz Werfels Ausbruch aus der Bürger- in die Künstlerwelt und jenem Aufbruch ähnlich, den Giuseppe Verdi 1838 unternimmt, als er die festgefahrene Karriere eines kleinstädtischen Kapellmeisters mit der unsicheren Position eines unbekannten Opernschreibers, die bürgerliche Existenz eines städtischen Angestellten mit dem schwankenden Glück des Bohèmelebens in der Metropole Mailand vertauscht. Und wie dieser zunächst glücklos ist mit seinem Bemühen, den Erstling *Rocester* an die Scala zu bringen, gelingt jenem nur mit Fürsprache von Freunden die Veröffentlichung seiner Jugendpoesien. *Der Weltfreund* ist ein grandioser Debüterfolg. Er macht den Dichter in den kunstinteressierten Kreisen Prags, Berlins und Wiens bekannt.

1912 geht Werfel nach Leipzig. Weitere Gedichte entstehen und setzen den Triumph von *Der Weltfreund* fort; 1913 erscheint der Band *Wir sind*, zwei Jahre später die Oden und Lieder *Ein anderer*. Zu dieser Zeit tobt bereits der Erste Weltkrieg, und auch von Werfel wird der Dienst an der Waffe gefordert. Er kann sich nicht freikaufen vom Soldatenleben wie Giuseppe Verdi. Ein Unfall – Werfel springt in Bozen aus einer Schwebebahn, wird dabei schwer verletzt – sorgt für einen Aufschub der Einberufung. 1916 muss er dann doch einrücken. Was er an der Front erlebt, widert ihn maßlos an. Ein Glück und eine Weichenstellung für sein zukünftiges Leben ist seine Zuteilung zum Kriegspressequartier in Wien. Er findet sogleich Zugang zu den Wiener Literatenkreisen. Die meisten von ihnen arbeiten wie Werfel im

Kriegsarchiv. Unter ihnen Stefan Zweig, Robert Musil und Alfred Polgar. Befreundet ist der Dichter mit dem Schriftsteller Franz Blei, der im Café Central im Herzen Wiens Hof hält und Zugang zu den prominentesten Salons der Residenz hat. »Ich kam … nach Hause und fand Franz Blei vor, der mir den Dichter Franz Werfel gebracht hatte«, erinnert sich die berühmte Wiener Salonnière Alma Mahler in ihren Memoiren *Mein Leben:* »Da ich seine Gedichte liebe … fühlte er sich gleich sehr zu Hause. Blei ging bald … ein Stärkerer sprach, das konnte er nicht sehr gut vertragen. Werfel ist ein untersetzter Mann, mit sinnlichen Lippen und wunderschönen großen blauen Augen unter einer Goetheschen Stirn … Werfel ist eminent musikalisch. Er liebt Gustav Mahlers Musik und wollte mich deshalb kennen lernen.« Ab sofort ist Werfel regelmäßiger Besucher ihres Salons. Bald entwickelt sich eine Liebesbeziehung mit der schönen Frau, der Witwe des Komponisten Gustav Mahler, die nach einer stürmischen Affäre mit dem Maler Oskar Kokoschka den Architekten Walter Gropius geheiratet hat. Beide treffen sich in ihrer fanatischen Musikliebe. Alma Mahler, die vor ihrer ersten Ehe Gesangs- und Klavierunterricht genommen hat, dann Kompositionsschülerin von Alexander Zemlinsky wird und selbst Musik schreibt, bis Gustav Mahler es ihr mit patriarchalischer Allmacht verbietet, findet in dem Dichter eine verwandte Seele. In ihren Erinnerungsnotizen heißt es taumelnd, pathetisch: »Viele wunderbare Dinge geschehen … eine Nacht war … eine holdselige Nacht … Werfel, Blei, Gropius. Wir jubelten Musik. Meistersinger, Louise usw. … Werfel sprach einige seiner Gedichte … er sang und ich spielte – und wir wussten von keiner Welt mehr. Und so verquickt waren wir sofort durch dieses unser ureigenstes Element, dass wir alles rundher vergaßen und vor den Augen der ganzen Welt quasi musikalisch-geistigen Ehebruch trieben. Franz Werfel ist ein wunderbares Wunder!«

Offenbar stört den Dichter die durchaus bunte Vergangenheit seiner Auserwählten nicht, genauso wenig wie Giuseppe Verdi nach den vormaligen Beziehungen seiner Geliebten Giuseppina

Strepponi fragt. Er toleriert vielmehr, dass sie sich weiterhin um ihren unehelichen Sohn Camillino kümmert, und unterstützt sie bei der Frage nach einem Ausbildungsplatz für ihr Kind. Die Zeit hat sich allerdings geändert. Zu Mitte des 19. Jahrhunderts sind die moralischen Wertvorstellungen andere als nach dem Ersten Weltkrieg. Verdi und Strepponi haben in der Nähe der Kleinstadt Busseto gegen stärkere Ressentiments anzukämpfen als Franz und Alma in der Metropole Wien, in einem Gesellschaftskreis, der derartige »Skandale« nonchalant hinzunehmen versteht.

Man könnte diese Beziehungskonstellationen als rein zufällig betrachten, aber mir ist bei mehreren Künstlerbiographien der Jahrhundertwende aufgefallen, das sie nach dem Muster des von dem jeweiligen Künstler favorisierten Idols ablaufen. Bewusst konstruiert? Unbewusst motiviert? Eklatant das Beispiel Hans Pfitzners. Der Komponist verliebt sich in die hoch begabte Tochter seines Kompositionslehrers James Kwast. Kwast verweigert dem jungen Mann jedoch seine Zustimmung zur Hochzeit mit Hinblick auf die noch unbedeutende Karriere des Komponisten. Mit Hilfe eines Freundes arrangiert Pfitzner eine Brautentführung, flieht mit Mimi und heiratet sie im Ausland. Sein großes Vorbild Robert Schumann erlebt Ähnliches: Auch er verliebt sich in die geniale Tochter seines Kompositionslehrers Friedrich Wieck, auch ihm wird die Hand der Geliebten verweigert mit der Bemerkung über seine finanziell keineswegs rosige Lage; Schumann erstreitet sich vor Gericht die Eheerlaubnis und kann seine Braut nach Erreichen ihrer Volljährigkeit nach Hause führen. Bedeutend bei diesem Beispiel ist, dass Hans Pfitzner sich völlig mit Schumann identifiziert, dass er sich die Musikästhetik des Romantikers zu eigen macht und verbissen für eine Neoromantik streitet, gegen den Verfall der modernen Musik, wie er meint, die nicht mehr auf dem Grundwesen der Inspiration beruhe.

Auch Franz Werfel befindet sich mit seinem Faible für die Welt der italienischen Oper in angreifbarer Position. In der Zeit um den Ersten Weltkrieg gibt es in Deutschland und Österreich eigentlich nur zwei Musikgötter: Richard Wagner und Ludwig van Beethoven. Die »germanischsten aller deutschen Tonkünstler« bedeuten vor allem in den Kriegsjahren das Nonplusultra deutscher Musik, Musik überhaupt. Italien stellt sich im Ersten Weltkrieg bald auf die Seite der Alliierten, schließt mit Großbritannien und Frankreich einen geheimen Vertrag, der ihm im Siegesfall Gebietsansprüche u. a. in Istrien und in Tirol zusagt; im Mai 1915 ergeht die Kriegserklärung an Österreich, im August 1916 an Deutschland. Natürlich keimt der Hass gegen alles »Welsche« schon vor dem Kriegsausbruch in den deutschsprachigen Regionen auf, im Klima des Kolonialismus und Wettrüstens. Sich in solcher Zeit in einer derart provokanten Weise zur Musik des Italieners Verdi zu bekennen (einmal grölt Werfel nach einer durchzechten Nacht mit Freunden vor dem Leipziger Reichsgericht Arien aus Verdis revolutionären Opern – es ist ein Morgen des Jahres 1914, also in der Präludiumsphase des Weltkriegs), ist so etwas wie eine politische Kundgebung, ist ein Bruch mit dem deutschnationalen Establishment. »Verdi war mein musikalisches Jugenderlebnis, ein eigenes Erlebnis, das ich gegen Hass, Missachtung, Unglauben verteidigen musste. Eine verlachte Liebe ist die ergeizigste Liebe, die es gibt«, heißt es in einem Brief des Dichters.

Es muss auffallen, dass er seinen Verdi-Roman ausgerechnet zu einem Zeitpunkt schreibt, da italienische Opern in der Publikumsgunst zurückgehen; die traditionellen Repertoirestücke wie *Otello*, *Aida*, *Trovatore* tauchen zwar oft in den Spielplänen auf, aber eine echte Pflege der Musik Giuseppe Verdis (und anderer italienischer Komponisten) gibt es nicht, so interessieren diesseits der Alpen keine seiner mittleren Dramen wie *Macbeth*, *Giovanna d'Arco*, *Stiffelio* oder *Luisa Miller*. Im Gegenteil bemühen sich viele deutsche Theaterdirektoren um einen Abbau »welscher« Repertoirestücke zugunsten »nationaler« Komponisten. Tief greifende Veränderungen in dieser Richtung unternimmt beispielsweise Richard Strauss, der von 1919 bis 1928/1929 die Wiener Staatsoper leitet und mehr deutsche Musik in den Spielplänen fordert.

Im September 1923 ist der Roman beendet. Der Freund und Schriftsteller Jakob Wassermann überliest das Manuskript »und meinte, es rieche gut«; gemäß seinen Vorschlägen korrigiert Franz Werfel einige Unebenheiten, hauptsächlich des Schlusses. Paul von Zsolnay wird auf den neuen Roman aufmerksam und beschwört Alma: »Wenn du mir den *Verdi*-Roman von Franz Werfel bringen könntest, baue ich auf diesem Buch einen Verlag auf.« Ein entsprechender Vertrag kommt dann in der Tat auch zustande, und auf den *Verdi*-Roman gründet sich 1924 der Zsolnay-Verlag.

Der Roman: Verdi kommt 1883 nach Venedig, vorgeblich um einen kranken Freund zu besuchen, in Wahrheit aber, um seinem Rivalen Richard Wagner nahe zu sein, der im Palazzo Vendramin residiert. Er hofft, dass die Nähe, womöglich ein klärendes Gespräch, ihm aus einer Schaffenskrise hilft, die nun schon bald ein Jahrzehnt andauert. Seit seiner *Aida*, die 1871 über die Bühne gegangen ist, hat Verdi keine Oper mehr geschrieben; man wirft ihm vor, Wagner zu imitieren, seiner eigenen künstlerischen Linie untreu geworden zu sein. Nun wohnt Verdi in Venedig; einzig sein Freund, der Senator Piroli, weiß von dem geheim gehaltenen Aufenthalt. Verdis Weg kreuzen die verschiedensten Figuren und Lebensschicksale: Italo, der Sohn des Senators und begeisterte Wagnerianer, der heimlich die Partitur *Tristan und Isolde* in Verdis Hotelzimmer schmuggelt und den Komponisten damit in ungeahnte Selbstzweifel stürzt, seine Gegenfigur, Marchese Gritti, ein über hundertjähriger Anhänger der alten Ordnung und der vorrossinischen Operntradition; Verdis Kontrastfigur, der Avantgardekomponist Mathias Fischboeck, dem die Musik keine Sache der Inspiration und Melodie, sondern der Berechnung und Linie ist; das verkrüppelte, sängerische Naturtalent Mario und der talentlose Komponist Vincenzo Sassaroli; die Frauen, Bianca, Italos Geliebte, die seinetwegen ihren Mann, den Arzt Carvagno, hintergeht, von Italo schwanger ist, die eifersüchtig auf seine Wagner-Musik reagiert; Margherita Dezorzi, die von Italo umschwärmte Sängerin italienischer Opern; die unscheinbare Agathe Fischboeck mit ihrem niedlichen, stets melancholischen Söhnchen Johannes. Die Erlebnisse und Schicksalsfügungen lassen Giuseppe Verdi am Schluss erkennen, dass es nicht Wagners Person und Musik ist, die seine Schaffenskraft hemmt, sondern ein starker, nagender Selbstzweifel, ob es ihm, dem alternden Maestro, überhaupt möglich sei, etwas Neues zu komponieren, ohne sich an moderne Bewegungen binden zu müssen. In Richard Wagner sieht er nicht länger den übermächtigen Gegenspieler, sondern einen »Bruder unter den Künstlern«; jeder schreibt seine Musik, hat seinen ureigenen Stil, aber beiden geht es um das Wahre in der Kunst, um höchste künstlerische Vollendung.

Aus allen Einzellinien des Romans setzt sich allmählich ein Porträt Verdis zusammen. Man erfährt die äußeren Begebenheiten seiner Biographie: von den Jugendwerken, seiner ersten Frau Margherita und der Familientragödie, von seiner Bedeutung als »maestro della rivoluzione«, seiner Rivalität mit Wagner und die Vorgeschichte zur Entstehung von *Otello* und *Falstaff*. Daneben werden die hervorstechendsten Eigenschaften des Komponisten beleuchtet, sein distanziertes Verhalten, sein Hang zum Eigenbrötlertum, seine Selbstbezeichnung als »Bauer«, sein Wille zu großer Menschlichkeit, seine schroffen Züge, sein Jähzorn. Im Nachspiel lässt der Dichter seine Figuren Arrigo Boito und Giulio Ricordi das Bild Verdis zusammenfassen:

Giulio Ricordi lehnte seinen Kopf zurück … Nach einer Weile wandte er sich an Boito: »Bist du ihm jemals ganz nahe gekommen? …« »Nahe gekommen? Das ist unwichtig! Er ist der Mensch, den ich auf der Welt am meisten liebe.« »Du hast Recht, Boito. Aber warum lieben wir ihn so sehr? Er ist verschlossen, streng, abweisend bis zur Grobheit, zeigt kein tieferes Interesse am anderen, oder verbirgt es … und man liebt ihn doch wie keinen sonst auf der Welt.« »Vielleicht ist es das Geheimnis der Reinheit? ... Die Unschuld, die Absichtslosigkeit, das unverderbte Kind in einer Seele.« Ricordi schien nicht befriedigt. »...Verdi, der alte Hartschädel, erhöht mich.«

Eine zentrale Passage des Romans ist das Schicksal Bianca Carvagnos. Diese Figur erhält zahlreiche Symbolwerte, so steht sie einmal für die aus Liebe »gefallene« Frau (Giuseppina Strepponi), steht für bedingungslose Hingebung (an die Liebe, an die Kunst) und, am wichtigsten, für das leidende und in seinem leiden große Wesen. Unter den grausamsten Bedingungen gebiert Bianca das Kind Italos. Verdi soll als Kind die Geburt seiner jüngeren Schwester als traumatisches Ereignis erlebt haben, das sein Menschenbild nachhaltig prägt, auch darauf nimmt Werfels Roman Bezug. Der Dichter verarbeitet darüber hinaus ein autobiographisches Geschehnis: Nicht lange Zeit nach Beginn ihrer Bekanntschaft ist Alma Mahler-Gropius von Franz Werfel schwanger; im siebten Schwangerschaftsmonat kommt es zu Komplikationen, etwa eine Woche liegt Alma Mahler in Wehenschmerzen, ehe ihr Sohn unter dramatischsten Umständen geboren wird; die Medizin ist noch nicht so auf die Problembewältigung bei Frühgeburten eingestellt, wie es heute der Fall ist, außerdem kommt das Kind krank zur Welt; trotz minimaler Lebenserwartung überlebt das Kind die ersten Monate, stirbt allerdings mit fast einem Jahr an Gehirnwassersucht. Die Erfahrung der leidenden Frau ist für Werfel eine tief greifende. In seinem Tagebuch heißt es: »Alma lag da sehr bleich. – Ich war meiner nicht mächtig und machte falsche Bewegungen, aus Nervosität, trotzdem ich fast weinend ihre hohe Schönheit fühlte. – In allem, was sie mit leiser Stimme sagte, war ein herrlicher Enthusiasmus, wie ihn nur ganz große Menschen im Leiden haben können.« Ähnliche Worte und Vorstellungen fließen in seinen *Verdi*-Roman ein, Worte von der »verehrungswürdigen, leidenden Frau«. Verdis Musik sei Mitleid mit der Frau, lässt Werfel dem Arzt Carvagno feststellen und drückt damit aus, dass diese Musik Leiden und Leidenschaften der Menschheit kennt und Anteil nimmt. Viele Frauenfiguren in Verdis Opern fordern

Menschlichkeit und sind selbst ihre Personifikation (Giovanna, Luisa, Violetta …). An das untergeordnetste Glied der Gesellschaftshierarchie seiner Zeit, die Frau, bindet Giuseppe Verdi seine Ansprüche auf individuelle wie nationale Emanzipation. Die leidende Frau ist ein Topos, der auch in Franz Werfels Werk immer wieder eine zentrale Rolle spielt, ob in *Die vierzig Tage des Musa Dagh* (1933), *Der veruntreute Himmel* (1939) oder *Eine blassblaue Frauenhandschrift* (1941).

Vehement verklärt sein Opernbuch das Porträt des Menschen Verdi. Der geradlinige, strenge, moralische Mann, der weiche Kern in rauer Schale, der diszipliniert nach seinem eigenen Kodex lebende Künstler, ein Patriot im positiven Sinn des Wortes ist hier geschildert. Der Dichter verbindet sein Verdi-Bild mit dem eigenen hohen Ethos; er versucht beständig, seinem Anspruch von Menschlichkeit zu entsprechen. Alle seine Werke fordern Gnade ein, Gnade, Mitleid oder Gerechtigkeit. In einem frühen Gedicht aus dem *Weltfreund* lautet eine Zeile: »Mein einziger Wunsch ist, dir, o Mensch, verwandt zu sein.« Programmatisch für Werfels Leben und Schaffen. Arthur Schnitzler notiert in seinem Tagebuch über Werfel: »Man spürt immer in ihm den Menschen«, Thomas Mann ruft ihm nach seinem Tod im August 1945 nach: »Ein lieber Mensch – der Name gewinnt Vollgewicht, gewinnt völlig ungemeinen, unalltäglichen Sinn, angewandt auf ihn.« Aber es gibt auch die kritische Meinung; Alma Mahler über ihren Geliebten: »Seine übertriebene Menschenliebe und die Phrasen wie: ›Wie kann ich glücklich sein, wenn ein Geschöpf auf Erden noch leidet …‹, die ich wörtlich schon einmal von einem Egozentriker par excellence, nämlich Gustav Mahler, gehört hatte, konnte ich mir erst dann erklären, als er mir in vorgerückter Stunde seine Sünden … gebeichtet hatte.«

In den Roman fließt vieles von Verdis Musikästhetik ein: seine Abneigung gegen die Kategorisierung der Musik in Schulen und Bewegungen, sein Traditionsbezug zum Belcanto; das Gewicht, das er dem Rhythmus vor allen anderen musikalischen Parametern, der er der Zeit vor allen anderen Dramenelementen zuerkennt. Besonders interessiert Werfel Giuseppe Verdis Position gegenüber der Moderne. Der Komponist hat selbst mehrmals betont, dass die Avantgarde zwar ihren Weg gehen müsse, dass er allerdings diese neuen Ideen nicht teile. Die moderne Musik scheint ihm zu berechnet, zu sehr verstandesmäßig kalkuliert. Werfel stellt seiner Titelfigur deshalb die Gestalt Mathias Fischboecks gegenüber, den visionären Zukunftsmusiker, der alle Begriffe von Melodie und Dur-Moll-Tonalität über Bord geworfen hat. Der Dichter erlebt sehr nah die musikalische Umbruchphase, die vom Ende des 19. Jahrhunderts bis in die Zeit der Weimarer Republik andauert. Die alten Vorstellungen, was denn »schöne Musik« sei, werden aufgegeben, weder sangbare Melodien noch raffinierte Harmonik bezeichneten länger allein qualitätsvolle Musik. Die Impressionisten Claude Debussy und Maurice Ravel, die Symphoniker Anton Bruckner und Gustav Mahler bereiten mit ihren Klangfarbenspielen und dem totalen Ausreizen der tonalen Grenzen den Umbruch vor. Wichtige Daten sind die Jahre 1907 und 1912. 1907 verfasst der Dirigent Felix Draeseke einen Aufsatz für die Zeitschrift *Die Musik* über *den Fortschritt in der Tonkunst,* im selben Jahr veröffentlicht der Florentiner Ferrucio Busoni Theorien über erweiterte Formen und neue Harmonien in seinem *Entwurf einer neuen Ästhetik der Tonkunst;* Arnold Schönberg, der Begründer des musikalischen Expressionismus, beendet 1907 seine tonale Phase und betritt mit seinem 2. Streichquartett fis-Moll op.10 allmählich das Feld der Atonalität. 1912 ist das Entstehungsjahr seines Melodrams *Pierrot lunaire* op. 11. Sein Schüler Anton von Webern beginnt seine atonale Phase mit den Liedern op. 3 von 1907/1908, auf deren Höhepunkt die fünf Orchesterstücke op. 10 (1911–1913) entstehen. Weitere Bewegungen der jungen Komponistengeneration geben der Diskussion um den Fortschritt in der Musik neue Nahrung, etwa der Futurismus Balilla Pratellas – 1912 erscheint sein Manifest, in dem er Alltags- und Maschinengeräusche als musikalische Elemente bezeichnet – oder der Folklorismus Béla Bartóks. Franz Werfel bildet die Figur Mathias

Fischboeck nach den Musiktheorien des jungen Komponisten Ernst Křenek, einem Freund Anna Mahlers, Schüler Franz Schrekers und Ferruccio Busonis. »Ernst Křenek ist ein starker Musiker. Doch es gab täglich Streitereien und Dispute, Funken stoben, und so erfand Franz Werfel gleichzeitig mit seiner Ur-Idee, dem göttlichen Verdi-Wesen, den Antipoden Fischboeck, den modernen Musiker. Nicht aus der Melodie, sondern aus der Mathematik schöpfend«, erinnert Alma Mahler.

In seinen Tagebüchern vermerkt Werfel, dass sein Roman begeisterte Aufnahme findet. Dabei plagen ihn noch kurz vor der Veröffentlichung Selbtzweifel wie nie zuvor bei einem seiner Werke. Zeichen einer Identifikation mit seinem Romanhelden? Der Erfolg des Buchs enthebt ihn bald seiner Besorgnisse, im Gegenteil bringt es eine ungeahnte Wirkung hervor, es trägt nämlich wesentlich zu einer Verdi-Renaissance in Deutschland bei. Sie vollzieht sich im Zeichen des Expressionismus, aber nicht völlig in der Art, wie es sich Werfel gewünscht hätte. Er plädiert für eine Wiederentdeckung der unterdrückten Opern der mittleren Schaffensphase, *Luisa Miller, Attila, Stiffelio* u. a. Sein Roman aber stellt gerade die drei Alterswerke *Aida, Otello* und *Falstaff* in den Mittelpunkt; *Otello* und *Falstaff* erscheinen als die Ziele einer langen kompositorischen Entwicklungsgeschichte. Die beginnende Verdi-Renaissance stützt sich nun darauf, erhebt die Trias der Spätwerke zu vollendeten Meisterleistungen, während die übrigen Opern bloß als ihre Vorstufen betrachtet werden. Sowohl das Bild vom eigenbrötlerischen Bauern aus Roncole als auch das des integren Menschen Verdi geht wesentlich auf Franz Werfels Dichtung zurück.

Bald schon fasst der Schriftsteller neue Pläne zum Streit für den bewunderten Maestro. Inspirierendes Erlebnis ist diesmal das tägliche Musizieren mit Alma. Im Tagebuch heißt es: »Musik! Herrlichkeiten waren das in diesen Jahren. Ich habe A. zu Verdi bekehrt. Von V.s unbekannten Opern haben wir gespielt *Don Carlos, Macbeth, Aroldo, Simone Boccanegra*. Die anderen

(*Miller*) nur sehr flüchtig … *Macbeth* möchte ich mit Alma gemeinsam neu bearbeiten. Textieren, streichen, zusammenziehen« (übrigens symptomatisch für die deutsche Verdi-Rezeption, dass *Don Carlos* zu den unbekannten Opern gezählt wird). Bevor sich der Wunschtraum gemeinsamer Arbeit an den Opern erfüllt, gibt Werfel Briefe des Komponisten im Zsolnay-Verlag heraus, mit Hilfe der musikalisch versierten Alma, die er 1929 heiratet, beginnt er dann nacheinander die Nachdichtungen von *La forza del destino*, *Simone Boccanegra* (beide 1929) und *Don Carlos* (1932).

Bei den Umarbeitungen geht Franz Werfel allerdings sehr frei vor und er geht als Schriftsteller und Lyriker, nicht als Opernlibrettist an seine Aufgabe. So bemüht er sich, Wortwiederholungen zu vermeiden. Wenn Simone Boccanegra im Duett des Prologs der gleichnamigen Oper seinen Widerpart Fiesco um Verzeihung anfleht und zweimal verzweifelt bittet »non sei crudel«, »Seid nicht grausam«, gibt die Wiederholung seiner Verzweiflung ein Gesicht, wirft einen sprechenden Blick auf den um Gerechtigkeit und Harmonie bemühten Mann; *Simone Boccanegra* ist eine Versöhnungsoper (dazu mehr im Kapitel »Tragische Väter«), Verzeihungsbitten, Bitten um Milde oder Frieden durchziehen dieses Stück und geben ihm ein besonderes Finale. Franz Werfel lässt an der erwähnten Passage seinen Simone sagen: »O sei gerecht/ Und hör mich an«. Sachlichkeit tritt an die Stelle von Pathos. Das nimmt dem Charakter des Korsaren eine Nuance, das verbrämt etwas die Wichtigkeit der Bittgesten dieser Oper. Was Werfel ebenfalls abändert, ist das Wort-auf-Wort-Parieren der italienischen Oper. Als Simon, bestürzt vom Anblick seiner toten Geliebten, Paolo und den Verbündeten begegnet, die ihn als ihren neuen Dogen feiern wollen, ruft er erregt: »Paolo! Una tomba«, »un trono«, setzt Paolo entgegen. Das elektrisiert, das macht auch den Zuhörer bestürzt. In Werfels Umarbeitung geht der spontane Kontrast von Grab und Thron verloren; »Kommt der Tod jetzt?«, fragt Simone langatmig und Paolo antwortet würdig: »Die Macht kommt.«

Offenkundig folgt der Dichter den Zeichen seiner Zeit, indem er versucht, die Libretti zu ent-romantisieren; vermutlich wird vieles in Verdis Werken vom Auditorium der zwanziger, dreißiger Jahre des 20. Jahrhunderts als zu pathetisch empfunden und Werfel möchte diesem Eindruck entgegenarbeiten. Mag auch sein, dass das deutsche Publikum sich nicht in der südländischen Vorliebe für prägnante Gestik zurechtfindet und die »entschärften« Bearbeitungen Werfels deshalb beim nordischen Publikum auf begeisterte Gegenliebe stößt. Seine Umarbeitungen regen nämlich die Verdi-Renaissance zusätzlich an und bereiten vor allem der Oper *La forza del destino* ein strahlendes Comeback. Genährt wird die Diskussion um Verdis Musik auch durch die Übersetzungen Georg Göhlers, der auf absolute Werktreue achtet und dessen Bearbeitungen bis zu Werfels Neufassungen als Nonplusultra der Verdi-Transkription gelten.

Was die werfelschen Texte angeht, so hat er Piaves Libretti stark szenisch angereichert, und zwar ganz im Sinne der Vorliebe des expressionistischen Theaters für Symbole, Pantomimen und geheimnisvolle Bilder. Während sich in Piave/Verdis *Simone Boccanegra* der Vorhang erst zum Auftritt Paolos und Pietros hebt – gewissermaßen in medias res –, lässt Werfel den Vorhang bereits zum dritten Takt heben, eine Szene entspinnt sich zu den Klängen des Instrumentalvorspiels: »Das Portal des Palastes öffnet sich. Ein Priester mit zwei Ministranten tritt heraus, überquert die Bühne und verschwindet in der Kapelle. Ein ganz schwaches Licht beginnt durch die Kirchenfenster zu schimmern. Vermummte Gestalten gehen gruppenweise in flüsterndem Gespräch über die Szene. Während sich die anderen alle entfernen, bleiben zwei der Vermummten stehen. Es sind Paolo Abbiani und Pietro.« Zum einen haben diese zusätzlichen Szenen den Zweck, der Oper das Plötzliche, die Effekte zu nehmen, die als antiquiert oder allzu opernhaft gelten, zum anderen geben sie einer ganz bestimmten politischen Haltung Ausdruck. Es ist das Volk, die Masse, es sind die Verschwörer, die Werfel immer wieder in Szene setzt. In *Simone Boccanegra* beispielsweise ist der revolutionäre Umschwung, der Herrschaftsantritt der Plebejer positiv konnotiert. Werfel fügt im Schlusschor des Prologs die Bühnenanweisung ein: »Auf dem Palast wird eine große Fahne gehisst, die auf rotem Grunde eine schwarze Galeere zeigt. Über dem Hafen geht die Sonne auf.« Die rote Fahne als Symbol des Risorgimento, zugleich als Farbe der Kommunisten; die aufgehende Sonne als Hoffnungszeichen des revolutionären Aufbruchs. Franz Werfel hat aus seiner Sympathie für den Kommunismus nie ein Hehl gemacht; in einem gewissen Maße goutiert er die Revolutionen von 1918, nimmt er Anteil an der sozialistischen Parteigeschichte. Er ist fasziniert von der politischen Figur Giuseppe Verdis, darüber gibt sein Aufsatz *Ein Bildnis Giuseppe Verdis* anschaulich Auskunft! Er begreift alle Opern des Maestro als revolutionär. Gerade eine Oper wie der *Simone Boccanegra* weckt sein Interesse, denn die Oper spielt wesentlich im Milieu der Genueser Hafenarbeiter und Seeleute, womit sich ein Bezug zu seiner Gegenwart konstruieren lässt: Am 29. Oktober 1918 meutert die deutsche Flotte in Wilhelmshaven, das Fanal zur Revolution in ganz Deutschland und Österreich-Ungarn; infolge des Umsturzes muss Kaiser Wilhelm II. seinem Thron entsagen, der Sozialdemokrat Philipp Scheidemann ruft die Republik aus, Friedrich Ebert wird 1919 Reichspräsident. In Österreich gelangt Karl Seitz an die Macht. »Franz Werfel war als Revolutionär aus dem Krieg gekommen«, erinnert sich Alma Mahler an die düsteren Revoltentage im November 1918: »Wir saßen im roten Musiksalon, als die so genannte ›Revolution‹ ausbrach … Am nächsten Tag kam Werfel zu mir, in alter Uniform, schrecklich anzuschauen … Ich verstand nicht recht, was er vorhatte … als er endlich tief in der Nacht kam, war ich noch viel entsetzter. Seine Augen schwammen in Rot, sein Gesicht war gedunsen und starrte vor Schmutz … Er roch nach Fusel und Tabak. Die jungen Literaten hatten die ›Rote Garde‹ gegründet … er hatte, auf Bänken auf dem Ring stehend, wilde kommunistische Reden gehalten …« Nur: *Simone Boccanegra* ist keine revolutionäre Oper Verdis mehr; in den Werken Ende der fünfziger, der sechziger Jahre wendet sich der Komponist von seiner ursprünglich radikalen Haltung ab, schon im *Trovatore* wird die Abkehr von der Revolution vorbereitet.

In Franz Werfels Liebe zur Person und zum Werk Giuseppe Verdis liegt das Bewusstsein von Unterdrücktheit und Fremdsein verborgen. Im Hinblick auf seine jüdische Herkunft empfindet sich der Dichter als »südlicher Mensch« und fühlt sich deshalb dem Italiener Verdi nahe. Hatte Verdi Unfreiheit, Bedrückung, Fremdsein im eigenen Land erfahren und in seinen Opern immer wieder zum Thema gemacht, so erlebt Franz Werfel im antisemitischen Klima des kaiserzeitlichen Österreichs und wahnhaft übersteigerten Nationalismus vor und nach Hitlers Machtergreifung seine Existenz als Jude bedroht und beengt. Seine wachsende Beschäftigung mit Verdis Musik vor 1933 ist Zeichen einer bewussten Haltung gegen »Deutschtum« und Nationalismus; je mehr Richard Wagner und dessen Epigonen zu Heroen der nationalen Tonkunst stilisiert werden, umso stärker bemüht sich Werfel um die Popularisierung der Opern Giuseppe Verdis.

Am liebsten hält sich Werfel in Italien auf; Alma besitzt in Venedig ein Haus. Zum Glück befindet er sich in Verdis Heimat, als Hitlers Truppen im Jahr 1938 Österreich besetzen. Gemeinsam mit Alma, die als seine Ehefrau und Witwe Gustav Mahlers ebenfalls verfolgt wird, flieht der Dichter nach Frankreich in das verschlafene Küstenstädtchen Sanary-sur-Mer. Aber die Ruhe im Exil ist nur von kurzer Dauer. Frankreich wird besetztes Land; 1940 müssen die Werfels weiterfliehen, hinüber über die grüne Grenze nach Spanien und von dort mit Hilfe eilends organisierter V.I.P.-Visa in die Vereinigten Staaten. Hier schreibt Werfel sein erfolgreichstes Buch, *Das Lied von Bernadette*, das 1943, zwei Jahre vor dem Tod des Dichters, verfilmt wird.

Requiem für den Kirchenstaat

Aida ist für den Komponisten selbst ein künstlerisches Erlebnis. Der Freund Ferdinand Hiller fragt ihn einmal nach seinem Liebling unter seinen jüngsten Werken, und Verdi antwortet spontan: »Im *Don Carlos* gibt es wohl hier eine Stelle, dort ein Stückchen, das wertvoller ist als alles in *Aida;* aber *Aida* hat mehr Biss und (verzeihen Sie den Ausdruck!) mehr Theatralik!« Keine Frage, dass er die Aufführungen seines Lieblingsstücks sorgsam überwacht. Zu diesem Zweck reist er gemeinsam mit Giuseppina und Teresa Stolz im Spätherbst 1872 nach Neapel. Die Sopranistin, die in der Aufführung mitwirken soll, erkrankt jedoch, die Proben müssen verschoben werden, weshalb Verdi länger als geplant in Neapel aufgehalten wird. Ein unangenehmer Aufenthalt, denn es kursieren Gerüchte, der Komponist unterhalte mit seiner *Aida* ein leidenschaftliches Liebesverhältnis. In Sant' Agata hätte sich Verdi jetzt zurückziehen, hinter den Mauern seines weitläufigen Parks Zuflucht finden können, in Neapel aber ist er eine Person gesellschaftlichen Interesses, er kann sich nicht in seinem Hotelzimmer versteckt halten, sondern ist gezwungen, sich der Öffentlichkeit zu stellen. An seiner Seite Peppina, die noch mehr als ihr Mann unter den Klatschgeschichten leidet. »Giuseppina geht es gut, aber sie ist sehr traurig!«, schreibt Verdi an De Sanctis. Die Gemeinheiten gegenüber Verdi finden ihren Höhepunkt in einer Artikelserie des *Rivista Indipendente;* es wird darin beschrieben, das Liebespaar Verdi und Teresa hätte es sich auf einem Sofa in einem Hotelzimmer gemütlich gemacht: »Welche seltsamen Dinge sich auf dem Sofa abspielten, welche Worte gesprochen wurden, welche Auseinandersetzungen es gab und warum sie so aufgeregt wurden, wissen wir nicht ... die Tür war verschlossen.« Dabei erscheint ein Liebesverhältnis zwischen dem Komponisten und seiner Sängerin sehr fraglich, zumal zwischen den beiden Frauen eine herzliche Zuneigung besteht. Erst im Sommer 1872 hatte Teresina Stolz in einem Brief an den »lieben Maestro« geschrieben: »Wie geht es der lieben Signora Peppina? Ich kann sie vor mir sehen, durch den herrlichen Garten schlendernd, manchmal mit Lorito auf ihrer Schulter, und in Gedanken begleite ich sie überallhin ... Bitte übergeben Sie ihr meine herzlichsten Grüße...«

Die delikate Situation trägt nicht unbedingt zu Verdis guter Laune bei. Ohnehin bei Proben und kurz vor Aufführungen aufs Äußerste gereizt, ist er jetzt geradezu bösartig und jähzornig. Bis auf La Stolz seien alle Ausführenden undiszipliniert, schlecht, überhaupt das ganze Teatro San Carlo eine Brutstätte der Schlamperei. Voll von »Ignoranz und Apathie bei allen in allem«. Sein Zorn trifft auch wieder einmal die Pariser Opéra, die sich bereits im Sommer 1872 um eine *Aida*-Aufführung bemüht hat. »Gestatten Sie mir das Bekenntnis«, fertigt Verdi den Direktor der Opéra ab, »dass ich jedes Mal, wenn ich mit Ihrem großen Theater zu tun hatte, so unzufrieden war, dass ich im Augenblick nicht geneigt bin, einen neuen Versuch zu wagen.« Zuvor wehrte er sich bereits gegen eine Inszenierung in Rom; die Aufführungsbedingungen seien dort miserabel, »Orchester schlecht ... Bühnenbild, Ausstattung lässt zu wünschen übrig«. An Piroli schreibt er über das *Aida*-Orchester: »Es setzt sich aus zu alten und zu jungen Komponisten zusammen, und es spielt, wie der Teufel will, künstlerische Feinheiten kennen sie einfach nicht mehr. Manchmal spielen sie gut, oft schlecht und damit hat sich's.« Dann steht auch noch in Wien eine *Aida* an, in deutscher Sprache! Verdi erfährt davon im Januar 1873 und ist schockiert: Seine ägyptische Prinzessin im verhassten Österreich, zu allem Überfluss in der unliebsamen deutschen Sprache, das ist ein »Knochen, an dem ich hart zu knabbern habe«.

Wien ist in diesem Jahr die Stätte der Weltausstellung. Nur zu gerne möchte die österreichische Regierung mit Verdis *Aida* ein Zeichen der Völkerversöhnung setzen, aber nicht ohne den listigen Versuch, das Italienische dem Deutschen unterzuordnen, und sei es mit dem billigen Mittel der Sprache.

Der Hilferuf eines Freundes stimmt den Maestro wieder etwas milder. Der junge Bildhauer Vincenzo Gemito soll zum Militärdienst eingezogen werden. Er hat seine Laufbahn gerade erst begonnen, seine finanziellen Mittel sind daher spärlich, zu spärlich jedenfalls, um sich vom Armeedienst freizukaufen. Verdi beauftragt ihn daraufhin mit der Anfertigung zweier Büsten, von ihm und Giuseppina. Gemito nimmt an, kann sich aus der Armee auslösen und schafft zum Dank zwei eindrucksvolle Porträts seiner Retter. In kraftvollen, ungestümen Zügen zeigt sich die Büste Verdis. Der Faltenwurf des Gewandes, das grob und wild modellierte Bart- und Haupthaar, die hohe, zerfurchte Stirn präsentieren einen ungezähmt leidenschaftlichen Menschen, der Blick des Betrachters will entlang dieser Konturen ausbrechen, ein »noch mehr« hinter diesem Männerkopf erahnen und wird doch wieder gefangen von dem geneigten Haupt des Dargestellten, dessen Augen, tief verschattet unter dichten, geraden Brauen, in sich gekehrt nach unten sehen. Das Bild sich gewaltsam bezwingender Energie. Triumphiert hier der disziplinierte Mensch über den leidenschaftlichen Künstler, oder ist es gerade umgekehrt? Das Bildnis Peppinas dagegen zeigt eine ganz sicher in sich ruhende Frau; auch sie ist gesenkten Blickes und geneigten Hauptes dargestellt.

Die Stimmung des Maestro trübt sich, als er den großen Börsenkrach vom 9. Mai 1873 erleben muss. Natürlich besitzen Peppina und er Wertpapiere, sind sehr direkt betroffen von dem Einbruch auf dem Finanzmarkt. Ministerpräsident Otto von Bismarck fordert nach dem Deutsch-Französischen Krieg eine ungeheure Summe Reparationsgeldes von der besiegten Nation. Frankreich weigert sich zu zahlen. In Paris kommt es zum Aufstand und einem mehrwöchigen blutigen Barrikadenkampf. Schließlich erhält Deutschland fünf Milliarden, etwas weniger, als Bismarck gefordert hat, aber genug, um Deutschland zu bereichern und zur ersten Wirtschaftsmacht auf dem Kontinent zu machen, womit sich das politische Schwergewicht von Frankreich nach Deutschland verschoben hätte. Der Finanzmarkt reagiert mit drastischen Einbrüchen. Der »schwarze Freitag«, der Tag des Kurssturzes, treibt viele Spekulanten in den Ruin. Und Spekulanten gibt es in dieser Ära der »Gründerzeit« genug. Das Spiel an der Börse ist die neueste Unterhaltung der modernen Gesellschaft des 19. Jahrhunderts. Das Geld wird die größte Macht des blühenden Industriezeitalters.

Es ist die Geschichte der Familie Rougon-Macquart, speziell das Leben Aristide Rougon-Saccards, in Übersetzung unter dem Titel *Das Geld* zu finden. *Das Geld* ist nur eines aus einer langen Reihe sozialkritischer Bücher aus Zolas Feder. In *L'Assommoir* und *Nana* aus dem Jahr 1880 beschreibt er das Elend des Volkes mit seinen dunklen Folgen von Alkoholismus und Prostitution, in *Germinal* (1889) schildert er das bittere Leben der Arbeiter am Beispiel nordfranzösischer Bergbauern. Der Autor ergeht sich nicht bloß in Sittenschilderungen der unteren Bevölkerungsschichten, sondern auch das gehobene Bürgertum, die »Aufsteiger« auf Kosten der niederen Klassen, die Aristokratie und sämtlicher Geldadel erfahren kritische Darstellung. Vor allem *Germinal* und eben *Das Geld* sind es, in denen sich der Schriftsteller mit den Schwächen der Middle upper class des 19. Jahrhundert befasst.

Emile Zola (gest. 1902) kennt den beständigen Kampf ums tägliche Brot nur zu gut aus eigener Erfahrung. Er weiß, worüber er spricht, wenn von Hunger und Elend die Rede ist, er weiß außerdem, was Aufsteigertum, Ruhmgier, heißt. Er selbst ist ein Mensch wie seine zwielichtigen, wenig heldenhaft-guten Hauptfiguren, etwa Etienne der junge Maschinist in *Germinal,* der sich mit einiger Intelligenz, angelesener Kommunistenpropaganda, nicht wenig Machtgier und noch mehr Eitelkeit zum Wortführer streikender Bergbauern aufwirft und schließlich an seinem Strebertum scheitert, oder Aristide Saccard, der dämonisierte Bankier und Börsenspekulant, der seinen Traum von der alleinigen Geldherrschaft beinahe verwirklichen kann.

Emile Zola sieht seinen Weg zum Ruhm in der naturalistischen Literatur; Naturalsimus, Verismus wie es in Italien heißt, ist in Mode. Die Welt kompromisslos schildern, wie sie ist, klar, durchsichtig, ohne poetisierende Ausschweifungen, das ist das Gebot der Stunde und Emile Zola – so wie Verdi auf musikalischem Gebiet – beherrscht es meisterhaft. Seine Vorbilder findet er in den sozialkritischen Büchern Honoré de Balzacs und Victor Hugos.

Der Plot von *Das Geld?* Die weit gereiste Caroline und ihr Bruder, der Ingenieur Georges Hamelin, bringen den Spekulanten Saccard mit ihren Reiseerzählungen aus dem Vorderen Orient auf die Idee, mit der Verkehrserschließung Syriens Millionen zu gewinnen. Mit rechtlich nicht ganz einwandfreien Schachzügen baut Saccard das Bankhaus »Universelle« auf, über das er die Asienunternehmungen finanziert. Natürlich, obschon ungesetzlich, hält er selbst die Aktienmehrheit. Er beginnt ein gewagtes Börsenspiel. Künstlich treibt er die Aktien hinauf in Schwindel erregende Höhen. Am Ende hat Saccard sein Spiel zu sehr auf die Spitze getrieben; es kommt zu einem erschütternden Kurssturz, der viele mit sich in die Tiefe reißt.

Aristide Saccard ist eine durchaus faustische Natur, ein Mann mit dem Willen zur Tat. Bei allem Grauenhaften, das ihn umgibt, trägt er etwas Großes in sich: seine Begeisterung für das Spiel, die fanatisch-könnerische Art, mit der Saccard Millionengeschäfte angeht. Er ist der Prototyp des leidenschaftlichen, intelligenten Financiers. Neben dieser Hauptfigur hat Zola alle Charaktere von Maklern, Spekulanten, Börsenhaien gemalt bis hin zum Heer der zahllosen Kleinaktionäre. »Das Beste in unserem Geschäft, der Grundstock, setzt sich aus den bescheidenen Spielern zusammen, aus der unbekannten großen Menge, welche spielt«, bekennt ein Makler. Und gerade diese werden vom Börsencrash in die Tiefe gerissen: »wie viele entsetzliche, stumme Dramen in dem Schwarm der mittellosen kleinen Rentner, der kleinen Aktionäre ... ehemalige Hausdiener, bleiche alte Jungfern, die mit ihrer Katze lebten, pensionierte Unterbeamte in der Provinz ... durch Almosengeben verarmte Landpfarrer«. So endet der Roman ohne jede Zuversicht, ohne eine Hoffnung auf Besserung der Welt, völlig illusionslos. Das Wertvolle muss kapitulieren, resignieren. Es gibt nur eine Erkenntnis der Geschichte: »In der Leidenschaft des Spiels liegt ein zersetzender Gärstoff, der alles auffrisst und ansteckt, der aus dem gebildetsten, stolzesten und edelsten Geschöpf einen menschlichen Jammerlappen macht, einen in die Gosse zu fegenden Kehricht.«

Viele beherrscht nach dem Krieg von 1870/71 das Gefühl, es sei etwas unwiederbringlich zu Ende gegangen, eine unschuldige »gute, alte Zeit« vielleicht und an diese Stelle eine neue, nur der imperialistischen Macht des Geldes gehorchende Welt getreten. Zwei Tode sind einschneidende Ereignisse, die den Untergang einer Epoche »vor dem Deutsch-Französischen Krieg« markieren: Am 10. März 1872 stirbt der Revolutionär und Begründer einer ganzen Kulturbewegung, des »jungen Europa«, Giuseppe Mazzini; am 9. Januar 1873 verlöscht das Leben Napoleons III., des französischen Ex-Kaisers. Für Giuseppe Verdi sind das markante Zeiteinschnitte. Das Risorgimento ist nicht mehr. Wie vielen erscheint ihm diese Phase in den siebziger Jahren als der Zusammenbruch einer alten Welt mitsamt ihren Wertvorstellungen, die Gegenwart dagegen sinnentleert. Man sucht sich Fluchtpunkte außerhalb des ungeliebten Hier und Jetzt, findet sie in der ausladenden, historisierenden Kunst, in versponnenen, selbst gesponnenen Mythologien (auch darum der Erfolg Richard Wagners), in einer verklärenden Sehnsucht nach der Vergangenheit, genauso wie in einem kopflosen Hineinstürzen in Zukunftsbilder, Patriotismus, Nationalismus; alles wird übertrieben ausgelebt. Die Wohnhäuser Italiens werden mit klobigen Nachahmungen der Renaissancezeit voll gestopft, gepolsterten Fenstersitzen in vorhangbewehrten Alkoven, überdimensionalen Truhen und Vitrinen, Säulen, Gipskopien antiker Statuen,

Büsten von Dante Alighieri. In den Bücherschränken protzen die goldgeschnittenen Gesamtausgaben Vergils, Dantes, Metastasios, Goldonis – ungelesen. Alles wirkt zusammengewürfelt, unecht, verstellt und verkleidet.

Das Kruzifix kommt zu neuen Ehren. Nicht ganz so, wie Papst Pius IX. es sich noch 1864 vorgestellt hat, als er in seinem *Syllabus errorum* die Oberhoheit der Kirche über den Staat beschwört und die Macht der Kurie zu behaupten sucht. 1870 besetzen italienische Truppen den Kirchenstaat, zu dem die Region Emilia immer noch gezählt wird. 1871 hat der Papst endgültig verloren, ihm bleibt nur der Vatikanstaat, der kümmerliche Bruchteil seines früheren Reiches. In Italien wird die Zivilehe eingeführt. Die Kirche verliert ihren Einfluss auf die Lebensentscheidungen der Menschen. Trotzdem bricht sich eine plötzliche religiöse Bewegung Bahn. In bald jedem Haushalt finden sich mit einem Mal Abbildungen des Heilands am Kreuz. Nicht die früher üblichen, bescheidenen Kreuzchen in einer Ecke der »guten Stube«, beschienen vom winzigen ewigen Licht, sondern verkitschte, überdimensionale Kruzifixe auf regelrechten Altären, umgeben von rosigen Putten, üppigen Blumenbouquets und Kandelabern. Flucht in eine Pseudoreligion aus Furcht vor der säkularisierten Gegenwart. Vielleicht, so denkt man, bietet ja doch die Religion einen Inhalt in dieser als sinnlos empfundenen Realiltät; eine Religion ohne Kirche wohlgemerkt, eine freie, eigen konstruierte Religion ohne Riten und Dogmen. Jetzt, wo die Kirche ihren Schrecken verloren hat und eine harmlose, ohnmächtige Einrichtung geworden ist, gewinnt man Lust am Religiösen.

In dieser Zeit schreibt Giuseppe Verdi eine Totenmesse.

Eine Messe nicht für die Kirche, nicht gebunden an die Liturgie, sondern eine Huldigung an einen bewunderten Toten. Am 22. Mai 1873 stirbt Alessandro Manzoni. Der Komponist ist zutiefst erschüttert, als er von dem Dahinscheiden des greisen Dichters erfährt. »Ich bin tief betrübt über den Tod unseres Großen«, schreibt er an Giulio Ricordi. Er bringt es nicht über sich, an den Trauerfeierlichkeiten teilzunehmen, die mit der Monstrosität eines erstklassigen Staatsbegräbnisses begangen werden. Verdi wird später alleine mit seiner Trauer am Grab Manzonis Abschied nehmen. »Bei den Funeralien war ich nicht anwesend, aber wenige waren wohl heute Morgen imstande, trauriger und ergriffener als ich es war zu sein«, erklärt Verdi seine Abwesenheit seiner Freundin Clara Maffei.

Es ist in der Tat ein Requiem für Manzoni; dass Verdi ihm mit einer Totenmesse huldigt, liegt nahe, denn schließlich war der Dichter der bekannteste »cattolico liberale«; Manzoni hat seiner tiefen Religiosität und Verwurzelung im Katholizismus in seinen Werken immer liebevoll Ausdruck gegeben. »Ich möchte die große Zuneigung und Verehrung beweisen, die ich diesem großen Mann gegenüber hegte und hege«, schreibt Verdi Anfang Juni an seinen Verleger: »Ich möchte ein Requiem schreiben, das wir nächstes Jahr an seinem Todestag aufführen könnten … Ich würde die Noten auf eigene Kosten kopieren lassen und die Aufführung selbst dirigieren, sowohl bei den Proben als auch in der Kirche.« Mit heiligem Ernst macht sich der Komponist an seine ungewohnte Aufgabe. »Ich arbeite an meiner Messe«, meldet er im Februar 1874: »Mir scheint, ich sei ein ernster Mensch geworden, sei kein Bajazzo des Publikums mehr, der Tambour und große Trommel rührt und ›herein, herein, hereinspaziert‹ schreit. Sie verstehen, dass mein Gewissen sich empört, wenn ich jetzt von Opern höre.«

Der Gedanke, die Messe am Todestag des Dichters aufzuführen, lässt auf einen anderen Grund zu dieser Komposition schließen: Das *Requiem* für Manzoni soll, wie das nicht realisierte Requiem für Rossini wenige Jahre zuvor, ein Symbol der italienischen Einheit werden, soll dem politischen Zweck dienen, eine gesamtitalienische Identifikationsfigur aus Alessandro Manzoni zu kreieren, Basis eines inneren, kulturellen Zusammengehörigkeitsgefühls. Symbolcharakter hat auch, dass Verdi zur Komposition des *Requiems* ausgerechnet sein bereits ausgeführtes *Libera me* aus der geplanten Rossini-Messe heranzieht und von diesem Stück aus seine Totenmesse für Manzoni konzipiert. Der andere Weg wäre gewesen, eine gänzlich neues Tonwerk zu schaffen.

Musikalisch gesehen ist das *Requiem* eine Summe. Eine Summe der Verdi zu Gebote stehenden instrumentalen und sanglichen Ausdrucksmöglichkeiten. Wenn er sich mit *Aida* ein wenig in stereotype Klänge verloren hat, so findet er in der Totenmesse zur Sprache seiner mitreißenden Werke *Rigoletto, Trovatore, La forza del destino* zurück. Und nun geht man hin und bezeichnet das *Requiem* als zu opernhaft und theatralisch, erkennt hier einen Rückgriff auf *Don Carlos,* da auf *Luisa Miller,* dort eine Vorausahnung des *Otello.* Es liegt Verdi fern, ein Requiem zu »veropern«, er bedient sich seiner eigentümlichen Tonsprache, die nun einmal von der Bühne herkommt, die pathetisch ist. Das *Kyrie* klingt stellenweise opernmäßig, das *Rex tremendae* wie ein Final-Ensemble, das *Ingemisco* nicht zu vergessen – eine Tenorarie, aber nun darf nicht mutwillig ein Opernschema auf das *Requiem* übertragen werden; es ist zugegebenermaßen verführerisch, aber Giuseppe Verdi weiß, dass er eine Messe vertont und kein Libretto. Grundsätzlich: Warum sollte Kirchenmusik nicht theatralisch sein? Altar, Chorgestühl et cetera sind ein wirkungsvolles Bühnenbild. Zu erinnern, dass die Evolution verschiedenster kirchenmusikalischer Gattungen stark von der Entwicklung der Oper abhängt (das Oratorium beispielsweise geht auf dieselben ideellen Wurzeln zurück wie die Gattung Oper). Verdi ist sich der Herkunftszusammenhänge sehr wohl bewusst, und interessanterweise findet sich in seinem *Requiem* eine Anzahl historischer Rückgriffe: Das mittelalterliche Organum lässt sich im *Confutatis* heraushören, im *Agnus Dei* findet sich ein stilisierter gregorianischer Choral, in die Hochzeit der barocken Kirchenmusik führt die Doppelfuge des *Sanctus,* und auch die jüngste Vergangenheit fehlt nicht, nämlich die pittoreske Romantik des *Dies irae,* die lyrische kirchenmusikalische Klangwelt eines Gaetano Donizetti im *Ingemisco.*

Die Messe besteht aus den sieben feststehenden Sätzen: Introitus *(Requiem)*, der Totensequenz *(Dies irae)*, Offertorium, *Sanctus, Agnus Dei*, dem Communio *Lux aeterna* und dem *Libera me*. Das *Dies irae* ist der längste Abschnitt, unterteilt in Sequenz, *Tuba mirum, Liber scriptus, Quid sum miser, Rex tremendae, Recordare, Ingemisco, Confutatis* und *Lacrymosa*. Mittels der Besetzung hat Verdi dem *Dies irae* einen in sich geschlossenen, zyklischen Aufbau gegeben, so korrespondiert das Tutti des Anfangs mit dem des *Lacrymosa*, das Basssolo *Tuba mirum* mit dem des *Confutatis* und so weiter, sodass sich das *Rex tremendae* als Zentrum dieser Nummer herauskristallisiert. Nun fällt auf, dass Verdi diesen Aufbau auch als Gesamtkonzept verfolgt; dabei wird das Offertorium durch deutliche Zäsuren zum Mittelpunkt des gesamten *Requiems*. Im *Offertorium* ist der Kern der Totenmesse formuliert, die Bitte »fac eas, Domine, de morte transire ad vitam«, »lass sie, o Herr, vom Tode zum Leben übergehen«. An die Gnade Gottes des Erlösers appelliert auch das *Rex tremendae*; »Rex tremendae majestatis, qui savandos salbas gratis, salva me fons pietatis«, »Herr, dessen Allmacht Schrecken erzeugt, der sich fromm den Frommen neigt, rette mich, Urquell der Gnade«. Schwergewicht liegt genauso auf dem Finale, dem *Libera me*. Kerngedanke des Verdischen *Requiems* ist damit die Erlösung vom Tode.

Dunkel ist die Grundstimmung des *Requiems*. Im *Recordare* beispielsweise passt sich der Sopran seiner Stimmlage nach dem Mezzo an, singt tiefer als gewöhnlich, Cello-Einschübe färben diese Passage zusätzlich trübe. Auffällig ist eine absteigende Melodielinie, die sich wie ein Ariadne-Faden durch die gesamte Partitur zieht. Im Barockzeitalter entwickelt man für die Kirchenmusik feststehende Motivbedeutungen, so steht noch bei Johann Sebastian Bach die niedersteigende Schrittbewegung als Symbol für Tod. Verdi nutzt sie in diesem Sinne. Bis zum *Lux aeterna* mehrt sich der Gebrauch dieses Motivs. In gleichem Maße verlangsamen sich die musikalischen Bewegungsabläufe; vom *Lacrymosa* an wird die Bewegung immer statischer, besonders in den blockhaft wirkenden Stücken *Sanctus* und *Agnus*

Dei. Erst im *Libera me* löst sich das alles auf. Der zeitliche Ablauf wird wieder schneller, die absteigende Melodielinie wird in ein aufsteigendes, letztes »Libera me« des Sopransolos transformiert; färbten Celli-Einschübe – bei Verdi sind die Cello-Solo-Phrasen meist Symbol von Einsamkeit und Trauer – die Partitur bis dahin dunkel, so hellt sich der Schluss des *Requiems* mit einer lichter nuancierten Bratschen-Passage auf. Im Kunstwerk wird das Versprechen der Befreiung von den Toten eingelöst. »Senza misura« sollen die letzten Worte des *Requiems* erklingen, schreibt Verdi vor, ohne Maß, ohne Bindung an den Takt … frei.

Dem Orchester kommt im Requiem hohe Bedeutung zu, nicht nur zur Einführung in die Stimmung eines Abschnitts, sondern als Verbindung zwischen den Textabsätzen. Die Schwierigkeiten der Requiems-Vertonung bestehen nämlich darin, die einzelnen Textzeilen homogen, aber wortentsprechend zusammenzubinden. Im Offertorium beispielsweise überwindet Verdi die Zäsur zum *Hostias et preces tia (Opfer und Gebet)* mit einer einfachen Reduzierung des vollen Orchesters auf den Streicherapparat und eine allmähliche Verlangsamung vom Allegro zum Adagio des neuen Abschnitts.

Das *Requiem* wird am Todestag Manzonis, am 22. Mai 1874, vom Komponisten in der Mailänder Kirche San Marco dirigiert. Danach spielt man es mehrere Male in der Mailänder Scala. Das Publikum ist begeistert, erregt von dem *Dies irae*, hingerissen vom *Libera me*. Freilich nur das italienische. In Deutschland scheiden sich die Geister. Die Mehrheit des Auditoriums ist beeindruckt, aber aus dem Kreis um Richard Wagner werden abfällige Kritiken laut. Cosima Wagner notiert in ihrem Tagebuch unter dem Datum des 2. November 1875: »Abends … das Requiem von Verdi, worüber nicht zu sprechen entschieden das Beste ist.« Anton Rubinstein spöttelt über die theatralische Manzoni-Messe. Hans von Bülow berichtet in der *Allgemeinen Zeitung* von 1874 über das *Requiem* und geht in seiner Kritik mehr als einmal unter die Gürtellinie: Verdi, heißt es da, sei der

»allgewaltige Verderber des italienischen Kunstgeschmacks«, »der Attila der Kehlen« und seine Totenmesse der »Triumph romanischer Barbarei«.

Giuseppe Verdi reagiert öffentlich nicht auf diese kindische Polemik, schreibt aber an Ricordi über seine beiden Kritiker: »Was sind sie denn? Unendlich weit von Liszt und Chopin entfernte Pianisten und drittklassige Musiker.« Und Peppina wehrt sich gegen den Vorwurf, Verdis Messe sei zu opernhaft: »Ich meine, ein Mensch wie Verdi muss wie Verdi schreiben, das heißt so, wie er empfindet und den Text interpretiert. Eine Messe von Verdi, die nach Schema A, B oder C angefertigt wäre, würde ich einfach ablehnen!«

Die Kirche lehnt das Werk natürlich ab; der Staat belohnt allerdings seinen besten Komponisten mit der Ernennung zum Senator des Königreichs am 8. Dezember 1874.

Jetzt geht der Komponist mit seinem Werk auf Tournee durch ganz Europa. 1875 und 1876 gastiert er in England und Frankreich, sein *Requiem* erklingt in der Royal Albert Hall in London genauso wie in der Opéra Comique in Paris. Eine Aufführung in Wien schließt sich an. In Frankreich erhält er für seine Verdienste das Kreuz der Ehrenlegion, in Deutschland trägt man ihm an, doch seine Memoiren zu schreiben.

Das *Requiem* wird im Laufe der nächsten Jahre nicht nur seine künstlerische, sondern auch seine politische Mission. Er trägt dieses Symbol eines geeinten Italiens wie ein Banner durch ganz Europa. Genauso engagiert sich der Komponist mit seiner *Aida*, die ein Hoheitszeichen des wirtschaftlich aufblühenden Königreichs ist. Beide Werke dienen durchaus der Repräsentation eines Staates, gerade, da es auf dem Balkan wieder zu Unruhen kommt und die Großmächte wegen ihrer Kolonialinteressen, ihrer Expansionsbestrebungen miteinander hadern. Kein Wunder also, wenn gerade das *Requiem* und *Aida* vor allem im deutschen Raum verächtlich kritisiert werden, auch kein Wunder, dass ausgerechnet in dieser Zeit wilde Gerüchte um Verdis »Ehe zu dritt« mit La Stolz und La Strepponi ausgestreut werden – man will nicht nur den Komponisten treffen, sondern die ganze Partei der Liberalen und Einheitskämpfer.

Von daher legt Verdi besonders für diese beiden Werke Wert auf eine vollkommene Aufführung. Als das in Rom im März 1875 mit *Aida* misslingt, macht er sich in einem aufgebrachten Brief an Ricordi Luft: »Erschießen!!! Nicolini ließ immer seine Nummer aus…!!! Aldighieri verschiedene Male das Duett im dritten Akt!! Sogar das Finale des zweiten wurde eines Abends gestrichen!!!!! … eine mäßige Aida!! Ein Sopran, der die Amneris singt!! Und noch dazu ein Dirigent, der sich herausnimmt, die Tempi zu ändern!!! … wir haben es nicht nötig, dass Dirigenten und Sänger daherkommen, um neue Effekte zu entdecken; und ich für meine Person erkläre, dass nie, nie, nie irgendjemand je alle von mir erdachten Wirkungen herauszuholen gekonnt noch verstanden hat … Niemand! Nie, nie … weder Sänger noch Dirigenten … Früher musste man die Tyranneien der Primadonnen ertragen, heute muss man auch die der Orchesterleiter ertragen … Es kommt noch so weit … dass ich die oben erwähnten Eigenmächtigkeiten nicht zulassen kann … da ich nicht zulassen kann, dass Änderungen daran vorgenommen werden…« (8. April 1875). Als man in Ferrara die Messe für Bläser bearbeitet aufführt, in Bologna mit Klavierbegleitung, ist Verdi entsetzt.

Von Bedeutung ist Giuseppe Verdis Teilnahme am Niederrheinischen Musikfest. Die Veranstaltungen finden jedes Jahr im Frühling in Köln, Düsseldorf und näherer Umgebung statt und ziehen regelmäßig die Größen der internationalen Musikszene an. Hier erklingt die Musik Robert Schumanns, der einige Jahre in Düsseldorf lebte, Johannes Brahms', Felix Mendelssohns genauso wie die klassische Musik eines Ludwig van Beethoven. Entscheidendes Gewicht wird aber auf die Musik der Gegenwart gelegt. Der Komponist Ferdinand Hiller, Musikdirektor in Köln und Mitverantwortlicher für das Musikfest, setzt sich sehr für die Moderne ein. 1877 sorgt er dafür, dass Giuseppe Verdi mit seinem *Requiem* im Kölner Veranstaltungsprogramm vertreten ist. Im Mai befindet sich der Komponist in der Rheinstadt und berichtet von dort seinem Freund Oprandino Arrivabene: »Nun kann ich dir vieles berichten … ich kann Dir in erster Linie berichten, dass ich halb tot vor Anstrengung bin; nicht so sehr durch die Proben, als vielmehr durch das ständige Hin und Her von Laufereien, von Einladungen, von Besuchen, von Diners, von Soupers etc. etc. Gehört. Endlich gestern Abend die Messe mit 300 Choristen und 200 Orchestermitgliedern … Sehr guter Erfolg. Die Frauen des Chores … haben mir einen silberbeschlagenen Taktstock aus Elfenbein geschenkt. Die Damen der Stadt einen wunderschönen Kranz aus Silber und Gold. Auf jedem Blatt steht der Name einer Dame … Die Komitee-Mitglieder haben mir … ein großartiges riesiges Album mit allen Ansichten des Rheins geschenkt … Kurzum, samt und sonders guter Empfang.«

Mit Ferdinand Hiller freundet sich Verdi an. Hiller ist eine vertraute Seele im ansonsten kalten Deutschland, hat er doch einige Zeit auf Kunstreise in Italien verbracht und Opern im Stil der italienischen Seria geschrieben, die auch recht erfolgreich waren. Er hat sich schließlich wieder auf die deutsche Musik besonnen, einmal angeregt durch Vorbilder wie Robert Schumann, doch hauptsächlich, weil man ihm, dem Juden, vorwirft, ein Abklatsch Giacomo Meyerbeers zu sein, der sein Glück ebenfalls in Italien versucht hat, was ganz und gar typisch für die jüdische Rasse sei, so hieß es, die sich überall anpassen könne, aber nirgends echt und wirklich beheimatet sei und der deutschen Kunst nicht treu bleiben könne. Bei Hiller bedankt sich Verdi wenige Tage nach seiner Rückkehr nach Sant' Agata »für all die Liebenswürdigkeiten, die (ich) von Euch und durch Euch in Köln empfangen habe«. Er schätzt den Musiker Hiller. Außer ihm und Wagner kennt er in der aktuellen deutschen Musikszene kaum einen Komponisten. Dafür umso besser die Entwicklungen in Frankreich. Unter den Franzosen findet vor allem Charles Gounod seine Anerkennung. Gounod hatte rund siebzehn Jahre zuvor Welterfolg mit seinem lyrischen Drama *Mar-*

garethe nach Goethes *Faust*. »Gounod ist ein sehr großer Musiker«, schreibt Verdi am 5. Februar 1876, mit der Einschränkung: »aber er hat keine dramatische Substanz.« Gounods lyrische Dramen zielen auf einen charakteristischen Stimmungsgehalt ab, den er nicht in einer vorwärts strebenden, äußeren Dramatik sucht, sondern in den zerrissenen Seelenbewegungen seiner Figuren. Ähnlich wie Jules Massenet, der andere bedeutende französische Opernkomponist der Bizet-Ära, legt Gounod die Betonung auf die psychologisierende Darstellung seiner Frauenfiguren, was ihn so ganz von Verdi unterscheidet, der sehr wohl auf effektvolle Dramatik und typisierte weibliche Rollen setzt.

Das Leben im Hause Verdi geht seinen geregelten Gang. Die Sommer verbringt man in Kurorten oder auf dem Landgut, den Winter, von Reisen unterbrochen, im Palazzo Doria in Genua. Wenn er in Sant' Agata weilt, geht der Komponist seinem neuesten Hobby, der Rosenzucht nach; Rosen sind seine Lieblingsblumen. Peppina beschäftigt sich am liebsten mit den zahlreichen Haustieren, den Papageien und Hunden. Sie hat den Kummer um die Stolz-Affäre vergessen. »Der Peppina geht es gut, und ich brauche Euch wohl nicht alles Gute von ihr auszurichten«, schreibt Verdi am 7. März 1877 an Piroli: »Sie ist stark beschäftigt … mit Marias Ausbildung, die wie stets mit Gewinn lernt. Sie hat Talent und ist lenksam und gelehrig. Sie sind wild auf Sprachen und momentan sieht man … nichts als deutsche Grammatiken.«
Die Erziehung der Adoptivtochter soll den letzten Schliff erhalten; Maria Filomena soll so gut wie möglich auf den bürgerlichen Lebensweg einer Ehefrau und Mutter vorbereitet werden. Zu diesem Zweck hat Verdi sie wenige Jahre zuvor in ein Pensionat geschickt, wo sich Maria die ersten Nächte aus Heimweh die Augen ausweint, und Giuseppina in depressiver Stimmung in Sant' Agata sitzt, voller Sehnsucht nach »ihrem« Kind. Nun stellen sich die ersten Bewerber um die Hand der Siebzehnjährigen ein. Giuseppe Verdi wählt den Zukünftigen aus, er bestimmt die

Heirat mit Alberto Carrara, einem jungen Rechtsanwalt. Maria Filomena darf nicht nach mehr fragen als nach einem solchen ehrenwerten Mann, und auch Peppinas Einsprüche überhört Verdi geflissentlich. Die wahre Liebe findet in seinen Opern statt, im realen Leben wird seine Tochter genauso behandelt wie alle anderen Bürgermädchen. 1878 wird Maria Filomena verheiratet. Ihr Mann erweist sich bald als ein sehr bestimmender Mensch, der sich um die Gefühlsbelange seiner Frau wenig sorgt. Es gehen Gerüchte, dass er in zahlreiche Liebeshändel verwickelt ist. Maria wendet sich immer wieder Hilfe suchend an Giuseppina, die das Thema ab und zu gegenüber Verdi zur Sprache bringt, bei ihrem Mann aber auf Gleichgültigkeit stößt. Noch ehe sie zwanzig Jahre alt ist, wird Fifao zum ersten Mal Mutter und klagt über ihr ungewolltes Los. Peppina, resigniert, kann sie nur trösten: »Lass das Leben an dir vorübergehen, wie es das für uns alle tut.« Und Filomena, gehorsam, beeinflussbar, fügt sich.

Genauso unerbittlich-patriarchalisch wie mit seiner Tochter verfährt Verdi mit seinen Dienstboten. Zum Haus gehören ein Koch mit einer Küchenhilfe, eine Zofe, ein Diener, ein Dienstmädchen und der Kutscher als festes Personal. Verdi hat ihnen verboten, irgendetwas aus dem Leben auf Sant' Agata in »der-Welt-da-draußen« auszuplaudern, am liebsten sähe er es, sie gingen niemals nach Busseto. Manchmal lässt sich ein Koch, ein Dienstmädchen von neugierigen Journalisten bestechen – und muss seine Sachen packen. Verdi diktiert die Regeln auf seinem Landgut und wer dagegen verstößt, erlebt einen unangenehm losbrüllenden, vulgären Choleriker. »Bestia feroce«, »wildes Tier«, heißt der Komponist bei seinen Angestellten. Oft genug behandelt er Giuseppina nicht besser als seine Bediensteten. »Brutto mostro indegno«, »Hässliches, unwürdiges Monster«, schreit sie ihn dann an.

Bis auf seine Reisen in Sachen *Requiem* und *Aida* geschieht in den siebziger Jahren nicht viel Außergewöhnliches in Verdis Alltag. Auf den einundachtzigjährigen deutschen Kaiser wird 1878 ein Revolverattentat verübt und zwei Wochen später ein zweites mit einer Schrotflinte, bei dem Wilhelm I. verwundet wird; Vittorio Emanuele II. stirbt, sein Sohn Umberto I. folgt ihm auf den Thron. Den Komponisten tangiert das offenbar wenig. 1879 tritt der Po wieder einmal über seine Ufer und verursacht großen Schaden. Zugunsten der Betroffenen dirigiert Verdi sein *Requiem* in einem Benefizkonzert. Im selben Jahr nimmt Teresa Stolz ihren Abschied von der Bühne. Auch das mit Verdis *Requiem*. Der Komponist dagegen schreibt in diesen Jahren einmal: »Ich tue nichts und weiß von nichts. Ich streife durch die Felder, bis ich todmüde bin; dann esse ich und schlafe. Das ist alles. Ein schönes Leben, werden Sie sagen.«

Die italienische Armee stürmt in Rom den Lateran (1870)

Veränderte Welt

Seine Zuwendung zur Kirchenmusik – gattungsspezifisch gesehen der genaue Kontrast zur Opernmusik – und die Konzentration auf seine Dirigiertätigkeit, hinter der schöpferisches Schaffen zurückstehen muss, sind Zeichen dafür, dass Verdi theatermüde geworden ist. »Ich habe es satt, mich zu zeigen, dem Publikum mein Gesicht vorzuführen. Jetzt, wo Ihr mich unter die Toten versetzt habt, würden sie mich noch für ein Gespenst halten«, schreibt er an seinen Verleger Ricordi. »Wo Ihr mich unter die Toten versetzt habt« – Verdi muss sich tatsächlich so fühlen; seit *Aida* wird er verstärkt mit dem Vorwurf konfrontiert, er ahme Wagner nach, er selbst bringe keine Neuheiten mehr, und sein langes Schweigen in Sachen Oper scheint den Kritikern Recht zu geben. Sein Verleger wendet sich mehr und mehr der jüngeren Komponistengeneration zu. Verdi gilt zwar immer noch als Garant für gute Umsätze und ist inzwischen fast ein Markenzeichen der Firma Ricordi geworden, doch für Gespräche, für interessante Reklame sorgen die »Jungen«, unter ihnen Arrigo Boito und Amilcare Ponchielli, der Komponist von *I promessi sposi* nach Manzoni, das ein hervorragendes Sujet für Verdi abgegeben hätte. Erste Erfolge feiert Ponchielli in den fünfziger, sechziger Jahren, aber erst seit Verdis Opernschweigen bekommt sein hervorragendes Talent die Möglichkeit internationaler Beachtung; mit *La Gioconda* von 1876, nach einem Libretto Boitos, und *Marion Delorme* von 1885 setzt er sich an die Spitze italienischer Opernkomponisten.

Giulio Ricordi drängt Verdi zu einer neuen Opernkomposition. Er bringt ihn mit seinem genialen jungen Autoren und

Komponisten Arrigo Boito zusammen, der sich gerade mit Shakespeares Drama *Othello* befasst, allerdings lediglich dichterisch. Wenn einer Shakespeare in Töne setzen könne, dann nur der alte Verdi, meint Giulio Ricordi. Doch der Maestro zögert. Wie jeden Sommer zieht er sich auch im Jahr 1880 auf sein Landgut Sant' Agata zurück. Von hier aus berichtet er Ferdinand Hiller: »Was mich betrifft, befasse ich mich mit nichts anderem als mit dem Bauen und der Landwirtschaft. Die Musik ruht eingesperrt in meinem Klavier ...« (14.9.).

Nun, in einer Hinsicht übertreibt Verdi ein wenig; er befasst sich wohl mit Musik, allerdings nicht mit der eigenen, sondern der der aufblühenden Generation. Die moderne Tonwelt nimmt für ihn zunächst in den Werken Franco Faccios und Arrigo Boitos Gestalt an. Noch im Dezember 1863 hat sich Verdi gegenüber Clara Maffei verächtlich über die beiden jungen Kollegen ausgelassen: »Ich kenne weder das Talent von Faccio noch seine Opern. Und ich will sie auch gar nicht kennen lernen, um nicht über sie diskutieren zu müssen: Sachen, die ich verabscheue, weil sie zu den unnützesten auf der Welt gehören. Diskussionen überzeugen niemanden und Urteile sind meistens falsch.« Über Boitos Meisterwerk *Mefistofele*, von dem germanophilen Komponisten natürlich nach Goethes *Faust* getextet und vertont, schreibt Verdi verhalten nach einer Aufführung des Jahres 1877 an seinen gräflichen Freund Arrivabene: »Es ist schwer zu sagen, ob Boito Italien ein Meisterwerk geben wird. Er besitzt viel Begabung, strebt nach Originalität, schafft es aber nur, ungewöhnlich zu sein. Es fehlt ihm an Spontaneität und an Erfindungsgabe; viele musikalische Qualitäten. Bei diesen Gegebenheiten kann einer bei einem derart ungewöhnlichen und theatralischen Sujet wie *Mefistofele* mehr oder minder Erfolg haben ...«

Tatsächlich hat es Boito Jahre gekostet, das vielschichtige Goethe-Drama in ein vieraktiges Libretto zu pressen und dann auch noch wirkungsvolle Musik dazu zu schreiben. Zu allem Überfluss legt Boito seiner Oper beide Teile des *Faust* zugrunde. Seine französischen Dichterkollegen Jules Barbieri und Michel

Carré lösen die Goethe-Umsetzung im Verein mit dem Komponisten Charles Gounod neun Jahre vor *Mefistofeles* Uraufführung geschickter. Sie widmen sich nur dem bekannteren ersten Teil, der Verführung, dem Fall und Tod Gretchens, und machen daraus ein zündendes, dramatisch und musikalisch vollendetes lyrisches Drama, das in Paris 1859 uraufgeführt wird und sofort begeisterten Anklang findet. Boito versucht den philosophischen Überbau, der den zweiten Teil des *Faust* prägt, in einem letzten Akt darzustellen. Kein dramatisch effektiver Schachzug, auch nicht die Konfrontation Mephisto/Faust und der Tod des Faust in einem Epilog. Spontaneität lässt diese Oper in der Tat vermissen. Das aber bemängelt Verdi an der neuen Musik generell. Sie sei zu überdacht, zu sehr berechnet. Es ist ein »Unglück unserer Zeit …, dass die Opern der Jungen Ergebnis der Furcht sind. Keiner schreibt mehr mit Hingabe …«, sagt der Maestro des Öfteren und rät zu einer Musik, ›die aus dem Bauch kommt‹: »Was soll die Manie, alles vollkommen machen zu wollen, nicht übertreiben, weil man damit Gefahr läuft, nur wenig oder gar nichts zustande zu bringen. Natur und Ehrlichkeit eines Künstlers offenbaren sich darin, dass er alles unversehrt bewahrt, was sein Geist spontan hervorgebracht hat; das ist mehr wert, als sich unermüdlich … abzuquälen …«

Es dauert lange, bis Boito erkennt, dass sein wahres Gebiet die Dichtkunst ist. Seiner zweiten Oper *Nerone* ist kein Erfolg beschieden, *Mefistofele* setzt sich nur zäh und zögernd an italienischen Bühnen durch. Ein Boito-Libretto, vertont von einem anderen Komponisten, ist allerdings ein Erfolgsgarant. Ob Franco Faccios *Amleto* von 1865, Ponchiellis *Gioconda* oder die Arbeiten für Verdi. Die Bekanntschaft mit Verdi fällt übrigens in diese Lebenszäsur Boitos; der Schriftsteller ist zu diesem Zeitpunkt Mitte dreißig und hat soeben sein *Libro dei versi* herausgebracht. Ein von Verdi vertontes Libretto aus seiner Feder wäre ihm die Erfüllung eines Traums, lässt er den Vermittler Ricordi wissen.

Immerhin ist Verdi nach der Beschäftigung mit moderner Musik bereit, sich Boitos *Otello*-Libretto einmal anzusehen. In diesem Sommer 1880, den er angeblich nur mit Landwirtschaft und Viehzucht ausfüllt, erkundigt er sich schriftlich bei dem Librettisten, ob man hie und da Änderungen vornehmen könne, um alles ein wenig flüssiger und gefügiger zu machen. Von da an datiert die künstlerische Beziehung der beiden und es ist eher Boito, der befruchtend und beherrschend Einfluss auf Verdi nimmt als umgekehrt. Das Neue in Verdis nächsten Opern wird die überspitzende Darstellung der Charaktere sein. Gemäß dem herrschenden Zeitgeist, den Boito in seinen Dramenfiguren einzufangen versteht, sind seine Bösewichte einige Grade satanischer, seine Helden wesentlich gebrochener, seine Heldinnen viel unschuldiger, seine Intriganten um Nuancen zynischer, als das in früheren Verdi-Libretti der Fall war.

Gerade die Gestalt des aufbegehrenden Jago, die nichts Gutes und kein Gewissen mehr kennt, deren Credo es ist, an »nichts« zu glauben, ist zeitgemäß empfunden. Der neue Held des ausgehenden 19. Jahrhunderts ist der Egoist, der unabhängig von Werten wie gut und böse handelt. Der Tatmensch. Der junge Heros Siegfried in Richard Wagners *Ring des Nibelungen* (1876) ist ein prägnantes Beispiel für diesen Typus, der zur Jahrhundertmitte Eingang in die Opernwelt findet, der Dämon in Anton Rubinsteins gleichnamiger Oper, die 1875 am Kaiserlichen Theater in St. Petersburg uraufgeführt wird, ein anderes. Friedrich Nietzsches philosophische Schriften *Also sprach Zarathustra* und *Jenseits von Gut und Böse*, die in den achtziger Jahren erscheinen und die »Umwertung aller Werte«, die Verneinung von Tugend und Untugend, Moral und Unmoral verlangen, fassen dieses Phänomen zum ersten Mal in literarische Form. In der Malerei besteht eine direkte Traditionslinie zwischen den historischen Porträts der Romantik, die einen großen Kriegsherrn in den Mittelpunkt rücken (etwa die zahlreichen Napoleon-Darstellungen), und den Tatmensch-Bildern der zweiten Jahrhunderthälfte. Hier wird der Mensch meist auf der Spitze eines Felsens oder Riffs sitzend, oft thronend, wiedergegeben, erhaben, in ernster oder nachdenklicher Miene ins Unbestimmte sehend.

Unantastbar, kraftvoll, energisch, wie die sie umgebende Gesteins- und Meereslandschaft. Delaroch malt 1852 mit *Napoleon auf St. Helena* einen grüblerischen, thronenden Gott auf meerumspültem Riff, Rodins Statue des Dichters Honoré de Balzac zeigt eine hochmütige, gegen die Welt sich abwehrende Gottheit. Vom Berg herab aus der Einsamkeit steigt Nietzsches Prophet Zarathustra zu den Menschen, in einer Felsenschmiede mitten im Wald, fernab aller Welt wird Richard Wagners Siegfried aufgezogen, aus sturmgepeitschtem Meer taucht Verdis Otello auf und angesichts des rasenden Elements verkündet Jago seinen Hass auf den afrikanischen Gouverneur. Von dem Maler Delacroix heißt es: »Einsam auf seinem Felsen, hoch über dem Lärm des Universums, eignet ihm der Egoismus der Götter.« Richard Wagner und Giuseppe Verdi werden gleichermaßen als künstlerisch egoistisch bezeichnet. Das Kultbild ihrer Epoche ist ein Geschöpf der antiken griechischen Mythologie – Prometheus, der den Menschen wider Willen des Göttervaters Zeus das Feuer bringt und zur Strafe an einen Felsen geschmiedet wird, wo ein Adler ihm unaufhörlich die Leber aus dem Leib reißt. Genau zur Jahrhundertmitte schreibt Franz Liszt eine symphonische Dichtung über den tatliebenden Titanen, der englische Komponist Hubert Parry folgt 1880 mit einem Oratorium, der Franzose Gabriel Fauré vertont 1900 eine Prometheus-Oper, Gustav Mahlers erste Symphonie trägt den Beinamen *Der Titan*.

Das Zeitalter des Imperialismus verlangt nach dem Tatmenschen. Einem wie den Politiker Francesco Crispi, der den Dreibund mit den ehemaligen Feinden Österreich und Deutschem Reich forciert. Nach den inneren Kämpfen des Landes und einer ruhigen Übergangzeit, die interessanterweise mit Verdis Stillschweigen zwischen 1871 und 1880 zusammengefällt, muss sich Italien verstärkt dem internationalen Wettbewerb stellen, will es ein Mitspracherecht unter den großen Nationen Europas erringen; der Dreibund ist ein erster Schritt. Italiens Ministerpräsident Crispi ist eine ähnlich dominante Herrschererscheinung wie der deutsche Kanzler Otto Graf von Bismarck. Francesco Crispi, ein ehemaliger Kampfgenosse Garibaldis und Cavours, setzt in seiner Außenpolitik auf Kolonialisierung wie alle europäischen Staaten und legt innenpolitisches Schwergewicht auf die industrielle Weiterentwicklung Oberitaliens (wodurch es allerdings zu einer tieferen Spaltung zwischen Nord- und Süditalien kommt). Italiens Expansionsstreben richtet sich auf das Osmanische Reich und Nordafrika. Erste Kolonie wird Eritrea, das geographisch wichtig für die italienische Flotte am Roten Meer liegt; mit der sieben Jahre später erfolgenden Annexion Somalilands 1889 gewinnt Italien die Kontrolle über die Meerenge zwischen Rotem Meer und Indischem Ozean.

Was bedeutet es für Giuseppe Verdi, aus seinem zerrissenen, unterdrückten Land eine Macht werden zu sehen, die nun ihrerseits unterdrückt und Länder in Kriegen zerreißt? Er äußert sich nicht darüber, wie er ja stets vorsichtig mit seinen Bemerkungen zur Tagespolitik ist. Aber sein bewusster Rückzug aus der Politik, überhaupt ein zunehmendes Desinteresse an gesellschaftlichen Ereignissen sprechen eine deutliche Sprache.

Beschäftigt er sich plötzlich mit der Umarbeitung früherer Opern, um sich derart von der ihm unbehaglichen Gegenwart zurückzuziehen oder um sein vergangenes Werk der veränderten Welt anzugleichen? In seiner zweiten Fassung des *Boccanegra* verschärft der Komponist die Charaktere des Titelhelden und seines adeligen Kontrahenten Jacopo Fiesco. An wesentlichen Textstellen, hauptsächlich im Duett des ersten Akts, setzt er poiniertere Orchesterakzente, die den steinernen Charakter Fiescos herausheben und die zwischen Versöhnungswillen und politischer Verpflichtung schwankende Stimmung Boccanegras symbolisieren. Eine Vertiefung erfährt auch die Figur des Intriganten Paolo – eine Vertiefung zum Bösen. Eine dunkle Melodie der Bässe, von stark abfallender Bewegung chromatischer Motivik zusätzlich eingetrübt, begleitet Paolos hämische Auflistung seiner Untaten gegenüber dem aufrechten Fiesco, dessen Bestürzung sich in dem Ausruf »Mostro!«, »Ungeheuer!« Luft macht.

Giulio Ricordi bittet den Maestro Ende des Jahres 1880 um eine Umarbeitung des *Simone Boccanegra;* Boito könne doch das Libretto des seligen Piave überarbeiten; die Mailänder Scala suche dringend eine neue Oper, möglichst eine zugkräftige Verdi-Oper; wenn der Maestro schon kein neues Werk beginnen wolle, könne er zumindest den *Boccanegra* überarbeiten. Verdi ist einverstanden. »So wie sie ist, kann die Partitur nicht aufgeführt werden. Zu traurig, zu trostlos! Den ersten und letzten Akt darf man nicht anrühren«, lässt er den Verleger am 20. November wissen, »nicht einmal den dritten. Aber der zweite muss vollständig umgeschrieben werden.« Also gehen Verdi und Boito an ihre erste gemeinsame Arbeit, eine Probe, ob sie überhaupt eine Basis zu weiteren Projekten finden. Dahinter steht selbstverständlich Ricordis Interesse an der Realisierung des *Otello.* Es stellt sich rasch heraus, dass der betagte Maestro und der moderne Dichter ein gutes Gespann sind. Natürlich geht die Dämonisierung der Figur Paolo auf die Anregung Boitos zurück; er ist es auch, der den Komponisten bewegt, nur weniges am zweiten Akt zu ändern, dafür die Übergänge zwischen den einzelnen Aufzügen bruchloser zu gestalten. Für den ersten Akt ersinnt der Librettist einen packenderen Schluss. Auf dem ersten Akt liegt – schon rein quantitativ – der Schwerpunkt des Simone, hier werden nämlich die Kontraste und Konfrontationen vorgeführt, die das Drama bestimmen; Differenzen zwischen Schwiegervater und Schwiegersohn, Vater und Tochter, Adligem und Plebejer. Die übrigen Akte dienen nur dem einen – dem Willen zur Versöhnung. Boito gestaltet eine Szene im Ratssaal, in der er die politischen Kräfte nochmals energisch aufeinander prallen lässt, bevor Simone sie in einer bewegenden Ansprache zur Einheit aufruft: »Plebe! Patrizi! Popolo dalla feroce storia!« Ein Vorgriff auf die tatsächlich am Ende stehende Versöhnung der Parteien, von Verdi durch motivische Anklänge unterstützt. Er lässt in dieser Ratsszene Amelia auftreten, die gegen alle Übrigen in wunderschönen lyrischen Melodienbögen den Frieden beschwört: »Pace! Lo sdegno immenso nascondi per pietà.« Auch hier finden sich motivische Übereinstimmungen mit Amelias Auftritt im Finale. Damit verknüpft Verdi den ersten Akt mit dem letzten, erhebt das Versöhnungsthema zum Ariadnefaden der Oper *Simone Boccanegra*.

Das umgearbeitete Drama wird am 24. März 1881 uraufgeführt. Franco Faccio dirigiert. Ein junger, mittelloser Musikstudent meldet das Ereignis seiner Mutter: »Heute gehen *Mignon* und *Simone Boccanegra* von Verdi umgearbeitet in Szene«, schreibt Giacomo Puccini und schließt die Klage an: »Die nummerierten Sitze kosten 50 Lire und sind schon alle vergriffen … Das Abonnement für die Scala kostet für Karneval und Fastenzeit 130 Lire.« Giuseppe Verdi ist eben nach wie vor ein Publikumsmagnet, dessen Werke nicht unerheblich dazu beitragen, die finanziell immer noch angeschlagene Scala zu sanieren.

Weil das alte Drama im neuen Kleid für einiges Furore sorgt, nimmt sich Verdi noch einmal ein früheres Werk vor. Zum dritten Mal beschäftigt er sich mit *La forza del destino*, das er bereits 1869 überarbeitet hat. Das meldet jedenfalls der stets getreue Emanuele Muzio aus Paris, wo er mit den Verdis aus traurigem Anlass zusammentrifft. Der langjährige französische Verleger und Freund Léon Escudier ist Ende des Jahres 1881 gestorben. Nun muss sich Verdi einen neuen Interessensvertreter auf französischem Boden suchen, einen Verlag, der seine Werke für Frankreich drucken lässt und sämtliche Rechte des Komponisten wahrnimmt. Möglich, dass Verdi aus dem Grund eine Oper umarbeitet, um dem neuen Verlag ein als neu geltendes Stück anbieten zu können. Er wendet sich für die Übersetzung und teilweise Neufassung des Textes an Du Locle, den erfolgreichen Librettisten des *Don Carlos*. Das Verlagshaus Choudens unterzeichnet daraufhin einen Vertrag mit Verdi und die dritte Fassung der *Macht des Schicksals* wird 1882 in Antwerpen uraufgeführt.

Immerhin scheinen die Beschäftigungen mit früheren Werken den Maestro neu zu beflügeln. Er trägt sich mit dem Gedanken, eine Komödie zu vertonen. Seit dem schmerzlichen Durchfall seiner ersten komischen Oper *Un giorno di regno* (1840) hatte sich Verdi nicht mehr an dieses Genre gewagt. Aber gänzlich hat er sich nicht von ihm abgewendet, dafür stehen Figuren mit humoristischer Anlage in verschiedenen seiner Dramen, nicht zuletzt die Preziosilla und der Bassbuffo Fra Melitone in *La forza del destino*. Höchstwahrscheinlich steckt die Idee zu einer komischen Oper ebenfalls hinter dem erneuten Interesse Verdis an der *Macht des Schicksals*. Am 21. April 1880 schreibt Giuseppina den bedeutungsvollen Satz nieder: »Arbeite nicht zu viel, mein lieber Plagegeist, und denke daran, – – dass Du in der Kunst nicht mehr höher steigen kannst und dass die Krönung Deines Werkes eine ›Opéra Comique‹ sein wird!« Man hat diese Äußerung bislang auf den *Falstaff* bezogen wissen wollen – wobei man sich dann über Peppinas hellseherische Fähigkeiten wundern müsste –, aber Mary Jane Phillips-Matz stellt unterstreichend heraus, dass es sich um ein Projekt zu Carlo Goldonis *La locanderia* handelt, das der Maestro bereits 1879 gegenüber Giulio Ricordi erwähnt.

Und ist es nicht die rechte Zeit für eine komische Oper? In Zeiten des Aufbruchs und der Krise verlangt das Publikum stets nach lustig-unterhaltenden Werken. Das war in der Abenddämmerung der Französischen Revolution nicht anders als während der nachnapoleonischen Zeit; vor dem Ersten Weltkrieg, in einer Atmosphäre der Spannungen und Reizbarkeiten, gieren die Zuschauer nach Pantomimen, sinnlichen Balletten, grobspaßigen Komödien, modernen Tänzen, vor dem Zweiten Weltkrieg sind Schlager und Operetten beliebt, nach dem Ende des Dritten Reichs schwelgt man in Revuen und Walzerseligkeiten. Nur vor dem Hintergrund der sich ankündigenden Französischen Revolution hat Beaumarchais' Komödie *Le mariage de Figaro (La folle journée)* dermaßen Erfolg, dass Königin Marie-Antoinette sich herablässt, in ihrem Lustschloss Trianon das Schauspiel aufführen zu lassen und selbst die Gräfin Rosina darzustellen, kann Mozarts Vertonung der *Hochzeit des Figaro* Be-

geisterungsstürme entfachen. Es ist die Zeit von Napoleons Niederlage, seiner Verbannung auf die Insel Elba, seines erneuten
Aufstehens und Zusammenbrechens, die Zeit des Wiener Kon-
gresses, als sich Gioacchino Rossini mit heiteren Farcen und komischen Dramen Weltruhm erwirbt, den er mit dem *Barbier
von Seviglia* 1816 krönt. Otto Nicolais *Die lustigen Weiber von
Windsor* erscheinen ausgerechnet im Revolutionsjahr 1849 in
Berlin und machen den Namen ihres Schöpfers unsterblich, der
sonst längst vergessen wäre. Richard Strauss' *Rosenkavalier* und
Die schweigsame Frau, Maurice Ravels *Spanische Stunde* und Ermanno Wolf-Ferraris lyrische Komödie *La dama boba, Das
dumme Mädchen*, entstehen jeweils im Vorfeld der beiden Welt-
kriege. Die Jahre, die dem Deutsch-Französischen Krieg 1871 folgen und von seinen Nachwirkungen geprägt sind, bergen eine
hochdramatische Grundstimmung. Gewiss, nach außen hin
wird eine Maske großbürgerlicher Zufriedenheit zur Schau getragen. Man legt in seinen vier Wänden Wert auf eine repräsentative Bequemlichkeit, füllt sie mit Polstermöbeln in historisie-
rendem Stil und schweren Eichentruhen, behängt sie mit
Landschaftsbildern in goldverzierten breiten Rahmen und hüllt
sie in Samtportieren und Seidenstores. Das alles strahlt Behag-
lichkeit und Sicherheit aus und gibt natürlich einem gewissen
Lebensstandard Ausdruck, den selbst das Kleinbürgertum inzwischen erreicht hat. Ein demonstratives »Wir haben und wir
sind«, hinter dessen Fassade große Unsicherheiten versteckt liegen. Die Schnelllebigkeit der Zeit, die er selbst in Gang gebracht
hat, erschreckt den Menschen. Technische Entwicklungen, zur
Jahrhundertmitte noch bejubelt, werden bereits mit Argwohn
beäugt. Eine Hauptkritik gilt der Erweiterung des Eisenbahn-
netzes. Die Bahn, die im Brockhaus-Lexikon von 1840 noch als
Möglichkeit gefeiert wird, »räumliche Trennungen durch Annäherung in der Zeit« aufzulösen, wird nun als Natur zerstörend
und Landschaften zerschneidend empfunden. Erste Heimat-
schutzbewegungen werden gegen die Zerstörung der Natur
durch die Technik ins Leben gerufen. Das pulsierende Leben der

Innenstädte, die mit Trams, Bahnen und Automobilen aufgerüstet werden, wird als tosendes Chaos beschrieben. Wirtschaftliche Krisen durchschütteln die Epoche. Der reiche Pro-
duktionsanstieg der frühen industriellen Phase führt jetzt zu
Überangeboten an Waren. Preise müssen gesenkt werden, Arbeiter entlassen, um die Kosten aufzufangen. Das führt einerseits zu einer Minderung der Kaufkraft, andererseits zur Ver-
schärfung der sozialen Frage. Vielen Arbeitern bleibt nur die
Flucht ins hoffnungsvolle Amerika, das auf dem Kontinent den
Ruf eines Eldorado besitzt, in dem man noch tatsächlich verbor-
gene Goldadern entdecken und es vom Tellerwäscher zum Mil-
lionär bringen könne. Verdi beschreibt in den achtziger Jahren
in seinem Winterpalast in Genua die Situation: »Von meinem
Zimmer aus sehe ich täglich ein Schiff, manchmal zwei Schiffe,
jedes überfüllt mit tausend Auswanderern. Elend und Hunger!
Ich sehe auf dem Lande Bauern, Tagelöhner und Auswanderer,
die noch vor ein paar Jahren Gutsbesitzer gewesen sind. Elend
und Hunger!« Die Allgemeinheit, sprich die Mittel- und Ober-
schichten, beginnt die proletarische Masse zu fürchten, die sich
mehr und mehr in Gewerkschaften, Arbeitervereinen und Parteien formiert. Sozialistische Parteien entstehen: 1890 nennt sich
die bisherige deutsche Arbeiterpartei SPD, zwei Jahre darauf bildet sich in Italien die PSI, die »Partito Socialista Italiano«. Kolonialismus scheint der Ausweg aus wirtschaftlichen und sozialen
Konflikten zu sein. Aber es ist lediglich Grund weiterer Ängste
und Unsicherheiten. Kriege sind die Folge des extremen Imperialismus. In Asien schwelen Auseinandersetzungen zwischen
Russland, China und Japan; Indien gerät immer tiefer in englische Umklammerung; 1881 übernimmt Frankreich das Protek-
torat über Tunesien, was zu diplomatischen Spannungen mit
Italien führt; 1882 besetzt das British Empire Ägypten.

Giuseppe Verdi ist in diesen Jahren von Selbstzweifeln zerfres-
sen. Er bezweifelt, ob der umgearbeitete *Simone Boccanegra*
Erfolg haben wird, und ist nach der gelungenen Uraufführung

überrascht; ähnliche Vorbehalte quälen ihn bei der *Macht des Schicksals,* und erneut geht alles wider Erwarten gut. Er flieht plötzlich das Land, wie es so viele Bauern aus Not heraus tun; er hält sich immer länger in Genua auf. Sant' Agata, das inmitten der ländlichen Schicksalstragödien liegt, welche die Provinz Emilia Romagna heimsuchen, ist ihm plötzlich nicht mehr das Refugium wie in früheren Zeiten.

Sieht er seine Zeit untergehen? Sein Vaterland, für dessen Befreiung er plädiert, geht ein Bündnis mit den ehemaligen deutschen Feinden ein, im selben Jahr, 1882, stirbt der große Kämpfer und Nationalheld Giuseppe Garibaldi. – Schließlich noch der Tod seines bedeutendsten Rivalen: Am 13. Februar 1883 stirbt Richard Wagner in der Lagunenstadt Venedig. An Giulio Ricordi schreibt Verdi tags darauf: »Triste. Triste. Triste. Wagner è morto«, »Traurig. Traurig. Traurig. Wagner ist tot! Als ich die Depesche las, war ich zutiefst betroffen. Unbestreitbar – eine große Persönlichkeit tritt ab. Ein Name, der in der Kunstgeschichte mächtige Spuren hinterlässt.«

Die politischen Geschehnisse erschüttern Verdis Gesundheit. Im April 1883 erleidet er in seinem Palazzo eine leichte Herzattacke. Peppina findet ihn eines Morgens in erschreckendem

Verdis Landsitz Sant' Agata (Zeichnung, unsigniert)

Zustand in seinem Zimmer auf dem Bett liegend. Als er sich etwas erholt hat, fährt das Ehepaar zurück ins ruhige Sant' Agata – glücklicherweise ist Emanuele Muzio ihnen hilfreich zur Seite. Wahre Ruhe findet Verdi nicht. Innerhalb der Familie kommt es zu Konflikten. Maria Filomena leidet unter ihrem Ehemann Carrara. Während eines Besuchs Verdis bei den Enkelkindern, kommen einige Unliebsamkeiten zutage, wie der Komponist am 10.12.83 seiner Ehefrau andeutet. Natürlich fällt Verdi angesichts dieser Vorfälle in seine frühere Antriebslosigkeit zurück. Die Goldoni-Komödie wird ad acta gelegt, mühsam zieht sich die Komposition des *Otello* hin. An Clara Maffei schreibt er im Oktober 1883: »Die Jahre beginnen sich schon sehr zu vermehren, und ich denke mir, das Leben gehört zu den stupidesten Dingen und, was noch schlimmer ist, es ist nutzlos. Was tut man? Was haben wir getan? Alles in allem ist die Antwort demütigend und traurig: N i c h t s!« Sicherlich fördern künstlerische Bedenken seine Selbstzweifel. Ist er überhaupt noch in der Lage, Neues zu beginnen, mit der Moderne mithalten zu können? Muss er nicht befürchten, ein Dinosaurier in diesem Musikgeschäft zu sein, längst versteinerte Musik zu schreiben?

Die Avantgarde gerät in seine Kritik. Sie richtet sich zunächst gegen den »germanismo« in der neuen italienischen Kunst. Wagners Musik wird gerade jetzt, nach seinem Tod, im Palazzo Vendramin in Venedig, zum Kult. Verdis Meinung nach ketten sich die Jungen zu sehr an Wagners Vorbild. Er ist seinerseits gegen eine Abgrenzung in Schulen, Programmen, Richtungen, andererseits der Überzeugung, dass jede Nation ihren eigenen musikalischen Ausdruck habe; den solle sie sich auch bewahren, sonst gäbe es über kurz oder lang kein originäres italienisches Musikdrama mehr. »Der germanismo überflutet uns«, lässt er verlauten, »selbst unsere Musiker folgen dieser Strömung; sie glauben nicht länger an die italienische Kunst und verstehen nicht mehr, Italienisch zu schreiben.« Er setzt nach: »So stirbt unser Theater.« Mehrmals betont er das nationale Element einer jeden Musik, wie in seinem berühmten Zitat, unter der Sonne

Italiens hätte er nie etwas wie Wagners *Tristan* schreiben können. Mit dieser Meinung gibt er sich keinesfalls konservativ. Im
Gegenteil beherrscht der Gedanke spezifisch nationaler Musik
die jüngere Generation. Als Reaktion auf den Deutsch-Französischen Krieg schart der Organist und Komponist Camille Saint-
Saëns aufstrebende Künstler um sich, die sich in der »Société
Nationale de Musique« um französische Instrumentalmusik
bemühen; zu ihnen gehören später bedeutend gewordene Namen wie César Franck, Vincent d'Indy und Gabriel Fauré. In
Russland bemüht sich das »mächtige Häuflein der Fünf« (Rim-
skij-Korsakow, Balakirew, Borodin, Cui, Mussorgsky) um die
genuine russische Musik. In England, in Skandinavien, überall
treten junge Komponisten für eine nationale Klangwelt ein.
Deutschland hat in Wagner seinen Mythos der Tonkunst gefunden. Angesichts der politischen Tendenzen in Richtung Nationalismus, die schließlich zu übertriebener Vaterlandsliebe,
zu staatlich toleriertem Rassenhass und dem Ersten Weltkrieg
führen, werden diese Strömungen der Musikwelt, wird Verdis
Einstellung erst verständlich. »Ich habe immer den Fortschritt
gewünscht«, stellt der Komponist fest. »Ich glaube an eine Musik, die da kommen soll«, aber sie muss für Italien auch italienische Musik sein. In einem Brief an Arrivabene von 1885 benennt
er die 9. Symphonie von Beethoven und Bachs h-Moll-Messe als
»non plus ultra della musica«, stellt ihnen jedoch Giovanni Pierluigi da Palestrinas *Missa Papae Marcelli* gleichrangig zur Seite.
In einem Brief an Arrigo Boito, zwei Jahre später, listet er die
italienische Traditionslinie auf, die von Palestrina und Allegri
(1500) über Carissimi, Alessandro Scarlatti (1600), Pergolesi und
Jomelli (1800) bis zur Gegenwart mit Paisiello und Cimarosa
führe. In der Hauptsache beklagt er, dass die italienischen Komponisten vergessen, für die Singstimme zu schreiben, die gemäß
der Tradition stets das wichtigste Element der Oper ist. »Unsere
Musiker fischen sich da und dort etwas heraus und befassen sich
nur noch mit Mischmasch und harmonischen Kombinationen.
Sie haben keine Ahnung mehr von der Kunst, für Gesang zu

schreiben ... Wie froh wäre ich, könnte ich einmal eine meinet-
wegen ... schlecht instrumentierte Oper hören, die aber eine
große Phrase ... enthielte.«

1884 scheint Verdi den jungen Bühnenmusiker gefunden zu
haben, der eine große Phrase zu komponieren imstande ist. Am
10. Juni schreibt er an Arrivabene mit Bezug auf eine neu aufge-
führte Oper namens *Le Villi:* »Ich habe von dem Komponisten
Puccini viel Gutes gehört. Er folgt modernen Tendenzen, das ist
natürlich, aber er hält sich auch an die Melodie, die weder alt
noch modern ist. Es scheint, dass das sinfonische Element bei
ihm vorherrscht – das muss kein Nachteil sein. Nur ist es nötig,
in dieser Beziehung vorsichtig zu sein; Oper ist Oper und Sinfonie ist Sinfonie: und ich glaube nicht, dass es gut sein könnte,
sinfonische Passagen einzuführen, nur um dem Orchester die
Möglichkeit zum Tanzen zu geben ...«

»Bei aller Bewunderung für Wagner muss ich gestehen, dass mir
Verdis Opern ebenso viel, wenn nicht sogar mehr Freude bereiten, da sie so viele lyrische Schönheiten aufzuweisen haben«,
bekennt sich Giacomo Puccini zu seinem musikalischen Wegbereiter. Wie Verdi stammt er aus Oberitalien; 1858 erblickt er in
Lucca das Licht der Welt, und da er einer seit Generationen dem
Kapellmeisterberuf nachgehenden Musikerfamilie angehört, ist
es nahezu selbstverständlich, dass Giacomo Antonio eine künstlerische Laufbahn beginnen soll. Er durchläuft die typischen
Stationen einer Kapellmeisterlehre, ist Chorknabe in seiner Heimatstadt, studiert am »Istituto musicale« in Lucca, arbeitet als
Organist, studiert schließlich am Mailänder Konservatorium,
und zwar bei keinem Geringeren als Amilcare Ponchielli. 1876
hat Puccini sein erstes Verdi-Erlebnis: Er hört in Pisa eine Aufführung von *Aida* und ist überwältigt. So sehr, dass er sich auf
immer und ewig der Opernkomposition verschreibt. Am 31. Mai
1884 hat Puccini sein ehrgeiziges Ziel erreicht. Die Mailänder
Scala führt *Le Villi* auf, ein Sujet, das ihm »wirklich gefällt, weil
darin ziemlich viel mit symphonischer Malerei zu machen« sei.

Boito sitzt im Premierenpublikum – fasziniert; er stellt die Verbindung zwischen dem Verlagshaus Ricordi und dem hoffnungvollen Talent her, und damit ist Puccini ein anerkannter Maestro.

Wie Giuseppe Verdi bewundert er den französischen Dichter Victorien Sardou, dessen Drama *Tosca* er zur Jahrhundertwende in Musik umsetzen wird. Im Haus des Dichters trifft er später einmal auf Verdi. Man diskutiert über das *Tosca*-Libretto. Verdi ist vom Monolog Cavaradossi derart angetan, dass er »der ungemein erregt erschien«, das Buch »der Hand des Librettisten« entriss und »nun selbst jene Verse mit bebender Stimme« vortrug, wie ein früher Puccini-Biograph schildert.

Puccinis Verdi-Erlebnisse sind so nachhaltig, dass in seinen Opern – bewusst oder unbewusst – immer wieder »Verdismen« herauszuhören sind; *La Traviata* beispielsweise, eine Lieblingsmusik Puccinis, klingt unverkennbar in seinen Bühnenwerken *La Bohème* (1896) und *La rondine* (1917) an; die ausgeglichene Abfolge von dramatischen mit lyrischen Szenen ist ganz Verdi. Es kommt nicht von ungefähr, dass George Bernard Shaw, der große Schriftsteller und unbestechliche Kunstkritiker, Puccini als »Erben Verdis« bezeichnet.

Eingedenk der fortschreitenden Musikentwicklung löst sich Giuseppe Verdi Ende 1883 aus seiner Lethargie. Er schreibt den *Don Carlos* um. Die Wiener Hofoper, die *Don Carlos* in ihrer nächsten Spielzeit präsentieren will, bittet zu diesem Zweck um eine Kürzung des Stücks. Verdi kappt den gesamten ersten Akt und lässt das Ballett fort. Einiges andere wird hier und da revidiert. Aber Wien lehnt die dermaßen verkürzte Oper ab, wahrscheinlich hat es sich eine Neuerung à la *Simone Boccanegra* erhofft. Die Scala übernimmt den umgearbeiteten *Don Carlos*. Franco Faccio dirigiert die Aufführung am 10. Januar 1884. Eine enttäuschende Aufführung. »Arme Künstler ... Sklaven eines meist ignoranten, launischen und ungerechten Publikums«, wettert er in einem Brief an Clara Maffei.

Die Salonnière soll nicht mehr lange seine Vertraute, seine

Otello an der Leiche Desdemonas (Holzstich nach Paolocci, um 1890)

verstehende Freundin sein. Im Juni 1887 erkrankt sie an Meningitis. Sie stirbt Anfang Juli. Das Ehepaar Verdi befindet sich gerade zur allsommerlichen Wasserkur in Montecatini, als es von dem schlimmen Schicksalsschlag erfährt, Verdi bricht erschüttert zusammen. Der Verlust Clarinas trifft ihn noch schmerzlicher als der Tod Arrivabenes zu Anfang des Jahres. »So sterben wir alle, einer nach dem anderen«, vertraut er einem Freund an: »Fast jeder, den ich aus meiner Jugendzeit in Mailand kannte, ist gegangen … Arme Clarina! Eine treue Freundin … Arme Clarina! Ich werde sie nicht so bald vergessen!«

Sorgen bereitet ihm auch Giuseppinas Gesundheitszustand. Gerade erst zum Jahreswechsel 1886/87 hatte ihre Bronchitis sie wieder einmal schwer niedergeworfen. Um ihr das Leben zu erleichtern, verbringt Verdi seine Winter immer öfter in Genua, das Peppina sehr liebt, den Sommer in diversen Kurorten, meist in Montecatini oder Salsomaggiore; die Einöde von Sant' Agata wird von beiden weitgehend gemieden.

Seine neue Oper *Otello* vollendet er trotz aller gesundheitlichen Widrigkeiten, und er ist froh, dass Clarina Maffei diese Oper, den Bruch seines langen Schweigens, noch miterleben darf. Sechs Jahre braucht es vom ersten Gedanken bis zum letzten Taktstrich – am 5. Februar 1887 wird das Werk an der Mailänder Scala uraufgeführt.

Ziele oder Wiederholungen?

»Verflucht der *Otello*, und ich sage es aus tiefstem Herzen, welcher Ärger! Welcher Ärger! Hätte ich ihn doch nie geschrieben«, schreit es aus Giuseppe Verdi heraus, als er erfährt, dass der Sänger Victor Maurel bei einem Konzert das Credo des Jago singt, das Gebot des Komponisten missachtend, der wünscht, seine Bühnenstücke mögen nur als zusammenhängendes Ganzes präsentiert werden. Und Maurel ist nicht der einzige, nicht der erste und nicht der letzte Sänger, der Verdis Werke zerstückelt und mit vollem selbstdarstellerischen Kalkül seinem Publikum die besten, glänzendsten Arien, Cavatinen, Romanzen aus den Opern vorstellt. Aber hat der *Otello* seinem Schöpfer nicht von Anfang an immer nur Ärger gemacht? Monate hat er gebraucht, sich in dieses expressive, tief dämonische Stück William Shakespeares hineinzuversetzen, Jahre, um sich mit Arrigo Boitos Umarbeitung anzufreunden, abermals Jahre, um die Musik zu komponieren. Sechs Jahre bleibt ihm diese schwierige Arbeit auf dem Schreibpult liegen, erst dann hat er den »Stoff gepackt«, kann ihn im Herbst 1886 endlich vollenden: »*Otello* ist vollständig beendet!! Wirklich beendet!!! Endlich!!!!!!!!« Er selbst ist fassungslos, dass er es noch einmal geschafft hat – fünfzehn Jahre nach seiner bis dahin letzten Oper, *Aida*, wird nun wieder ein Drama seiner Feder in der Mailänder Scala uraufgeführt werden.

Im Jahr 1879 beginnt das zähe Ringen um *Otello*. Giulio Ricordi und Arrigo Boito müssen den Maestro, der sich zu nichts mehr verpflichten will und nur wünscht, seine »volle Freiheit zu behalten«, geradezu zwingen, sich das Libretto auch nur einmal anzusehen. »Finde ich nun dieses Libretto durchgehend gut, dann habe ich mich in gewissem Sinne verpflichtet. Finde ich es gut und rege ich Änderungen an ... dann habe ich mich noch mehr verpflichtet.« Nein, Verdi bleibt zunächst auf Distanz, will sich das Textbuch zwar zuschicken, sich aber mit dem Lesen Zeit lassen. Die Situation erinnert an die Entstehungsgeschichte seiner erfolgreichen Jugendoper *Nabuccodonosor:* Auch damals hat er vom Opernschreiben nichts mehr wissen wollen, hat der Impresario Merelli ihm Soleras Dichtung förmlich aufdrängen müssen, ist daraus eines seiner bekanntesten Werke gewachsen. So auch jetzt. Der Verleger Ricordi greift zu einer List, spielt dem Komponisten einen Brief zu, den er soeben von Boito erhalten hat, der krank und gequält und dennoch unverdrossen am *Otello* dichtet. »Ich arbeite so schwer, wie ich nur kann, doch bis gestern Nachmittag ist der mich quälende Abzess nicht aufgegangen, und mit diesem Inferno im Mund konnte ich nicht arbeiten. Ich denke nur daran, meine Arbeit so gut ich kann fertigzustellen. Kein anderes Unternehmen in meinem Leben hat mir eine Erregung eingebracht, wie ich sie in diesen Monaten des intellektuellen und körperlichen Kampfes erlebt habe ... ich werde die Arbeit so gut ich kann abschließen, damit er (Anm.: Verdi) den Beweis dafür hat, dass ich ihm ... unter körperlichen Qualen, mit aller Zuneigung ... vier Monate meiner Zeit gewidmet habe«, heißt es darin. Das Mittel wirkt. Nach geduldigem Warten meldet Boito am 20. März 1884 an Ricordi: »Ich habe gute Nachrichten für Sie ... Der Maestro schreibt, ja er hat bereits ein ganzes Stück vom Anfang des ersten Akts geschrieben und arbeitet mit Feuereifer.«

Diese Art Text ist etwas völlig Unbekanntes, ein Neues für Guiseppe Verdi. Die wilde Leidenschaftlichkeit der Figuren des shakespeareschen Originals hat Boito ungemindert erhalten. Seine Sprache ist ebenso schonungslos realistisch wie die des berühmten Engländers. Er hat ein Faible für zügellose Gefühlsausbrüche, für zerrissene Charaktere, wie Otello einer ist, der alles erreicht hat, was es in seinem Männerleben zu erreichen gibt, eine gesellschaftliche Machtposition, eine hübsche Frau, der aber all diesem Erreichten misstraut, der mit ganzer Seele liebt und zugleich abgrundtief hasst. Boitos Lieblinge sind die Bösewichter, die krummen, schiefen Figuren, Teufel, Intriganten, Mörder und Wahnsinnige. Mit ihnen lässt sich der zeitgenössischen Gesellschaft am provokantesten ein Spiegel entgegenhalten. Nicht von ungefähr gehört Arrigo Boito in seiner Jugend zu einer Gruppe aufstrebender, aufmüpfiger Autoren, die, recht eigentlich ohne klares Programm (außer dem Bedürfnis, »den alten und schwachsinnigen Zirkel der Kunst zu durchbrechen« und sie »rein und bescheiden auf den Altar« zu erheben, der ihnen »beschmutzt ... wie die Wand eines Bordells« erscheint) allem Neuen huldigen, sei dieses Neue nun veristisch, symbolistisch, neoromantisch oder was auch immer. »Scapigliati«, »Zügellose«, nennt man die jungen Wilden, und wie sooft in der Kunstgeschichte wird aus einem Spottnamen die Bezeichnung einer ganzen Bewegung. Boitos Texte dienen in der Hauptsache dem Verismus, gefiltert durch eine stark philosophische Rationalität. Manchmal erscheinen sie zu durchdacht. Dann wieder sehr improvisiert, »aus dem Bauch heraus« geschrieben. Mit dem *Otello*-Libretto ist Boito genauso verfahren. Einerseits konstruiert und konzipiert er verbissen diesen Text, nichts dem Zufall überlassend, andererseits lässt er sich hinreißen, unkontrolliert, begeistert. In solchen Momenten entstehen Passagen wie das bitterwütige Credo des Jago, das er sofort dem Komponisten zuschickt: »Bitte nehmen Sie dieses Fragment zu den übrigen Seiten des *Otello* hinzu. Ich schrieb es mir selber zum Trost und zur persönlichen Befriedigung, denn ich empfand ein Bedürfnis, das zu tun.«

Durch diesen neuartigen Text, zwischen strenger Logik und passioniertem Ausbruch, muss sich Giuseppe Verdi seinen musikalischen Weg hindurchbahnen. Das gilt nur, wenn er alle bisherigen Opernformen ein für allemal über Bord wirft und nur den Eigengesetzen des Librettos folgt. *Otello* ist nicht mehr altehrwürdige italienische Opera seria, ist nicht Grand Opéra, ist auch kein Musikdrama à la Wagner, obwohl Boitos Werke von Wagner beeinflusst sind, nennt sich der Librettist doch einen Anhänger des italienischen Wagnerismo.

Und doch trifft das absolut Neuartige nur den Text, nicht die Musik. Oder besser noch formuliert: diese Musik, an diesen Text gebunden ist das Neue! Die Kombination ist es! Alle vorhergehenden Libretti, selbst noch das Antonio Ghislanzonis zu *Aida*, gaben Giuseppe Verdi viel mehr Freiraum, mit seiner Musik Charaktere zu feilen, zu differenzieren, die Handlung umzudeuten, die Dramatik zu unterstreichen. In *Otello* ist ihm das nicht mehr ohne weiteres möglich, der Text Boitos leistet bereits zu viel. Andererseits gibt der Dichter seinen Figuren zahlreiche Nuancierungen mit, die Verdi detailreich in Musik transformieren kann.

Wenn der *Otello* heute als ein glanzvolles Ergebnis aller vorangehenden Verdi-Opern gilt, die so zu Vorstufen der Spätwerke herabgesetzt werden, ist das in dieser Ausschließlichkeit falsch. Den Versuch, das alte Formenmuster der ernsten Oper aufzusprengen und nur der Logik der dramatischen Entwicklung zu folgen, unternimmt Verdi spätestens seit *Alzira* und *Attila*, sogar tendenziell schon ab dem *Ernani* von 1844; in *Macbeth* führt er dieses Experiment zu einem Ergebnis, in *La Traviata*, *Stiffelio*, *Rigoletto* und *Il trovatore* zur Vollkommenheit. Auffallenderweise reiht sich *Otello* passend in diese Serie ein, die immer eine am Rande der Gesellschaft stehende Figur zu einem Hauptprotagonisten hat: die Hure, den Sektierer, den Krüppel, die Zigeunerin und schließlich den Fremden. In all diesen Opern spielt die soziale Ausnahmestellung eine wesentliche Rolle. Im »Mohr von Venedig« wird das Bewusstsein, von den Venezianern nur halb und halb anerkannt zu werden (Jago spricht das Vorurteil aus: »foschi baci di quel selvaggio dalle confie labbra«, »die düsteren Küsse dieses Wilden mit vollen Lippen«), zum wichtigsten Grund allen Misstrauens und Hasses Otellos. Übrigens wird das Motiv des Kusses wie ein Ariadnefaden die Handlung durchziehen; es ist natürlich Symbol der Verbindung zu Desdemona; als er glaubt, seine Frau habe ihn betrogen, verlangt Otello von ihr den Kuss, um ihrer beider Verbindung wieder zu zwingen; und auch der reuig sterbende Otello küsst ein letztes Mal seine unschuldige Desdemona; Jagos abschätzige Bemerkung von »düsteren Küssen« soll also die Verbindung der Liebenden treffen. Es ist immer eine heraustechende Tonfolge, die den »baccio« symbolisiert, die große Sekunde dis-cis, bzw. kleine Sekunde d-cis, vor allem bei Otellos letztem Aufritt »E tu, come sei pallida!«, »und du, wie bist du blass! Und müde, und verändert und schön«.

Von seinen Zeitgenossen wird *Otello* nicht als Ziel früherer Opernbemühungen gesehen, auch nicht als Ergebnis, nur als ein weiteres geniales Verdi-Drama von ungewöhnlicher Schönheit. Noch in der ersten Zeit nach Verdis Tod ändert sich nichts daran. In der Wertschätzung des Publikums steht der *Trovatore* unangefochten an erster Stelle, an seiner Seite eher Tragödien wie *Don Carlos, Rigoletto, La forza del destino*. Eine Biographie von 1913 listet die favorisierten Verdi-Opern ihrer Zeit auf, und da steht *Otello* weit hinter *Aida* und *Il trovatore* zurück. Unter dem italienischen und deutschen Faschismus, von etwa 1920 bis nach 1945, hat der *Otello* keine Chance, in der Publikumsgunst zu steigen: Immerhin ist der Titelheld ein »Wilder«, nun mal kein (scheinbarer) arischer Wonneheld wie die Siegfrieds, Sigurds, Wotans der deutschen, kein antiker Heros wie die Marse und Romulusse der italienischen Oper. Erst um 1950 gewinnt sich diese Oper die Begeisterung der breiten Öffentlichkeit und regiert seither neben *Aida* und *Falstaff* über alle anderen Bühnenwerke des Maestro. »Verdis vorletzte Oper … gehört zu den überragenden Werken des Musiktheaters«, schwärmt Startenor Placido Domingo, für den die Titelpartie in *Otello* wichtiger Markstein der Sängerkarriere bedeutet; Domingo setzt hinzu: »Die Tenorpartie des *Otello* ist eine der schwierigsten des traditionellen italienischen Opernrepertoires.«

Mitte Dezember 1886 überantwortet Verdi seine Partitur dem

Verleger Ricordi: »Jetzt habe ich die letzte Szene des *Otello* abgeliefert. Armer *Otello! ...* Er kehrt nie mehr hierher zurück.« Allerorten reißt man sich um das Dramma lirico. Nicht so sehr aus musikalischen Gründen, sondern vielmehr weil Verdi mit *Otello* sein jahrelanges Schweigen bricht – ob sein Stil derselbe geblieben ist?

Das erstaunte Publikum, der Autor, die Freunde, beschwören Verdi, jetzt nicht aufzuhören. Ricordi drängt ihn händereibend zu einer weiteren Oper. Der Maestro ist versucht, einem alten Wunschtraum nachzuhängen und einmal nur, ein einziges Mal, eine gute Komödie auf die Bühne zu bringen.

1889 tischt Arrigo Boito ihm den Plan zu einem *Falstaff* auf. Der Komponist hängt erst noch dem Gedanken nach, die Ritterzeitsatire *Don Quixote* zu vertonen, ein Thema, das unglaublich modern ist, dem sich unter anderem der junge Richard Strauss mit einer Symphonischen Dichtung widmet. Als er sich jedoch näher mit dem Hintergrund von *Falstaff* beschäftigt, ist er für dieses Sujet gewonnen. »Ausgezeichnet! Ausgezeichnet! Ehe ich Ihre Skizze las, wollte ich erst nochmals die *Merry Wives, Henry IV* und *Henry V* lesen, und ich kann nur wiederholen: ausgezeichnet. Man könnte es nicht besser machen ... Wir haben jetzt sehr viele Dinge zu besprechen, damit dieser *Falstaff* oder diese *Merry Wives ...* Gestalt annehmen und Wirklichkeit werden!« (Juli 1889 an Boito).

Das Libretto vermischt Fabeln aus Shakespeares Bühnenstücken *Die lustigen Weiber von Windsor* und *Heinrich IV.*: Der dicke, genießerische und geldgierige Sir John Falstaff will mit Alice Ford und Meg Page anbändeln, den Gattinen wohlhabender Bürger. Er schreibt ihnen Liebesbriefe. Alice, Meg und Mrs. Quickly beschließen daraufhin, dem alten Junggesellen einen Denkzettel zu verpassen. Mit im Bunde sind Falstaffs spitzbübische Diener Bardolph und Pistol, die Herrn Ford die Absichten Falstaffs hinterbringen. Verkleidet horcht Ford den Alten aus und erfährt voller Eifersucht, dass Falstaff sich mit Alice verabredet hat. Alice begrüßt Sir John eben in ihrer Wohnung, als

Mrs. Quickly hinzukommt und Fords Ankunft meldet. In letzter Sekunde gelingt es den Frauen, Falstaff in einem Wäschekorb vor dem zornigen Ford zu verstecken. Ford entdeckt bei dieser Hausdurchsuchung allerdings seine Tochter Nanetta mit dem jungen Fenton. Ford, der seine Tochter bereits Dr. Cajus versprochen hat, jagt Fenton, der von Alice als Schwiegersohn bevorzugt wird, davon. Mittlerweile hat Alice den Wäschekorb entfernen und in einen Graben ausleeren lassen. Die Frauen unternehmen einen zweiten Streich, laden Sir John in den Park von Windsor. Ford erfährt auch diesmal davon und beschließt seinerseits den Coup, Cajus soll sich als Mönch verkleidet um Nanetta bemühen. Indes erscheint Fenton ebenfalls als Mönch gekleidet im Park. Auch Falstaff (als Herne der Jäger mit Hirschgeweih auf dem Kopf) und die Frauen treffen sich. Alice spielt dem lüsternen Alten Leidenschaftlichkeit vor, als Meg sie mit dem Aufschrei unterbricht, die wilde Jagd käme. Als Kobolde und Elfen Verkleidete fallen über Falstaff her, unter ihnen der rachedurstige Ford und die Diener Bardolph und Pistol, und prügeln den Alten. Ford denkt nun, auch seine Frau ein wenig zu piesacken, und führt den Mönch herbei, ihm eine verschleierte Schöne zur Seite stellend, in der Meinung, es handle sich um Cajus und Nanetta. Alice aber bringt ihrerseits ein vermummtes Paar. Als Ford den Paaren die Heiratserlaubnis erteilt hat, lassen alle die Larven fallen, und siehe da, an Cajus' Seite steht der als Frau maskierte Bardolph. Alice hat sie alle genarrt. Ford und Falstaff erkennen ihre Fehler. Der Vater lädt alle versöhnlich zur Hochzeit von Nanetta und Fenton ein. »Alles ist Spaß auf Erden«, heißt es im Schlusssatz der Oper.

Im Sommer 1889 arbeiten Dichter und Komponist mit Feuereifer an dem Stück. Oft genug wird Boito die Arbeit sauer: »In den ersten Tagen war ich verzweifelt. Die Figuren mit wenigen Strichen skizzieren … aus der riesigen shakespearschen Orange den vollen Saft herausziehen, ohne dass im kleinen Trinkglase alle unnützen Kerne herumflitzen, – farbig, klar und knapp schreiben … die vergnügliche Komödie von oben bis unten lebendig werden zu lassen … das alles ist schwer, schwer, schwer; und dann muss das leicht scheinen, leicht, ganz leicht!! Los! Weiter!« Im Frühling 1890 steht das Textbuch. Mitte März legt Verdi bereits den ersten Akt auskomponiert vor. Zeitweise hat er Zweifel, ob er diese Arbeit zu Ende bringen wird. »Haben Sie nie an die enorme Zahl meiner Jahre gedacht«, schreibt er an Boito: »Und wenn ich die mühselig saure Arbeit nicht aushalte? Und wenn es über meine Kräfte geht, die Musik zu Ende zu bringen?« »Ich glaube nicht, dass es Sie anstrengen wird, eine komische Oper zu schreiben … der Humor und das Lachen der Komödie erheitern Geist und Körper«, antwortet Boito beruhigend: »Sie haben sich ihr ganzes Leben hindurch ein reizvolles Thema für eine Opera comica gewünscht … Nachdem wir Schreie und Klagen im menschlichen Herzen geweckt haben, nun mit berstendem Gelächter schließen! Das wird alle umwerfen.« Doch da ist ja nicht nur das Alter, das Verdi zweifeln lässt. Auch seine Hinfälligkeit. Immer wieder ist er krank, einmal ist es sein Rheuma, dann der Magenschmerz, hin und wieder ein Katharrh, die ihm zu schaffen machen. »Peppina und ich, wir sind völlig trostlos«, schreibt er am 4. November 1890 an Ricordi. Untröstlich auch über den Tod weiterer Freunde. Senator Giuseppe Piroli stirbt am 14. November. Verdis getreuer Ratgeber in juristischen Fragen. Ihm folgt wenige Tage später Emanuele Muzio, der es als Dirigent zu Weltruhm gebracht hat, nach langer Krankheit – bereits im September hat Verdi in einem Brief an Ricordi den Tod des »povero amico« vorausgeahnt. Jetzt ist er erschüttert, wie schnell ihm der Freund entrissen wird. »Helas! Le pauvre Muszio, ce brave homme, et ami de ma jeunesse«, »Weh, der arme Muzio, dieser gute Mensch, dieser Freund seit Jugendtagen – … existiert nicht mehr«, notiert er am 16. Dezember 1890. Verständnislos bemerkt er gegenüber der Sängerin Maria Waldmann: »Innerhalb von zwei kurzen Wochen habe ich meine beiden ältesten Freunde verloren! Den Senator Piroli, diesen gebildeten, geraden, aufrichtigen Menschen von unvergleichlicher Ehrlichkeit … Dann Muzio … ein aufrichtiger, er-

Die Mailänder Scala

gebener Freund ... Tot! Und beide waren jünger als ich!! Alles ist
zu Ende!!« »Ich habe nur wenig Lust, eine Oper zu schreiben,
mit der ich nur schlecht vorwärts komme«, bekennt er und ist
dann über sich selbst erstaunt, als *Falstaff* Gestalt annimmt. »Es
ist wahr, ich schreibe *Falstaff*« (29. April 1891).

Der Probenbeginn wird auf Anfang Januar 1893 festgesetzt.
Noch zu diesem Zeitpunkt ändert Verdi die Partitur um. Zwei
Jahre hat er mit der Komödie verbracht und ist immer noch
nicht zufrieden. Wie stets ärgert ihn auch bei seinem letzten
Werk das Unvermögen mancher Sänger, die Art der Inszenierung. Er droht die Oper zurückzuziehen, sollte sie nicht nach
seinen Vorstellungen gegeben werden (an Ricordi, 1. September

1892: »Ich lasse mich nicht zwingen, den *Falstaff* nach dem Belieben anderer aufzuführen.«). Wütend macht ihn der unverschämte Victor Maurel. Unbedachtsam hat Verdi ihm nach dem Erfolg von *Otello* einmal eine weitere Oper mit einer passenden Rolle versprochen. Das war so dahingesagt, eine höfliche Geste, aber Maurel pocht nun auf sein Recht am *Falstaff*. Der Komponist habe diese Oper ihm gewidmet, er allein sei berechtigt, den Falstaff zu singen, tönt Maurel lange vor der Uraufführung; die Partie des Falstaff ist ihm eine geeignete Reklame in eigener Sache. Verdi an Ricordi, 30. August 1892: »Dass er kommen würde und von mir unter anderem verlangen, der einzige Interpret an den ersten Bühnen zu sein, das habe ich nicht erwartet. So bemächtigt er sich einfach unseres Werkes … ein unerhörter, ganz indiskutabler Vorfall!«

Die Uraufführung am 9. Februar 1893 ist ein Event. Tutto il mondo und natürlich ganz Italien liegt dem Maestro zu Füßen. Die Komödie wird allgemein bewundert. Eine Konditorei in Genua backt und vertreibt eigens kreierte *Falstaff*-Kekse.

Doch wem gilt die Bewunderung? Der Sache oder dem Komponisten? Und ist *Falstaff* tatsächlich »die Geburtsstunde der modernen Oper«, wie nicht wenige Musikenthusiasten meinen?

Künstlermensch?

Er ist achtzig Jahre alt. Er hat sich seinen lang gehegten Traum erfüllt, sein Œuvre mit einer Komödie abzuschließen. Er hat damit triumphiert. Schweigt seine Kunst nun? Zieht er sich zurück? Lässt man ihn sich zurückziehen?

Giuseppe Verdi steht in der Pflicht seines Ruhms. Man erwartet von ihm Anteilnahme am Geschick seiner Spätwerke *Otello* und *Falstaff*. Er soll gesellschaftlich präsent bleiben. Wie selbstverständlich begrüßt man, dass er die Probenarbeit zu den verschiedenen Aufführungen des *Otello* und anderer Opern begleitet. Das ist nicht ganz im Sinne des greisen Komponisten, dem diverse Kränklichkeiten und Schwächeanfälle zusetzen und der einmal ausruft: »Die armen kleinen großen Männer, die sie sind, sie bezahlen ihre Popularität recht teuer. Nie gibt es für sie eine Stunde Ruhe, nicht im Leben und nicht im Tod!« Seine Verleger, an vorderster Front der geschäftstüchtige Giulio Ricordi, möchten seine hohe Volkstümlichkeit natürlich nutzen. Und auch in den Salons und anderen kunstsinnigen Kreisen ist Verdi ein gesuchter Gast; schließlich gilt der Komponist seit seinem *Falstaff*-Erfolg als ein Phänomen, als Beispiel der geistigen Übermacht über den verfallenden Körper. Selbst gekrönte Häupter brüsten sich mit der lebenden Legende: Als Verdi die Aufführung seiner Komödie im Teatro Costanzi in Rom besucht, empfängt König Umberto ihn in seiner Loge und präsentiert ihn dem Publikum.

Ricordi fordert im Spätwinter 1894 dringend, Verdi möge der französischen *Falstaff*-Premiere an der Opéra Comique beiwohnen. Um den Komponisten dazu zu bewegen, reisen er und Arrigo Boito eigens nach Genua in Verdis Winterdomizil. Der

Komponist sagt zunächst nicht zu, räumt dann aber in einem Brief Ende März 1894 die Möglichkeit seiner Teilnahme ein, die er – wie gewöhnlich – an verschiedene Bedingungen knüpft: »Fassen wir zusammen. Bei Eurem Hiersein sagten wir: 1. Wenn Ihr die Sänger, die in Paris den *Falstaff* aufführen sollen … nicht geeignet für ihre Partien findet, so habt Ihr und Boito mir Euer Ehrenwort gegeben, dass Ihr mir telegrafieren werdet: ›Bleibt in Genua!‹ … 2. Wenn ich nach Paris komme, brauche ich einen Salon – ein Schlafzimmer für Peppina – ein Schlafzimmer für mich … Wir werden … gegen sechs Uhr in der Früh am Lyoner Bahnhof eintreffen. O weh! Was für eine grässliche Stunde! Um die Reise, habt Ihr mir gesagt, werdet Ihr Euch persönlich kümmern … Wir möchten … Einzelabteile haben, um ungestört schlafen zu können … Ich bin noch nicht fertig. Ihr habt mir versprochen, mir alle Störungen vom Leibe zu halten … Kann ich mich darauf verlassen? Vergesst nicht, dass ich fast 81 Jahre alt bin und Strapazen schwerlich verkrafte!« Natürlich antworten Boito und Ricordi positiv. Verdi tritt mit Peppina die anstrengende Reise an und wird mit einer wirklich hervorragenden Inszenierung seiner Oper belohnt.

Für Giuseppina Strepponi ist die Parisreise doch zu kräftezehrend. Wieder daheim in Italien schwindet ihre Energie von Tag zu Tag, sie erkrankt erneut. Den Sommer verbringt sie meist im Bett liegend, während aus Verdis Räumen Klaviermusik zu ihr hinüberdringt. Der Maestro nimmt einige Änderungen am *Otello* vor, der im Herbst an der Pariser Opéra gegeben werden soll. Paris besteht auf dem obligatorischen Ballett, und der Komponist lässt es sich nicht nehmen, die Tanzeinlagen selbst zu schreiben. Es ist seine letzte Ballettmusik. Sechs Tänze geben Solisten und Corps de Ballet Raum zur Darstellung, sechs Tänze, die unmerklich ineinander fließend wie eine symphonische Dichtung en miniature von nur wenigen Minuten Dauer wirken. Zunächst sieht Verdi einige Schwierigkeiten dabei, das Ballett richtig zu platzieren, ohne den engmaschigen dramatischen Ablauf der Oper zu unterbrechen. Nach französischer

Verdi um 1886

Tradition soll die Tanzeinlage nicht im ersten Akt stehen, der zweite Aufzug des *Otello* spielt sich jedoch nur zwischen den Hauptprotagonisten ab und ist zu geschlossen komponiert, als dass er durch ein Ballett aufgesprengt werden könnte, bleibt also nur die Gesandtenszene im dritten Akt. Das ist die geeignete Stelle, einige Exotismen in die Partitur einzuflechten. Zu diesem Zweck bittet Verdi Ricordi um alte orientalische Melodien, oder besser gleich »etwas Türkisches, etwas Zypriotisch-Griechisches, etwas Venezianisches«. Als Ricordi ihm nicht weiterhelfen kann, forscht Verdi selbst nach und triumphiert schließlich: »Ihre Musikwissenschaftler waren nicht imstande, etwas zu finden ... doch ich habe einen griechischen Gesang von 500 v. Chr. entdeckt ... Dann habe ich einen Tanz von Murano gefunden, der vor 200 Jahren für einen Krieg zwischen Venedig und Murano komponiert wurde ... Mit diesen Entdeckungen habe ich mein gutes Ballett geschrieben.« Auf einen Tanz türkischer Sklaven folgt ein arabisches Lied, darauf der Auftritt »schöner junger Griechen und Griechinnen«, gefolgt von dem Muraneser Kriegstanz im Allegro vivace, einem Pas de deux und einem venezianischen Finale. Das Ballett spiegelt die Hauptthemen der Oper in komprimierter Form: Unterdrückung, Gewalt, Leidenschaft, den Kontrast von verlorenem Selbstwertgefühl (türkische Sklaven = Otello) und aristokratischem Bewusstsein (Griechen = Desdemona).

Verdi arbeitet unermüdlich. Peppina warnt ihn vergebens vor seinem »Arbeitsfieber«. Ende August steht die Ballettpartitur. Der Ballettmeister der Pariser Oper, Joseph Hansen, erarbeitet eine vollkommene Choreographie. Im Spätsommer reist der Komponist in die Seine-Stadt, um die Proben zu überwachen, vor allem die des Balletts. Ricordi, der dem Komponisten nachgereist ist, informiert Giacomo Puccini: »Verdi ... ist verjüngt ... Gestern war er verrückt genug, um die folgenden Proben anzusetzen, zu überwachen und zu dirigieren: zwölf Uhr Chor, von eins bis zwei Orchester, von zwei bis halb drei Tanzproben, von halb drei bis halb sechs Klavierprobe für die Solisten ... Ich rufe Hosianna!!«

Dieser Ausbruch unermesslicher schöpferischer Kraft beeindruckt die junge Komponistengeneration Europas. In ihren

Kreisen werden die Spätwerke *Otello* und *Falstaff* hoch gehandelt. Der Deutsche Anton Urspruch wird in seinem Opernschaffen nachhaltig von *Falstaff* beeinflusst. Igor Strawinsky und Sergej Prokofiew bekennen sich zum Vorbild Giuseppe Verdi, nicht so sehr in sichtbaren Anleihen bei Instrumentationskunst und Melodiengestik als vielmehr in der Forderung nach musikalischem Realismus, wie ihn der Maestro in *Otello* vervollkommnet habe. Selbst ein eingeschworener Wagnerianer wie Richard Strauss schwärmt: »Der *Falstaff* ist eines der größten Meisterwerke aller Zeiten.« Man darf sogar mit Fug und Recht behaupten, dass Verdis Musik entscheidenderen Einfluss auf Strauss hat als Richard Wagner, obschon alle Strauss-Anhänger, sogar der Komponist selbst, diese Tatsache ableugnen würden; Richard Strauss ist nämlich dem Haus Wahnfried verpflichtet, dem er den Beginn seiner imposanten Karriere als Dirigent und Komponist verdankt. Gemäß den nationalistischen Tendenzen im Deutschland seiner Zeit, von der wilhelminischen Ära bis zum Dritten Reich, sieht man ihn (und er sich) lieber in der direkten Nachfolge des deutschen Musikmythos' Richard Wagner, denn als Erbe des »italienischen Leierkastenmusikers«, wie böse deutsche Zungen Giuseppe Verdi zu nennen belieben. Richard Strauss' Symphonische Dichtung *Macbeth* geht nicht gerade auf Shakespeares Drama zurück, sondern erst durch den Filter der Verdischen Oper, was die kontrastierenden Charakterzeichnungen der Figuren betrifft; die düstere Mimik des zwischen Herrschsucht und Soldatenehre schwankenden Macbeth siedelt Strauss ebenso in den dunklen Klangbereichen (Bässe und Basstrompete) an wie Verdi, fahrig, beinahe unzusammenhängend die der Lady zuzuordnenden Motive. Allgemein wird an Richard Strauss' Tondichtung op. 23 von 1890 die realistische Ausdrucksweise herausgestrichen, das Vorbild, der verdische Opernrealismus, allerdings verschwiegen.

Von Strauss' Opernwerken, zu deren bekanntesten der *Rosenkavalier* von 1911 nach einem Libretto Hugo von Hofmannsthals gehört, atmet seine *Salome* am deutlichsten verdischen Geist.

Salome, uraufgeführt 1905, gilt als Skandaloper, nicht nur weil sie auf das gleichnamige Drama des wegen seiner Homosexualität inhaftierten irischen Dichters Oscar Wilde zurückgeht, sondern weil sie in schonungsloser, mehr als realistischer Weise die Brutalität einer Herscherschicht vor Augen führt, zu der unerwartet für das zeitgenössische Publikum auch Johannes der Täufer gezählt wird, während der Prinzessin Salome, die für ihren »Tanz der sieben Schleier« von ihrem Stiefvater König Herodes den Kopf des Propheten fordert, die Opferrolle zugedacht ist. Strauss charakterisiert das Opfer Salome in ähnlicher Instrumentationsweise wie Verdi seine Desdemona in *Otello;* mit zarten, fast kristallinen Klangfarben; Strauss nutzt dafür Harfe und Celesta. Weder Salome noch Desdemona sind Figuren, die sich im Laufe des Dramas entwickeln wie etwa ihre Gegenüber Herodes und Otello, sondern führen einen Typus vor. Verdi schreibt einmal an Ricordi: »Desdemona ist keine Frau, sie ist ein Typus. Sie ist der Typus der Güte, der Ergebung, des Opfers. Und das sind Wesen, die für die anderen geboren sind und die kein Bewusstsein des eigenen Ich besitzen.« Mit *Salome* folgt Richard Strauss auch der Konzeption des *Otello* als eines geschlossenen Ganzen; weder in der einen, noch der anderen Partitur gibt es Brüche, Zäsuren im Handlungsablauf, wobei Strauss zu Hilfe kommt, dass es sich bei seinem Drama um einen Einakter handelt.

Aus den verschiedensten Lagern der modernen Musik zu Anfang des 10. Jahrhunderts werden Stimmen laut, sich doch verstärkt der Instrumentationskunst Giuseppe Verdis zuzuwenden; Ernst Křenek beispielsweise, Jahrgang 1900, setzt sich vehement für die Orchestrierungstechnik Verdis ein. Es wird versucht, Giuseppe Verdi für die deutsche Tonkunst fruchtbar zu machen, seine Werke irgendwie als Vorbild für die deutsche Musik zu legitimieren, wegen ihrer Popularität, trotz ihrer »fremden« Herkunft. Rudolf Louis bemängelt in seiner *Musik der Gegenwart* von 1909, dass im Bereich Oper »die stärksten und nachhaltigsten Bühnenerfolge ... fast ausschließlich fremden

Werken beschieden« wären wie Bizets *Carmen* und Verdis *Aida*. Er versucht, Verdi für Deutschland zu vereinnahmen, indem er seinen Werken wagnerschen Einfluss unterstellt, aber andererseits eine Einflussnahme Verdis auf die deutsche Musik negiert: »Aber abgesehen davon, dass diese Werke ihrerseits schon deutschen, d. h. wagnerschen Einfluss verrieten: Sie fanden zwar ein begeistertes Publikum, doch kaum irgendwelche Beachtung von Seiten der Schaffenden.« Nur dumm, dass es Gegenbeispiele gibt, etwa die wundervoll erdachten *Variationen über ein Thema aus Maskenball* op. 23 von Robert Heger, einem Schüler Max von Schillings, aus dem Jahr 1933; zu Hegers musikalischen Leitbildern gehört außerdem Richard Strauss.

Auf die italienische junge Generation wirkt Verdi ebenso tief greifend wie Ludwig van Beethovens Vorbild auf die gesamte Romantik um Franz Schubert und Robert Schumann. Ermanno Wolf-Ferrari widmet dem verehrten Maestro seine 1895 erschienenen *Variazioni in stilo severo sul Menuetto del Falstaff*, Giacomo Puccini huldigt ihm 1905 mit einem Requiem, Parodi schreibt 1910 eine Verdi-Kantate. Sie alle beziehen sich auf den Verdi der Spätzeit; der Biograph Carlo Perinello beschreibt *Otello* und *Falstaff* als »musikalische Wunder«. Eine Folge davon ist die Verherrlichung des Komponisten als »biblischer Patriarch«, wie ein anderer Biograph es 1914 bildhaft formuliert. Verdi gilt um 1900 als »papa della musica italiana«. Zu diesem Bild trägt auch etwas derart Banales wie die Weiterentwicklung der Fotografie bei. Es gibt mehr Porträts des greisen Verdi mit seinem milden, gütigen Gesicht als vom jungen und reifen Mann. Größtenteils werden diese Abbildungen von Giulio Ricordi in Umlauf gebracht, der durchaus einen geschäftlichen Vorteil in der Vermarktung des »guten Musikpatriarchen« sieht. Und Verdi hat Teil daran. Er lässt sich mit Vorliebe in seinem schlichten dunklen Anzug mit dem breitkrempigen Bauernhut abbilden, zum Zeichen, dass er ein Kind des Landes, des italienischen Volkes ist, zugleich aber auch der *padrone* einiger Güter.

Übrigens sind seine Markenzeichen, Vollbart und Schlapphut, äußerliche Symbole des Risorgimento. Anfang des 19. Jahrhunderts gilt der Vollbart als Ausdruck einer revolutionären Gesinnung; österreichischen Beamten ist das Tragen des Vollbarts strikt verboten, der Durchschnittsmann zeigt sich bartlos, später mit Schnurr- oder Backenbart à la Kaiser Franz Joseph. Allgemeine Huttracht ist die Melone, zu öffentlichen Anlässen der Zylinder, in seiner Freizeit trägt der Mann von Welt einen von einem farbigen Band umschmückten Strohhut, und nur der notorische Oppositionelle wagt sich mit dem breiten Bauernfilz auf die Straße. In den letzten beiden Jahrzehnten vor der Jahrhundertwende wird es modern, mit ehemaliger Zugehörigkeit zum Risorgimento oder der Mitgliedschaft in Garibaldis Freischärlertruppen zu kokettieren. Und das bei allen politischen Richtungen gleichermaßen. Rechte wie Linke, Konservative und Liberale vereinnahmen die Bewegungen der Vergangenheit für ihre Zwecke, alle berufen sich auf den italienischen Freiheitskampf, die einen aus nationalistischen, die anderen aus sozialistischen und patriotischen Motiven.

Der Blick zurück auf die hehre Zeit des Freiheitskampfs spricht Bände über unerfüllte politische Erwartungen und Sehnsucht nach einer Utopie des vollkommenen Nationalstaates. Zwar gilt das Hauptziel der Revolutionen und Kriege, die nationale Einigung, als erreicht, aber sie ist zu teuer erkauft worden. Mit Frankreich, das ähnliche imperialistische Interessen verfolgt wie Italien, kommt es immer wieder zu diplomatischen Spannungen; das vereinte Italien wird den Franzosen zu stark und zu unabhängig. Man versucht, Druck auf die Regierung Crispi auszuüben, und das gelingt. Seit 1888 liegt Italien im Handelskrieg mit Frankreich. Crispi ist gezwungen, die wirtschaftliche Stabilität des Staates nach außen hin durch drastische Steuererhöhungen und Sparmaßnahmen zu festigen. Angehörige der unteren Gesellschaftsschichten sinken dadurch ins soziale Aus. Grundbesitzer geraten in Steuernöte, viele sind gezwungen, Land zu veräußern, was wiederum etliche abhängige

Pächter und Tagelöhner in die Arbeitslosigkeit drängt. Vielen Italienern bleibt nur die Auswanderung. Anarchie und Kriminalität treten an die Stelle revolutionärer Bewegungen. Auf unnachgiebige Forderungen der Gewerkschaften nach Verbesserung der Situation für Industriearbeiter und Bauern reagiert Crispi 1894 mit der Auflösung der Sozialisten-Vereine. Die Enttäuschung über die aktuelle Situation ist in allen Gesellschaftsschichten gleich; jeder ist auf irgendeine Weise von dem desolaten Zustand seines Landes betroffen. Man konstruiert sich als Gegenwelt zur verhassten Gegenwart die »gute alte Zeit« des Risorgimento, als man den Feind noch kennt, gegen den man sich erhebt, der einen Namen hat, nämlich Österreich, und der nicht so gesichtslos ist wie die Feinde Armut und Anarchie. Die Helden des Freiheitskampfes werden glorifiziert: Mazzini und Garibaldi. Man sucht sich ähnliche Figuren in der Gegenwart, knüpft große Hoffnungen an einzelne Politiker oder andere Personen öffentlichen Interesses, die es verdienen, zu Idolen und Mythen, Hoffnungsträgern des Staates zu werden. – Auf diese Art und Weise wird Giuseppe Verdi zur Lichtgestalt Italiens. Es ist wahr, der Komponist des Risorgimento wird erst zum Jahrhundertende als »maestro della rivoluzione italiana« erhoben und gefeiert. Wieder eher unfreiwillig, aber wiederum keineswegs widerstrebend. Der liberale Dichter Giosuè Carducci schreibt 1889: »Giuseppe Verdi hat mit dem Herzschlag der jungen Kunst das wieder erstandene Vaterland vorausgeahnt und verkündet. O, ihr Gesänge, unvergesslich und heilig für alle, die vor 1848 das Licht der Welt erblickten! Giuseppe Verdi ziert und erhebt mit dem Ruhme seiner großen Kunst im Angesichte der Völker das wieder erstandene Vaterland. Ruhm ihm, dem Unsterblichen...!« Sein Ruhm gründet sich dabei auf einige Frühwerke wie *Nabucco*, *I Lombardi* und *Giovanna d'Arco*, an deren Erfolg bei den Massen man sich wieder erinnert; ausgeblendet bleiben die mittleren Werke, selbst der grandiose *Rigoletto*; noch Max Chop bezeichnet 1913 alle Werke zwischen 1844 und 1850 als Fehlschläge. Dieses Bild vermitteln die meisten Biographien und Werkbeschreibungen, die in der Zeit um die Zentenarfeier des Maestro entstehen: *Giuseppe Verdi nell' arte e nello spirito del Risorgimento* heißt eine von ihnen, eine andere tut kund: »Verdi aber, der Mann, welcher durch seine Musik die träge Volksmasse zur Begeisterung der That hingerissen hat, verdient, als einer der größten Patrioten angesehen zu werden; ihm gebührt ein Lorbeer, gleich dem, welcher dem besten Staatsmann und dem besten Feldherrn geweiht wurde.«

Aus den positiv konnotierten Bildern des Patriarchen und Revolutionärs wird das des guten Menschen und vollendeten Musikers herausgefiltert. Das Porträt des gütigen Verdi ist allen Seiten dienlich: Besitzende verehren in ihm den milden Großgrundbesitzer, Besitzlose den Patrioten ärmlicher Herkunft, Intellektuelle den genialen Künstler, Arbeiter den volksnahen Bauern. Verdi selbst pflegt diese Vorstellung vom einfachen Bauern; er selbst bezeichnet sich oft als »Ungebildetsten aller Komponisten«, als »schlichten Bauern« und »Wilden«. Er hört auch durchaus gerne die (z. T. von ihm selbst in Umlauf gebrachten Anekdoten), die um seine ärmliche Jugend, seine humorvollen Seiten und seine Hilfsbereitschaft kreisen: wie der junge Organist barfuß zu seinem Kirchendienst läuft, weil er seine Schuhe nicht abnutzen möchte, wie er in seiner ersten Mailänder Zeit darbt und knausert, wie er den talentierten Emanuele Muzio fördert, den er zunächst auf eigene Kosten von Kopf bis Fuß neu einkleidet und dann unterrichtet, wie er dem unglücklichen Francesco Piave während der Krankheit beisteht, wie er später dessen Witwe unterstützt, wie er Geld für Katastrophenopfer spendet, als einmal im Jahr soundso viel der Po verheerend über seine Ufer tritt, wie er im Krieg 1859 für die Verwundeten und Hinterbliebenen eine Sammlung organisiert, wie er als guter Adoptivvater die kleine Maria Filomena ins Marionettentheater ausführt und später ihre Kinder auf seinen Knien schaukelt. Gern wird die Geschichte von einem Hörer des *Trovatore* erzählt, den die Aufführung schwer enttäuscht und der nun von Verdi die Reisekosten, Spesen für Essen und Trinken und den

Eintrittspreis zurückverlangt. Der Komponist willigt lachend ein und ersetzt dem Mann Reise- und Billettkosten verbunden mit der Auflage, nie wieder eine seiner Opern anzuhören; allerdings zieht er ihm die Ausgaben fürs Restaurantessen mit der Bemerkung ab, der Mann hätte sich ja selbst versorgen können und müsse sowieso jeden Tag für sein Essen aufkommen.

Ein Hilfsprogramm, das Verdi sehr am Herzen liegt und das sein Ansehen bei der Landbevölkerung hebt, ist die Einrichtung eines Krankenhauses in Villanova d'Arda, unweit des Gutes Sant' Agata. Es wird vor allem von den Bauern der Umgebung in Anspruch genommen; für mittellose Patienten sind Behandlung und Verpflegung frei (was zu dieser Zeit keinesfalls selbstverständlich ist). Verdi überwacht die Vorgänge in Villanova sorgsam und reklamiert manche Beschwerden, die ihm zugetragen werden; aus einem Brief an den Direktor des Spitals (16.1.1889): »Ich halte es für richtig, Sie davon in Kenntnis zu setzen, dass ich Nachricht aus dem Hospital … erhalten habe … 1. Das Essen sei knapp. 2. Knapper noch der Wein … 3. Die Milch … minderwertig. 4. Das Öl sei vom gewöhnlichsten, deshalb schädlich … 5. Man wolle halb verfaulten Reis … einkaufen. 6. Man lasse sich die Begräbniskosten auch von denen bezahlen, die mittellos sind … Ich kann aus der Ferne nichts dazu sagen … Immerhin schmerzen mich diese Nachrichten erheblich … Ich hoffe jedoch, dass das alles nicht wahr ist…«

Freunde schafft sich Giuseppe Verdi auch mit einem ehrgeizigen Sozialprojekt: einem Alters- und Versorgungsheim für greise und berufsunfähige Künstler. Im Sommer 1889 kauft er ein Grundstück in der Nähe von Mailand. Im Herbst beauftragt er Arrigo Boitos Bruder, den Architekten Camillo Boito, mit dem Bau seines Musikerheims. Im Oktober werden die entsprechenden Verträge unterzeichnet. Allerdings dauert es noch fast sechs Jahre, ehe die Pläne Gestalt annehmen. Verdi möchte zunächst heimlich ohne Aufsehen vorgehen; Camillo Boito erstellt die Grundrisse nach und nach neben seinen hauptsächlichen Arbeiten. Hundertfünfzigtausend Lire stellt der Komponist als finanzielle Basis sicher. 1899 ist das zweistöckige Gebäude fertig, das »italienischen Staatsbürgern, die das fünfundsechzigste Lebensjahr erreicht, berufsmäßig die Kunst der Musik ausgeübt haben und sich im Zustand der Armut befinden«, geöffnet werden soll; Komponisten seien allerdings bei der Aufnahme zu bevorzugen, die Zahl weiblicher Pensionärinnen dürfe vierzig Prozent nicht überschreiten. Diese zweite Bedingung mutet heute etwas frauenfeindlich an, entspricht aber den realen Verhältnissen im Musikbetrieb um 1900 – Musik ist zu dieser Zeit immer noch eine Männerdomäne und die Zahl männlicher Orchestermusiker, Komponisten und Dirigenten übersteigt bei weitem die der weiblichen Musikschaffenden.

Die soziale Situation der Künstler ist miserabel; natürlich bleiben sie von der allgemein schlechten Wirtschaftslage nicht verschont. Im Gegenteil, glaubt die Regierung doch wie jede Regierung in finanziellen Nöten, auf Kultur am ehesten verzichten zu können; der Rotstift wird vor allem im Kulturministerium angesetzt, viele staatliche Theater müssen schließen, die übrig gebliebenen müssen um jede Lira Zuschuss kämpfen. Selbst im musikalischen Aushängeschild Italiens, der Mailänder Scala, herrschen leere Kassen; nicht für jede Premiere können neue Bühnenbilder oder Kostüme angeschafft werden, man muss auf den Fundus zurückgreifen oder sich aus anderen Theatern Requisiten und diverse Versatzstücke ausleihen; man setzt lieber fest angestellte Sängerinnen und Sänger ein, als teure Primadonnen von außerhalb zu engagieren; man versucht die Gagen der Orchestermusiker zu drücken, alles mit dem einzigen Erfolg, dass die Qualität der Aufführungen nachlässt, weniger Publikum in die Opern gelockt wird und damit allmählich auch diese Einnahmequelle versiegt. Musiker und Akteure müssen entlassen werden, gute Kräfte treten derartig unterbezahlte Engagements gar nicht erst an, viele Theater verfügen also nur über entweder gealterte oder noch unerfahrene Ensemblemitglieder.

Der Durchschnittsmusiker vor 1900 verfügt nur über ein minimales Einkommen und das auch nur, solange er tätig sein kann. Reich werden lediglich Komponisten vom Rang Giuseppe Verdis, Sänger von der Berühmtheit eines Gaetano Fraschini, Dirigenten vom Schlag eines Hans von Bülow ... das sind wenige. Das Gros der Tonkünstler vom Dirigenten bis zum Kirchenmusiker bleibt in kleinbürgerlichen bis mittelständischen Verhältnissen. Gewerkschaften für Musiker gibt es bis dato nicht in übergreifendem Maße. In absolutistischen Zeiten oblag es dem jeweiligen Fürsten oder den zuständigen Stadtoberen nach eigenem Ermessen, für ihre angestellten Musiker zu sorgen; Gegensätze wie Rentenzahlungen, Witwenrente, Krankenbeihilfe sind bei jedem Vertrag eigens auszuhandeln, bleiben aber meist unberücksichtigt. So kommt es, dass die Ehefrau eines Johann Sebastian Bach, Thomaskantor in Leipzig, nach dem Tod ihres Mannes im Jahr 1750 verarmt, ohne Ansprüche an die ehemaligen Arbeitgeber des Komponisten stellen zu können. Mit dem Aufbruch ins bürgerliche Zeitalter gründen sich viele Privatinitiativen zur sozialen Absicherung der Künstler. In lokal und personal begrenztem, aber durchaus nicht zu unterschätzendem Rahmen setzen sich die Musiksalons, die von adligen oder großbürgerlichen Damen geführt werden, für Not leidende Musiker ein. In anderem Umfang kümmern sich einzelne Tonkünstlerverbände um die Belange ihrer Mitglieder; zu den frühesten und bekanntesten gehören die seit Mitte des 18. Jahrhunderts in London bestehende »Society of Musicians« und die Wiener Tonkünstler-Societät. Während in den Salons direkte und personenbezogene Hilfe geleistet wird, organisieren die Societäten Wohltätigkeitskonzerte, deren Erlöse einmal den Hinterbliebenen, ein anderes Mal dem Pensionsfonds oder Ähnlichem zugedacht werden. In Deutschland organisiert sich 1872 der Allgemeine deutsche Musikerverband, in Österreich 1885 der »Österreichische Tonkünstlerverein«. In Italien existiert die »Federazione Italiana dei Lavoratori dello Spettacolo«. Soziale Fürsorge übernehmen teilweise die Gesellschaften, die sich vorrangig der Musikausübung und -pflege verschrieben haben; für das Italien des ausgehenden 19. Jahrhunderts ist an dieser Stelle etwa die »Società Musicale Romana« zu nennen; bedeutendere Arbeit in sozialer Hinsicht leistet die »Associazione Italiana degli Amici della Musica« (größtenteils in Privataktionen einzelner Mitglieder), die sich allerdings erst 1902 konstituiert. Kein Wunder, dass Verdis Projekt »Casa di Riposa« auf breiten Anklang stößt und bereits zur offiziellen Eröffnung im Oktober 1902 eine ellenlange Warteliste bedürftiger Musiker vorliegt. Die Casa bietet etwa sechzig bis siebzig Leuten Platz. Erst nach einem Ausbau im Jahr 1937 finden rund hundert Pensionäre Raum.

Reine Wohltätigkeit ohne persönliches Interesse? Lange Zeit sieht man es so. Verdi wird zu einem seltsamen amphibischen Wesen stilisiert, halb Künstler, halb Mensch und von beidem das Vollkommenste. »In Verdi finden wir eine typische Verschmelzung von idealer Kunst und idealem Menschentume«, schließt eine Biographie aus dem Jahr 1913. Wie aber muss die Hausordnung der »Casa di Riposa« verstanden werden, die da besagt, dass alle männlichen Insassen den verdischen dunklen Bauernschlapphut gewissermaßen als Pensionsuniform zu tragen haben? Als massenwirksamer Teil eines Selbstinszenierung Giuseppe Verdis, des Patriarchen, Bauern und Mazzinisten?

Das Bild vom idealen Künstlermenschen wird in Giuseppe Verdis letzten Lebensjahren durch seine Hinwendung zu religiös motivierter Musik forciert. Die konservativen und klerikalen Kreise finden nun auch »ihren« Verdi, den Geläuterten, den verlorenen Sohn; die ohnehin durch nichts zu erschütternden liberalen Verdi-Anhänger begreifen seine religiöse Musik als metaphysisch überhöhte Auseinandersetzung mit Welt, Mensch und Tönen.

Ob tatsächlich ein schwerwiegender Wandel in der Glaubensanschauung Verdis die Motivation für die in den folgenden Jahren entstehenden geistlichen Stücke ist, bleibt zweifelhaft. Der Anlass, nach etwa neun Jahren wieder ein *Ave Maria* zu komponieren, ist eher ein lustiger Zufall. In der *Gazetta musicale* wird dem Fachpublikum eine Denksportaufgabe gestellt, auf

Grundlage einer kurios erdachten Tonleiter solle ein Stück komponiert werden. Die Schwierigkeit der so genannten Scala enigmatica liegt in ihrer Zwitterhaftigkeit: Sie ist weder Dur noch Moll, noch einer der Kirchentonarten zugehörig; heutigen Komponisten böte die Scala wenig Probleme, doch vor 1900 bewegte sich die Moderne gerade erst auf Ideen wie Bi-, Poly- oder Atonalität zu; Gustav Mahlers harmonische Rückungen und Verschiebungen, Richard Strauss' bitonale Opern (berühmt ist die große Szene Oktavians im *Rosenkavalier* von 1911) gelten als ungewöhnliche, ja skandalöse Hörerlebnisse. Verdi befasst sich intensiv mit der »unseligen Tonleiter« und schreibt im März 1889 an Boito: »Ihr werdet sagen, es lohnt sich nicht der Mühe, sich mit diesen Kinkerlitzchen abzugeben, und Ihr habt sogar Recht. Aber was wollt Ihr. Im Alter wird man wieder Kind, heißt es. Und diese Kinkerlitzchen erinnern mich an die Zeit, da ich achtzehn war und mein Maestro sich damit amüsierte, mir mit ähnlichen Bässen den Nerv zu töten.« Vielleicht in der Erinnerung an seine Jugend als Kirchenmusiker und das Fugen- und Kontrapunktstudium bei Meister Lavigna entschließt sich Verdi, die Scala als cantus firmus einer geistlichen Komposition zu verwenden. Im Brief an Boito erwägt er, »aus dieser Tonleiter ein Stück mit Worten, zum Beispiel ein *Ave Maria*« zu machen. »Noch ein *Ave Maria*? Es wäre das vierte! Auf diese Weise könnte ich hoffen, nach meinem Tode selig gesprochen zu werden«, schreibt er dem Freund, der schlagfertig antwortet: »Möge es nur kommen, dieses vierte *Ave Maria*. Es bedarf vieler *Ave Marie*, um Seine Heiligkeit zu bewegen, dass er Ihnen das Credo des Jago vergibt.«

1895 beschäftigt sich der Maestro erneut mit einer religiösen Musik. Wieder gibt er einen unerwarteten Grund für seine liturgische Komposition an. »Ihr behauptet, auf meinem Schreibtisch einige Seiten einer Partitur entdeckt zu haben«, schreibt er einem befreundeten Dirigenten am 21. April: »Vielleicht ist es sogar wahr! Ich wollte ein *Tedeum* schreiben!! Eine Danksagung, nicht für mich, sondern für das Publikum, auf dass es nach so vielen Jahren davon befreit wird, weitere Opern von mir zu hören!!«

Auch die bereits 1886 komponierten *Laudi alla Vergine* für Frauenstimmen sind gedankliche Spielerei. Sie beruhen auf Texten aus Dante Alighieris *Divina Commedia*, der *Göttlichen Komödie*, und zwar aus dem Abschnitt *Paradiso*. Verdi versucht die Texte ihrer Zeit gemäß umzusetzen, nähert sich dabei der Gattung Motette und dem Vorbild Palestrina an; schließlich befasst sich der Komponist gerade in jenen Jahren auffallend mit der Herkunft und Tradition italienischer Musik und prägt das Schlagwort:»Kehren wir zu den Alten zurück, und es wird ein Fortschritt sein!« Und auch das 1896/97 vertonte *Stabat mater* lehnt sich deutlich an Giovanni Pierluigi da Palestrina an. Identifikationsfolie für Giuseppe Verdi? Sein *Stabat mater* von eher schlichtem verdischem Ausdruck kann jedenfalls mehr in einen Traditionszusammenhang mit Vertonungen »alter Meister« als mit zeitgenössischen Komponisten wie Gioacchino Rossini gesehen werden. Rossinis 1842 uraufgeführtes *Stabat mater* spielt mit allen Mitteln musikdramatischen Ausdrucks, es ist die Tragödie der Mutter Jesu unter dem Kreuz:

> Stabat mater dolorosa
> Christi Mutter stand mit Schmerzen
> Juxta crucem lacrimosa,
> bei dem Kreuz und weint' von Herzen
> dum pendebat filius.
> Als ihr lieber Sohn da hing.
> Cujus animam gementem
> Durch die Seele voller Trauer
>
> Contristam ac dolentem
> seufzend unter Todesschauer
> Pertransivit gladius
> jetzt das Schwert des Leidens ging.
> (Übers. v. Clemens von Brentano)

Das *Ave Maria, Stabat mater,* die *Laudi alla Vergine* und das *Tedeum* fasst Verdi in dieser Reihenfolge als *Quattro pezzi sacri* zusammen. Am 21. Oktober sendet er das erste und das letzte der geistlichen Stücke an Ricordi, vier Tage später die *Laudi* und das *Stabat mater.* »Ich schicke Euch o weh! auch die beiden anderen Stücke ... zu meinem großen Leidwesen! Denn solang sie noch auf meinem Scheibtisch lagen, schaute ich sie hin und wieder wohlgefällig an, und sie schienen ein Stück von mir zu sein. Nun gehören sie mir nicht mehr!!« Die *Quattro pezzi sacri* werden zu Ostern 1898 uraufgeführt und erobern sich im Handumdrehen die ungebrochene Gunst des Publikums.

Die *Laudi* und das *Stabat* liegen Verdi nach seiner Aussage mehr am Herzen als die beiden anderen Stücke. In ihrer geschlossenen Konzeption, der Sorgfalt von Stimmsetzung und Motivarbeit, stehen sie im Rang vor dem *Tedeum* und weit vor dem *Ave Maria*. Das Lob der Jungfrau Maria und Mutter Gottes steht in den *Quattro pezzi sacri* also an erster Stelle. In einer Zeit, da den Vaterfiguren abgeschworen wird, da der König nicht mehr automatisch der »pater patriae« ist, verliert sich auch der Symbolwert des Gott-Vaters. In Deutschland beginnt die neue Welle der Marienverehrung bereits zu Beginn der romantischen Epoche; Clemens von Brentano und Joseph von Eichendorff tragen die Bewegung. Ab der Jahrhundertmitte hat der Marienkult die romanischen Länder ergriffen. Ausgelöst wird die Verehrungsbewegung letztlich durch eine Enzyklika von Papst Pius IX. (1854), die die Unbefleckte Empfängnis Mariae dogmatisiert. Die wiederum ist eine Reaktion auf das zeitgenössische Frauenideal der tugendhaften, naiven Kindergebärerin.

Peppina Strepponi, die als Initiatorin der verdischen *Vier geistlichen Stücke* gilt, pflegt eine tiefe Religiosität. Ihr zuliebe hat Verdi einst auf seinem Landgut eine Kapelle errichten lassen, in der Gottesdienste begangen werden können und wohin Giuseppina sich zur Andacht zurückziehen kann. Die Sängerin richtet ihren Glauben zeitgemäß mehr auf die Mutter Gottes und Jesus Christus aus als auf den väterlichen Gott – so spricht es sich zumindest in ihren schriftlichen Äußerungen aus. Es ist gut möglich, dass Verdi in seine geistlichen Kompositionen der Spätzeit genauso die persönliche Vorliebe seiner Ehefrau als auch die religiösen Tendenzen der Epoche einfließen lässt. Jedenfalls machen die *Quattro pezzi sacri* wie zuvor das *Requiem* deutlich, dass Verdis religiöse Darstellungen an die Begriffe Gnade und Erlösung gebunden sind, Begriffe des Neuen Testaments, in dem Maria und Jesus, nicht mehr der Allmächtige Gott, im Zentrum stehen. Beide Begriffe sind eng an die Person Marias gebunden, Maria, die Fürbitterin der »armen Sünder« vor Gottes Thron. In den *Laudi alla Vergine* sticht vor allem das vorhaltsreiche Cantabile *La tua benignità* hervor, das die Milde der Madonna besingt, Kern des *Stabat mater* ist die Erlösung in ungebrochenem Glauben durch ihr anrührendes Beispiel – Verdi hebt die Zeilen durch deutliche Zäsuren hervor: »Eja mater, fons amoris,/ me senteri vim dolores,/ fac ut tecum lugeam.// Fac ut ardeat cor meum/ in amandum Christum Deum/ ut sibi complaceam.«, »Gib, o Mutter, Born der Liebe,/ dass mit dir ich mich betrübe,/ dass ich fühl' die Schmerzen dein.// Dass mein Herz von Lieb' entbrenne,/ dass ich nur noch Jesus kenne,/ dass ich liebe Gott allein.« Die Utopie von Gnade und Erlösung findet ihre Klimax in der Schlusszeile im Wort »paradisi«, in den plötzlich aufbrechenden Harfen- und Flötenklängen, die, besonders bei Verdi, Ausdruck des Sehnsüchtigen sind (man vergleiche dazu die große Leonoren-Arie und die Klosterszene im 2. Akt von *La forza del destino*). Aber eben nur der Sehnsucht und der Utopie, nicht der Gewissheit. Enttäuschung, zumindest Zweifel an Gottes Versprechen von Gnade und Erlösung werden am Schluss des *Tedeums* formuliert. Verdi baut die finalen Zeilen »In te, Domine, speravi:/ non confudar in aeternum«, »auf dich, Herr, habe ich gehofft./ Lass mich in Ewigkeit nicht verderben« zu einer demonstrativen Szene von Sopransolo und Chor aus.

Mittelpunkt des *Tedeums* sind die Menschwerdung und die schmerzliche Überwindung des Todes, Zentrum des *Ave Maria* die Erlösung »in der Stunde des Todes«, das *Stabat mater* kreist um den Tod Jesu und das Mitleiden seiner Mutter. Das entspricht der verdischen Vorstellungswelt von Leiden und Mitleiden; Gottvater leidet nicht und kennt auch kein Mitleid, allenfalls eine altertümliche Auffassung von Gerechtigkeit (AT), Jesus und Maria sind Personifizierungen von Leiden und Mitleiden, ein religiöses Moment, das Verdi akzeptieren kann. Dieser Gedankenfaden ließe sich zur frühen, revolutionären Oper des Maestro weiterspinnen: Der Herrscher leidet nicht, aber die Opfer seiner Macht, die liebende Frau und der heldische Geliebte.

Wenn nun die konservativen Kreise in Verdis *Quattro pezzi sacri* eine Aussöhnung mit der Religion sehen, kann man reinen Gewissens behaupten, diese geistliche Musik biete Bilder der Versöhnung?

Die geschichtliche Zeit jedenfalls rächt und gleicht aus, aber unversöhnlich: Kaiserin Elisabeth von Österreich, die als »Sisi« romantisierte Gattin Franz Josephs, wird in Genf von dem Italiener Luigi Luchini ermordet, zwei Jahre darauf, im Jahr 1900, wird auf König Umberto I. ein todbringendes Attentat verübt. »Wozu all das Blutvergießen«, klagt der greise Maestro im August, »wenn die Söhne der italienischen Erde einander feindlich gesonnen sind.« Einen momentanen Lichtblick wird das Jahr 1911 bringen, als ein Großneffe Franz Josephs die Tochter eines italienischen Fürsten heiratet, Prinzessin Zita von Bourbon-Parma – aber das wird der Komponist nicht mehr erleben. Für seine Anhänger verwirklicht sich die Versöhnung der ganzen Menschheit bereits zu Lebzeiten in Person und Werk Giuseppe Verdis: »Wohl ihm, der ein so hehres Beispiel gegeben hat von der nationalen Kunst, von jener Kunst, die nicht zum Ergötzen da ist, sondern auch die Wirkung ihrer Schönheit und Hoheit anfeuert zu Heldenthaten und zum Siege führt, jener Kunst, in welcher das Herz der ganzen Menschheit schlägt, die im süßen Rausch der Liebe und im rasenden Sturme der Leidenschaft einen Ausruf der Begeisterung auch den verschlossensten Lippen entlockt!«

Verdi scheint unbeeindruckt davon, wie er allmählich zum Nationalhelden stilisiert wird. Sein Alltag verläuft in immer gleichen Bahnen. Er steht früh am Morgen auf, erledigt Geschäftliches oder seinen privaten Schriftverkehr, trifft sich mit Giuseppina zum Mittagessen, arbeitet, musiziert, geht spazieren und verbringt die Abende mit Ehefrau und Freunden bei Gesellschaftsspielen, manchmal Billard, öfters Kartenspiel. Über die musikalischen Geschehnisse, die in aller Welt vor sich gehen, den imposanten Schritt von Spätromantik, Impressionismus zur Moderne berichten ihm seine jüngeren Freunde Arrigo Boito und Teresa Stolz. Er erfährt natürlich vieles über den veristischen Komponisten Pietro Mascagni, dessen *Cavalleria rusticana* von 1890 ihren jungen Schöpfer über Nacht weltberühmt macht. Gleichrangig neben Mascagni steht Ruggiero Leoncavallo, dessen Ruf sich ebenfalls auf ein einziges Werk, den *Bajazzo*, stützt. Aber mit dem Verismo, wie ihn die jungen Musiker auffassen, wie ihn die Schriftsteller Giovanni Verga und Luigi Capuana umsetzen, kann Verdi sich nicht befreunden. Sie wollen eine naturalistische Schilderung der Wahrheit, Verdi ihre realistische Transformation in Poesie; »das Wahre kopieren kann ganz gut und recht sein; aber das Wahre erfinden ist besser«, sagt er einmal und ein anderes Mal: »Shakespeare war Verist, er wusste es aber nicht; er war Verist aus Inspiration, wir sind Veristen aus ... Berechnung.«

Einen düsteren Einschnitt in ein gemütliches Alltagsleben bringt die schwere Krankheit und der Tod Giuseppina Strepponis. Im Juni 1896 meldet Verdi an Boito: »Peppina ist vom Bett aufgestanden; sie ist nicht krank, aber isst nichts, sodass ihre Kraft mit Schwierigkeit zurückkehrt.« Im Sommer 1897 wird sie hinfällig und bettlägerig. Ihren Bronchialbeschwerden, an denen sie seit Jahrzehnten zu leiden hat, kann sich ihr geschwächter Körper nicht länger widersetzen. Sie bleibt ganze Tage in ihrem Zimmer und wagt sich selten in den Salon oder gar an die frische Luft. Sant' Agata, das ihr immer schon langweilig erschienen ist, macht sie jetzt »schrecklich, schrecklich traurig«. Im

Oktober schreibt der besorgte Ehemann: »Peppina war krank, verbrachte mehrere Wochen im Bett ... ist sehr schwach; sie ist nicht glücklich, spricht wenig ... Ich für meinen Teil, ohne sehr krank zu sein, habe tausend Problemchen ... ich kann nur schlecht gehen; meine Augen sind schwach.« Der letzte Brief Strepponis datiert vom ersten November 1897; er ist an ihre Schwester gerichtet: »Ich habe Dir einige Zeit nicht geschrieben, da ich ständig im ... Bett war ... Ich habe an Dich gedacht ... und ich denke dauernd an dich ... Heute ist Allerheiligen, aber jeder Tag scheint mir ein Tag der Trauer.«

Zwei Wochen später verlässt sie ihren geliebten »Mago« für immer; am Abend des 14. November stirbt sie an Pneumonie. In ihrem Testament bestimmt sie, so arm, wie sie auf die Welt gekommen sei, wolle sie diese auch wieder verlassen, die Beerdigungszeremonie solle so bescheiden wie nur möglich ausfallen. Sie vermacht all ihr Vermögen – bis auf einige Andenken – ihrem »Pasticcio«. Ihr Testament schließt mit den Worten: »Und jetzt: Lebewohl, mein Verdi! ... Wie wir im Leben vereint waren, soll Gott unsere Seelen im Himmel zusammenführen.«

Verdi ist untröstlich über den Heimgang seiner langjährigen Wegbegleiterin, und ein weiterer Schicksalsschlag soll ihn bestürzen. Eine Mordgeschichte: Im September 1898 fällt im Haus Carrara ein Schuss; ein Hausmädchen wird tödlich getroffen. Verhaftet wird ein Enkel Verdis, der siebzehnjährige Angiolino. Er gibt bei der Vernehmung an, dass sich beim Reinigen der Jagdwaffe versehentlich ein Schuss gelöst habe. Die bedenkliche Tatsache, dass dieser unglückliche Schuss ausgerechnet das Genick des Opfers wie bei einer Hinrichtung durchschlägt, und einige andere Ungereimtheiten lassen Zweifel beim Gericht aufkommen, ob tatsächlich Angiolino den Schuss – absichtlich oder nicht – abgegeben hat, oder, wie hinter vorgehaltener Hand getuschelt wird, sein Vater auf diesem Weg eine unbequeme Geliebte aus dem Weg räumen will und der Junge ihn deckt. Die Familie wendet sich an Verdi. Er solle doch bitte ein Wort für Angiolino einlegen, und der berühmte Komponist setzt alle Hebel in Bewegung. Seinem Namen ist es zu danken, dass sich der König persönlich mit dem Fall auseinander setzt. Angiolino kommt mit 38 Tagen Gefängnis und einer Geldbuße von wenigen Liren aus der Angelegenheit. Um einer möglichen Vendetta der Familie des Opfers vorzubeugen, bietet man (Verdi?) dem einzigen Bruder des Hausmädchens eine erhebliche Summe Geldes, damit er sich in den Staaten eine gesicherte Existenz aufbauen kann. Maestro Verdi dankt seinem König: »Ich habe die Ehre, mich als Ihren untertänigsten Diener bezeichnen zu dürfen.« Die devote Verbeugung eines ehemaligen Revolutionärs.

1900. Es geht die Sage von dem guten, greisen Komponisten, der einsiedlerisch in Sant' Agata haust, nahe seinen Wurzeln, seiner Heimaterde. Neugierige kommen tagtäglich an die Parktore des Herrenhauses, in der Hoffnung, wenigstens einen Blick auf diese lebende Legende zu erhaschen. Und es sind nicht nur Musikbegeisterte oder italienische Patrioten, sondern auch Italientouristen auf der Durchreise, denen die Bussetaner stolz den Weg zu ihrem »Verdi« gewiesen haben. Aber selten erfüllt sich die Hoffnung, den Komponisten leibhaftig zu sehen. Er hält sich die meiste Zeit im Grand Hôtel in Mailand auf, und wenn er sich in Sant' Agata befindet, schirmen Freunde, Bedienstete und Torwächter den alten Mann sorgsam vor neugierigen Blicken ab.

Verdis Kräfte nehmen zusehends ab. Seine letzten Briefe künden davon. An Teresa Stolz, die ihn seit Peppinas Tod öfters besucht und zur intimen Freundin wird, schreibt er im Juni 1900: »Meine Liebe! Welch' köstliche Stunden! Leider zu kurz. Aber wenn auch – wer weiß, wann sie wiederkehren! Oh, das Leben eines alten Mannes ist armselig. Wenn auch der Geist rege bleibt, drückt mich doch das Leben; ich fühle von Tag zu Tag den Willen und die Kraft schwinden … Bewahren Sie mir Ihre Liebe und glauben Sie an die meine, die unsagbar hoch und aufrichtig ist …« Anfang des Jahres 1901 vertraut er Boito an: »Ich bin nicht krank … aber meine Kräfte schwinden …« Es bleiben ihm nur noch wenige Tage, Tage, die er mit Musik verbringt, sei-

Journalisten schreiben das Gesundheitsbulletin Verdis ab (1901)

ner Musik: *Macbeth* und *Don Carlos*. Am 18. Januar wird er bewusstlos, gerade, als er wie jeden Morgen sehr früh aus dem Bett seines Appartements im Mailänder Grand Hôtel aufspringen will. Sein Sterben dauert acht Tage und neun Nächte, Mailand inszeniert eine Agonie. Das Hotel staffiert seine Räumlichkeiten mit schwarzen Seidenbahnen aus. Auf den Straßen rund um das Gebäude wird Stroh ausgeschüttet, um den Straßenlärm zu dämpfen. Mitglieder der Highsociety defilieren am Sterbebett des Komponisten vorbei, beobachten die letzten Atemzüge des Genies. Seine besten Freunde harren während der gesamten Zeit im Salon des Hotels aus. Man schickt nach dem Bühnenbildner und Maler Adolfo Hohenstein. Er soll Verdis Sterben zeichnerisch dokumentieren. Und das tut er minutiös mit genauen Zeit- und Datenangaben. Es mag makaber erscheinen, doch das ist es nicht für die Menschen eines längst vergangenen Jahrhunderts, denen der Tod eine Selbstverständlichkeit, der Sterbende imponierend ist.

Am 27. Januar ist der Maestro tot.

Zwei Totenmasken werden angefertigt. Es muss schnell vonstatten gehen, um noch die dem Lebenden ähnlichen Züge einzufangen, ehe der Tod das Anlitz verzerrt und verändert. Die Masken werden ehrfurchtsvoll in der Scala und im Mailänder Konservatorium bewahrt.

Verdi wird zunächst in kleiner Zeremonie, ohne Musik, die er sich verbeten hat, auf dem Mailänder Friedhof neben Giuseppina beigesetzt. Einen Monat später werden beider Gebeine in die fertig gestellte Gruft der »Casa di Riposa« überführt. Eine gewaltige Totenfeier. Mitglieder des Königshauses folgen dem Sarg. Zehntausende säumen die Straßenzüge. Es wird ein Begräbnis erster Klasse für einen Nationalhelden. Unter den Klängen des *Va pensiero*, inszeniert von Chor und Orchester der Scala unter Leitung Arturo Toscaninis, wird der Sarg des Maestro in die Gruft gesenkt.

Überall im Land werden Gedenkfeiern abgehalten. Ausgerechnet der von Verdi ungeliebte Pietro Mascagni schreibt eine Rede *In morte di Giuseppe Verdi*, die in der *Rivista d'Italia* abgedruckt wird. Die Scala bleibt geschlossen. Sie öffnet zwei Tage nach der Beisetzung mit einem Verdi-Programm: Den Ouvertüren von *Macbeth* und *Les Vêpres Siciliennes* folgen der Chor aus den *Lombarden*, das Vorspiel zum letzten *Traviata*-Akt und das Quartett aus *Rigoletto*, Krönung sind die Duette aus *Un ballo in maschera*, *La forza del destino* und den Beschluss bildet das Finale des zweiten Aktes der *Macht des Schicksals*. Unter den Mitwirkenden befindet sich der junge Enrico Caruso.

Giuseppe Verdis Nachlass wird eröffnet. Universalerbin ist Maria Filomena Carrara. 7.050.000 Lire werden zur Hälfte ihr eigen, der Rest kommt der Casa di riposa und der Stadt Busseto zugute. Italien ist gerührt von der caritativen Geste.

Der Park von Sant' Agata sieht immer noch aus wie 1901. In den Räumen des heutigen Museums ist außerdem wenig verändert worden, trotz der bewegten Zeitläufte. Zwei Jahre nach Verdis Tod kommt Ministerpräsident Giolitti an die Macht, der seinen Liberalismus gegen nationalistische Tendenzen durchsetzen will. Einer seiner Gegenspieler ist Benito Mussolini, Führer des revolutionären, sozialistischen Flügels. 1919 sammelt er die Fasci di combattimento um sich, 1922 überträgt das Parlament den Faschisten unbeschränkte Vollmacht. Bei der Wahl des Jahres 1924 gewinnt die Partei. Mussolini erreicht sein Ziel und regiert als Duce del Facismo neben dem König Vittorio Emanuele III., dem Capo dello stato. Es ist wieder die Emilia, die grüne Landschaft Verdis, in der sich zuerst Widerstandsgeist regt ... doch das ist nicht mehr Giuseppe Verdis Epoche.

»Die Zeit rafft dahin alles Menschengeschehen,
Sag, wo ist der Klang,
Der von den Völkern berichtet, und wo der Ruhm
Der hochgefeierten Ahnen, des herrlichen Reiches
Der Roma, der Lärm der Waffen,
Der über Länder und Meer dahinscholl? –
Alles ist Frieden und Stille, und alles bettet die Erde ...«,

dichtete Giacomo Leopardi.

ANHANG

Kurzopernführer

Oberto, Conte di San Bonifacio
Oberto, Graf von San Bonifacio

17. November 1839
Mailand, Scala

Opera seria, 2 Akte, Antonio Piazza
1228, Bassano
Graf Oberto (Bar) hat seine von Riccardo, Graf von Salinguerra (T) verführte Tochter, Leonora. (S), verstoßen. Riccardo seinerseits verlässt Leonora wegen Cunzia (MS), der Tochter des Tyrannen. Als Leonora ihren Vater trifft und sie sich versöhnen, planen sie gemeinsam Rache an Riccardo.
Sie erzählen Cunzia von Riccardos Vergangenheit, zugleich fordert Oberto
den jungen Grafen zum Duell. Cunzia tritt von dem Heiratsversprechen
zurück, die beiden Grafen kämpfen gegeneinander. Oberto fällt für die
Ehre seiner Tochter. Riccardo bietet nun wieder Leonora die Ehe an, die
aber das Andenken ihres Vaters nicht beschmutzen will und sich das Leben
nimmt.

Un giorno di regno/ Il finto Stanislao
Einen Tag König/ Der falsche Stanislaus

5. September 1840
Mailand, Scala

Melodramma giocosa, 2 Akte, Felice Romani
1. Hälfte 18. Jahrhundert, bei Brest
Inhalt siehe Text S. 68

Nabuccodonosor/Nabucco

9. März 1842
Mailand, Scala

Dramma lirico, 4 Akte, Temistocle Solera (nach Bourgeois)
578 v. Chr., Jerusalem und Babylon
Inhalt siehe S. 76 f.

I Lombardi alla prima crociata
Die Lombarden auf dem ersten Kreuzzug

11. Februar 1843
Mailand, Scala

Dramma lirico, 4 Akte, Solera
 1096, Mailand, Antiochia, Jerusalem
 Die Brüder Arvino (T), Führer der lombardischen Kreuzfahrer, und Pagano (B) lieben Viclinda (S). Viclinda heiratete Arvino. Pagano will Rache nehmen und Arvino erstechen, doch trifft sein Dolch unglücklicherweise ihren Vater. Pagano wird verbannt und flüchtet sich als Eremit nach Antiochia. Die Gattin des dortigen Herrschers und ihr Sohn Oronte (T) treten heimlich zum Christentum über, denn Oronte liebt Giselda, Arvinos Tochter, die als Geisel in Antiochia lebt. Pagano öffnet den vorrückenden Lombarden das Stadttor. Während des Kampfes glaubt Giselda ihren Geliebten tot und verlässt deshalb ihren Vater, der gekommen ist, sie zu befreien. Es kommt zum Wiedersehen mit Oronte inmitten des Kampfgetümmels, zugleich wird das Liebespaar von Arvino aufgespürt. Im Duell stirbt Oronte. Pagano tauft den Sterbenden. Dann wird auch er tödlich verwundet. Mit letzter Kraft bittet er seinen Bruder um Vergebung.
 Bearbeitung: *Jérusalem,* **26. November 1847,** Paris, Académie royale

Ernani

9. März 1844
Venedig, La Fenice

Dramma lirico, 4 Akte, Francesco Maria Piave (nach Hugo)
 1519, Spanien
 Inhalt siehe S. 115

I due Foscari
Die beiden Foscari

3. November 1844
Rom, Argentino

Tragedia lirica, 3 Akte, Piave
 1457, Venedig
 Der Sohn des Dogen Francesco Foscari (Bar) wird des Mordes angeklagt und verbannt. Vergeblich bittet Lucrezia (S), seine Ehefrau, um Gnade für den unschuldigen Jacopo (T).
 Als Francesco durch einen Boten von Jacopos Unschuld überzeugt wird, ist es bereits zu spät: Sein Sohn ist auf den Galeeren gestorben. Seine Verzweiflung nutzen die politischen Gegner des Dogen aus und entheben Francesco seines Amtes. Foscari bricht sterbend zusammen.

429

Giovanna d'Arco
Die Jungfrau von Orléans

15. Februar 1845
Mailand, Scala

Dramma lirico, Prolog und 3 Akte, Solera (nach Schiller)
15. Jahrhundert, Domrémy, Reims

Karl VII. von Frankreich (T) träumt von einer Jungfrau, die sein Reich vor den Engländern errettet. Kurz darauf begegnet er Giovanna (S), die vor einem Waldaltar für das Wohl Frankreichs betet. Sie entscheidet sich, für Karl VII. in den Krieg zu ziehen, obwohl ihr Vater sie daraufhin als vermeintliche Mätresse des Königs verflucht. Giacomo (Bar) stellt sich nun auf die Seite der Engländer. Die siegreiche Giovanna erkennt, dass sie sich in Karl VII. verliebt hat, kämpft aber gegen ihre Gefühle an. Als sie nach der Krönung Karls aus der Kathedrale zu Reims kommt, tritt ihr Vater Giacomo ihr entgegen und bezichtigt sie der Hexerei und Buhlerei mit dem König. Giovanna wird den Engländern ausgeliefert. Sie entsagt ihrer Liebe und versöhnt sich mit ihrem Vater. Als die Franzosen angreifen, sammelt sie noch einmal all ihre Kraft und kämpft auf ihrer Seite. Im Gefecht wird sie tödlich getroffen.

Alzira

12. August 1845
Neapel, San Carlo

Tragedia lirica, Prolog und 2 Akte, Salvatore Cammarano (nach Voltaire)
16. Jahrhundert, Lima

Alvaro, spanischer Statthalter von Peru (B), wurde von den Peruanern gefangen, doch von deren Führer Zamoro (T) freigelassen. Nun hat sein Sohn Guzmán (Bar) die Herrschaft angetreten. Guzmán hat Alzira (S) gefangen, die Geliebte Zamoros, und trägt ihr die Ehe an. Alzira lehnt ab, obwohl sie Zamoro inzwischen für tot hält und von allen Seiten bedrängt wird, Guzmán zu heiraten. Doch Zamoro ist entschlossen, Alzira zu befreien. Guzmán überrascht das wieder vereinte Paar und will den Peruaner töten, trotzdem sein Vater dazwischentritt und an die Großmut Zamoros erinnert. Um ihren Geliebten zu retten, willigt Alzira schließlich ein, Guzmán zu heiraten. Zamoro ist die Flucht aus der Gefangenschaft gelungen; er mischt sich unter die Hochzeitsgäste und erdolcht Guzmán nach der Zeremonie. Angesichts des Todes bereut Guzmán seine bösen Taten und verzeiht seinem Mörder.

Attila

17. März 1846
Venedig, La Fenice
Dramma lirico, Prolog und 3 Akte, Solera (nach Werner)
434–453 n. Chr., Aquileia und Rom
Inhalt siehe S. 137 f.

Macbeth

14. März 1847
Florenz, La Pergola
Melodramma, 4 Akte, Piave (nach Shakespeare)
Mitte 11. Jahrhundert, Schottland
Hexen prophezeien dem Feldherrn Macbeth die schottische Krone. Seine Frau erfährt von der Weissagung und verführt Macbeth zum Königsmord, auch sein mächtiger Freund Banquo wird ermordet. Macbeth ist am Ziel. Während eines Festes erscheint dem neuen König der Geist Banquos. Bestürzt befragt Macbeth erneut die Hexen, die ihm weissagen, solange der Wald von Birnam still stehe, sei seine Macht unantastbar. Keiner, der von einem Weibe geboren sei, vermöge ihn zu töten. Schon rüsten die Edlen Macduff und Malcolm gegen Macbeths Gewaltherrschaft. Während Lady Macbeth, dem Wahnsinn verfallen, ihre Untat verrät, treffen die Heere aufeinander. Malcolms Soldaten sind zur Bestürzung Macbeths mit Zweigen aus dem Wald von Birnam getarnt. Macduff stellt Macbeth zum Duell. Da Macduff nicht auf normale Weise geboren, sondern aus dem Mutterleib geschnitten wurde, kann er Macbeth töten. Die Krieger huldigen Malcolm als dem rechtmäßigen König.
Neufassung: *Macbeth*, **21. April 1865**, Paris, Lyrique

I Masnadieri
Die Räuber

22. Juli 1847
London, Her Majesty's Theatre
Melodramma, 4 Akte, Andrea Maffei (nach Schiller)
18. Jahrhundert, Böhmen
Carlo (T) hat sich zum Haupt einer Räuberbande gemacht und wird von seinem enttäuschten Vater, dem Grafen von Moor (B), verstoßen. Massimiliano von Moor erhält von seinem zweiten Sohn Francesco (B) eine Nachricht, angeblich von Carlo, die besagt, er läge im Sterben und wünsche, dass Moors Nichte Amalia (S) seinen Bruder ehelichen solle. Amalia aber verabscheut Francesco und flieht vor ihm, der seinen eigenen Vater gefangen setzen lässt. Sie begegnet zufällig Carlo, dem sie von Francescos

Intrigen berichtet. Der Räuber befreit seinen Vater, dem er sich als der abtrünnige Sohn zu erkennen gibt. Dann stellt er Francesco. Zum Schluss tötet er auch Amalia, um sie nicht in sein verderbtes Leben hinabzuziehen.

Il Corsaro
Der Korsar

25. Oktober 1848
Triest, Grande

Melodramma tragico, 3 Akte, Piave (nach Byron)
    16. Jahrhundert, Seeräuberinsel
    Inhalt siehe S. 179

La battaglia di Legnano
Die Schlacht von Legnano

27. Januar 1849
Rom, Argentina

Tragedia lirica, 4 Akte, Cammarano
    1176, Mailand und Como
    Inhalt siehe S. 191 f.

Luisa Miller

8. Dezember 1849
Neapel, San Carlo

Melodramma lirico, 3 Akte, Cammarano (nach Schiller)
    18. Jahrhundert, Tirol
    Rodolfo von Walter (T) bekennt Luisa (S), der Tochter des alten Soldaten Miller (Bar), seine Liebe. Der einst von dem Mädchen abgewiesene Hofsekretär Wurm (B) erzählt Miller, dass Rodolfo der Sohn des Grafen von Walter (B) sei. Der Graf will seinen Sohn aus räsonablen Gründen mit der Gräfin von Ostheim verheiraten (A). Rodolfo weigert sich. Als er und Luisa den alten Miller um seinen Segen bitten, fährt der Graf dazwischen und droht, Miller einzukerkern. Rudolfo kann das vorerst verhindern. Um ihren Vater zu retten, schreibt Luisa, von Wurm genötigt, einen Liebesbrief, der Rodolfo vorgaukeln soll, sie sei ihm untreu geworden. Wurms List geht auf. Um sich zu rächen, bringt Rodolfo seiner Geliebten Gift bei, das er selbst auch einnimmt. Sterbend bekent Luisa ihre Unschuld. Als die Übrigen hinzukommen, ersticht Rodolfo mit versagender Kraft den intriganten Wurm.

Stiffelio

Dramma lirico, 3 Akte, Piave (nach Souvestre)
Anfang 19. Jahrhundert, Deutschland
Inhalt siehe S. 212 f.
Bearbeitung: *Aroldo*, **16. August 1857**, Rimini, Nuovo

Rigoletto

Melodramma, 3 Akte, Piave (nach Hugo)
16. Jahrhundert, Mantua

Während eines fröhlichen Festes im Palast des Herzogs (T) tritt Graf Monterone vor den Regenten und fordert Genugtuung von ihm, der seine Tochter verführte. Hofnarr Rigoletto (Bar) verspottet Monterone (B), der ihn und den Herzog verflucht. Erschüttert eilt Rigoletto nach Hause, wo ihn seine Tochter Gilda (S) erwartet, die er ängstlich behütet. Gilda aber liebt seit längerem heimlich einen Studenten – der niemand anders ist als der verkleidete Herzog.

Noch in derselben Nacht kommen einige Höflinge zu Rigolettos Haus, um dem Narren einen Streich zu spielen: Sie halten Gilda für seine Geliebte und entführen sie in das Schloss des Herzogs. Rigoletto eilt zum Palast, seine verschwundene Tochter suchend. Von den Höflingen verhöhnt gesteht er, das Gilda sein Kind ist. Als sie erscheint, die der Herzog aus den Händen seiner Höflinge befreite, erklärt sie ihrem Vater, sie liebe den Regenten. Rigoletto schwört Rache. Er führt Gilda zu einem Wirtshaus, in dem der Herzog verkehrt und, verkleidet als Offizier, mit der Wirtin Maddalena (MS) tändelt. Jetzt kann Rigoletto seine erschütterte Tochter dazu bewegen, in Männerkleidern aus der Stadt zu fliehen. Er heuert inzwischen den Bravo Sparafucile an (B), Maddalenas Bruder, den Offizier zu töten. Doch Maddalena hat sich in den verkleideten Herzog verliebt und bittet ihr Geschwister, irgendeinen anderen statt seiner zu ermorden. Da sucht Gilda in Männerkleidern in dem Wirtshaus Unterschlupf vor einem Gewitter. Sparafucile verwundet sie tödlich, steckt die Leiche in einen Sack, wie der Narr ihm befahl, und übergibt ihn Rigoletto. Der Narr triumphiert! Da erklingt von fern das Pfeifen und Trällern des fröhlichen Herzogs. Ahnungsvoll öffnet Rigoletto den Sack – seine Tochter! Sie bittet ihn sterbend um Vergebung.

Il trovatore
Der Troubadour

19. Januar 1853
Rom, Apollo

Dramma, 4 Akte, Cammarano (nach Gutierrez)

Anfang des 15. Jahrhunderts, Aragonien

Ferrando (B), ein Vasall des Grafen Luna (Bar), erzählt die Geschichte einer Zigeunerin, die wegen Hexerei verbrannt wurde und deren Tochter den Sohn des damaligen Grafen entführt und in die Flammen des Scheiterhaufens geworfen habe. Unterdessen erwartet Gräfin Leonora (S) ihren Geliebten Manrico (T); der ebenfalls verliebte Graf Luna überrascht das Paar und fordert Manrico zum Duell, das er verliert. Zurück im Zigeunerlager erfährt der Troubadour, dass seine Mutter Azucena (A) einstmals ihr eigenes Kind verbrannte und ihn, einen Sohn des alten Grafen Luna, wie ihr eigenes Kind aufzog. Manrico verspricht seiner Ziehmutter, ihr Leid zu rächen. Da erfährt er, dass Leonora, die Manrico im Duell gefallen glaubt, ins Kloster zu gehen gedenkt. Er entführt die Geliebte im letzten Moment. Luna holt zum Gegenschlag aus. Er hat Azucena, die in seinem Lager spionierte, gefangen und zum Tode verurteilt. Manrico eilt ihr zu Hilfe. Im Kampf unterliegt er dem Grafen, der auch ihn dem Tod überantwortet. Leonora bittet um Gnade; genötigt willigt sie ein, den Grafen zu heiraten, falls Manrico freikomme; daraufhin nimmt sie heimlich Gift. Nun eilt sie in den Kerker, Manrico und Azucena die Freiheit zu verkünden. Als Manrico von dem Ehegelöbnis hört, verflucht er sie, doch als sie in seinen Armen stirbt, erkennt er ihre Liebestat. Luna lässt Manrico verbrennen. Da ruft Azucena auftrumpfend, er habe seinen eigenen Bruder getötet.

La Traviata

6. März 1853
Venedig, La Fenice

Melodramma, 3 Akte, Piave (nach Dumas d. J.)

19. Jahrhundert, Paris

Die Kurtisane Violetta (S) feiert ein Fest, auf dem ihr Alfredo Germont (T) ihre Liebe gesteht. Sie ist von seiner aufrichtigen Liebe gerührt und beklagt ihr ausschweifendes Leben. Mit Alfred, der ihr Geliebter wird, zieht sie sich aufs Land zurück. Als der Geliebte nach Paris reist, um Geld zu beschaffen, lässt sich sein Vater (Bar) bei Violetta melden. Er beschwört sie, auf Alfred zu verzichten, da er seine Tochter demnächst gut verheiraten möchte und keinesfalls einen Skandal wünscht. Violetta willigt in das Opfer ein. Als Alfred zurückkehrt, findet er seine Geliebte verstört. Nachdem sie ihn unter einem Vorwand verlassen hat, überbringt der Diener ihren

Abschiedsbrief. Auf einem Fest bei ihrer Freundin Flora (S) trifft Alfred wieder auf Violetta. Er gewinnt im Spiel und wirft Violetta das gewonnene Geld vor die Füße, um sie vor allen zu demütigen. Schwer krank liegt Violetta in ihrem Bett, umsorgt von ihrer Dienerin Anina (MS). Ein freundlicher Brief Vater Germonts eröffnet ihr neue Hoffnungen auf eine neue Zukunft mit Alfredo. Da erscheint der Geliebte, bereuend, nach ihm tritt auch sein Vater bestürzt ins Zimmer. Doch es ist zu spät; Violetta stirbt in Alfredos Armen...

Les vêpres siciliennes
Die Sizilianische Vesper

13. Juni 1855
Paris, Opéra

Oper, 5 Akte, Eugène Scribe/Charles Duveyrier
1282, Palermo
Inhalt siehe S. 271

Simone Boccanegra

12. März 1857
Venedig, La Fenice

Melodramma, Prolog und 3 Akte, Piave
Mitte 14. Jahrhundert, Genua
Inhalt siehe S. 326 f.
Neufassung: *Simone Boccanegra*, **24. März 1881**, Mailand, Scala

Un ballo in maschera
Ein Maskenball

17. Februar 1859
Rom, Apollo

Melodramma, 3 Akte, Antonio Somma (nach Scribe)
Ende des 17. Jh., Boston (in der Urfassung 1792, Stockholm)
Riccardo, Gouverneur von Boston (T, in der Urfassung Gustav III. von Schweden), plant einen Maskenball. Sein Freund René warnt ihn vor Verschwörern, die die Festlichkeiten ausnützen könnten. Gemeinsam gehen sie die Richterurteile durch und stoßen auf den Fall der Wahrsagerin Ulrica (A). Riccardo beschließt, ihre Künste zu erproben. Als Fischer verkleidet mischt sich Riccardo unters Volk. Renés Frau Amelia (S), die Riccardo heimlich begehrt, wünscht Ulrica unter vier Augen zu sprechen. Sie bittet die Zauberin um ein Mittel gegen die Liebe. Um Mitternacht solle sie unter einem Galgen ein bestimmtes Kraut pflücken, rät Ulrica. Riccardo belauscht alles und beschließt, Amelia zu folgen. Nun lässt er sich von Ulrica

aus der Hand lesen; sie prophezeit seinen Tod durch den, der ihm als Erster die Hand reiche. Alle treten von Ricardo zurück; da kommt René, der, ahnungslos über das Orakel, seinem Freund die Hand reicht. Um Mitternacht ist Amelia beim Galgen. Riccardo ist ihr gefolgt und nun gestehen sich beide ihre Liebe. Da tritt René auf, um Riccardo vor Verschwörern zu warnen, die ihm auflauern. Der Gouverneur bittet den Freund, die bei ihm stehende verschleierte Dame sicher nach Hause zu geleiten. Er entflieht. Die Verschwörer stellen René. Um ihren Mann zu retten, entschleiert sich Amelia. Der zutiefst verletzte René beschließt, sich den Verschwörern anzuschließen. Per Los wählen die Verschworenen den Mörder Riccardos. Die Wahl fällt auf René. Unterdessen zwingt sich der Gouverneur zum Verzicht auf Amelia. Der Maskenball beginnt. René erfährt durch listige Fragen vom Pagen Oscar (S) die Verkleidung Riccardos und ersticht den Freund. Sterbend bezeugt Riccardo, dass Amelia und er unschuldig seien, und verzeiht seinem reuigen Mörder.

La forza del destino
Die Macht des Schicksals

10. November 1862
St. Petersburg, Kaiserliche Oper

Melodramma, 4 Akte, Piave (nach Saavedra)
 Mitte des 18. Jahrhunderts, Spanien und Italien
 Der Marchese von Calatrava (B) glaubt, dass seine Tochter Leonora (S) ihre Schwärmerei für den Inkaprinzen Alvaro (T) aufgegeben hat, den er aus rassistischen Gründen ablehnt. Alvaro will mit Leonora fliehen, doch weil sie zögert, werden sie vom Marchese gestellt. Unglücklicherweise löst sich in der Verwirrung ein Schuss aus Alvaros Pistole und trifft den Marchese tödlich. Die Liebenden wurden auf der Flucht getrennt. Leonora nächtigt, verkleidet als Mann, in einer Schenke, in der sich auch ihr Bruder Carlos (Bar) einfindet, der, in der Maskerade eines Studenten, die Flüchtenden sucht, um sich zu rächen. In dem Wirtshaus wirbt die Zigeunerin Preziosilla (MS) für einen Italienfeldzug. Leonora beschließt, sich ins Kloster zurückzuziehen. Pater Guardian (B) weist ihr eine Einsiedelei zu. Alvaro hat sich für den Italienfeldzug anwerben lassen. Er trägt einen anderen Namen. Sein Freund ist Carlos, der ebenfalls anonym als Offizier in der Armee dient. Als Alvaro schwer verwundet wird, vertraut er seinem Freund eine Brieftasche an. Der Tasche entfällt Leonoras Bildnis und nun weiß Carlos, dass der befreundete Held niemand anderes als Alvaro ist; er schwört Rache, doch abermals werden die beiden getrennt. Jahre später erkennt Carlos in Pater Raffael, einem Klosterbruder, seinen Todfeind wieder. Er fordert ihn zum Duell, in dem er unterliegt. Leonora, vom Kampf-

getümmel aus ihrer Einsiedelei herbeigelockt, wird von ihrem sterbenden Bruder erstochen. Sie stirbt in Alvaros Armen.

Neufassung: *La forza del destino*, **20. Februar 1869**, Mailand, Scala

Don Carlos

11. März 1867
Paris, Grand Opéra

Große Oper, 5 Akte, Joseph Méry und Camille du Locle (nach Schiller)

1560, Spanien

Infant Don Carlos (T) ist enttäuscht, dass die von ihm verehrte Elisabeth von Valois (S) seinen Vater Philipp II. (B) heiratete. Sein Freund, der Marquis von Posa (Bar), löst ihn aus der Traurigkeit und entflammt ihn für den Freiheitskampf Flanderns. Er ermöglicht auch ein Treffen zwischen Carlos und seiner Stiefmutter, das jedoch durch das Auftreten des Königs unterbrochen wird. Der König, eingenommen vom aufrechten Charakter des Marquis, erhebt diesen zum Vertrauten mit der Aufgabe, Carlos und Elisabeth zu beobachten. Durch ein Missverständnis verrät Carlos sein Herzensgeheimnis auch an die Prinzessin Eboli, die ihrerseits in Carlos verliebt ist und sich nun aus Eifersucht rächen will. Die Lage zwischen Prinz und König spitzt sich zu, als Carlos mit flandrischen Gesandten für das unterdrückte Land eintritt und, beleidigt von seinem Vater, den Degen gegen ihn zieht. Posa schreitet ein, Carlos wird inhaftiert. Philipp beschließt, nach Unterredung mit dem Großinquisitor, dass beide sterben müssen. Elisabeth tritt ein und beklagt den Verlust ihrer Schmuckschatulle. Eboli hat sie Philipp zugespielt. Als Philipp das Kästchen nun erbricht, sieht er das Bildnis Don Carlos'. Als Prinzessin Eboli die Wut Philipps sieht, bereut sie und beschließt, ins Kloster zu gehen.

Posa hat sich für Carlos geopfert und verkündet dem Freund die baldige Befreiung, da wird er hinterrücks erschossen. Carlos will fliehen. Ein letztes Mal trifft er Elisabeth vor der Gruft seines Ahnen. Der König kommt, um seinen Sohn der Inquisition auszuliefern, doch der Geist Karls V. verhindert es.

Neufassung: *Don Carlo*, **24. März 1884**, Mailand, Scala

Aida

24. Dezember 1871
Kairo, Oper

Oper, 4 Akte, Antonio Ghislanzoni

Altes Reich, Memphis und Theben

Radames (T) wird zum Heerführer gegen Äthiopien erkoren. Amneris (MS) beglückwünscht ihn, sie hofft, ihm zum Abschied ein Liebesgeständnis zu entlocken, muss aber erkennen, dass er ihre Sklavin, die äthiopische Prinzessin Aida (S), liebt. Als Radames in den Krieg zieht, jubelt auch Aida dem Geliebten zu, obwohl sie zugleich um ihr Vaterland bangt. Amneris zwingt Aida, ihre Liebe zu Radames einzugestehen. Der heimkehrende Feldherr wird in einem rauschenden Triumphzug geehrt und erbittet sich als Lohn die Befreiung aller äthiopischen Sklaven. Nur Aida und ihr gefangener Vater Amonasro (Bar) sollen als Geisel bleiben; der Pharao (B) bietet Radames die Hand seiner Tochter Maneris. Am nächtlichen Nilufer erwartet Aida den Geliebten. Da kommt ihr Vater hinzu und überredet sie, Radames den Schlachtplan zu entlocken. Nach heftigem Widerstreit fügt sich Aida. Nachdem sie von Radames den Plan erfahren hat, flieht sie mit ihrem Vater. Der entsetzte Feldherr überantwortet sich dem Oberpriester Ramphis. Amneris will ihn retten, wenn er Aida vergesse. Aber Radames sehnt sich nur noch nach dem Tod. Er wird verurteilt, lebendig in ein unterirdisches Verlies eingemauert zu werden. Aida hat sich zuvor heimlich in den Kerker geschlichen, um das Los des Geliebten zu teilen. Sie stirbt in Radames' Armen.

Otello

5. Februar 1887
Mailand, Scala

Dramma lirico, 4 Akte, Arrigo Boito (nach Shakespeare)
Ende des 15. Jahrhunderts, Zypern

Die Zyprioten feiern Otello (T) als Besieger der Türken. Allein Jago (Bar) schwört Rache, da Otello Cassio (T) und nicht ihn beförderte. Er macht Cassio betrunken, der zur Strafe eines Raufhandels von Otello degradiert wird. Jago sät Argwohn in Otellos Herzen. Als Desdemona (S) für Cassio bittet, schwört Otello Rache, da er glaubt, Desdemona betrüge ihn mit Cassio. Er erhält zudem die Nachricht, er solle seinen Gouverneursposten an Cassio abtreten. In sinnloser Wut verflucht Otello seine Frau. Jago triumphiert. In ihrer Kemenate betet Desdemona zur Nacht. Otello erdrosselt sie. Zu spät wird Jagos Intrige aufgedeckt; der verzweifelte Otello ersticht sich.

Falstaff

9. Februar 1893
Mailand, Scala

Commedia lirica, 3 Akte, Boito (nach Shakespeare)
Windsor, Zeit Heinrichs IV.
Inhalt siehe S. 398 f.

Literaturverzeichnis

Abels, Norbert: Franz Werfel, Hamburg 1990.

Arndsen, Arne: Heimatschutz. Die bürgerliche Naturschutzbewegung, in: Besiegte Natur. Geschichte der Umwelt im 19. und 20. Jahrhundert, hg. v. Franz-Josef Brüggemeier u. Thomas Rommelspacher, München ²1989.

Bätschmann, Oskar: Entfernung der Natur. Landschaftsmalerei 1750–1920, Köln 1989.

Baresel, Alfred: Giuseppe Verdi. Leben und Werk, Leipzig 1938.

Barrili, Antonio Giulio: Giuseppe Verdi. Vita ed opere, Genua 1892.

Beci, Veronika: Musikalische Salons. Blütezeit einer Frauenkultur, Düsseldorf/Zürich 2000.

Berlioz, Hector: Memoiren, hg. v. Wolf Rosenberg, Königsstein/Ts. 1985.

Bourgeois, Jacques: Giuseppe Verdi. Eine Biographie, Hamburg 1980.

Budden, Julian: Verdi. Leben und Werk, Stuttgart ²2000.

Carreras, José: Singen mit der Seele, München 1989.

Cesari, Gaetano/Alessandro, Luzio: I Copialettere di Giuseppe Verdi, Milano 1913.

Chabod, Federico: Italien – Europa. Studien zur Geschichte Italiens im 19. und 20. Jahrhundert, Göttingen 1962.

Cherbuliez, Antoine-E.: Giuseppe Verdi. Leben und Werk, Zürich 1949.

Dahlhaus, Carl: Musikalischer Realismus, München 1980.

Debussy, Claude: Monsieur Croche. Sämtliche Schriften und Interviews, hg. v. Francois Lesure, Stuttgart 1982.

Dieckmann, Friedrich: Wagner, Verdi. Geschichte einer Unbeziehung, Berlin 1989.

Die Memoiren Giuseppe Garibaldis. Ein Auszug aus seinen Tagebüchern, Hamburg 1909.

Domingo, Plácido: Die Bühne – mein Leben, München 1983.

Galluser, Rita: Verdis Frauengestalten, Diss. Zürich 1936.

Garibaldi, Luigi Agostino: Giuseppe Verdi nelle Lettere di Emanuele Muzio ad Antonio Barezzi, Milano 1931.

Gerhartz, Leo Karl: Die Auseinandersetzung des jungen Giuseppe Verdi mit dem literarischen Drama, Berlin 1968.

Handbuch der Kirchengeschichte Bd. VI/1: Die Kirche zwischen Revolution und Restauration, Freiburg 1985.

Hardt, Manfred: Geschichte der italienischen Literatur, Düsseldorf/Zürich 1996.

Henning, Friedrich-Wilhelm: Die Industrialisierung in Deutschland 1800 bis 1914, Paderborn/München/Wien [7]1989.

Herre, Franz: Kaiser Franz Joseph von Österreich. Sein Leben – seine Zeit, Köln 1992.

Huch, Ricarda: Die Geschichten von Garibaldi, Frankfurt a. M. 1987.

Kimbell, David R. B.: Verdi in the Age of Italian Romanticism, Cambridge 1981.

Kraft, Herbert: Um Schiller betrogen, Pfullingen 1978.

Kramer, Hans: Österreich und das Risorgimento, Wien 1963.

Krohn, Helga: Die Juden in Hamburg 1800–1850, Frankfurt a. M. 1975.

Kühner, Hans: Giuseppe Verdi, Reinbek 1961.

Litzmann, Berthold: Clara Schumann. Ein Künstlerleben. Nach Tagebüchern und Briefen, Bd. III: Clara Schumann und ihre Freunde. 1856–1896, Wiesbaden 1971.

L'Ottocento di Andrea Maffei. Katalog des Museo Civico, Riva del Garda 1987.

Louis, Rudolf: Die deutsche Musik der Gegenwart, München/Leipzig 1909.

Lyrik des Abendlandes, ausgew. v. Georg Britting, München 1978.

Marggraf, Wolfgang: Giacomo Puccini, Wilhelmshaven 1979.

Marggraf, Wolfgang, Giuseppe Verdi, Leipzig 1982.

Meyerbeer, Giacomo, Briefwechsel und Tagebücher, hg. v. Heinz und Gudrun Becker, 2 Bde., Berlin 1970, 1975.

Meyerbeer, Giacomo, Weltbürger der Musik. Eine Ausstellung der Musikabteilung der Staatsbibliothek Preußischer Kulturbesitz Berlin zum 200. Geburtstag des Komponisten, Wiesbaden 1991.

Mit Rothemd und Muskete. Lieder und Dichtungen aus dem Risorgimento, ausgew. von Bianca Ghiron, übers. v. Günther Steinig, Berlin 1963.

Montanari, Lucio: Die geistigen Grundlagen des Risorgimento, Köln/Opladen 1963.

Neisser, Arthur: Giuseppe Verdi, Leipzig 1914.

Palmer, Alan: Metternich. Der Staatsmann Europas. Eine Biographie, Düsseldorf 1977.

Pauls, Birgit: Giuseppe Verdi und das Risorgimento. Ein politischer Mythos im Prozess der Nationenbildung, Berlin 1996.

Perinello, Carlo: Giuseppe Verdi, Berlin 1900.

Philipps-Matz, Mary-Jane: Verdi. A biography, Oxford/New York 1993.

Procacci, Giuliano: Geschichte Italiens und der Italiener, München 1989.

Sachs, Wolfgang: Die auto-mobile Gesellschaft. Vom Aufstieg und Niedergang einer Utopie, in: Besiegte Natur.

Schiel, Irmgard: Marie Louise. Eine Habsburgerin für Napoleon, Stuttgart 1983.

Shakespeare, William: Macbeth. Programmbuch des Burgtheaters Wien, Wien 1992.

Shakespeare, William: Sämtliche Dramen, Bd. III: Tragödien, München 1988.

Sietz, Reinhold: Aus Ferdinand Hillers Briefwechsel. Beiträge zu einer Biographie Ferdinand Hillers, Bd. 7, Köln 1964.

Strauss, Richard/Schalk, Franz: Ein Briefwechsel, hg. v. Günter Brosche, Tutzing 1983.

Verdi-Briefe, hg. v. Franz Werfel, Berlin/Wien/Leipzig 1926.

Verdi, Giuseppe: Briefe, hg. v. Werner Otto, Berlin 1983.

Verdi, Giuseppe. Briefe zu seinem Schaffen, hg. v. Otfried Büthe u. Almut Lück-Bochat, Frankfurt a. M. 1963.

Verdiana. Ein Ballett in zwei Akten, hg. v. d. Staatsoper Unter den Linden Berlin, Frankfurt a. M. 1999.

Weaver, William (Hg.): Verdi. Eine Dokumentation, Berlin 1980.

Wechsberg, Joseph: Giuseppe Verdi. Ein musikalischer Triumph, München 1975.

Weinstock, Herbert: Donizetti und die Welt der Oper in Italien, Paris und Wien in der ersten Hälfte des neunzehnten Jahrhunderts, Adliswil 1983.

Werfel, Franz: Die Macht des Schicksals. Frei nachgedichtet, Leipzig 1929.

Werfel, Franz: Don Carlos. Textlich neu gefasst, Leipzig 1932.

Werfel, Franz: Simone Boccanegra. Frei nachgedichtet, Leipzig 1929.

Werfel, Franz: Verdi. Roman der Oper, Frankfurt a. M., verm. Aufl. 1990.

Werfel, Franz: Zwischen Oben und Unten, München 1975.

Zimmermann, Reiner: Giacomo Meyerbeer. Eine Biographie nach Dokumenten, Berlin 1991.

Personenregister

Bildnachweis

Archiv für Kunst und Geschichte, Berlin: S. 9, 15, 33, 117, 237, 325, 386, 391, 401, 405; Coll. Conte Chigi-Saracini, Siena: S. 37; W. Speiser, Basel: S. 93, 149; Die Große Illustrierte Weltgeschichte, C. Bertelsmann, Gütersloh, Bd. II: S. 184, 374; Bildarchiv der Österr. Nationalbibliothek: S. 247; Richard Hörmann, Bregenzer Festspiele GmbH: S. 283